普通高等教育系列教材

财务报表分析

胡文献 陈金龙 编著

机械工业出版社

财务报表分析是个人投资、公司理财、商业借贷以及评估公司价值的重要工具。本书分为五篇：导入篇、基本理论与方法篇、财务能力评价篇、财务预测篇和案例分析篇，围绕财务报表分析的基本步骤展开论述，将财务信息、会计评估和经营环境评估融为一体，力争实现财务报表分析理论与投资实务的有机结合。

书中案例大多与读者的切身利益密切相关，会让读者有兴趣阅读下去。本书无论是对财务报表理论的进一步延伸，还是对财务数据的运用及对案例的分析，都始终坚持客观性原则，使评价更为中肯，财务预测更为准确。

本书不仅适合财务管理和会计学专业本科生、会计专业硕士（MPAcc）、工商管理硕士（MBA）使用，也可供财会从业人员、证券投资人士参考。

图书在版编目（CIP）数据

财务报表分析/胡文献，陈金龙编著.—北京：机械工业出版社，2019.3（2020.7重印）

普通高等教育系列教材

ISBN 978-7-111-62307-6

Ⅰ．①财⋯　Ⅱ.①胡⋯　②陈⋯　Ⅲ．①会计报表 – 会计分析 – 高等学校 – 教材　Ⅳ．①F231.5

中国版本图书馆 CIP 数据核字（2019）第 052108 号

机械工业出版社（北京市百万庄大街22号　邮政编码100037）
策划编辑：曹俊玲　责任编辑：曹俊玲　杨　洋　商红云
责任校对：张　薇　封面设计：邹文兵
责任印制：常天培
北京捷迅佳彩印刷有限公司印刷
2020年7月第1版第2次印刷
184mm×260mm・22.5 印张・558 千字
标准书号：ISBN 978-7-111-62307-6
定价：54.80 元

电话服务　　　　　　　　网络服务
客服电话：010-88361066　机　工　官　网：www.cmpbook.com
　　　　　010-88379833　机　工　官　博：weibo.com/cmp1952
　　　　　010-68326294　金　书　网：www.golden-book.com
封底无防伪标均为盗版　机工教育服务网：www.cmpedu.com

前　言

财务报表分析既是财务管理、会计学专业的专业基础课，也是对财务会计专业知识的综合运用。通过对本书的学习，读者能够准确地理解公司的商业模式、竞争战略、财务战略以及财务数据的本质，从而利用财务数据做出正确的决策。

本书选取的案例大多与读者的利益密切相关，并且具有典型性与时代性，会与读者产生共鸣，使他们有兴趣阅读。

本书概要

本书共五篇：导入篇、基本理论与方法篇、财务能力评价篇、财务预测篇和案例分析篇。

第一篇是导入篇。本篇主要阐述了财务报告的有用性、财务信息与日常生活信息的共通性。前者首先分析了下列主题：财务报告使用者、不同使用者的信息诉求、最重要的信息使用者、股东的信息诉求与其他信息使用者的信息诉求之间的关系；然后论述了单人理性决策模式，指出财务报告引起决策者事后调整的决策效应，并以单人投资决策为例分析了很多重大决策错误产生的原因；继而以我国股票市场为例，分析了公司的股票价格与财务业绩之间的关系，并对我国上市公司给予二级市场股东的投资回报分布进行了统计分析。最后分析了财务报告在经济生活中的制度设计功能。后者指出，在现实生活中，信息成为绝大多数人的严重干扰项，学会正确地处理信息十分重要；财务信息虽然是专业性很强的信息，但它与日常生活信息的处理技巧与方法是有许多共通性的。

第二篇是基本理论与方法篇。本篇重点讲述了财务报表分析的基础知识，主要包括财务报告加工过程、财务报告体系、合并报表若干问题、财务报表列报、通用财务报表分析方法的评价与选择、财务报表分析范式、财务报表分析步骤以及财务报表中与持续盈利能力有关的关键信息，并以网宿科技股份有限公司为例进行了财务报表结构与趋势分析。其中，财务报表分析步骤是本书的逻辑框架，着重介绍了会计分析与经营环境评估等内容。

第三篇是财务能力评价篇。本篇重点讲述了公司财务报表的评价功能，描述了各类财务能力指标的关系，将其界定为供应链财务能力，提出了动态循环财务能力评估理论，将财务能力评价划分为三大类：流动性能力、资产管理能力和盈利能力，将现金流能力融入三大类指标。只要公司的财务能力指标趋好，就基本决定了公司具有较强的持续盈利能力。在详细分析各类单项财务能力的基础上，研究了财务综合能力评价体系，它是各类单项财务能力在方法上的有机组合，有利于全面评估公司的财务能力。本书在基本财务综合评价方法的基础上，对财务综合评价方法进行了理论拓展。

第四篇是财务预测篇。财务数据的一个重要用途就是要能够帮助相关决策者预测公司的未来。本篇主要介绍了财务报表的数据特征、财务报表之间的逻辑关系和财务预测等内容。前两部分内容可以帮助读者做出更为合理的假设,提高其财务预测的准确性;财务预测部分运用财务预测方法,以我国一家上市公司为例,预测公司的财务报表,评估公司的持续盈利能力。

第五篇是案例分析篇。本篇将全书的核心框架与理念以综合案例的形式呈现出来,有利于读者提高财务报表分析的专业技能。

读者对象

本书不仅适用于财务管理、会计学专业的高年级本科生,也适用于会计专业硕士(MPAcc)、工商管理硕士(MBA)以及财务高层的继续教育,还可供财会从业人员、证券投资人士参考。

由于编者学识有限,书中难免有错误和不当之处,恳请广大读者批评指正。

使用说明

本书覆盖了与财务报表分析有关的内容,理论性比较强的章节用"*"加以标注。我们就书中标注"*"的章节给出以下建议:财务管理、会计学专业的本科生无须阅读,会计专业硕士和工商管理硕士可以阅读,实业界人士根据需要灵活安排。书中案例以帮助读者提升逻辑分析能力为宗旨,案例分析包括"分析思路"和"分析过程"两部分,前者只提供案例分析思路,后者给出了案例的具体分析过程,为读者提供一个分析范本,以期达到抛砖引玉的目的。有些比较复杂的案例,其分析过程没有详细展开,有兴趣的读者可以向我们索取。为了让读者更好地理解各章有关内容,书中穿插了很多"阅读材料"。为了让读者巩固所学知识,每章课后都提供了思考题和判断题。考虑到公开信息中有关财务指标的计算已经很多,本书没有单独编写计算题,由授课教师根据教学需要自行安排。

本科生和研究生使用本书时,具体建议如下:本科生从第三章开始阅读,兼顾第一章和第二章部分内容,然后再按各章节顺序学习,可略过第十四章。会计专业硕士、工商管理硕士按照本书章节顺序阅读,可略过第二章、第三章、第六章和第十三章,兼顾第四章中会计分析与经营环境评估的内容,重点学习各章节中分析与推理的部分。

本书配有丰富的教学资源,如PPT电子课件、课后判断题参考答案、教案、教学大纲、教学计划、教学进度表等,供选用本书作为教材的授课教师参考。需要者请登录机械工业出版社教育服务网(www.cmpedu.com)注册后免费下载。

致谢

本书是在我们教授十多年"财务报表分析"课程的基础上完成的,是对十多年授课经验的总结,历时三年写作而成。本书主要受到了利奥波德·伯恩斯坦(Leopold A. Bernstein)和约翰·维欧德(John J. Wild)教授的写作思路启发,在此表示诚挚谢意。此外,第十一章第二节的框架结构参考了北京大学MBA课程"财务报表分析"内部讲义的相关内容,一并感谢。

也要感谢以下各位:

感谢厦门大学傅元略教授对本书框架提出的宝贵意见。感谢华侨大学刘金雄副教授对本书提出的启发性意见和专业上的指导。感谢华侨大学曾繁英教授，曾教授提出的编写一套详细的财务报表分析讲义的构想是本书的源起。感谢华侨大学金式容教授为本书校对工作的无私付出。感谢华侨大学曾路教授的鼓励，使我们对教学始终心存敬畏，不敢有丝毫懈怠。感谢厦门大学陈凤钦硕士研究生为本书的数据搜集和处理付出的辛勤劳动。感谢上海财经大学万文海博士和中科院黄德天博士为本书提供的帮助。感谢证券投资专业人士提出的宝贵意见，与他们的深入交流与讨论，使我们受益匪浅。

感谢华侨大学教材建设基金资助，促使本书得以出版。

感谢华侨大学邹文兵博士精心为本书设计了封面。

编　者

目　录

前　言

第一篇　导　入　篇

第一章　财务报告有用性 ... 2
- 第一节　财务报告使用者的信息诉求 ... 4
- 第二节　财务报表信息的决策相关性* ... 8
- 第三节　财务报告有用性的现实障碍 ... 18
- 第四节　财务报告信息的一个重要用途* ... 21
- 思考题 ... 22
- 判断题 ... 23

第二章　财务信息与日常生活信息 ... 24
- 第一节　信息不确定性 ... 25
- 第二节　财务信息与日常生活信息的共通性 ... 27
- 第三节　财务报表中运用逻辑推理的缺陷 ... 38
- 思考题 ... 40
- 判断题 ... 40

第二篇　基本理论与方法篇

第三章　财务报表分析基础 ... 42
- 第一节　财务报告加工过程 ... 42
- 第二节　财务报告体系 ... 43
- 第三节　合并报表若干问题* ... 47
- 第四节　财务报表列报* ... 50
- 第五节　通用财务报表分析方法 ... 52
- 第六节　财务报表分析范式 ... 59
- 思考题 ... 60
- 判断题 ... 61

第四章　财务报表分析步骤 ... 62
- 第一节　财务报表分析步骤概述 ... 63
- 第二节　会计分析与经营环境评估* ... 66
- 思考题 ... 76

  判断题 77

第五章　财务报表与持续盈利能力 78
  第一节　持续盈利能力的界定* 79
  第二节　资产负债表与持续盈利能力 81
  第三节　利润表与持续盈利能力 90
  第四节　现金流量表与持续盈利能力 96
  第五节　不同利益相关者视角下财务报表的重要性比较 103
  第六节　资产负债表、利润表和现金流量表的勾稽关系 104
  思考题 108
  判断题 109

第六章　财务报表结构与趋势分析 111
  第一节　财务报表结构与趋势分析概述 113
  第二节　资产负债表结构与趋势分析 115
  第三节　利润表结构与趋势分析 127
  第四节　现金流量表结构与趋势分析 130
  思考题 138
  判断题 138

第三篇　财务能力评价篇

第七章　流动性能力分析 140
  第一节　各类财务能力的关系与动态循环财务能力评估* 141
  第二节　流动性概述 143
  第三节　短期债务偿还能力分析 145
  第四节　长期债务偿还能力分析 157
  第五节　短期债务偿还能力与长期债务偿还能力的关系 168
  思考题 169
  判断题 170

第八章　资产管理能力与财务弹性 171
  第一节　资产管理能力分析概述 172
  第二节　OPM 战略与财务弹性 173
  第三节　其他计量资产管理能力的指标 193
  第四节　资产管理能力与其他类别财务能力的关系 197
  思考题 197
  判断题 198

第九章　盈利能力与公司估值 199
  第一节　盈利能力与公司估值概述 200
  第二节　应计制下盈利能力指标分析 200
  第三节　现金制下盈利现金流量指标分析 208
  第四节　以盈利为基础的公司估值指标分析 210

第五节　不同视角下财务指标重要性的比较分析 …………………… 237
　　思考题 ……………………………………………………………………… 239
　　判断题 ……………………………………………………………………… 241

第十章　财务报表综合分析方法 ……………………………………………… 243
　　第一节　财务报表综合分析方法概述 …………………………………… 244
　　第二节　财务报表综合分析方法介绍 …………………………………… 245
　　思考题 ……………………………………………………………………… 263
　　判断题 ……………………………………………………………………… 263

第四篇　财务预测篇

第十一章　财务报表的数据特征* ……………………………………………… 266
　　第一节　会计数据的"正确性" …………………………………………… 267
　　第二节　会计数据的若干特征 …………………………………………… 270
　　思考题 ……………………………………………………………………… 285
　　判断题 ……………………………………………………………………… 285

第十二章　财务报表之间的逻辑关系* ………………………………………… 286
　　第一节　财务报表之间的逻辑关系概述 ………………………………… 288
　　第二节　财务报表之间的逻辑关系分析 ………………………………… 290
　　思考题 ……………………………………………………………………… 297
　　判断题 ……………………………………………………………………… 297

第十三章　财务预测 ……………………………………………………………… 298
　　第一节　预测方法概述 …………………………………………………… 299
　　第二节　财务预测与可持续增长能力理论 ……………………………… 300
　　第三节　预测财务报表与可持续增长能力 ……………………………… 307
　　思考题 ……………………………………………………………………… 320
　　判断题 ……………………………………………………………………… 320

第五篇　案例分析篇

第十四章　财务分析综合案例运用 ……………………………………………… 322
　　第一节　案例背景 ………………………………………………………… 323
　　第二节　诺奇发展史 ……………………………………………………… 324
　　第三节　诺奇 IPO 艰辛历程 ……………………………………………… 325
　　第四节　诺奇与同行财务数据的比较分析 ……………………………… 328
　　第五节　案例结论与进一步推理 ………………………………………… 348
主要参考文献 ……………………………………………………………………… 351

第一篇
导 入 篇

第一章　财务报告有用性
第二章　财务信息与日常生活信息

Chapter 1 第一章

财务报告有用性

■ **本章提要**

本书由导入篇、基本理论与方法篇、财务能力评价篇、财务预测篇和案例分析篇构成,由财务报告有用性开启本书学习之旅。

本章首先开宗明义地指出公司不同利益相关者的信息诉求各不相同,详细分析了股东信息诉求与其他利益相关者信息诉求之间的关系,其中股东信息诉求是最为全面的,也是最为复杂的,需要对企业做出全面诊断,甄别公司持续盈利能力,尤其是盈利持续增长能力。然后,运用贝叶斯定理,分析了一个理性投资者在财务报告的影响下的理性决策过程,指出了一般理性人的决策模式,并且简要模拟了一个理性投资者于财务报告披露日的决策过程,以及公司股价的当日表现。现实生活中,一般情况下,绝大多数人无法沿着正确的决策路径前行,而是做出决策调整的次数越多,累积的决策错误越大。但是,人类不能因为可能犯错而停滞不前,最重要的是要确定这些错误并不是因为懒惰或相信它必然会成功的自满情绪所致。接着以我国股票市场为例,首先观察一家公司股价与业绩之间的关系,然后描述性统计分析我国上市公司股价的总体表现和我国股民的投资收益分布,探究基于历史股价统计表明的股市看似赚钱容易而现实却无比残酷的重要原因,说明了财务会计信息是优化个人资源配置和市场资源配置的重要决策信息源。继而分析了财务报告有用性的现实障碍。最后描述了财务会计信息在日常经济生活中的一个重要用途,它是缓解公司制下信息不对称产生逆向选择和道德风险的重大制度设计的核心要素。

■ **展望**

第二章探讨了财务信息与日常信息的共通性及其处理方法的一致性,指出逻辑推理能力对信息分析的重要性。第三章和第四章描述了财务报表分析的基础必备知识。第五章至第十三章主要集中于掌握财务报表分析的工具。本书以一个财务报表综合案例分析作结。

◆ 章首案例

乐视集团（Letv）是贾跃亭于2004年11月创办的集影视平台、终端、应用于一体的公司，致力打造以乐视网为核心的视频产业和智能终端的"平台+内容+终端+应用"完整生态系统——"乐视模式"。

乐视生态是贾跃亭2012年提出的全新概念，希望将乐视打造成开放式闭环生态，形成乐视生态化效应，实现乐视生态利益最大化。2014年12月，贾跃亭宣布乐视"SEE计划"，将打造超级汽车及汽车互联网电动生态系统。自乐视生态模式提出以来，乐视网（300104.SZ）作为乐视生态中唯一的上市公司，在资本市场中受到了追捧，以2010年8月12日上市第一天收盘价42.96元起，公司股价于2012年底正式爆发，2015年5月13日达到最高价，按照广发证券软件的后复权价为1564.91元，股价涨幅近40倍，创造了乐视神话。与之对应，公司业绩呈现高增长态势，营业收入更是以惊人速度增加。公司有关财务数据见表1-1。

表1-1　乐视网2009—2016年的财务数据　　　　（单位：亿元）

年度	2009	2010	2011	2012	2013	2014	2015	2016
营业收入	1.46	2.38	5.99	11.67	23.61	68.19	130.17	219.86
净利润	0.44	0.70	1.31	1.94	2.55	3.64	5.73	5.55
净经营现金	0.83	0.65	1.47	1.06	1.76	2.34	8.76	-10.68
营收增长率（%）	—	63	151	95	102	189	91	69
净利增长率（%）	—	58	87	48	31	43	57	-3
净经营现金增长率（%）	—	-21	124	-28	66	33	274	-222

伴随业绩高增长，公司股价按后复权计算，2010—2015年底收盘价依次是64.38元、62.56元、78.85元、325.55元、258.41元、1028.51元，其中，2011年股价与2010年基本持平，2012年股价上涨26.04%，2013年股价暴涨312.87%，2014年股价下跌20.62%，2015年股价大涨298.01%。除了2014年底到2015年上半年我国股票市场处于短暂牛市，其他年度我国股票市场均处于熊市。

乐视网股价走势与业绩之间的吻合度并不太好，2011年公司净利增速最快而股价表现一般，净利表现不太亮眼的2013年股价却表现最优。乐视网自2010年上市以来就备受争议，乐视生态模式备受资本市场追捧之余，争议更甚。乐视网关键交易事项的会计处理方法也让人生疑，比如乐视网关联交易过多且金额过大。更让投资者担忧的是公司的"蒙眼狂奔"战略。业内说，乐视"用音速融资，用光速花钱"，在体育、影视、汽车、手机、电视等领域全面扩张。乐视生态子公司在乐视网上市后融资规模达800亿元，贾跃亭持有乐视网的股份超过9成被质押。伴随公司业务全面扩张的是不断膨胀的资金需求，乐视各子生态公司财务危机频现。

2016年底乐视危机正式爆发，不少生态子公司现金流捉襟见肘，到处充斥着现金流断裂的信息，在乐视生态各子公司利空与乐视网战略调整的利好交织中，乐视网股价再次受到严重影响，大有崩盘之势。2016年12月7日公司开始停牌，此刻公司股价与历史最高价相比跌幅高达60%以上。2017年1月16日融创中国150亿元火线驰援乐视促使危机暂时得以缓解。随即公司决定复牌，之后到4月15日，公司股价在30元到40元之间波动。2017年4月15日以重大资产重组为由乐视又开始停牌。2017年4月17日易到用车创始人周航指责乐视挪用易到13亿元资金,乐视危机进一步恶化。2017年4月20日乐视网2016年财务报告显示公司净利自上市以来第一次出现下滑,现金流严重恶化,与2016年业绩预报出现巨大差异。到2017年8月,贾跃亭所持乐视网股份被债权人申请冻结,乐视上市公司与非上市公司现金流全面爆发危机。2017年公司业绩进一步恶化,全年亏损138.78亿元,分季度归属于上市公司股东的净利润依次为1.25亿元、-7.62亿元、-10.15亿元和-122.26亿元,荣登A股亏损王,几乎一年亏损击穿公司净资产。

尽管乐视网仍在停牌中,但是乐视网的估值被国内多家基金连续三轮下调,目前所有基金对乐视网的估值为每股3.90元左右,只有停牌价的1/4。2017年7月国内多达20只基金纷纷下调乐视网估值,以停牌前15.33元(对应后复权价为537.87元)计,下调估值高达30%至10元左右。到10月中旬以后,国内多只基金再次下调公司估值至8元左右,几近腰斩。11月乐视网估值更被调至4元左右。

2018年1月24日乐视复牌后,公司股价由15.33元大幅暴跌到2018年2月14日的4.04元,之后强劲反弹至近7元,然后重启下跌态势,一直跌到2018年5月31日,公司股价为3.44元,与最高价相比,跌幅高达92.18%。

总体上讲,2017年乐视危机涉及面更多、更广、更杂,创始人贾跃亭远走他乡,对上市公司的无息借款与增持承诺均落空,转由孙宏斌主持乐视网,对乐视网进行了大幅度改革,原有子生态被大幅度削减,公司风险控制能力得以提升。但是当2017年乐视网偿还了巨额借款,金融机构在续贷问题上还是犹豫不决,乐视网仍难以赢得金融机构的信任。

2018年乐视风暴仍在发酵中。2018年3月14日,孙宏斌辞去乐视董事长职位,承认投资失败,并指出乐视今后三条路:破产重整、卖资产还债和退市。2018年前两季度乐视网延续亏损态势,截至2018年第二季度,乐视网经审计的净资产为负,随即7月13日乐视网发布关于股票存在被暂停上市风险的提示性公告。当下乐视危机并没有得到有效遏制,也丝毫看不到任何乐视复苏的迹象。

根据上述信息,分析下列问题:
1. 为何乐视网股价与业绩之间的吻合度不太好?
2. 金融机构在乐视网偿还巨额借款之后,为何在续贷问题上犹豫不决?
3. 为何乐视网在乐视生态危机爆发后的2017年竟然亏损近139亿元?
4. 乐视网是否还有生还机会?
5. 为何成功预测乐视爆发危机是一个大概率事件?
6. 作为监管者,需要密切关注乐视网哪些信息?

第一节 财务报告使用者的信息诉求

一、不同利益相关者的信息诉求点

财务报告是指企业对外提供的反映某一特定日期的财务状况和某一会计期间的经营成

果、现金流量等会计信息的文件。其主要目的是有助于财务报告使用者做出决策。

财务报告使用者如图1-1所示。

财务报告使用者主要包括股东、债权人、管理者、供应商、雇员与工会、监管机构及其他使用者。其中，最主要使用者是股东、债权人和管理者。

图1-1　财务报告使用者

根据使用者拥有的信息优劣可以将财务报告使用者划分为两类：一类是处于信息劣势的外部使用者，另一类是处于信息优势的内部使用者。外部使用者是指不参与公司经营活动的单位与个体，它主要包括外部中小股东、债权人、供应商、监管机构、投资分析师等。内部使用者主要是指董事会成员、管理者、员工等。

(一) 最重要的利益相关者——股东——最重要的财务报告使用者

公司制企业的出资方是股东和债权人，股东作为公司所有者，是公司最重要的利益相关者，拥有公司重大投资决策权、人事决策权、财务决策权、运营决策权等，股东通过聘请更专业的管理团队，通过有效授权，委托其管理企业，实现股东财富最大化和公司价值最大化。如果公司按时还本付息，债权人不会干涉公司经营管理，除非企业濒临破产清算，债权人将接管企业，实施破产清算程序。

大股东作为内部人，原本可以直接参与管理企业，但是大股东作为全体股东的代表，通过有效授权，并不直接参与公司管理，只保留最重大事项的决策权，而中小股东原本就没有机会进入董事会，无法代表全体股东行使权力，更没有机会参与公司经营管理。这就是说，无论大股东还是中小股东，实际上基本都不直接参与公司经营管理。当然，大股东与中小股东的不同在于，前者是董事会成员或者股东代表，作为内部人，虽然不直接管理企业，但是十分了解公司的运营情况。大股东与管理者可以通过管理会计、成本会计等内部信息更好地了解公司运营情况，财务报告只是进一步辅助其重大决策而已。但是中小股东却不同，中小股东原本就没有机会参与公司管理，无法掌握公司日常运营的内部信息，外部中小股东通过二级市场购入股票，只是希望分享上市公司财富增长，实现个人利益最大化。为了达此目的，中小股东要对自己的投资行为负责，需要对其投资意向公司或者持股公司的财务信息与非财务信息做出全面甄别，判定这家公司是否具有持续盈利能力或者持续增长盈利能力，最终做出决定：这些公司是否值得投资或者继续持有、增加投资。实证会计表明，给予股东最大回报的公司都是那些具有持续增长盈利能力的公司，尤其是那些具有持续高增长盈利能力的公司。因此，中小股东作为所有者，并不参与公司管理，即自己的公司自己不管理，中小股东是财务报告最重要的使用者。这也注定中小投资者必定全方位关注公司各方面信息，其核心诉求是公司持续盈利能力，为此目的，投资者关注的财务信息必定是最复杂的而且也是最全面的。

(二) 特殊利益相关者——管理者——财务报告提供者

公司制下所有权与经营权分离，意味着在现实生活中必定存在信息不对称，也就是说所有者与管理者之间存在着本质的利益冲突。所有者通过薪酬契约激励和约束管理者，使管理者为其创造价值。为了取信于股东，管理者需要用可信的载体向股东传递信息，使股东确信其评价管理者是否完成了薪酬契约中对管理者的绩效约束的方式是正确的，而这种可信的信息载体就是财务报告。财务报告成为管理者解除自身受托责任的最佳方式，外部中小股东正是借助财务报告中的相关数据判断管理者是否较好地履行了受托责任。也就是说，提供财务报告是管理者的基本义务，而会计并不是财务报告的提供者，其只不过是帮助管理者编制财务报告的人而已。这意味着管理者早已知悉财务报告的内容，审计师对财务报告出具审计意见之前，管理者已经检验过财务报告的公允性与公正性，因此管理者使用财务报告的一个重要目的是通过财务报告找出其与自己原有预期的差异，尤其是负差异，评估这些差异信息产生的原因及其对公司的影响，并寻求解决对策。

（三）不同利益相关者的信息诉求

不同利益相关者的信息诉求各不相同，各利益相关者的信息需求大体如下：

（1）资本利得及股利分红。股东对公司未来的预测更多地依赖于历史成本的会计信息，导致其预测受限。投资者需求的信息主要与企业价值评估有关，而影响企业价值的主要因素是公司未来持续盈利能力，因此投资者要预测公司未来，需要了解公司全部相关信息，不仅包括公司偿还债务能力、资产管理能力、盈利能力、现金流能力等信息，还包括经营环境等一些与公司未来有关的非财务信息。

（2）债权人。债权人关注的焦点是企业未来还本付息能力。债权人拥有优先索取权，索取固定利息与本金，这就导致债权人优先关注债权的保障程度，更关注企业收益的稳定性与安全性。债权人通过评估公司偿还债务能力，考察自己权益受到保护的程度，并决定是否进一步为公司提供资金。

（3）管理者。他们受所有者之托，是公司最直接的管理者，负责公司日常运营，其主要任务是统筹公司全局，通过财务报表分析，了解公司财务状况、经营成果和现金流量等方面的信息，找到问题之所在，并寻求解决方案。此外，财务报表信息还有一个重要用途是业绩评价。例如，基于对业绩的会计计量，如销售净利率和权益报酬率，对管理人员进行考核和支付薪酬；拥有多个分部的企业通常也用财务报表数据比较这些分部的业绩。还有，管理者进行公司未来规划时，财务报表信息也是非常有用的。

（4）供应商。为决定是否建立长期合作关系，供应商通常需要分析公司债务偿还能力和持续盈利能力，至少需要分析债务偿还能力，进而决定为公司提供何种信用政策以及是否需要调整信用政策。

（5）雇员与工会。工会代表劳方利益，与资方谈判，维护雇员利益。工会谈判的基础就是公司盈利能力等信息，以此为基础，为员工争取最大化利益。而雇员要评价其工资与工作环境的公允性，比较关注公司未来盈利能力和基本面方面的财务信息。

（6）监管机构。监管机构是指制定财务报表编制规则或对此拥有重要影响的人员，其通过财务报表分析，审查公司纳税申报和检查财务报告数据的合理性等，比如政府、证券交易委员会、价格管制委员会、审计师等。不同的监管机构使用财务报表，其监管目的不同。政府通过分析财务报表为其货币、财政、金融政策的调整提供依据。证监会监督公司财务报表是否符合证券法。一些价格管制行业，如公用事业，为了制定收费率需要向监管机构提交财务报告。审计师需要对财务报告的公允性、公正性、合法性出具审计意见。

（7）其他使用者。其他使用者包括资产评估师、媒体和顾客。资产评估师主要评价被评估公司的经济价值，评估公司财务和经营的协同性；媒体主要提供投资分析建议；顾客主要评价公司售后服务和供应商的持续供货能力等。

二、不同利益相关者信息诉求之间的关系*

股东的信息诉求和其他利益相关者的信息诉求之间的关系如图1-2所示。

假设将股东的信息诉求集合称为全集，它由 n 个子集构成，比如债务偿还能力子集、资产管理能力子集、盈利能力子集、现金流能力子集、公司战略执行能力子集和管理者前瞻能力子集等。这 n 个子集既有财务信息子集，如资产管理能力、债务偿还能力、盈利能力等，也有非财务信息子集，如管理者的前瞻能力、管理者品质等。当然，财务报告更多地而且更好地体现了公司财务方面的信息子集，而非财务信息除财务报告外更多地还需要通过公开媒体报道等其他渠道获取。

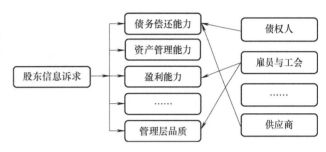

图1-2 利益相关者信息诉求之间的关系

与股东的信息诉求集相比，其他利益相关者的信息集只不过是前者的某一个子集或者某几个子集而已，或者总可以转化为股东的某一个子集或者某几个子集。例如，债权人更关注公司偿还债务能力，它只是股东信息集合中的债务偿还能力子集；又如政府机构根据各国实际情况因地制宜实施财政政策和货币政策，这些政策与上市公司财务绩效密切相关，而政府不需要像股东一样对企业进行全方位诊断，只是重点关注上市公司盈利能力子集或者偿还债务能力子集；再如，假定我国政府决定实施酿酒行业消费税改革，政府相关部门只需查阅酿酒行业盈利能力以及其流动性能力，即关注盈利能力子集和流动性能力子集，然后做出是否上调酿酒行业消费税的规定。

三、财务信息与非财务信息的互应关系

财务信息是企业活动（主要是经营活动、投资活动和筹资活动，以下简称"经营活动"）的静态和动态的会计语言的数字表达，经营活动是因，财务信息是果，两者互相印证。

一般而言，公司业绩与经营活动是一致的，两者呈现高度正相关。但是，由于管理者具有多种盈余管理手段，从而使财务报表与公司经营活动有可能出现"背离"。一般而言，业绩优秀的公司，两者的吻合度比较高；业绩一般的公司，两者吻合度有可能比较差。

阅读材料1-1

财务信息与非财务信息交相辉映

从财务信息上讲，一家具有持续盈利能力的公司的现金流是充沛的，几乎没有现金流断裂之隐患。同样，公司偿还债务能力极强，资产管理能力更是一流。进言之，审计师不必担心公司造假的风险，供应商也不必担心公司违约风险，雇员薪资比较高，政府对这类公司实施调控大多是主动性调整。这种公司是投资者最希望找寻的投资标的，同时也能满

足其他公司利益相关者的信息诉求。

从非财务信息上讲，具有持续盈利能力的公司战略定位清晰、战略执行能力一流、顾客忠诚度高、企业口碑优良、企业信誉极佳、员工满意度高、劳资双方和谐共存等。

持续盈利能力比较强的公司，其财务会计信息与非财务信息之间的相互印证关系更为清晰，是优质管理能力与优秀财务数据的匹配过程。持续盈利能力越强，公司财务信息与非财务信息之间的互应关系就越容易被识别。

持续盈利能力不太强的公司，两者的相互印证关系通常也应该是清晰的，但有时有可能不太清晰，公司财务数据出现异动的可能性比较大，经营管理等非财务信息各方面也有可能显得不太协调。一般来讲，一家战略混沌的公司或许可以实现短期盈利，但是无法实现长期持续盈利。如果公司资产管理能力财务指标一般，成本耗费比较高，其盈利能力应该一般，公司现金流也难以充沛，供应商不愿意让这类企业赊欠货款。同时公司的信誉、口碑也一般，员工满意度低，顾客满意度也是如此。这类公司的非财务信息与财务信息之间的关系有可能出现不协调，比如公司某年短期偿还债务能力尚可，而资产管理能力一般；现金流尚可，而盈利能力一般。

当下企业之间的竞争更为充分，大多数企业艰难求生，很难保持持续盈利能力。但是如果公司不断提升研发能力，执行顾客服务至上的理念，将顾客体验做到极致，并且能够切中消费者痛点，注重口碑与信誉，公司将更具有竞争力，更具有强劲的持续盈利能力。

第二节 财务报表信息的决策相关性*

一、财务报表与单人理性决策

（一）单人理性决策与会计信息

单人理性决策是指一个人在不确定条件下的理性决策行为。财务报表使用者在面临多种不确定性选择的条件下，积极获取额外信息，以修正决策者对原来的初始决策。而财务报表就是决策者获取额外信息的一种渠道，它可以被认为是一张条件概率表，这种额外信息可能是好消息也有可能是坏消息，从而使个人决策与会计信息产生了联系。

假定投资者在某一期间拥有 50 000 元，决定投资于风险资产与无风险资产。假定购买 M 公司股票为 a_1 和购买政府债券为 a_2。当他投资股票时，下一期投资收益是不确定的。下一期投资收益主要取决于公司的持续盈利能力。因此，本处定义两种情况：事件 1：高盈利能力；事件 2：低盈利能力。

如果事件 1 发生，下期股票收益达 8100 元，含资本利得与持股期间股利之和。如果事件 2 发生，下期股票净收益为 0。而无论哪种事件发生，政府债券是无风险的，政府债券下期投资收益都是 2500 元。

假定事件 1 发生的概率（高盈利能力）$P(H)=0.4$，事件 2 的概率 $P(L)=0.6$。本处概率判断包含了投资者所知道的 M 公司的所有信息，故称之为先验概率。投资者估计先验概率时需要依据公司历史财务报告、非财务报告信息、股价、市盈率、市净率、净资产回报率等。例如，乐视 2016 年底爆发危机，公司负面信息缠身，几乎每天都有乐视生态的相关信息传出，乐视网现金流断裂风险剧增。到 2017 年 8 月，更多爆炸性负面信息都直接指向乐视生态将分崩离析。虽然这些负面信息大都涉及非上市公司，比较少涉及乐视网，但是投资者在评估乐视网的收益能力时，这些信息必定会影响到其概率判断。

假定投资者是理性风险中性者，之所以假定当事人是风险中性者，是因为风险中性者的效用函数是线性的，更有利于计算与分析。一般而言，根据人们对风险偏好的不同类别，将其分为风险规避者、风险中性者和风险偏好者。在现实生活中，风险无处不在。从广义上讲，只要投资者从事股票投资，至少他应该是风险中性者，而不应该是风险规避者，否则他应该远离风险型资产。因此，本处假定投资者为风险中性者。假定投资者从投资回报中获取的效用值是回报值的正平方根。投资者必定按照期望效用值最大化做出选择。购买股票的期望效用为 $EU_{(a_1)}$，购买政府债券的期望效用为 $EU_{(a_2)}$。

投资者的两种投资标的决策收益如图 1-3 所示。

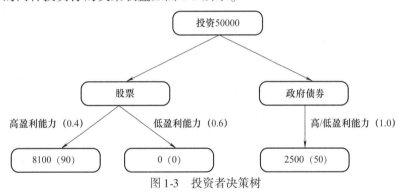

图 1-3 投资者决策树

如果投资者即刻做出决策，将按照期望效用值最大化原则进行选择，因为，$EU_{(a_1)} = 0.4 \times 90 + 0.6 \times 0 = 36$，$EU_{(a_2)} = 1 \times 50 = 50$，显然，投资者选择购买政府债券。

假定投资者决策时可以获取更为充分的信息，就不一定选择购买政府债券。例如，不久后 M 公司将公布财务报告，投资者决定耐心等待，因为财务报告中包括了公司财务状况、经营成果、现金流量、公司未来规划等及时性信息。如果公司财务报告披露后，投资者发现公司净利的确很高，界定为财务报表显示为"好消息"（GN）；反之称为"坏消息"（BN）。

基于对财务分析的经验，投资者发现，如果 M 公司确实处于高盈利状态，那么它将有 80% 的可能性当年财务报告将显示 GN，20% 的可能性将显示 BN。将其分别定义为条件概率 $P(GN|H) = 0.80$，$P(BN|H) = 0.20$。若 M 公司的确处于低盈利状态，由于财务报表并不完全可靠与相关，财务报表仍然可能显示 GN。假定 M 公司处于低盈利能力时当年财报显示 GN 的概率是 10%，显示 BN 的概率为 90%。将其分别定义为条件概率 $P(GN|L) = 0.10$，$P(BN|L) = 0.90$。

根据 GN 和 BN 的证据与概率数据，运用贝叶斯定理计算后验概率，则高盈利能力的后验概率与低盈利能力的后验概率分别为

$$P(H|GN) = P(H) \times P(GN|H) \div [P(H) \times P(GN|H) + P(L) \times P(GN|L)]$$
$$= 0.40 \times 0.80 \div (0.40 \times 0.80 + 0.60 \times 0.10)$$
$$= 0.84$$

$$P(L|GN) = 0.16$$

现在，根据后验概率计算两种投资标的的期望效用：

$$EU(a_1|GN) = 0.84 \times 90 + 0.16 \times 0 = 75.6$$

$$EU(a_2|GN) = 1.0 \times 50 = 50$$

因此，如果当期披露财务报表显示 GN 信息时，将会导致投资者改变投资行为，做出购买 M 公司股票的最优决策，而不是购买政府债券。

由于事前观测到两种不同盈利状态下出现好消息与坏消息的概率，即它是已知的，当财务报表出现好消息或者坏消息时，即出现了额外信息，通过计算投资者的后验概率，投资者修正了原有的决策行为，使其投资效用达到了最大化。

（二）单人理性决策模式的通俗表达

由决策过程来讲，我们可以将购买政府债券的行为作为第一次决策，也可以将购买股票的行为作为第一次决策，这取决于我们对决策过程的界定。如果是前者，更为符合一般人的决策过程，即根据已知信息做出决策而不选择等待；如果是后者，更符合严谨的决策行为，即通过对原来公开已知信息的处理形成初始预期过程，等待新信息出现，当与初始预期出现差异时，当事人做出第一次决策。

单人理性决策的通俗描述如下：个人基于当前已知信息形成初始预期，公司财务报告披露形成额外信息源，当事人做出初次决策。基于初始决策的基础之上，由于新信息出现，形成再次预期，然后由于财务报告披露信息产生的差异源，当事人做出再次决策，以此类推。

根据单人理性决策过程评估，从严格意义上讲，只有当事人每一次都做出正确决策，最终才能做出正确的总决策。但是在现实生活中，这种人应该是不存在的，这意味着决策错误是在所难免的，但要尽量保持在关键决策环节不能出错，更为重要的是，当做出一次错误决策时，当事人要尽快将其转入正确决策轨道，而不是沿着错误轨道前行。

财务报表是分析者决策信息差异源的重要途径之一，有利于分析者修正决策与改进预期。理解财务报表信息有用性是至关重要的。财务报表为了有用，必须有助于投资者预测未来投资收益。在历史成本下，财务报表不能直接表述未来期望值。不过财务报表在一定程度上仍然有用，即它能使好消息或者坏消息的预测持续到未来。想象一个序列，从当期的好消息或者坏消息到未来的盈利能力再到投资收益的期望值。需要注意的是，通过当期财务报表信息预测公司未来盈利能力，然后公司盈利能力反映到公司股价，有助于预测投资者未来投资收益。

通常来讲，人们之所以修正原来的决策，是因为现实与预期出现了差异。差异就是额外信息源，财务报表就是差异信息来源之一。这里假定是财务报告使用者根据公开的财务报表等信息，首先形成了初始预期，然后根据下一期财务报表等信息，基于差异性信息做出事后调整，修正原来的决策，以此类推，通过不断优化决策达到最终决策最优化。

在股票市场中，一个理性投资者在财务报告披露日需要根据财务报告与其预期的差异做出决策调整，而决策调整程度的大小取决于当事人的原有预期（原有决策）与财务报告披露的差异程度。

阅读材料 1-2

财务报告披露日投资者的决策调整——以招商银行为例

2017 年 3 月 25 日，招商银行披露的 2016 年度财务报告显示，公司实现归属于本行股东的净利润为 620 亿元。投资者 G 认为招商银行是一家持续盈利能力比较强的公司，于是财务报告披露当日购买了 10 000 股招商银行的股票,并预期招商银行 2017 年将实现净利约 690 亿元。2018 年 3 月 24 日,招商银行披露的 2017 年度财务报告显示,公司归属于本行股东的净利润为 701 亿元。假定投资者是理性人且股票市场有效,我们模拟各类不同投资者的博弈过程以及招商银行股价在财务报告披露日的不同表现。

首先我们对投资者的类型做出界定。凡是预期招商银行 2017 年度将实现净利低于披露业绩的投资者,界定为 A 类投资者。凡是预期招商银行 2017 年度将实现净利与披露业绩相当的投资者,界定为 B 类投资者。凡是预期招商银行 2017 年度将实现净利高于披露业绩的投资者,界定为 C 类投资者。财务报告披露日招商银行股价取决于 A 类投资者和 C 类投资者的买卖力量对比,而 B 类投资者基本不影响公司股价。

2018 年 3 月 24 日,招商银行披露的 2017 年度财务报告显示,公司归属于本行股东的净利润为 701 亿元,因此,A 类投资者预期招商银行 2017 年度将实现净利低于 701 亿元,基于这一动因,A 类投资者在一年前购入招商银行股票。而投资者 G 预期招行净利为 690 亿元,属于 A 类投资者。2017 年度财务报告业绩披露日,对 A 类投资者而言,公司净利好于投资者的预期,属于财务报表显示好消息(GN)。假定当日有剩余资金,A 类投资者将在财务报告披露日继续购入公司股票,而不是抛售或者维持原有股份不变,形成招商银行股票的买方力量,投资者 G 就是其中之一。同样,B 类投资者预期招商银行将赚取约 701 亿元,与其预期基本一致,财务报告公布日 B 类投资者的投资决策是继续持有公司股票,B 类投资者不会影响公司股票价格;C 类投资者因预期高于 701 亿元而购入招行股票,而招商银行财务业绩低于 C 类投资者的预期,C 类投资者于财务报告披露日的投资策略是抛售股票,形成卖方力量。

因此,财务报告披露日招商银行股价表现取决于 A 类投资者和 C 类投资者的买卖力量对比。如果 A 类投资者的买方力量大于 C 类投资者的卖方力量,招商银行股价于财务报告披露日将上涨;如果 A 类投资者的买方力量与 C 类投资者的卖方力量相当,招商银行股价将维持不变;如果 A 类投资者的买方力量小于 C 类投资者的卖方力量,招商银行股价将下跌,俗语"见光死"就是这种情况。假定 2018 年 3 月 24 日招商银行股价下跌,这表明 A 类投资者买方力量弱于 C 类投资者卖方力量,这说明 C 类投资者的初始预期是基本正确的,A 类投资者的初始预期是错误的,而 B 类投资者的初始预期也是错误的。

阅读材料 1-2 揭示了投资者根据公开信息尤其是财务信息形成个人初始预期做出决策的场景。每个投资者的决策都是基于个人预期而开始的,但是其决策的正确性与市场平均预期密切相关,换句话说,投资者需要通过分析大量财务数据与非财务信息形成比较准确的市场预期。

由此可见,财务报告的作用是让每一个投资者不断地修正自己之前的投资决策,有助于投资者做出动态良性调整,最终有利于社会资源的优化配置,同时也将起到规范资本市场的作用。因此,财务报告有利于投资者形成动态配置资源的能力,拥有对公司未来盈利预期的判断能力,使之投资收益最大化。

然而,现实生活中绝大多数人都会根据新信息不断修正自己之前的决策,却离正确路径渐行渐远。股票市场中大多数投资者频繁买卖股票而越输越多就是最佳写照。换言之,绝大多数人的决策调整都不是良性的调整而是恶性调整。这一结论几乎适用于人类的任何领域,投资领域是如此,婚姻是如此,孩子教育也是如此。

我们仍以投资者购买股票与政府债券为例说明,并假定投资者由原来购买政府债券改为购买股票是正确的。而现实很有可能是绝大多数投资者仍然坚持政府债券投资,这是因为绝大多数人判断的条件概率可能与正确的条件概率存在比较大的差异。

沿袭原有假定事件1发生时的概率(高盈利能力)$P(H) = 0.4$,事件2发生时的概率$P(L) = 0.6$,并假定先验概率保持不变。然后对一些数据做出修正:基于对财务报告分析等的经验,投资者认为,即使M公司确实处于高盈利状态,仍有50%的可能性当年财务报告将显示GN,50%的可能性将显示BN。将其分别定义为条件概率$P(GN|H) = 0.50$,$P(BN|H) = 0.50$。同样,即使M公司处于低盈利状态,由于财务报表并不完全可靠与相关,财务报表仍然可能显示GN。假定当年财务报表显示GN的概率是30%,显示BN的概率为70%。将其分别定义为条件概率$P(GN|L) = 0.30$,$P(BN|L) = 0.70$。

根据GN和BN的证据与概率数据,运用贝叶斯定理计算后验概率,则高盈利能力的后验概率与低盈利能力的后验概率分别为

$$P(H|GN) = P(H) \times P(GN|H) \div [P(H) \times P(GN|H) + P(L) \times P(GN|L)]$$
$$= 0.40 \times 0.50 \div [0.40 \times 0.50 + 0.60 \times 0.30]$$
$$= 0.53$$
$$P(L|GN) = 0.47$$

现在根据后验概率计算两种投资标的的期望效应:

$$EU(a_1|GN) = 0.53 \times 90 + 0.47 \times 0 = 47.7$$
$$EU(a_2|GN) = 1.0 \times 50 = 50$$

因此,根据公布的财务报告,在当期显示好消息时,投资者仍然维持购买政府债券。

这里我们只是模拟了现实生活中大多数人做出错误决策的一种数据模拟决策过程。之所以做出了错误判断,是因为投资者事前观测到两种不同盈利状态下财务报表显示好消息和坏消息的概率出现了错误。之所以事前观测到两种不同盈利状态下财务报表显示好消息和坏消息的概率不同,是因为投资者的信息处理与分析能力不同。

如果从个人一次决策(本例也可认为是两次决策,我们倾向于一次决策)角度上讲,投资者做出错误判断有多种可能,只要某一个或者几个环节出现错误,最终决策都有可能错误。这些错误环节有预期、差异、修正、预期与差异、预期与修正、差异与修正等。只有财务报告使用者在预期、差异和修正每个环节都正确时,最终其决策才是正确的。

因此,仅考虑单独一次决策,原本就很少有人能做出正确决策,而从两次决策调整来讲,绝大多数更难以正确,更不用说多次决策。因此,投资者只有能够准确预测到那些具有持续盈利能力的公司才会成为超级大赢家,而这项工作是一项充满挑战、无比艰难而又让人心动的工作,以至于绝大多数投资者索性直接放弃预测公司盈余持续能力,从而就很容易理解为何大多数投资者总是在不经意间会成为输家。

利益相关者在个人决策模式中各个环节的概率判断发生错误的原因有多种,或者是获取的信息不充分,或者是信息处理方式不当,或者是投资偏好过强,或者是投资经验和学识不足等。大多数投资者总会在其中一个或者几个环节出错,只有极少数投资者才能做出正确判断,这些人通常具有较强的逻辑推理、思考辨析和理性素养。如果具备这些基本素养,投资者做出正确决策的概率将明显提升。而这些素养不仅适用于投资领域,也适用于日常生活中的其他任何领域。

需要提及一点，日常生活中有一种极端情况：有一类人做出决策时，即使伴随事后新信息不断出现，也从来不调整自己的初次决策，一直坚持到最后。这类人最终的结局大概有两种：一种是顶层人士，即规则的制定者，如莱特兄弟、乔布斯、比尔·盖茨等；另一种是人生的超级大输家，如顽固主义者、超级自负主义者等。两者的区别在于，前者是在总方向正确的前提下一直坚持到最后，中间过程难免发生错误，但是很快就会再次步入正确轨道，即中间经历多次良性调整，始终围绕一个超清晰目标（比如改变世界的梦想）而展开，大家误认为当事人没有调整；后者是在总方向错误的情况下一直走向深渊，中间偶尔正确，但是很快就会再次步入错误轨道，即中间也有调整，但是由于目标也超清晰，只不过它是一个错误目标，并且当事人围绕错误目标进行了多次错误调整，大家也误认为当事人超级顽固而从不调整。

进一步分析，如果将人生终点目标作为总决策目标的话，每个人都会在不同阶段或多或少做出错误决策，做出错误决策越少者，人生总目标越成功。财务报告只是影响我们做出投资决策的信息源之一，而日常生活中的种种琐事都是影响我们人生总目标的信息源，因此，如果要取得人生总目标成功，至少要在人生多次决策中不能犯致命错误，尤其是重要事项处理时更不可以犯下致命错误，最终通过决策调整使自己优于原来的自己。这意味着，阶段性小错误和阶段性小失败并没有那么重要，不需要过度夸大其危害性，需要确认的是这些失败与错误是消极所得还是积极所致，这才是最重要的。

顶层群体与常人一样，也会犯错，但是两者出现错误的方式和对待错误的方式有本质区别。正如苹果公司首席设计师乔尼·艾维（Jony Ive）所言："承认错误通常会产生最好的结果。我们已经犯过无数的错误，但我相信，这些错误并不是因为懒惰或相信它必然会成功的自满情绪。我认为我们是一群非常焦虑和担心的人，自认为这样做是不可行的。"也就是说，主动自我否定是人类走向成功的一种捷径。又如伟大的物理学家爱因斯坦当年向《物理评论》（Physical Review）提交了一篇宣称引力波不存在的论文，该杂志的审稿人将其打回，要求进行修订。爱因斯坦恼火不已，撤回了论文，等到他把论文提交给另一家学术期刊时，他已经纠正了自己的错误。修订后的论文指出，引力波是确实存在的。历史学家尤尔根·雷恩（Jürgen Renn）表示，爱因斯坦没有被自己的错误带偏，他能够根据新出现的证据修正方向，这些事实正是其天才的标志。

财务报告的分析与理解也是如此，分析者要有自我否定之精神，切勿认为自身的财务分析是正确的，也是理所当然的。资本市场的公司股票估值分析更是如此，投资者更不能轻易认为一些低估值的公司一定是好的投资标的，它们完全有可能是投资陷阱。

二、我国上市公司股价与财务业绩关系的统计分析

（一）会计数据与股票价格

净收益能够解释股票价格变动吗？1968 年雷·鲍尔（Ray Ball）和菲利普·布朗（Philip Brown）开创了会计领域中资本市场研究的先河，运用事件研究法，通过研究未预期会计盈余与股票超额回报率之间的显著正相关性，证明会计信息具有价值相关性。他们第一次以令人信服的科学证据提出，公司证券的市场价格会对财务报表的信息做出反应，即会计信息含量是解释证券价格变动的重要因素。雷·鲍尔和菲利普·布朗运用1957—1965 年间 9 个会计年度的 261 家在纽约证券交易所上市公司的有关资料，实证研究发现股票非正常回报的符号与未预期盈余变动的符号之间存在显著相关性，好的盈余信息带来 7% 的股价上升，而坏

的盈余信息与9%的股价下降有关。这正式揭开了会计信息价值相关性理论研究的大幕，其后几年间会计信息价值理论研究获得了空前的发展，海量的研究几乎都证明了会计信息具有价值相关性，为会计信息相关性理论的其他方面研究奠定了坚实的基础。随后不少国内外学者都给出了类似的证据。研究证据显示，净收益传递的"消息"与公司股票价格之间具有确切的关系。传递"好消息"会伴随着股票价格的正向变动，而传递"坏消息"的净收益则与股票价格呈负向变动关系。净收益越好或者越坏，伴随着股票价格的反应越大。财务报告中其他财务数据与股票价格之间也存在类似情况。

雷·鲍尔和菲利普·布朗研究了未预期会计盈余与股票超额回报之间的关系，而 Beaver et al. 进一步研究了未预期盈余与股票超额回报率之间在数量上的关系，得出结论：未预期盈余越大，公司股价变动也越大。将未预期盈余与股价的超额回报相联系，即盈余反应系数（Earnings Response Coefficient，ERC）。早期对盈余信息含量的研究，隐含着所有公司具有相同的 ERC 的同质假定，并未涉及 ERC 在公司层面上的差异，对未预期盈余的进一步研究就是分析 ERC 在公司层面上的差异及其原因，国内外学者也进行了这方面的充分研究。

上述研究主要集中于盈余的信息含量，主要探讨未预期盈余与股票超额回报之间的关联性，运用该方法也证明了我国会计信息具有价值相关性。赵宇龙（1998）借鉴雷·鲍尔和菲利普·布朗的事件研究法，选取1994—1996年间3个会计年度在上海证券交易所上市的符合若干假定的123家公司作为样本，研究财务报告批准报出日前后各8个交易周内未预期盈余与股票超额回报之间的关系，研究发现未预期盈余的符号与股票超额回报的符号显著相关，证明了我国会计信息具有价值相关性。陈晓等（1999）从股价反应和交易量反应角度也证实了盈余数量在我国具有很强的信息含量。孙爱军、陈小悦（2002）基于1992—1998年间的上市公司的数据，利用两种模型检验会计盈余的信息含量，研究发现在这一期间中国股票市场上，会计盈余对股票收益的影响十分显著，并且显著水平呈现不断增强的趋势。

这里只是列示了一些具有代表性的会计信息价值相关性研究文献，有兴趣的读者可以进一步查阅更详细的相关学术文献，进一步研究会计信息价值相关性。

（二）公司股价与财务业绩之间的关系分析

从中长期来看，那些股价表现优异的公司都具有强劲的持续盈利能力，虽然未必公司每年业绩增长与股价增长逐一对应，但总体上公司股价与业绩的运行轨迹是大体吻合的。

这里以网宿科技股份有限公司（300017.SZ）为例，简单描述公司股价的运行轨迹与其财务业绩运行轨迹之间的关系。公司成立于2000年1月26日，主营范围是向客户提供全球范围内的内容分发与加速（CDN）服务、互联网数据中心（IDC）服务及云服务整体解决方案。公司于2009年10月31日登陆中国深圳证券交易所创业板，成为创业板首批上市公司。公司2012—2016年间成为我国创业板中一颗璀璨的明星。

公司的历年财务数据见表1-2。

表1-2 网宿科技2007—2016年的主要财务数据　　　　　（单位：亿元）

年度	营业收入	同比（%）	利润总额	同比（%）	归属上市股东净利润	同比（%）
2007	1.19	72.91	0.30	59.86	0.25	56.89
2008	2.39	100.32	0.44	44.16	0.37	45.51
2009	2.87	20.07	0.45	2.87	0.39	4.78
2010	3.62	26.22	0.45	0.21	0.38	-1.48

（续）

年度	营业收入	同比（%）	利润总额	同比（%）	归属上市股东净利润	同比（%）
2011	5.42	49.65	0.65	42.65	0.55	42.97
2012	8.15	50.29	1.23	89.96	1.04	89.59
2013	12.05	47.89	2.66	116.89	2.37	128.55
2014	19.11	58.57	5.01	88.25	4.84	104.00
2015	29.32	53.43	8.78	75.20	8.31	71.87
2016	44.46	51.67	13.26	50.95	12.5	50.41

与之对应，公司股价在此期间表现也一样强劲，见表1-3。

表1-3 网宿科技2009—2016年的后复权股价　　（单位：元）

年度	2009	2010	2011	2012	2013	2014	2015	2016
股价	42.71	28.73	22.68	29.24	144.85	165	450.08	403.89
涨跌幅(%)	—	-33	-21	29	395	14	173	-10

根据上述数据，我们可以思考以下问题：①公司于2009年10月31日登陆创业板，它上市前三年业绩呈现什么特征？②2009年网宿科技的股票定价是否合理？③从总体上讲，网宿科技的股价与财务业绩的吻合度如何？④网宿2011年和2012年均呈现高增速，尤其是2012年前三季度清晰显示了公司高盈利增长态势，但是公司股价却在2012年底才爆发。这说明了什么？⑤仅通过网宿科技财务数据分析，投资者是否有好的机会购入公司股票？⑥为何2016年公司业绩增速与股价表现出现背离？

（三）我国上市公司股票价格分布的统计分析

我国现代意义上的股票市场始于1990年，具有实质意义的股票市场始于2005年，股票全流通始于2010年。历经近30年风雨，我国股票市场取得了长足进步，但是仍然处于发展初期，市场制度亟待健全。市场总体处于长期熊市和短期牛市交织中，股民总体输多赢少。我国股票市场有效性不高，股票价格反映公司业绩不及西方发达国家资本市场，但是总体上我国股票市场中公司股价仍能够有效反映公司净利等财务信息，这在一定程度上说明了财务报告的有用性。

我们进一步研究我国上市公司股价总样本数据。表1-4统计了我国上交所和深交所A股上市公司的股票最高价与其上市第一天收盘价之间的涨幅倍数关系，我们称之为投资统计样本，界定为样本Ⅰ。表1-5统计了上市公司的后复权股票最高价与股价后复权最低价的涨幅倍数关系，我们称之为投机统计样本，界定为样本Ⅱ。样本Ⅰ和样本Ⅱ时间差统计明细见表1-6、表1-7，而图1-4、图1-5和图1-6统计了样本Ⅰ和样本Ⅱ股价最高点的时间分布。

表1-4 样本Ⅰ上市公司股价最高价与第一天收盘价的涨幅倍数关系

倍数区间	数量	累计数量	占比（%）	累计百分比（%）	时间差均值/年	时间差中位数/年
[100, 353)	16	16	0.56	0.53	16.6	19.5
[50, 100)	30	46	1.05	1.61	16.9	18.5
[40, 50)	31	77	1.09	2.70	15.6	17.8
[30, 40)	66	143	2.32	5.02	15.6	18.3
[20, 30)	119	262	4.18	9.20	14.6	17
[10, 20)	332	594	11.65	20.85	13.3	13.7
[0, 10)	2255	2849	79.15	100.00	7.4	5.2

表1-5　样本Ⅱ上市公司股价最高价与最低价的涨幅倍数关系

倍数区间	数量	累计数量	占比（%）	累计百分比（%）	时间差均值/年	时间差中位数/年
[100，673)	94	94	3.51	3.51	13.2	10.1
[50，100)	187	281	6.96	10.47	12.0	10.0
[40，50)	82	363	3.05	13.52	13.4	10.1
[30，40)	139	502	5.18	18.70	9.9	9.9
[20，30)	290	792	10.80	29.50	9.6	9.9
[10，20)	600	1392	22.35	51.84	7.1	6.6
[0，10)	1293	2685	48.16	100.00	3.2	2.5

表1-6　样本Ⅰ时间差数理统计　（单位：年）

平均值	8.8
中位数	6.5
最大值	25.5
最小值	0
极差	25.5
方差	47.0

表1-7　样本Ⅱ时间差数理统计　（单位：年）

平均值	6.4
中位数	4.4
最大值	24.5
最小值	0
极差	24.5
方差	29.8

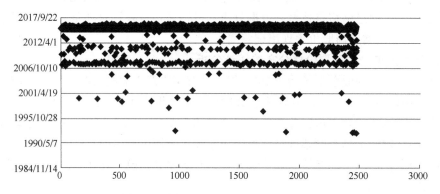

图1-4　样本Ⅰ和样本Ⅱ上市公司股票最高价的时间点分布

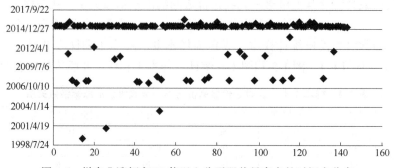

图1-5　样本Ⅰ涨幅在30倍以上公司股价最高点的时间点分布

样本统计说明：①上市公司股价采用广发证券金融终端软件按后复权价计。②样本Ⅰ和样本Ⅱ的截止日为2016年5月27日，沪深两地共2851家上市公司。当日上证指数报收

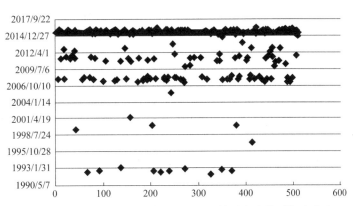

图1-6　样本Ⅱ涨幅在30倍以上公司股价最高点的时间点分布

2821点，深证成指收盘9813点。其中样本Ⅰ中剔除2个倍数异常（近千倍涨幅）的公司包括游久游戏、方正科技，剩余2849家上市公司；样本Ⅱ剔除166家公司，主要包括股价涨幅倍数过于异常、股价后复权最低价为负数、股价后复权最高价与股价后复权最低价的时间差为负数的企业，总计剩余2685家上市公司。

为了进一步比较分析我国上市公司股价的不同表现，我们又统计了截止日为2014年2月28日的总样本，当时我国股票市场处于熊市谷底，我们称之为样本Ⅲ和样本Ⅳ，处理方法与样本Ⅰ和样本Ⅱ相同，部分统计如图1-7和图1-8所示。

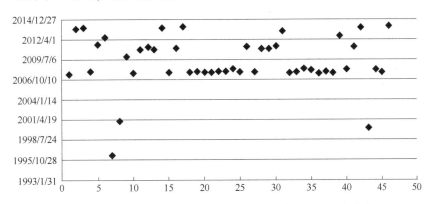

图1-7　样本Ⅲ涨幅在30倍以上公司股价最高点的时间点分布

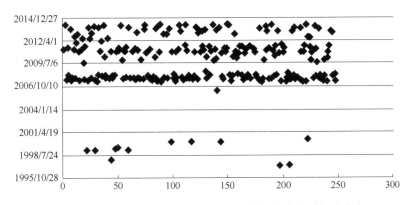

图1-8　样本Ⅳ涨幅在30倍以上公司股价最高点的时间点分布

根据样本统计发现，无论是样本Ⅰ、样本Ⅱ，还是样本Ⅲ、样本Ⅳ，投资者很容易得出结论：假定投资者长期持有我国上市公司长达10年以上，则很有可能获得惊人的投资回报，并且样本Ⅱ和样本Ⅳ的回报更为惊人，但其要求投资者在低价区间购入，这一要求比较苛刻，而样本Ⅰ和样本Ⅲ是傻傻等待即可，基本适合于每一个人。

　　在四个样本中投资者只购买1只股票，则通常至少有高达20%的概率实现10倍以上的惊人回报（样本Ⅰ和样本Ⅲ高达20%，而样本Ⅱ和样本Ⅳ高达50%），即投资者仅持有1只股票且以10年为投资周期，其投资回报至少有20%以上的概率超过10倍。当然，剩下80%的概率分布属于涨幅小于10倍以内上市公司的概率分布。从投资实践上讲，如果超高涨幅的公司占比高达1/5，那么投资者盈利是比较容易的，全民皆赢也是一件大概率事件。若投资者构建投资组合，假定投资组合数量为5个投资标的，并将资金平均投资于每一个投资标的，以样本Ⅰ（样本Ⅲ也一样），基本可以估算出投资者的回报率应该是不错的，即投资者只要傻傻等待即可获取好的投资回报，而样本Ⅱ和样本Ⅳ要求投资者具有更高素养不予考虑。然而，以10年投资周期计算，现实是我国绝大多投资者的实际投资回报远远低于10倍，更大概率是远低于1倍，甚至是亏损，基本可以断定2000年之后入市的投资者中有90%以上的投资者在长达10多年内的投资回报率远低于银行同期定期存款利率。

　　之所以现实与我们的推定迥异，是因为从个人决策优化过程上讲，每个投资者根据事前观测形成的初始预期是不一样的，每个投资者每一次决策也不一样，之后的投资者的决策差异亦不同，投资者经过长时间决策修正后，绝大多数人并没有长期持有同一投资标的，而是不断变换不同的投资标的，且不断变化投资对象的结果不是提升自身收益，而是不断恶化自身的投资收益，最终投资者的投资回报远低于事后统计数据显示的收益。

　　如果我们进一步深度分析我国上市公司股价总样本数据，就会发现它给投资者的最大启示不是繁杂的数据分析的表象结论：我国股民全民皆输，而是它为投资者提炼了一套最佳投资策略：大道至简，贵在坚持。而我们需要深思的是为什么我国中小股民总是无法坚持，不相信价值投资可以赢取巨额回报。这其中一个重要原因可能是我国股票市场经常发生上市公司损害中小股民的事例，其频率高于欧美股票市场，以及一些重要治理制度亟待改进。例如，股价涨幅高达近70倍之巨的投资标的中竟然有造假大鳄银广夏（现已更名为西部创业），更让人惊奇的是，银广夏至今仍屹立于我国股票市场。查阅最近几年公司财务报告发现，这家公司多年几乎没有主营业务收入，经常被"ST"，却能屡次逃生，伎俩无非是重大资产重组、资产注入、出售资产、出售股权等。这些所谓的手段基本都是利用会计准则和监管漏洞达到屡次摆脱退市命运的目的。这类事件让中国股民心寒之余，更多地暴露了我国股票市场效率低下与改革之难的症结所在。但实际上这并不是最重要的，因为统计数据表明即使如此，我国中小股民如果坚持还是可以赚取不菲的投资回报。并且随着数据阅读的不断深入，以及当事人经验、阅历及投资经验等不断优化，投资者将能够使抽象的投资策略演变为更具有操作性的投资策略。

第三节　财务报告有用性的现实障碍

　　本节重点分析以下三个因素：报表动因、竞争动因、人性动因，当然无法穷尽一切，比如资本市场的有效性也会影响到财务报表的有用性。

一、报表动因

(一) 财务报表生成流程

会计报表编制大都经历"原始凭证→记账凭证→会计账簿→会计报表"这一会计循环过程。财务报表分析实际上就是将财务报告还原为企业原始凭证所代表公司各类业务的过程,即通过财务报表还原企业经营的过程,财务报表与原始凭证之间经历了记账凭证、会计账簿、成本计算等多个环节。记账凭证是会计语言的初次表达,与原始凭证逐一对应,但是由记账凭证到会计账簿,尤其是总账,属于对记账凭证的加工、整理和汇总,这两者之间无法逐一还原,再由账簿到报表更是综合整理、汇总和撰写成文,更无法逐一还原。因此财务报表分析的难度是显而易见的,财务报表分析过程也只能是一种概率还原过程。例如,一家公司产品销售是否畅销、公司管理效率是否高效、公司服务意识是否较强、公司财务战略是否可控、公司经营模式是否较优等,这些信息只有内部核心管理者比较清楚,外部人员无法准确界定,更不用说分析者只利用财务报告和公开信息,并且公开信息或多或少都带有一些"粉饰"的成分,这就是说分析者只要能够大概率还原企业基本面即可。一般来说,财务报表的分析能力越强,分析者还原公司基本面的能力越高,越有利于其做出决策。因此,财务报告使用者要能够准确判断公司未来发展趋势,比如公司是向好的还是趋坏的,又如,如果一家公司财务造假,决策者至少应该能够判断出这家公司财务数据是有问题的,财务数据存在诸多疑点,要能判断这家公司是否值得投资。

(二) 会计计量属性

基于会计信息可靠性的前提,不同利益相关者需要与其决策相关的信息,尤其是投资者,需要更多的与预测公司未来持续增长盈利能力有关的信息。为了给财务报表使用者决策提供更为有用的相关会计信息,会计要素应该更多地采用非历史成本计量,确定其金额;为了提供更为可靠的会计信息,会计要素应该采用历史成本进行计量,确定其金额。

会计计量属性的选择实际上就是会计信息相关性与可靠性的权衡,在现实世界中,很难完美平衡二者的矛盾。虽然不同会计计量属性之间存在着矛盾,但并非不可调和。一般认为公允价值计量最为综合,历史成本、现值、重置价值、可变现净值都有可能是在不同情况下公允价值的一种表达形式。

一般而言,会计信息相关性越高,可靠性越弱;会计信息相关性越弱,可靠性越强。在现值计量属性下会计信息相关性高,在历史成本计量属性下会计信息可靠性最好。换言之,为了取得更为相关性的会计信息,就必须牺牲会计信息的可靠性;为了获得更为可靠的会计信息,就必须牺牲会计信息的相关性。一种极端情况是,财务报告只采取一种相关性高的会计计量属性,比如公允价值或者现值,但是在现实世界中无法保证会计信息的可靠性;另外一种极端情况是,财务报告为了达到可靠性最高,只采用历史成本计量属性,但是它却很有可能丧失了会计信息的相关性。

由于现实世界中财务会计无法从根源上同时达到会计信息相关性和可靠性的完美均衡,人们就采取了退而求其次的方法,即在会计信息相关性和可靠性之间做出协调,即牺牲一部分会计信息的相关性来提高会计信息的可靠性,舍弃一定程度上的会计信息的可靠性来提高会计信息的相关性,兼顾会计信息的相关性和可靠性。

基于现实世界,从历史成本计量属性到公允价值属性、现值计量属性,其反映的会计信息的相关性得以提升，但其可靠性却被削弱。也就是说，会计计量属性越趋近历史成本计量，会计信息越可靠；会计计量属性越趋近公允价值、现值计量，会计信息越相关。所以，在现实生活中，会计报表内不同的会计要素采取合适的会计计量属性，其中历史成本计量属性占据主导地位，其他计量属性处于辅助地位。这样财务报告中的会计计量属性就呈现出一种混沌状态。换句话说，现实世界中无法完美解决会计信息相关性与可靠性之间的矛盾，不过它提供了最为现实的"次优的"会计状态的比较尺度，在一定程度上缓解会计信息的相关性与可靠性之间的矛盾，但是这在一定程度上增加了财务报告阅读的难度。

二、竞争动因

伴随着移动互联网、大数据库时代的来临，人类社会甚至有可能在不远的将来走进共享经济和人工智能时代，我们正面临着一些颠覆性变革：供求双方信息日益对称、顾客转移成本较低、顾客忠诚度下降等，这就注定企业经营环境日趋复杂，企业竞争更加激烈，企业生存压力陡增，与之对应，企业产品生命周期更短，企业产品研发能力要求更高，顾客服务意识要求更强，顾客要求产品体验更好。同样，企业经营模式，尤其是公司经营初期也更难被识别，或者完全相反，小企业的经营模式更容易被垄断企业所模仿，直到垄断企业收购或者消灭它，也意味着中小企业生存环境会更加艰难。基于竞争相对充分的环境，企业决策者在披露财务报告信息时，更不愿意揭示过多关于公司未来发展方向的信息，否则，一旦被竞争者敏感察觉，将对公司未来战略执行及其抢占市场先机构成致命威胁。

三、人性动因

人与生俱来具有贪婪、功利、浮躁、短视之本能，人之本性导致财务报表使用者大多匆忙决策，无暇顾及财务报告提供的繁杂信息，这是妨碍财务报告使用价值的最直观原因。虽然财务报告提供有关预测公司未来的信息并不够充分，但这并不能否定财务报告在预测公司未来持续盈利能力方面的有用性，重要的是当事人要有耐心阅读财务报告。上市公司财务报告动辄百页，有的多达几百页，几乎没有利益相关者能够耐心研读财务报告，甚至财务专业的学生在学习财务报表分析时都无心阅读财务报告。基于时间成本和财务成本考虑，更少人愿意打印一家上市公司历年财务报告，然后耐心钻研，详细分析财务报告，最后谨慎做出投资决策。如果说这个世界上有一个认真研读财务报告的人，那就是股神巴菲特，至于是否有第二人就无从考证了。因此，战胜他人并非因为你天赋异禀，只是你比他人多了一点耐心而已。

还有一些投资者认为我国财务报告可信度不高，更驱使他们无视财务报告。公司财务造假只是分析者无视财务报告有用性的一个借口而已，是人性弱点的写照。资本市场先天就具有揭伪功能，我国也不例外，上市公司造假成本极高，特别是2010年之后，我国政府治理公司财务造假力度大增。但在21世纪初，我国会计造假时有发生，认真研读财务报告仍然可以识别公司造假。例如，2001年10月，中央财经大学刘姝威研究员的600字短文《应立即停止对蓝田股份发放贷款》及相关事件引起了轰动，也预示着"蓝田神话"被一步步揭穿。刘姝威只是根据公司历年财务报告，利用基本财务分析方法，主要是静态分析、趋势分析和同业比较，并没有使用复杂而晦涩的财务分析方法就揭穿了公司真面目。因此，如果投资者有足够的耐心，认真研读财务报告，基本还是可以识别财务报告的真相，获取信息诉求，做出正确决策。也正是因为当下诱惑性信息过多，而大多数人在信息缭绕中迷失自我，更无心研读财务报告,那么认真钻研并详细分析财务报告的投资者更容易赚取超额收益。

第四节　财务报告信息的一个重要用途*

经济越发展,会计越重要。但是需要注意的是,这个观点有一个基本前提是人类社会不能是完美社会。在完美社会中,会计信息并不重要,因为它是已知的或者基本确定的。但在人类社会走向完美社会的过程中,会计信息随着经济的发展而显得更加重要。

一、理想状态下的会计信息

理想状态也称为最优状态,是指经济以完美和完全的市场机制为基础,不存在信息不对称或者其他影响市场公平、有效运作的障碍。在这种条件下,资产、负债的计量建立在未来现金流的折现值基础上。市场的强式有效注定套利机制保证了现值与市场价值是相等的。在完美世界中,会计计量属性的选择不再是难题,会计计量选择现值、公允价值等计量属性皆可,财务报告数据传递的信息仅是一个已知的数字而已,每个交易主体都知道这些数据信息,并且每个利益相关主体都无法运用这些数字信息做出获取超额收益的决策。基于此,财务报告同时具有了完全的相关性与完全的可靠性,公司制下逆向选择与道德风险也不复存在。

二、现实世界中会计信息的制度设计功能

现实是不完美的,会计信息是外部利益相关者评估公司估值的一种无比重要的信息源。公司制下信息是不对称的,存在着逆向选择和道德风险。公司制下最重要的利益相关者是股东、债权人与管理者。股东与债权人、股东与管理者之间都存在着道德风险,企业内部人员如大股东、管理者等与外部人员如中小股东等之间存在着逆向选择。如果道德风险过高,公司制下股东、债权人和管理者之间就没有合作的可能,公司出资方只有股东而没有债权人,股东也不会授权给管理者,最终股东既是出资者又是管理者;如果逆向选择过重,中小股东选择"用脚投票",中小股东渐渐消失,则大股东成为公司唯一出资者。因此,如果公司制下逆向选择与道德风险过于严重,公司制企业将退出历史舞台。

逆向选择是事前发生的,是指信息双方有一方信息占优,信息占优的一方必定损害信息占劣一方的利益。公司制下处于信息优势的一方是公司内部人,如管理者、大股东等,信息占劣的一方是外部中小股东等。如果信息处于劣势的一方利益受损太严重,这时中小股东必定"用脚投票",不断抛售股票,股权日益集中到大股东手中,当这种情况日趋严重时,公司股价大跌,跌破净值,最后退市,股权凭证变成一张废纸,给予内部人最严厉惩罚。如果所有上市公司逆向选择过重,上市公司将不复存在,现代股票市场消失,人类社会退回100年前。为了解决这一矛盾,会计信息通过充分而及时的信息披露,缓解内部人与外部人的信息不对称,使外部人受到一定程度上的保护,至少使双方可以和谐共存。简而言之,逆向选择的解决路径是信息处于劣势的一方通过比较理性的决策,另一方面是准则制定者要求公司充分而及时地披露会计信息和非财务信息,证监会也会做出相应要求。

道德风险是事后发生的,是指一方可以看到另一方的行为,而对方看不到自己的行为,可以看到对方行为的一方必定损害另一方的行为。在公司制下,股东与债权人、股东与管理者之间都存在着道德风险。股东、债权人和管理者之间通过契约缓解彼此之间的道德风险。

股东与管理者之间的道德风险解决路径是要求管理者能如期履约薪酬合同，如期完成绩效考核要求，促使股东与管理者得以和谐共存。其中，在管理者薪酬合约中，会计信息成为核心机制设计，比如净利润指标是核心要求，这就要求公司净利与管理者的努力程度之间高度正相关，即管理者越努力，公司净利越高，管理者薪酬越高，而会计准则制定者对利润的界定也要满足这一要求，即利润要具有刚性。同样，股东与债权人之间通过借款契约缓解双方的矛盾，其中财务会计信息同样是借款契约的重要机制设计，如流动比率、速动比率、资产负债率、营运资本、抵押资产等，确保债权人利益得到高度保障。

由此可见，财务报告的运用领域十分广泛，小至个人决策，大至公司制下制度安排。读者是否能够通过财务报告索取其信息诉求，取决于其财务报表分析能力，而分析财务报告的方法与手段有多种，检验财务报告使用者的数据解读能力的方法也有多种。最有效的检验财务报告使用者是否做出正确决策的最佳试验场，或者说是最快速的检验场，无疑就是股票市场，这也是财务报告最难被解读的场所。如果投资者通过分析财务报告，达到优化配置投资组合的目的，实现了最低要求：战胜市场，进而言之，如果投资者的股票投资收益能在10%赢家的基础上更好，比如成为1%的投资者，甚至是1‰的投资者，成为赢家中的极少数，那么这类投资者就是解读财务报告的超级强者。总之，无论从哪个视角分析财务报告，无论将财务报告用于何种用途，只有将财务报告分析做到极致，才有可能挖掘到财务信息的真相，并做出正确决策。

思 考 题

1. 不同利益相关者的信息诉求是什么？
2. 为什么管理者是最特殊的利益相关者？
3. 为什么投资者对财务报告的信息诉求是最全面且是最复杂的？
4. 假定将股东的信息诉求界定为全集，为何其他利益相关者的信息诉求只不过是股东信息诉求的子集或者总可以转化为股东信息诉求的子集？
5. 如何理解财务报表是一张条件概率表？
6. 现实生活中大多数人都会根据财务报告做出决策调整，但是为何总出现以下问题：
（1）为什么绝大多数人的初始预期都不太准确？
（2）即使当事人初期预期正确，仍然有可能做出错误决策？
（3）假定以通过投资实现个人财富最大化为目标，为何绝大多数人总难以实现目标？
（4）假定将人生终点作为一次终极决策，为什么现实生活中绝大多数人的终极决策几乎都是错误的？
7. 为何我国上市公司股价经常在公司财务报告披露当日出现大跌？
8. 我国上市公司股价统计数据的分析过程说明了什么问题？
9. 为什么财务报告分析只能是大概率还原企业真相？
10. 财务报告有用性的现实障碍有哪些？
11. 当今社会企业竞争更为激烈，企业商业模式更难被读懂，这时只有用更为复杂的财务分析方法才有可能读懂公司财务报告。请评述这种观点。
12. 会计信息相关性、可靠性和会计计量属性之间的关系是什么？

13. 现实世界中如何缓解公司制下的逆向选择和道德风险？

判 断 题

1. 财务报告使用者中最重要的三方是股东、债权人和管理者。（　）
2. 管理者是财务报告最重要的使用者，需要判断公司持续盈利能力。（　）
3. 管理者既是财务报告的提供者，也是财务报告的使用者。（　）
4. 会计人员既是财务报告的编制者，也是财务报告的提供者。（　）
5. 股东最关注公司持续盈利能力。（　）
6. 股东信息诉求只不过是其他利益相关者信息诉求的子集而已。（　）
7. 公司财务信息与公司经营状况信息有可能背离，而持续盈利能力越强的公司，其财务信息与公司经营状况的吻合度越高。（　）
8. 财务报表是一张条件概率表。（　）
9. 财务报告有助于分析者修正原有决策。（　）
10. 财务报表有助于预测投资者收益的逻辑过程是这样的：通过当期财务报表信息预测公司未来持续盈利能力，然后公司盈利能力反映到公司股价，从而有助于预测投资者未来投资收益。（　）
11. 股票市场是财务报告有用性的重要体现。（　）
12. 我国资本市场上市公司股价总体上能够有效地反映公司业绩。（　）
13. 我国上市公司给予股民最大回馈的公司是具有持续高增长盈利能力的公司。（　）
14. 我国资本市场效率低下导致股价无法反映公司业绩。（　）
15. 样本Ⅰ从理论上讲揭示了我国股市是一个典型的全民皆输的市场。（　）
16. 样本Ⅱ表明我国股市十分容易赚钱，这说明我国股市实际上是一个全民皆赢的市场。（　）
17. 会计人员编制财务报告通常经历"原始凭证→记账凭证→会计账簿→会计报表"的会计循环过程。（　）
18. 如果财务报告造假比较严重，那么财务报告基本没什么实用价值。（　）
19. 假定公司财务信息严重失真，潜在投资者通过正确评估财务报告，做出正确决策，比如舍弃投资公司的决策，这原本就是一种优化自身投资收益的行为。（　）
20. 竞争动因不是妨碍财务报告有用性的一个重要因素。（　）
21. 现实世界中无法完美解决会计信息相关性与可靠性之间的矛盾，不过它提供了最为现实的"次优的"会计状态的比较尺度，在一定程度上缓解会计信息的相关性与可靠性之间的矛盾。（　）
22. 完美世界中会计计量属性的选择仍然是一大难题。（　）
23. 道德风险是事前发生的，是指信息双方有一方信息占优，信息占优的一方必定损害信息占劣一方的利益。（　）
24. 会计信息是缓解公司制下逆向选择和道德风险的重要制度设计。（　）
25. 信息充分披露是缓解大股东与中小股东之间道德风险的重要手段。（　）

Chapter 2 第二章

财务信息与日常生活信息

■ **回顾**

第一章由微观到宏观逐次分析了财务报告的有用性，描述了财务报告使用者的信息诉求与各利益相关者信息诉求之间的关系，研究了单人理性决策过程中财务报告对后验概率的修正及理性人的决策模式，描述了我国上市公司股价的总体表现及其与公司财务业绩的关系，分析了财务报告有用性的妨碍因素，探究了会计信息在公司制下缓解会计信息不对称的重要机制设计作用。

■ **本章提要**

本章描述了信息不确定性，探讨财务信息与日常生活信息处理的共通性，两者都需着重处理以下几个方面：信息（数据）的判定标准、信息（数据）的环境评估、信息（数据）的处理方法、信息（数据）的假定与重大异动信息（数据）的甄别、信息（数据）的预测。凡是分析总与当事人的逻辑推理、思辨能力有关，但是逻辑推理在财务分析中并非无所不能。

■ **展望**

第三章将讲述财务报表分析基础，属于第二篇　基本理论与方法篇，为财务评价和财务预测做铺垫。

◆ **章首案例**

老人购买股票通常比较谨慎，更谨慎者只会将自己的钱购买知名公司的股票，如万科、云南白药、美的集团、贵州茅台等，并会长期持有，最终这些谨慎的老人轻松战胜了市场，甚至成为市场中极少数赢家。

如果你问这些老人投资的理由，估计他们一定无法给出让人信服的理由，大概只会告诉你：这些知名公司是人所共知的好公司；如果你再问，好公司又不止这几家，为什么选择它们而不是其他知名公司,老人们同样不会陈述清晰的原因,可能会告诉你:我们经常消费这些公司的产品,其产品质量与口碑俱佳。如果你接着问,为什么你们老人家有勇气持有公司股票这么久,相信老人更没有足以让你信服的理由。到最后,无论你提出多少疑问,估计这些老人面对你的各种疑问都只有一个答案:这些是好公司,我们经常购买它们的产品,其产品质量和信誉都不错。至于你最希望得到的关于这些公司估值方面的信息,估计老人们压根一点儿也不懂。于是,你给这些老人家贴上一个标签:无知者无畏。但是,最终这些看似不懂投资的老人却轻松战胜了市场,并且很可能成为极少数赢家。

根据上述资料,思考以下问题:
1. 老人们给出的理由中有哪些可以揭示这些公司具有持续盈利能力?
2. 为什么"无知"的老人却战胜了市场?

第一节　信息不确定性

在信息犹如空气一样弥漫在我们周围的时代,人们只要用手指轻轻划拨手机,便会产生大量信息。

诱惑性信息使人们应接不暇,而我们总是盯着各种信息,害怕自己又错过了什么。例如,智能手机极大地提升了人们生活的便利性,但是手机的负面效应也很突出。人们有多喜欢手机呢?在江苏省第二届全国少儿诗会颁奖礼上,来自常州的费东写的小诗《手机》获得了一等奖。诗是这样的:"别人都要生二胎,我爸妈不用了,因为他们已经有了小儿子——手机"——"二胎"新解。

当今越来越多的人患上了网络依存症,对各类娱乐新闻上瘾、产生依赖,人云亦云,附和跟风,沉溺在虚拟的世界中不能自拔。尼尔·波兹曼(Neil Postman)在《娱乐至死》里这样写道:"一切公众话语渐以娱乐的方式出现,并成为一种文化精神。我们的政治、宗教、新闻、体育、教育和商业都心甘情愿地成为娱乐的附庸,毫无怨言,甚至无声无息,其结果是我们成了一种娱乐至死的物种。"

阅读材料 2-1

你会成为大数据时代的奴隶吗?

当下我们已经步入了大数据时代,全球超大数据库中心有390个,其中,美国占44%,中国占8%,日本和英国各占6%,德国和澳大利亚各占5%,即6个国家占据全球近3/4的份额。

谁掌握了更为充分的信息,谁就掌握了世界。这是当今世界的完美写照。当今掌握信息比较完美的是这些公司:苹果(Apple)、亚马逊(Amazon)、微软(Microsoft)、脸谱网(Facebook)、腾讯和阿里巴巴等,这些公司拥有海量用户,用户只要使用这些公司的产品都会留下痕迹。在现实生活中，我们几乎每天都会直接或者间接使用这些公司的产品，大数据自然生成。这些公司通过大数据分析，造福了人类，比如在医疗方面，通过大数据分析，可以准确预知一个人容易犯什么病、何时犯病，然后医生提供在线治疗；还有私人定制，根据一个人过去的购物习惯，可以判断当事人将来可能会喜欢何种衣服，然后进行个性化定制。从表面看起来，大数据时代将我们带入了一个美丽奇幻的世界。

但是，大数据造福人类的同时，也有可能给人类带来更多的负面影响。

第一，大数据时代进一步拉大贫富差距，加大经济剥削。例如，旅游公司可以根据顾客的数据记录，向对价格不敏感的顾客实施价格歧视，即杀熟。与传统经济学的价格歧视有所不同，这就意味着高级会员（Very Important Person, VIP）有可能比普通客户享受更贵的价格。假定 VIP 经常订某家酒店，大数据公司完全有可能通过其子公司预订酒店，然后让子公司以高价格租给 VIP，实现公司价值最大化。

第二，政治误导，即改变当事人的政治思维。英国议会下院一个委员会 2018 年 4 月 16 日公布"证据"，显示剑桥分析公司助力美国总统唐纳德·特朗普（Donald Trump）2016 年竞选活动和英国一个主张脱离欧洲联盟的政治团体。剑桥分析公司的大数据分析能力十分强劲，可以根据顾客在脸谱网上的点赞数得到惊人结论：你只要在脸谱网上点了 68 次赞，脸谱网就可以准确地预测你的肤色、性取向和政治倾向，其中肤色准确率高达 95%，性取向准确率为 88%，政治倾向准确率为 85%。只要当事人在脸谱网上点 150 个赞，脸谱网对你的了解就会超过父母对你的了解。如果你点 300 个赞的话，它将可以驱动你做任何事情，你就是它的奴隶！剑桥分析公司通过购买各类大数据库构建了 2.3 亿人的完美大数据库，将其分为 32 个等级、32 类人，向不同类人推送不同广告，最终帮助特朗普成功竞选。因此，数据分析公司通过购买拥有大数据库公司的大数据，达到其目的，而这些大数据公司通过出售大数据从中获取巨额利润，大数据公司对大数据的挖掘才是更主要的一方，是大数据的最重要使用者。

第三，思想奴役。2017 年 3 月 28 日，美国国会以微弱的优势比数通过了一个法案：大数据可以任意使用，不需要征得当事人同意，大数据公司可以出售给想要购买大数据的企业或者个人。根据 2014 年美国媒体透露，脸谱网将所有使用者，按照随机分类，然后给他们推送非常正面的新闻，再给其观看非常负面的新闻，观察他们的反应，看一下其是否点赞，然后做出大数据分析。这意味着这些公司在造福世界的同时，也有可能操纵世界，使每个人成为其奴隶，当事人几乎没有反抗能力，完全任人摆布，与木偶无异。此言绝非危言耸听！这些公司通过特有信息向当事人定向推送，观察当事人的反应，进一步修正原来初始判断，最终引导当事人做出有利于公司的行为，实现公司价值最大化。

大数据时代已经来临，它造福了人类，给我们带来了诸多便利，但是也给我们带来了全新挑战。

（资料来源：《财经郎眼》，2018 年 4 月 23 日，节目主持人：王牧笛，主讲人：郎咸平。根据广东卫视《财经郎眼》节目视频整理。）

如今，现实生活中公司与个体之间的信息更加对称，我们开始嗅到一丝完美世界的气息了。然而，不经意间却也成了信息的奴隶，大多数人几乎无力进行正当的信息防卫。这个趋于完美的世界充满了不确定性，我们原来认为的小概率事件在这个时代变成了大概率事件。

例如，原来我们生活中有 10 个小概率事件，现在可能有 200 个小概率事件。于是，在信息趋于完美的时代产生了一个悖论：信息日趋完美，人们本应更为淡定，事实却是人们感觉更加迷茫、更加不安、更加不确定。所以，在这个信息繁杂的时代，每个人都应养成勤于思考的习惯，学会正确的信息处理方法，进行有效的信息防卫，形成化繁为简的能力，回归生活本源。

第二节 财务信息与日常生活信息的共通性

一、专业信息与日常生活信息概述

日常生活信息无处不在，其生成过程无比便利，且其传递方式更为多样，如报纸、杂志、门户网站、自媒体、微博、聊天等。日常信息可以是纸质版，也可以是电子版，可以是书面的，也可以是口头的。

在这些繁杂而多样的日常信息中，我们接触最多的是日常生活信息，其中有一些是自己生产的，是我们每天都能接触到的，与每个人密切相关，每个人都能读懂其表面中文字义。而专业信息是日常信息中的一种独特信息，如财务报告、外汇交易信息、金融衍生品交易信息、大宗商品交易信息等，需要具有相关专业知识的人士才能读懂其表面字义。它们与大多数人无关，只会影响与其利益有关者的决策。

这两类信息的使用者最明显的区别是：专业信息是利益相关者必须主动关注的信息，可能直接影响使用者的显性经济利益；而日常生活信息有可能是人们主动读取的信息，更多的是人们在漫无目的浏览信息时或是无意听人们闲聊时关注的，这些信息通常在短期内并不会直接影响人们的显性经济利益，但长期会影响人们的思辨能力，进而影响人们创造财富的能力。这两类信息的共同点是：它们都困扰着各自的利益相关者。专业信息是利益相关者因无法真正读懂它们而苦恼，而日常生活信息是大多数人经受不住诱惑而自取其扰。例如，财务报告作为一种专业信息，信息的披露充分且更为多样，会计准则更为复杂，这就要求财务报告使用者具备更好的专业素养。而日常生活信息无处不在，人们每天总会浏览一堆无用的信息，听到一些不利于身心修养的功利式小道信息，每天总是后悔如此，但每天依然如故。

尽管专业信息与日常生活信息有不少异点，但其本质都是信息，虽然不同类别的信息处理方法和技术确有不同，但是也有诸多共通之处。

二、日常生活信息与财务信息的共通性处理方法

（一）信息（数据）的判定标准

信息生成一般都有各自的流程与检验标准，尤其是专业信息表现得更为明显。例如，财务报告是基于既定流程、既定标准而生成的，并且要接受外部独立第三方检验的专业信息。在使用信息做出决策之前，决策者至少要简要判定信息生产过程中关键因素的合理性。以财务报告为例，利益相关者在全面分析财务报告之前至少要事先简要地评估一下公司的会计政策、会计估计等运用得是否得当，只有在会计政策、会计估计等合理的基础上，全面的财务分析才有意义。而日常生活信息的生成更为随意，比如聊天，这些略带随意生成的日常生活

信息，实际上在对其做出全面评估之前，也需要运用某些判定标准对其中关键信息做出基本判断。如果发现这些日常生活信息中的关键信息为假，我们就没有必要全面评估日常生活信息，以及进一步了解与之相关的其他信息。例如，售货员通过简要评估与一位顾客的简短聊天内容，发现该顾客不属于本店产品的主要顾客，该顾客属于偶发性并且基本不会为本店带来盈利的顾客，则该售货员就没有必要对该顾客相关的其他公开信息进行全面评估，更没有必要对该顾客实施即时追踪。

【例1】 下面是摘自我国某三线城市的某一本院校两名普通行政人员A和B在2017年的聊天中的一些内容。

A说，自己从市区搬到学校居住，比较方便孩子读书。B说，是的，这里的确方便孩子上学，也比较方便接送孩子。B接着感叹道，自己以前没有买房，现在更买不起房了。A说，没买房没关系，我们2014年把市区的房子卖掉了，赚来的钱都用来炒股，我老公专职炒股，赚了很多钱，将来可以购买更多房产。B说，你老公太厉害了，抽时间让他教教我如何炒股。A接着说，想学炒股也不难，平时多看看K线图，再通过一些关系搞点内幕信息，很容易赚钱。B说，你们真是生财有道。B再次向A流露出了羡慕的眼神，自愧不如。A接着说，自己平时养名贵狗，一只狗崽可以出售近万元。B说，太厉害了！A又说，这些名贵狗平时吃的东西很贵，不过出售狗崽很赚钱，回报率高。

A的基本情况是这样的：衣着普通，拥有一辆普通实用型轿车和违规的大功率电动自行车。A的家庭出行习惯是这样的：平时近距离多采用违规电动自行车出行，中远距离采用轿车出行，并且A开车回到学校时有一个坏习惯是轿车经常横跨两个车位，很少规规矩矩地停放在车位中。A仅有一套住房，已于2014年房价低迷时出售，2017年房价与2014年相比大概增长了一倍。A现在住在学校20世纪60年代建造的旧周转房里，房屋租金每月约200元，房子没有客厅，无抗震功能，属于市政府规划要拆除的危房。

如果你作为A的同事，现着手创办一家公司，需要筹资，并且希望筹资对象属于富人群体，请根据以上信息评估A是否为富人，是否有必要进一步评估与A有关的其他相关事项。

【分析过程】

日常生活中人们吹牛是再正常不过的事了，但是有些人牛皮吹得有点大，更奇怪的是竟然还有不少人认为是真的。

在本例中，虽然A的信息披露不够充分，但还是基本可以断定A不太可能是富人。根据A和B的对话，我们需要找出判定A是否为富人的关键信息。本例中大概有两方面与此相关：一方面是A的衣、住和行方面；另一方面是A致富的经验。前者是显性信息，后者属于隐性信息。其中，A的衣、住和行均十分普通，衣着普通，居住环境一般，出行工具为两种普通工具：少用的实用型轿车和常用的违规电动自行车。而关于如何致富方面，A认为炒股很容易赚钱，尤其是利用一些内幕信息更容易赚大钱，以及A的家庭炒股本金主要来自仅有房产的出售所得，且由A的老公全职炒股，此人喜欢盯盘，关注K线。至于A养名贵狗之类，本例没有提供辅助信息，可利用上述信息的推定判断其真假。

基于上述关键信息，我们需要运用一定的标准判定其合理性。首先，要界定富人的标准。然而，不同的人给出的富人标准是不一样的。但是，无论如何，富人至少是财务自由的，即使此刻开始永远不工作，也可以依靠以前积累的财富比较宽松地度过余生。

立足 2017 年，一线城市中富人净资产通常在 2000 万元以上，二三线城市中富人净资产通常在 1000 万元以上。这是富人的基本显性标准。这意味着富人在拥有一套高端住房和一辆好车后，手中还应该有大量剩余资金。基于人的基本生理需求，富人首先会满足自己的衣、食、住和行，配置当地比较好的房产以及不错的轿车。而富人之所以成为富人，是因为富人懂得致富之道，基本是脚踏实地者，很少利用不当手段赚钱。真正的富人一般都有自己喜欢的工作，很少专职炒股而无固定工作，更不会把仅有的房产出售而用于炒股。即使富人是职业投资家，通常也不太在乎股价短期波动，很少关注股票的 K 线图，更不会说炒股很容易赚钱。

基于上述关键标准，我们对 A 的财富状况做出判定。A 是一个三线城市普通大学的普通行政人员，只依靠家庭工资性收入，不太可能成为富人。A 的衣着普通，大学住宿环境一般，其出行工具再次强化了她的物质财富一般。也就是说，A 的衣、住和行完全没有体现出富人的基本标准，A 的家庭成员也是如此。根据衣、住和行三方面推测，A 的食也应该一般。当然，仅有这些表象还不足以判定 A 是否为富人，现实生活中的确有些富人在这四个方面表现得一般。但是，只要是富人，即使在显性方面没有太多显现，仍会在隐性方面体现出来。富人之所以富有，更重要的原因是他们懂得真正的致富之道。富人一般都是有远见的投资者，通常具有勤劳、执着、独立、专注等品质，而本例中无法体现 A 的勤劳、执着等品质，只是比较明显地体现了 A 及其老公缺乏投资远见。因为 A 家庭炒股资金主要来自出售仅有的房产收入，而 2014 年二三线城市房价刚好处于上涨前夜，当时房价仅为 2017 年房价的 50%~60%。在本例中，A 说的赚钱方式是一种讨巧的赚钱方式，尤其是可以利用一些违规方法致富，而守法是最基本的致富之道。实际上，A 出行的方式中也包括了违规的停车习惯和违规的交通方式——不符合标准的电动自行车。也就是说，A 的日常行为也包含了一些违规行为。虽然不能完全排除一些人利用不当手段快速致富，但这些运用不当手段致富的人一般都比较浮躁，容易炫富，更容易通过物质方面表现出来。从这方面讲，A 更像是一个吹牛者。虽然 A 嘴上说喜欢利用不当手段致富，但是估计 A 没有这种能力，更没有值得炫耀的物质财富，只是想让他人看得起自己而已。

因此，根据上述信息判定，A 应该不属于富人，事后信息也进一步证明了。由于学校打算拆除旧周转房，2018 年年初 A 打算在学校附近购置一套中低价位的商品房，在考察周边合适房源后，A 感觉有些贵，于是放弃购房，转而开始了在校内租借合法住房的生活。这进一步印证了之前的判断，A 不是富人。

本例中信息的判定标准与财务报表分析中的会计分析是一致的。会计分析主要是找出公司关键事项的会计政策、会计估计，并评价会计政策、会计估计是否得当，以及评价会计信息披露是否充分等。如果通过会计分析发现公司关键因素的会计政策不当，会计估计过于乐观，会计信息披露不充分，那么分析者可以采用适当的会计政策和会计估计调整公司原有的财务数据，以此为基础进行全面财务分析。当会计信息严重失真时，分析者就没必要进行财务分析了，只需要重点分析其关注的事项即可。

本例中首先要找出与 A 的财富有关的信息，然后界定富人的标准：显性标准和隐性标准，根据不同地区给出的物质判定标准和隐性标准，综合判定 A 是否为富人。评价时要尽可能采用有利于 A 的多种判断标准。若如此判定，A 还不符合富人的基本标准，则基本可以断定 A 不是富人。因此，如果你现着手创办一家公司，且合伙人必须属于富人群体，那么就没有必要进一步评估与 A 有关的其他相关事项了。

(二) 信息（数据）的环境评估

信息都是基于一定环境而产生的，信息产生的环境是挖掘信息真相的重要基石。脱离环境评估的数据挖掘很难找出信息的本来面目，这也是大多数人无法找到信息真相的原因。例如，让一个土生土长的中国人完全理解美国人的行为方式是无比困难的，而绝大多数投资者更是完全没有机会参与到企业经营管理中来，让他想象一个企业的运作过程是很困难的，更难以评估公司核心竞争优势及其行业前景。但是，这并不意味着中国人就完全无法理解美国人的行为方式，只要通过搜集大量与美国人生活行为方式有关的信息，然后尽可能将自己置身于美国人的生活情景中，基于适度的逻辑推理，最终还是能够基本理解美国人的行为方式的。一旦理解了美国人的生活环境，就可以预期美国人在特定环境下的行为，而数据只不过是行为的结果而已。又如，如果你没有机会参与或者考察企业，这只是意味着你无法直接观察公司的运作过程，并不意味着你无法理解公司运作的本质，你可以通过搜集大量与公司环境有关的一切信息，然后全面评估公司环境，基于此，公司利益相关者就比较容易理解公司的财务数据，也更容易辨别公司财务数据的真伪。

【例2】 根据我国与西方发达国家 30 岁以下的年轻人拥有自己房产的比例调查发现，我国年轻人拥有房产的比例约为 33%，而西方年轻人仅为 3% 左右。请评述这组数据的真相。

【分析过程】

不同机构的调查样本不同，统计数据会有一些差异，但总体概况应该趋同。这里有一个隐含通识是此处的商品房是指世界各国主流城市或者地区的商品房，对世界各国大多数人而言，都是一个奢侈品，几乎需要耗费一般家庭十几年，甚至几十年的储蓄。

我们对这组数据通常有三种阅读逻辑：①我国的房价太便宜了；②我国年轻人的赚钱能力太强了；③我国年轻人的赚钱能力相对房价来说太强了。然而，这三种数据阅读逻辑显然都是错误的！问题的关键是，为何大家一眼便知这些数据阅读逻辑是错误的？并且更奇怪的是大家还知道数据真相，即不分析便知数据真相。

这组数据产生巨大认知差异主要是由于我国年轻人的购房行为模式与西方年轻人的购房行为模式的不同所致。我们作为中国人，当然熟知我国年轻人的购房行为模式，自然也知道这组数据的真相。虽然也涉及其他一些影响因素，比如东方人和西方人对房子的认知不同、东西方的消费习惯不同等，但这些都不是重要原因。一般西方人到 40 多岁有能力购房已然不错，虽然不能完全排除亲人资助，但是他们大多数是依靠自己购房，而中国年轻人名下的房产大多是父母赠予，或者是父母提供了重要资助，而大多数中国父母也觉得自己有义务为孩子购房，孩子也认为父母为自己购房很正常。这才是事情的真相。

这个例子说明，我们在解读信息（数据）之前，一定要清楚信息（数据）所处的环境。同样，公司利益相关者在阅读财务报告之前，一定要洞察公司所处行业、公司在行业中的地位、公司竞争战略、公司商业模式、公司管理层前瞻性与执行能力等，这些都是公司经营环境评估的信息。

没有对公司经营环境的全面评估，就很难形成对公司的准确预期；没有对公司的准确预期，就无法形成对公司财务报告的正确预期；没有对公司财务数据的正确预期，就无法对财务报告进行正确分析。例如，一家是快时尚服装企业，一家是普通服装企业，两家同为服装企业，但是其经营模式差异比较大，竞争战略也是如此，两家企业的财务数据很有可能体现出比较大的差异。假如投资者将快时尚服装企业与普通服装企业等同，则很可能做出错误判断。如果投资者不熟悉快时尚企业的经营模式，就无法正确形成公司财务数据的预期，很难处理公司财务异动数据。

基于当前移动互联网时代，近些年新的竞争业态不断涌现，比如 2015 年的 OTO 模式、2017 年的共享经济模式，这些新的商业模式必定反映到公司财务报告中，企业经营环境评估变得更为重要而且更具有挑战性。如果投资者不了解公司的商业模式，就很难对公司的财务数据做出实质性评价，更难准确地评估公司前景。以乐视模式为例，如果投资者无法准确地理解乐视的生态模式，就难以预知乐视网财务数据和评估合并报表关键财务数据的质量，更难以预测公司持续盈利能力。当然，这并不意味着，如果读者无法读懂公司的商业模式就一定无法判断公司的前景。假定投资者无法读懂乐视的商业模式，但是人们基本都懂得一个道理：假定一家公司是由母子多家公司构成的生态体系，并且要实现多家公司的协同化反效应，其生态体系中必定有能够击中消费者痛点的产品或服务，苹果公司如此，腾讯公司也如此，而当前乐视并无具有核心竞争力产品，消费者黏性不强，加之乐视疯狂扩张、现金流匮乏，投资者就可以判定乐视生态崩盘是一件大概率事件，只是时间早晚而已。

外部利益相关者要了解公司的经营环境可以借鉴公司管理者编制的预算管理流程，尤其是预算编制的基础准备工作。

阅读材料 2-2

预算前的准备

1. 公司外部环境分析

公司外部环境包括以下基本资料：政治局势、经济周期、国内生产总值、货币政策、财政政策、行业前景、人工成本、市场潜力等。密切关注这些外部资料对公司的影响，以及如何转化为对公司的有利因素和不利因素。

2. 公司内部环境分析

公司内部环境包括以下基本资料：公司销售的历史资料——按产品、地区、顾客、渠道等细分数据；财务报表比率；产品类别获利能力；成本、费用比率；资本支出需求；资金需求；人力资源、教育培训；政策修订，如预算制度等。

3. 将公司环境分析转化为量化分析表

公司编制预算需要将公司的外部环境与内部环境资料转化为具体的量化分析表。假定国内经济增长 5% 时，需要量化为它引起本行业销售的增长率，进而量化为公司销售增长率的高低。还有国外主要经济体的增长、政策法规变动、教育发展环境、社会文化演变、竞争者加入、替代品威胁、与客户的谈判能力等是如何影响公司市场增长率的。同样，公司的研发能力、制造能力、财务能力、管理能力、销售能力等公司优势资源与劣势资源也要转化为公司市场增长率的量化分析表。

通过了解公司编制预算前的准备事项，有利于分析者了解公司的经营环境，形成对公司的财务数据的基本预期。虽然外部人无法直接掌握公司的内部信息，但是公司在公开媒体上基本会披露上述信息，从而有利于外部人评估公司的经营环境。

（三）信息（数据）的处理方法

无论是日常生活信息还是专业信息，都有基本的分析方法与评估技巧，其信息处理的基本原理是共通的。

【例3】 小张是一个三线城市的工薪阶层，表2-1是小张2015—2017年收入汇总表。根据表2-1评估小张的年度收入质量。

表2-1　小张2015—2017年收入汇总表　　　　　　　　　　　（单位：元）

收入	年度	2015	2016	2017
工资收入	稳定	80 000	86 000	90 000
	绩效	30 000	85 000	34 000
兼职收入		5000	45 000	10 000
存款利息收入		5000	6000	8000
股票投资收益		10 000	30 000	-15 000
房租收入		3000	32 000	34 000
总收入		133 000	284 000	161 000

【分析过程】

为了更详细地了解小张2015—2017年收入质量变化，需要根据表2-1做以下两项工作：一是编制小张各种收入的结构表与趋势表，即共同比收入表和定比收入表，分别见表2-2和表2-3；二是评估小张各项收入的效益值。

表2-2　小张2015—2017年共同比收入表　　　　　　　　　　　（%）

收入	年度	2015	2016	2017
工资收入	稳定	60.15	30.28	55.90
	绩效	22.56	29.93	21.12
兼职收入		3.76	15.85	6.21
存款利息收入		3.76	2.11	4.97
股票投资收益		7.52	10.56	-9.32
房租收入		2.26	11.27	21.12
收入总计		100.00	100.00	100.00

表2-3　小张2015—2017年定比收入表　　　　　　　　　　　（%）

收入	年度	2015	2016	2017
工资收入	稳定	100	107.50	112.50
	绩效	100	283.33	113.33
兼职收入		100	900.00	200.00
存款利息收入		100	120.00	160.00
股票投资收益		100	300.00	-150.00
房租收入		100	1066.67	1133.33
收入总计		100	213.53	121.05

根据以上各表格数据汇总可知,小张的固定性工资收入基本是 80 000～90 000 元,对于一个三线城市工薪阶层而言,属于中高收入。除此之外,小张还有多种收入来源,这大幅度提升了小张的总收入水平。以年度收入来讲,2016 年小张的收入属于明显异动,远高于其正常比较稳定的工资收入 110 000～120 000 元,当年总收入较 2015 年大幅提升 113.53%,主要是 2016 年绩效工资、兼职收入、股票投资收益和房租收入增幅明显所致。

根据表 2-2 发现,稳定工资收入是小张收入中最重要的稳定收入来源,在总收入中占比最高,是小张收入的基石。其中,2015 年和 2017 年工资收入占比高达 50% 以上,2016 年占比虽然明显下降,主要是由于 2016 年过多收入项目出现明显异动所致,但是该年稳定工资收入与 2015 年相比实际上增加了 7.50%。绩效工资收入是小张第二稳定且占比第二高的收入来源,占比基本稳定在 20%～30%。其中,虽然 2016 年占比与 2015 年占比变化不是很明显,但是由表 2-3 和表 2-1 可知,绩效工资收入实际上大幅增加了 183.33%,并且第一年基数也不小,这说明第二年绩效工资收入属于过于异动数据,需要探究其中的具体变化原因,并判断是持续性因素还是暂时性因素所致。其他各项收入来源中,房租收入占比持续快速上升,尤其是第二年占比达到 10% 以上,并且第二年比第一年增加了 966.67%,第三年占比总收入更高达 20% 以上,但是第二年房租收入与第三年房租收入实际上基本持平,主要是由于第三年由绩效工资、兼职收入和股票投资收益大降引起总收入大降所致;存款利息收入占比基本低于 5% 以内;兼职收入占比波动比较大,尤其是第二年兼职收入增加了 800%,属于过于异动数据,但要注意的是,小张第一年兼职收入仅为 5000 元,基数过小,不能过度夸大该异动数据,需要根据小张兼职工作的性质、稳定性做出评价;小张的股票投资收益波动比较大,第三年出现负数,需要参考市场指数波动情况及小张的投资能力综合判断;基于存款利率基本稳定的前提下,存款利息收入取决于小张个人存款基数变化,而个人存款基数变化取决于小张每年的净收入及投资偏好。

根据小张的收入结构比例与趋势分析实际上还无法全面诊断小张的收入情况,还需要进一步将其收入转化为效益值,求解各项收入的效益值,比如小张稳定工资收入的时薪、兼职时薪及其稳定性、股票投资收益率、房屋租售比等。通过求解这些数据,进一步评估小张的收入能力。

本例的信息处理所运用的方法不仅包括了数据的结构与趋势分析,而且还包括了各类收入比率分析。根据小张的收入汇总表,首先编制收入结构表与趋势分析表,找出重要项目占比及异动数据,并评估异动数据变化的原因。这与财务报表的结构分析与趋势分析是一致的,有利于从总体上了解公司财务数据的概况。为了进一步了解小张的收入能力变化,需要进一步将其转化为效益值,与财务分析中各种财务能力比率评估相一致。当然,如果将小张的各种收入通过一定方式有机地综合起来,比如通过构建小张各项收入的稳定性系数更全面地评价小张的收入能力,这又与财务综合评价是一致的。

(四) 信息(数据)的假定与重大异动信息(数据)的甄别

在数据分析过程中,需要注意比较标准的选择。比较标准不同,数据比较分析的结果就不一样,进而决定了自身改进的方向是否正确。数据比较产生异动数据是比较正常的,需要注意异动数据的正当处理,以及重大事件对分析对象的影响。

【例4】 根据国家统计局 2017 年 2 月 28 日发布的《中华人民共和国 2016 年国民经济

和社会发展统计公报》显示：2016年全国居民人均可支配收入23 821元，比2015年增长8.4%，扣除价格因素，实际增长6.3%；全国居民人均可支配收入中位数20 883元，增长8.3%。按常住地分，城镇居民人均可支配收入33 616元，比2015年增长7.8%，扣除价格因素，实际增长5.6%；城镇居民人均可支配收入中位数31 554元，增长8.3%。请问国家统计局为什么要公布我国人均可支配收入中位数？

【分析过程】

本例不仅包括人均可支配收入的平均数，还包括人均可支配收入的中位数。如果根据人均可支配收入测算，就会发现我国不少人的收入低于人均可支配收入。这是因为在数据统计分析中，样本平均数具有代表性的前提条件是统计样本符合正态分布。如果统计样本不符合正态分布，那么样本均值将失去代表性。因为这种现象在我国社会各种领域中都体现得比较明显，所以我国政府也开始公布不同领域中统计样本的中位数和众数。

数据处理时经常需要进行比较分析，没有比较就没有优劣之分。因此，读者在进行日常数据分析时，尤其是使用平均值时要注意它的前提是否成立。同样，财务报告使用者将公司与行业数据进行比较分析时需要注意行业平均值的代表性。当样本数量过少或者样本中异动数据过多时，行业样本平均值通常就不太符合正态分布，这时，样本均值作为比较标准通常是不合理的，而采用中位数作为比较标准更为合适。另外，财务比率通常也隐含一些基本假设，若公司之间财务比率的基本假设不同，两家公司财务比率就有可能不太具有可比性。

【例5】 语文、数学和英语是我国中小学升学考试中的三大重要科目。小张是初二学生，他的英语水平一般。假定试卷满分100分，小张在每次单元测试中，英语考试成绩一般是70分左右。到初三上学期期末时，学生们已学完初中英语全部教学内容，小张的英语成绩仍维持原有水平。然而，在初三下学期的第一次英语模拟考试中，小张的英语竟然考了92分。请评估小张英语92分的价值。

【分析过程】

英语是决定我国中小学升学考试中的一门重要课程。本例中小张的英语成绩出现了重大异动：由中等水平70分直接跳升到优秀水平92分，读者需要分析92分是由偶发因素引起的还是由内在因素引起的。如果这次英语考试过于简单，与平时英语考试和升学英语考试难度完全不符，则这次异动值的参考价值不大。又如这次英语考试难度与平时英语考试、升学英语考试难度相当，主要是由于小张下学期开学前进行了系统学习，改进了学习方法，提升了学习效率，并且小张的学习态度也发生了转变，由以前被动学习改为现在主动学习，在这种情况下92分的异动值具有重要价值，它具有持续性，必将对小张的升学考试产生重大积极影响。当然，这次异动数据还有可能隐含着重大异动事件，比如这次考试成绩是由于小张考试适度舞弊所致，小张深刻认识到错误，之后开始主动学习，则这次错误导致的成绩提升对小张反而是一大利好，即一次重大错误导致当事人顿悟促使事情出现转机。

本例告诉我们，需要注意异动数据或者对异动信息的正当处理，尤其是公司关键财务数据发生异动时更是如此。因为一家公司是否具有潜力或者是否为优质公司，取决于该公司财务报告中的某几个核心关键数据，如货币资金、应收款项、应付款项、销售毛利率、销售净利率、权益净利率、资产负债率等，而不是大多数财务数据。虽然大多数财务数据在行业之间存在一些差异，但是这些数据并不能作为判定公司优劣的重要标准。当公司的重要数据发生异动时，需要判定这些异动数据是否具有持续性及其对公司持续盈利能力的影响。

同时，读者也要注意对重大事件的正当处理，尤其要注意对重大事件引起财务数据异动的处理。重大事件通常引起财务数据异动，而公司重大事件通常是偶发的，投资者需要重点评估重大事件以及其中蕴含的重大投资机会与威胁。

【例6】 五粮液股份有限公司（000858.SZ）2009年9月9日中午突然发布公告称，因涉嫌违反证券交易法规，已被证监会立案调查。在该公司股份大跌的时间窗口区间内，以2009年9月9日为时间窗口0时点，当天股价收盘大跌6.22%，盘中触及跌停，最低跌至21.69元，报收22.60元。

当时市场预期五粮液公司存在几项违规行为，与事后证监会披露的信息基本吻合。9月23日，证监会通报对五粮液公司案调查的进展：五粮液股份有限公司涉嫌存在三项违法违规行为，分别是未按规定披露重大证券投资行为及较大投资损失，并导致财务报表虚假记载；未如实披露重大证券投资损失，涉嫌虚增利润；披露的主营业务收入与真实收入存在差距。

根据以上信息，并辅助当时公开信息，评估2009年9月9日是否为购入公司股票的好时机。

【分析过程】

2009年7~9月，五粮液公司利空消息与利好消息交织。2009年7月13日，五粮液公司公告宜宾五粮液股份有限公司关于合资设立酒类销售公司暨解决关联交易事项的公告，公司基本解决了与其母公司的关联交易历史难题，属于重大利好事件。而五粮液公司在2009年9月9日被证监会立案调查也属于重大事件，肯定是短期利空，但是需要进一步评估它长期是利空还是利好。

如果某公司发生一个特殊事件，据此进行分析研究称为事件研究。如果在事件窗口时间内，事件发生时点为0时点，假定考察时间窗口为[-15,15]日内，尤其是在事件窗口[0,15]日内，若分析者信息处理得当，完全有可能获取超额收益。在本例中，证监会稽查日2009年9月9日为时间窗口0时点，当天公司股价收盘大跌6.22%，盘中触及跌停，最低跌至21.69元，报收22.60元。

实际上，如果长期关注五粮液上市公司，就会觉察该公司存在的问题，市场对证监会稽查早有预期，并且2009年9月9日市场预期证监会稽查的内容与9月23日证监会披露的信息基本吻合。证监会稽查属于短期利空，需要评估长期是否为利好，如果长期为利好，则大跌当日就是购入好时机。事后证明这一事件为投资者提供了一次好的买入时机。

这一事件需要综合权衡五个问题：①酿酒行业的基本面如何；②公司遭证监会稽查之前已解决的关联交易能提升上市公司多少业绩，并确认解决关联交易能够提升公司业绩的时间长度；③当时公司股价是否已经透支了公司未来业绩；④证监会对五粮液股份有限公司的罚款和民事诉讼赔偿是否对上市公司利润产生严重影响；⑤该信息是否对公司信誉产生重大负面影响。其中，①是判断行业前景，只有处于行业景气周期内才更有利于维持公司持续盈利能力；②和③在9月9日属于股价已反映信息，即使当天公司股价大跌，但是还需要考虑当时公司股价是否仍然已经提前过度透支公司业绩；④和⑤属于未来不确定信息，需要评估对公司业绩的不确定影响。

假定酿酒行业基本面良好，五粮液公司的整改措施能够大幅提升公司业绩，解决的关联交易不止一次性提升公司的当年业绩，持续时间不止一年，而且当时公司股价并没有透支或者明显透支公司业绩，证监会的处罚力度很小、民事赔偿金额也不大，该事件不会对公司产生重大负面影响。如果上述条件都满足,则这一事件导致公司股价大跌的当日就是一个绝佳购入公司股票的时点。如果五个条件不同时具备,那就需要进一步甄别彼此之间的力量对比,综合做出判断。

这个例子告诉我们,重大事件的正当处理有可能给当事人带来超额回报,也有可能带来意外灾难。我国股票市场上市公司经常出现重大事件,其中一些异动事件孕育着巨大投资机会,而更多事件孕育着巨大风险,这就要求投资者需要更加谨慎地评估重大事件中孕育的机会与风险。

(五) 信息(数据)的预测

信息的一个重要作用是用于决策,而决策是面向未来的,即信息是具有重要预测价值的。财务数据的一个重要用途是用于财务预测,有利于决策者预测公司未来前景,对公司持续盈利能力做出判定,从而做出投资优化决策。而大多数人接触的日常生活信息一般都不用于预测与决策,只是每日习惯浏览一堆无用信息,这种不做决策的结果是当事人缺乏基本的信息判断能力,很可能不经意间成为信息的奴隶。

信息用于预测通常涉及数据分析的诸多关键环节,几乎需要运用到信息环境的评估、信息的判定标准、信息的处理方法、信息的假定和重大异动信息的甄别等各方面。从这个角度讲,信息用于预测是最难的,也是极为重要的。日常生活信息预测得越准确,越能够准确地预测人们未来的生活方式的变化,从而使企业在未来竞争中占据主动地位,而财务数据预测得越准确,越有利于投资者获取更高的投资收益。

表2-4是我们比较熟悉而且十分关心的一组数据,读者可以将这组数据类比为一家上市公司的数据,尝试着还原数据真相,并进一步预测结果。

【例7】 表2-4是我国从1977年到2017年间的某些年度高考录取人数、报考人数和录取率统计。

表 2-4 我国个别年度高考相关数据 (单位:万人)

年 度	1977	1981	1990	1999	2015	2016	2017
录取人数	27	28	61	160	700	705	700
报考人数	570	259	283	299	942	940	940
录取率(%)	4.74	10.81	21.55	55.51	74.31	75.00	74.47

其中,理工科的录取率远高于文科的录取率,少则高出20%左右,多则高出50%以上。具体到我国不同报考地区,竞争比较激烈的省份,如河南、山东等地区的录取率远低于总体平均录取率,而北京、上海、福建、海南、新疆、西藏等地区的录取率远高于平均录取率。

根据上述资料,回答以下问题:

1. 作为一名当代大学生,你还是那个天之骄子吗?
2. 假如你是2018年的考生,当年你在省(自治区)高考排名为8%,如何报考与自己高考排名比较匹配的学校(指出分析思路即可)?
3. 你现打算填报本省一所普通一本院校,该院校面向全国招生,其在全国高校排名约100名,你觉得自己是否能够被该院校录取?

【分析过程】

1. 由表2-4可知,20世纪80年代以前,高考学生的录取比率基本在10%以内,考上大学是一件十分困难的事,"稀缺"成为当时大学生的代名词。随着时代的发展,我国高考录取率不断提高,最近几年,大学生录取率竟然高达75%左右,这意味着学生考不上大学是一件困难的事,"廉价"变成了当代大学生的代名词。

2. 如果考生想填报与其高考排名相匹配的学校,那么考生首先需要根据过去多年不同院校的录取分数找出自己大概能报考的院校,然后测算各院校录取学生在其省(自治区)的大概排名比例。接着,考生将其省(自治区)高考排名比例与推测的各院校的录取排名比例进行比较。当两者越接近时,考生被该院校录取的可能性越大。当然,针对不同地区考生需要进一步区别对待,不同院校的不同专业也需要区别对待。

3. 该考生首先需要测算该院校在全国各省(自治区)录取的平均高考排名比例,然后根据自己的高考排名和各专业录取情况做出选择。

以2018年为例,排名100名的普通一本院校录取学生在其省(自治区)排名比例的计算过程如下:

首先,需要查询与2018年高考相关的基本信息:全国一本院校的数量、考生总人数、一本院校计划录取总人数。根据教育部的《全国高等学校名单》,截至2017年5月31日,全国高等学校共计2914所,其中,普通高等学校2631所(含独立学院265所),成人高等学校283所。2018年的最新信息与2017年保持不变,拟新增19所本科院校。根据教育部最新的大学信息,2018年全国共有一本大学348所。2018年考生总人数为975万人。查询2018年一本院校计划录取总人数有两种方法:一是精确方法,即考生直接到各院校的招生简章中查询各院校的录取人数,然后汇总求得当年全国高校计划录取总人数;另一种是估算方法,即考生根据基本信息进行估算的方法。根据我国各大学录取人数的相关信息,各院校录取人数大概为5000人。假定为5000人,又知2018年我国一本院校总数是348所,因此全国一本院校录取考生总人数是174万人。如果可以的话,查询一下全国一本院校是否存在异动个体,如武汉大学录取总人数为7000多人,而北京大学、清华大学各为3000人左右,根据这些异动个体对推测数据做出修正。这些信息基本属于信息的环境评估。

要测算某一本院校学生当年在其省(自治区)高考的排名比例,需要确定两个关键因子:一个是一本院校的入门录取率,另一个是该院校在全国一本院校的排名比例。

该院校考生在当年省(自治区)高考排名的推理过程基本需要以下三个步骤:

(1) 测算一本院校的入门录取率:一本院校录取总人数/考生总人数。2018年一本院校录取总人数是174万人,考生总人数975万人,则一本院校的入门录取率为17.85%。也就是说,如果考生要考上一本院校,在正常条件下考生至少应该考入本省(自治区)考生的前20%。

(2) 查阅该院校在全国一本院校中的排名比例。虽然已知该院校在国内大学排名是100名,但为稳妥起见,我们可以对此排名做出适度修正。由于中国大学权威排名有多种,我们可以取各种权威机构高考排名的简单平均数,求得该大学在全国高校的排名。若假定该院校为100名,则该大学在全国一本院校的排名比例是28.74%。

(3) 计算该院校录取学生在各省(自治区)的排名比例。该院校学生在全国各省(自治区)排名比例是两个关键因子的乘积,因此,该院校录取学生在各省(自治区)的排名比例为5.13%(17.85%×28.74%)。

因此,如果考生要考入该院校,则考生通常需要考入本省(自治区)高考排名前5%左右。这些基本属于信息处理的技巧与方法。

在我国，各地方院校都有一个惯例：照顾本地区考生。以福建省为例，由于该院校面向全国招生，以其中30省（自治区）计，各省（自治区）平均录取人数占总人数的比例为3.33%。该院校录取福建考生的比例一定远高于平均数3.33%，该院校在本省录取人数占总人数的20%是比较正常的，这意味着该院校录取福建考生的高考排名应该远高于5.13%，甚至高达10%以上，而其他省（自治区）的考生的高考排名比例通常很有可能低于5.13%。当然，也有例外，如北京、上海等高校聚集地，这些地区的考生报考外地高校的可能性不大，所以，外地院校录取这些地区考生时，其高考排名比例甚至有可能高于本省考生的高考排名。进一步细分，文科生通常要比理科生的入学难度更大一些，文科生在其省（自治区）排名比例有可能更低一些。这些属于特殊事项处理。

根据上述分析，该考生当年高考排名为8%，应该说他很有可能被该省在全国高校排名100名的院校录取。当然，我们仍需要根据该考生报考的专业在该院校的录取难度以及该院校该专业在全国专业的排名情况做出进一步修正。

本例预测之所以水到渠成，是因为它与我们密切相关，信息的环境评估变得比较简单。但即便如此，绝大多数人也不知道这组数据的真相。因为预测不仅需要熟悉数据的背景信息，更需要严格的推理与合理的假设，以及正确的方法。当各个方面都比较完满时，预测才有可能比较准确。

到此为止，我们详尽地阐述了财务信息与日常生活信息处理的共通点：信息（数据）的判定标准、信息（数据）的环境评估、信息（数据）的处理方法、信息（数据）的假定与重大异动信息（数据）的甄别、信息（数据）的预测等。由于财务信息中最为核心的也是最难以粉饰的信息的判定标准与日常生活信息的判定标准的原理几乎一样，并且这些判定标准几乎是人所共知的。例如，一家好的公司应该具有的财务数据的基本特征与一个好人应该具有的基本特性几乎是一样的，所以，投资者并非一定要具有扎实的专业知识才能判定财务信息真相，非专业人士只要用心甄别关键信息，基本上也可以判定财务报告的本相。

第三节　财务报表中运用逻辑推理的缺陷

但凡与分析有关的事情，必定与当事人的逻辑推理能力有关，而逻辑推理能力必定与思辨能力有关。严谨的逻辑推理能力和思辨能力对财务报表分析至关重要，它有利于财务报表使用者更高效地洞察财务数据真相。但这并不是意味着逻辑推理无所不能，分析者需要正视自己的逻辑推理能力。

分析者进行财务报表分析，大都借助公开信息，而公开信息披露通常是有限的，即使是在分析者的逻辑推理、思辨、理性都比较强的前提下，分析者仍然有可能无法合理地解释公司部分财务数据。

之所以通过公开信息对财务数据进行逻辑推理存在着一些缺陷，主要是由于以下原因：

首先是公司可以在不违反会计准则的前提下对会计数据进行一系列盈余管理，甚至精心粉饰财务报表，公司因为舞弊而被起诉的可能性较小。当重大财务报告违规被发现时，同其他类型的白领犯罪一样，是否界定其为真正的丑闻还需要判断这些粉饰报表的操作是否被明令禁止。会计估计、会计政策、会计计量等手段十分多样，而这些政策和计量方法的选择都具有较大的操纵空间。

例如，有的公司会肆无忌惮地进行利润平滑，即人为创造出利润按一定比率稳定增长的迹象。公司进行利润平滑的动因很简单，因为公司表面上的稳定增长更容易获得投资者的青睐，从而获得比实际情况更高的溢价，实现股东和管理者个人财富的最大化。

这种现象不仅是中小公司基于特殊动机常用的手段，也是大型公司的惯用手法。因为市场对利润极其敏感，它们有时也别无选择。当某上市公司的某个分部可能达不到年度目标利润时，选择在衰退期进行并购活动也是可以接受的做法。这样被并购方的利润都可以并入合并财务报表，从而保持上市公司归属于母公司股东的利润实现平稳增长，因而这种方法备受投资者青睐。我国不少上市公司也经常使用这种技巧，促使利润出现较大幅度增长，从而获取更高估值。例如，2013年我国一些传媒类上市公司通过不断并购，实现了利润较大幅度增长。还有，以麦科特光电股份有限公司为前身，而后变更为宜华地产股份有限公司，在2015年又更名为宜华健康医疗股份有限公司（000150.SZ），公司以转型为名，不断并购医疗健康公司，最终实现了业绩增长。这都为利益相关者分析财务报表时的逻辑推理构成了"并购障碍"，需要甄别其中的并购质量才能做出判断。

另一个原因是财务报告披露是否及时且充分。这是一个老生常谈的话题，如何让企业信息披露更为及时且充分是一个重大难题。基于公司不同利益相关者的利己主义动机的博弈，尤其是管理者、股东和债权人的三方博弈，注定财务信息披露并非如投资者所愿：简单、真实、充分、及时而且透明。例如，在管理者薪酬合约中，假定CEO的年终分红完全是根据净利润计算而来，同时假定出于财务报告的目的，公司的折旧政策按规定使用直线法计提折旧，期限为5年。现在公司人为调整为7年，并获得了注册会计师的认可，这样公司就可以降低每年的折旧费用，从而提升公司利润。这是一项会计政策变更。对使用过程中不断磨损的设备进行重置的实际成本并没有降低。不仅折旧引起的税收抵减没有增加，而且现金流也没有增加。投资者也意识到利润并没有真正增加，所以公司股票价格并不会因为这项会计政策的变化而变动，而实际上是随着公司账面利润增加引起的CEO薪酬的增加。由此可见，管理者知道投资者喜欢简单而透明的信息披露，但是公司却要变更会计政策，使投资者更难追踪其真实的业绩水平，从而实现个人利益最大化。这种做法的根本原因在于薪酬契约的不完全性，公司管理者时常将自身利益置于股东利益之上。公司管理者通过高估利润增加自身薪酬，而投资者却承担了市盈率下降的成本，该成本是由于报告盈余质量恶化造成的。当然通过薪酬契约设计，可以让公司管理者与股东的利益相一致，如股票期权等，但这也有消极的一面。又因为公司管理者不能通过一些易于被投资者甄别的财务报告的手法来增加奖金。在这种情况下，他们有可能会设计出更隐蔽的方法来欺骗市场，并人为抬高股价，这使分析者更难以甄别财务报告的真假。

这告诉我们一个道理：分析者在进行财务报表分析或者信息处理时，当公开披露信息并不充分，或者是当事人获取信息并不充分时，有些疑点可能永远都无法揭开谜底，运用逻辑推理时不要牵强推理，切勿一次性给出肯定性结论，造成"冤假错案"。

为了提升信息分析的正确性，在进行逻辑推理的过程中应尽量进行多次"试错"，通过公开信息的不断披露，对需要处理的信息进行不断的良性调整，不断地修正原有的判断，尽可能通过多条逻辑主线进行推理分析并相互验证，规避运用单一线索逻辑推理的陷阱。财务报表分析更是如此，更需要通过公开信息，不断验证信息真伪，借助资本市场股票价格方面信息进一步求解信息真相。

思 考 题

1. 财务信息与日常信息有哪些共通处理点？
2. 数据所处的环境信息有何重要性？
3. 为什么数据结构比例经常产生伪异动数据？
4. 如何正确处理异动数据？
5. 为什么逻辑推理并非无所不能？

判 断 题

1. 财务信息的处理与日常生活信息的处理没有共通性。（   ）
2. 没有对公司经营环境的正确评估，就很难形成公司的准确预期。（   ）
3. 如果无法读懂公司的商业模式，分析者一定无法读懂公司的财务报表。（   ）
4. 投资世界中需要重点关注公司的重大事件，正确评估重大事件有可能会给投资者带来意外惊喜。（   ）
5. 事件研究有利于检验当事人的思辨能力。（   ）
6. 上市公司停牌筹备集团整体上市未必是利好。（   ）
7. 平均数必定是代表群体平均水平的最佳衡量工具。（   ）
8. 逻辑推理无所不能，可以揭穿一切真相。（   ）

第二篇
基本理论与方法篇

第三章　财务报表分析基础
第四章　财务报表分析步骤
第五章　财务报表与持续盈利能力
第六章　财务报表结构与趋势分析

Chapter 3　第三章

财务报表分析基础

■ **回顾**

前两章构成了第一篇　导入篇，主要讲述了财务报告有用性、财务信息和日常生活信息的共通性，以及逻辑、思辨、理性在财务分析中的重要性。

■ **本章提要**

本章进入第二篇　基本理论与方法篇。本章描述了财务报告的加工过程，探讨了财务报告的体系，说明了合并报表的若干问题，分析了财务报表列报的选择，研究了财务报表分析的通用方法和财务报表分析的逻辑范式。

■ **展望**

第四章将主要研究财务报表分析的步骤，探究各步骤的基本要求，重点探讨会计分析与经营环境评估。

◆ **章首案例**

在一次财务专题讨论会上，财务管理专业和会计专业的同学对一些财务报表问题展开了激烈的讨论，讨论主要聚焦以下主题：

主题1：公司之间进行比较分析时如何选择比较基准？

主题2：公司进行利润分配时应该以谁为基础？

主题3：财务报表分析范式中哪一种分析范式更占优？

请对以上主题给出自己的观点，并给出理由支撑。

第一节　财务报告加工过程

普通产品都有严格的生产工艺流程与检验流程，财务报告作为会计信息产品也不例外。

财务报告的加工与检验过程如图3-1所示。

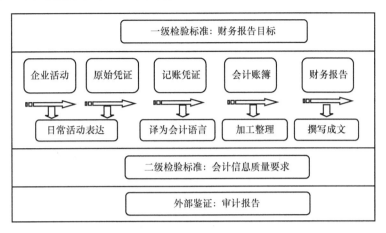

图3-1　财务报告的加工与检验过程

财务报告的加工流程是会计循环系统。凡是计入财务报表的信息都必须进入会计循环系统，经历会计循环系统各个环节，最终生成财务报表。企业交易事项进入会计循环系统后，经历会计确认、会计计量、会计记录和会计报告，即原始凭证、记账凭证、会计账簿与财务报告，加工过程中间夹杂着成本计算、财产清查，以及根据权责发生制进行账项调整，编制账项调整分录和结账。

衡量财务报告是否合格的内部检验环节有两个标准：一个是总检验要求，即财务报告目标；另一个是细节检验要求，即八项会计信息质量要求。其中，财务报告的目标主要有两种观点：受托责任观和决策有用观。美国财务会计准则委员会（FASB）和国际会计准则理事会（IASB）认为，财务报告的目标是决策有用观，代表着主流观点。我国的财务报告目标采取的是决策有用观和受托责任观的融合。会计信息质量要求主要包括可靠性、相关性、可理解性、可比性、实质重于形式、重要性、谨慎性和及时性。

如果财务报告能通过上述检验标准，公司的财务报告就是合格品，否则，就是一件不合格品。公司需要对财务报告中不合格的地方重新进行加工，然后再次检验，直到它成为合格品。上市公司的财务报告向外界披露之前还需要经过注册会计师的检验，审计师以独立第三方的身份对财务报告给出鉴证意见——审计报告。注册会计师的审计意见可以作为财务报告的外部检验标准，它是管理者在向外界提供财务报告之前，注册会计师以独立专业人士的身份对财务报告做出的公正评价，是为外部利益相关者做出的一次专业性评价，有利于降低财务报告的专业技术风险，可为分析者提供合格的财务报告，也为利益相关者提供财务报告的某些强调事项等方面信息。

第二节　财务报告体系

一、财务报告的定义

财务报告是指企业对外提供的反映某一特定日期的财务状况和某一会计期间的经营成

果、现金流量等会计信息的文件。

在理解财务报告时需要注意以下 3 个方面：

1）财务报告是一种定期披露的会计信息文件。

2）会计信息主要包括 3 种信息：财务状况、经营成果和现金流量，与之对应的是，静态、存量的资产负债表，动态、流量的利润表和现金流量表。

3）财务报表并不是财务报告系统的唯一产物，财务报告还包括其他相关信息。

二、财务报告体系

财务报告体系如图 3-2 所示。它包括财务报表和其他应当在财务报告中披露的相关信息和资料。其中，财务报表包括资产负债表、利润表、现金流量表和所有者权益变动表及会计报表附注。资产负债表、利润表、现金流量表和所有者权益变动表是主要财务报表，属于表内信息，是表内确认。财务报表并非都是表内确认，有一些重要信息因不符合会计确认的要求，这部分资料将以会计报表附注的形式进行披露。会计报表附注是会计报表的重要组成部分，是对会计报表本身无法或难以充分表达的内容和项目所做的补充说明和详细解释。会计报表附注是对财务报表主表的有效补充，这种形式披露是表内披露。

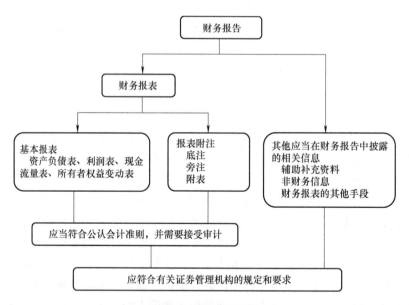

图 3-2　财务报告体系

这两部分都要符合公认会计准则的要求，并需要接受审计。财务报告的另一个重要组成部分就是其他应该在财务报告中披露的相关信息和资料，这些属于表外披露的部分，可以将其视为对财务报表的有效补充。这部分信息的重要性在于它是财务报表的重要补充，有利于信息需求者进一步了解企业真实的业绩状况，以及公司未来风险与机遇的计划信息。这部分受到的约束比较少，披露形式比较自由，可以不受公认会计准则的限制，但需要相关管理机构对其真实性进行审阅。这部分资料更多的是基于证券管理机构要求给予的表外信息披露。

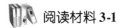
阅读材料 3-1

了解：公司年度报告的内容

下面通过宜宾五粮液股份有限公司（000858.SZ）的年度报告目录了解一下我国现行会计准则下公司年度报告的基本内容。

宜宾五粮液股份有限公司 2017 年度报告目录如下：

目录

第一节	重要提示和释义	3
第二节	公司简介与主要财务指标	5
第三节	公司业务概要	8
第四节	经营情况讨论与分析	10
第五节	重要事项	20
第六节	股份变动及股东情况	31
第七节	优先股相关情况	35
第八节	董事、监事、高级管理人员和员工情况	36
第九节	公司治理	42
第十节	公司债券相关情况	46
第十一节	财务报告	47
第十二节	备查文件目录	141

（资料来源：五粮液 2017 年度报告。）

三、财务报表附注及其他财务报告信息进一步透视

20 世纪 90 年代初，我国建立了现代股票市场，在很长时间内我国的股票市场仅是形式上的股票市场，缺乏现代股票市场的核心要素。经过多年的发展，尤其是进入 21 世纪后，我国加快了资本市场的改革步伐。2005 年股权分置改革是我国股票市场发展史上的重要里程碑，标志着我国股票市场即将步入全流通时代，使其成为实质意义上的现代股票市场。2015 年 12 月 27 日，全国人大常委会审议通过了股票发行注册制改革授权决定，允许证监会在没有修改证券法的条件下先推行注册制。全国人大常委会通过注册制授权决定，标志着推进股票发行注册制改革具有了明确的法律依据。该决定的实施期限为两年，自 2016 年 3 月 1 日起施行。证监会表示，将认真落实国务院要求，抓紧做好配套规则的制定及其他各项准备工作。这都预示着我国股票市场治理机制进一步完善。2018 年 2 月，全国人大常委会再度决议通过延长股票授权期限，为期仍是两年。

在资本市场制度不断完善的过程中，财务信息与其他公开信息充分而及时的披露成为其中重要的治理环节。会计信息充分和及时披露是为了保护中小投资者的利益。报表附注表外披露部分也是为了更好地体现会计信息相关性的要求。具体来说，报表附注表外披露部分的基本内容如下：

（一）报表附注

报表附注是对资产负债表、利润表、现金流量表和所有者权益变动表等报表中列示项目

的文字描述或明细资料，以及对未能在这些报表中列示项目的说明等。报表附注是财务报告中必不可少的组成部分，是财务报表的重要组成部分。报表附注经常带有技术性，因为它要求财务报表的使用者具有较强的信息处理能力。报表附注一般应该包括以下内容：所运用的会计原则和方法、会计政策和会计估计变更及差错更正的说明、关于各种财务报表要素的详细列示、承诺事项和或有负债、企业合并、关联交易、法律诉讼、重要客户等。

阅读材料 3-2

贵州茅台的报表附注

在贵州茅台2017年度报告中，报表附注包括公司基本情况、财务报表编制基础、重要会计政策及会计估计、税项、合并报表项目注释、在其他主体中的权益、关联方及关联交易、承诺及或有事项、资产负债表日后事项、母公司报表主要项目注释、补充资料等。

（资料来源：贵州茅台2017年度报告。）

（二）管理人员讨论分析书（MD&A）

美国、加拿大等国家的证券交易委员会要求在本国上市的公司要在其财务报告中提供管理人员讨论分析书。我国财务报告中要求提供"经营情况讨论与分析"。MD&A 要求公司应该指出对其有利和不利的情况，明确影响公司流动性、资本来源和经营成果等的重大事件和不确定性因素。它们还必须尽可能地揭示公司未来的信息，比如很可能影响到公司未来财务状况的重大不确定性事件。除此之外，MD&A 还要求报告对财务报表有重要影响的市场方面的信息，如通货膨胀和价格变动方面的定性信息。公司被鼓励而不是强迫提供前瞻性信息。由此可见，MD&A 的主要目的是让利益相关者，尤其是投资者，根据会计信息的补充说明，能够更为准确地评判公司状况，这就在一定程度上保护了处于信息劣势的利益相关者的利益。与西方国家相比，我国管理层提供的"经营情况讨论与分析"需要加强披露公司风险方面信息，尤其是重大不确定方面的信息。

（三）管理报告

管理报告主要阐述管理当局在编制公司财务报表中的责任。如此要求，其目的主要有两个：一是提升公司管理高层对公司财务和内部控制系统的责任感；二是加强管理当局、董事和审计师在编制财务报表方面各自的责任。我国的财务报告会披露公司内部控制的相关信息，审计报告中也会披露管理层和治理层对财务报表的责任。

（四）审计报告

为提升会计信息的可靠性，公司要聘用独立注册会计师作为审计师来评价公司的财务报告是否符合公认会计准则。审计师在财务报告向公众公布之前对其进行重要检查。审计师出具的审计意见分为以下4类：①无保留意见。财务报告公允地反映了公司的财务状况、经营成果和现金流量等信息。②保留意见。除个别项目出具了保留意见外，整个报告仍出具的是无保留意见。③否定意见。财务报告没有公允地反映公司的财务业绩和状况。④拒绝出具意见。审计范围受到限制因而不足以形成审计意见。

通常，审计报告包括以下组成部分：审计意见、形成审计意见的基础、关键审计事项、其他信息、管理层和治理层对财务报表的责任、注册会计师对财务报表审计的责任。

（五）社会责任报告

随着人们环保意识的提升，企业更加关注它们对社会的责任。近年来，我国政府加大了社会环境保护方面的治理，要求公司承担更多的社会责任。公司在财务报告中也要努力解释公司的社会责任，以及管理当局对雇员的承诺、对人力资源开发的投入，以及许多不可量化的分析因素。

我国首家上市公司社会责任报告书由阳光发展股份有限公司于2007年3月15日正式公布。该报告书涉及阳光发展在远景和承诺、环境保护、参与公益事业、提高住宅质量、预防和惩罚商业贿赂行为、加强职工权益保护等几个方面的内容。

四、上市公司信息披露平台

财务报告是公司商业活动的透镜，有利于帮助外部利益相关者判断公司基本面，并做出正确决策，其重要性显而易见。世界各国证券交易委员会都要求所有在本国上市的公司按既定要求及时而充分地披露财务信息以及重要的非财务信息，世界各国证券管理机构都会指定官方信息披露平台，有利于使用者及时查询相关信息。在美国，所有上市公司必须向证券交易委员会提交年度报告和季度报告。这些报告可以通过证券交易委员会的 EDGAR 数据库得到，其网址为 www.see.gov。我国证券交易委员会也要求上市公司提供年度财务报告与季度财务报告，也为上市公司信息披露指定了官方披露平台。

阅读材料 3-3

> **中国上市公司信息披露平台**
>
> 中国的上市公司需要向中国证券监督委员会提交年度财务报告，其中包括首次申请公开发行股票的主板、中小板和创业板企业。中国证监会的网址为 www.csrc.gov.cn，具体的上市公司年报也可以登录上海证券交易所（网址：www.sse.com.cn）和深圳证券交易所（网址：www.szse.cn）获取。此外，中国证监会指定的信息披露网站还包括深圳证券交易所下属的"巨潮资讯网"（网址：www.cninfo.com.cn）、《中国证券报》的"中证网"（网址：www.cs.com.cn）、上海证券报的"中国证券网"（网址：www.cnstock.com）、《证券时报》的"证券时报网"（网址：www.secutimes.com）、《证券日报》的"中国资本证券网"（网址：www.ccstock.cn）。

第三节　合并报表若干问题*

一、财务报告披露制度

财务报告披露制度主要有两种：一种是单一披露制，要求上市公司必须提供合并报表，不强制要求披露母公司报表；另一种是双重披露制，要求上市公司不仅要提供合并报表，还要提供母公司报表。单一披露制的披露逻辑是合并报表比母公司报表更有用；双重披露制则认为二者各有其作用，不能用合并报表替代母公司报表。单一披露制的典型代表是美国和加拿大，我国采用的是双重披露制。

二、合并报表的重要性

无论是单一披露制还是双重披露制，从披露形式上讲，合并报表是必须披露的财务报表，而母公司报表在单一披露制下不是硬性披露要求，因此，从披露形式的逻辑上看，推定合并报表的重要性更胜一筹。通常进行财务分析时，只要不做特别说明，一般都是对合并报表财务数据的分析。

（一）合并报表理论

目前，编制合并报表的主要理论有母公司理论、实体理论和所有权理论。2007年我国实施新会计准则后，企业编制合并报表的理论由母公司理论转变为实体理论，合并的范围以"控制"为基础。这一调整体现了我国会计准则与国际会计准则的趋同性。

实体理论强调的是，在整体角度将母子公司看作一个经济整体，公司有权力支配子公司的全部资产以及重大决策。实体理论的主要特点包括：少数股东权益和少数股东损益不再被视为负债和费用，而是列入所有者权益和净利润；合并净收益是属于集团全部股东的净收益，要在母公司与子公司少数股东之间分配；合并过程中产生的商誉为全部股东共享等。

基于实体合并报表理论，子公司报表要并入合并报表都要符合"控制"标准。大体上讲，子公司可以分为全资子公司、直接或者间接控股50%以上子公司以及其他子公司。母公司应当将其符合合并标准的全部子公司，无论是小规模的子公司还是经营业务性质特殊的子公司，都纳入合并财务报表。只要是并入合并报表的子公司，母公司对其都要具有重大决策权，如人事权、投资决策权、调度现金权、股利分红决定权等。因此当母公司或者集团内子公司现金流严重不足时，母公司完全有能力基于整个企业集团而调度各子公司之间的现金帮助危机者渡过困境。

（二）合并报表重要性的逻辑推定

现以一个人的综合收入为例说明合并报表的重要性。假如某人A只有工资性收入，将A视为母公司，则母公司报表和合并报表相同。但是，如果A的收入来源多样，除了通常工资性收入外，还有投资性收入等，这些多种渠道的收入可比拟为从子公司获取的收益份额，则母公司报表与合并报表出现差异。例如，A是一家上市公司的CEO，年收入200万元，除此之外，他还有下列比较稳定的收入：房屋年租金收入100万元，股票市场投资收益年收入150万元，投资实体企业年分红300万元。如果只看A自身的报表，即母公司报表，他的收入只有200万元，但是这显然无法代表他的资信实力，他的综合实际年收入应该是750万元。因此，如果投资者判断A的盈利能力，要视A的综合年收入即A的合并报表而定。

如果将A比喻为上市公司，A公司有许多控股子公司，则A的母公司报表与合并报表出现差异。这些子公司都属于合并报表范畴，按照双重披露制的要求，A公司在披露年报时不仅应当披露合并报表，而且还要披露A公司自身的报表，即母公司报表。其中，A公司合并报表反映的企业集团这个会计主体的全貌远比A的母公司报表要全面得多，其中子公司财务数据信息都属于A公司能够控制的资源，合并报表更有利于投资者判断A公司的未来前景，而不是A公司自身的财务报表。即使投资者评估A公司自身盈利能力一般，但是其控股子公司盈利能力一流，A公司也属于一流公司。伯克希尔·哈撒韦就是如此，如果单独查阅母公司报表，它并没有合并报表显示那么强大，而其控股子公司资质一流，最终母公司盈利能力也是一流。

再说债权人,假定B公司是A公司的债权人,债权人B公司借款的直接对象是A公司自身,当然需要分析A公司自身的财务报告,评价A公司的债务偿还能力。当A公司自身遭遇财务困境时,如果A公司的控股子公司现金流充沛,那么A公司的控股子公司也是帮助其偿还债务的来源之一或者帮助其周转资金的重要来源。因此,合并报表对债权人B公司而言也十分重要。

因此,基于逻辑推定,合并报表显然更重要。如果分析者能够获取子公司的全面信息,能够甄别各子公司财务报告的质量,则有利于确定合并报表的质量。这取决于各子公司的财务报告披露是否充分,最优的情形是各子公司都是上市公司,但这几乎是不可能的。同样,如果上市公司拥有没有并入合并报表范围的一流合营公司和联营公司,并且投资者能够通过公开渠道获取这些公司的信息,这将有利于股东、债权人等评价公司的持续盈利能力。

三、合并报表的编制原理

根据会计准则要求,一旦投资方形成对外控制性投资,母公司就要在会计期末,以母公司报表和子公司报表为基础,编制由母公司和子公司组成的整个集团的合并报表。也就是说,合并报表反映的是由母子公司所形成的企业集团的财务状况、经营成果和现金流量等会计信息。

根据我国当前会计准则的要求,子公司整体都要并入母公司财务报表,与母公司财务报表一起编制合并财务报表。

在编制合并报表的过程中,如果直接将母子公司财务报表相加,就会造成重复计算,因此需要剔除母子公司之间的业务,包括母子公司之间的投资、内部资金往来、产品或者劳务提供形成的利润与亏损等,整体反映母子公司所形成的整个集团的会计信息。

在将子公司整体并入母公司财务报表的过程中,整个集团净资产和净利润属于子公司非控制性股东的权益部分,在合并报表中分别以"少数股东"(实际为非控制性股东)权益或者少数股东损益来反映。而子公司吸纳的非控制性股东的入资,也在合并现金流量表中补充列示。

实际上,合并报表的基本原理是把母公司的长期股权投资和对子公司的资金提供分解或者还原为子公司的个别而具体的资产(减负债),再将子公司的个别资产(扣除负债)剔除重复因素后与母公司相应的资产相加,从而形成合并资产负债表,再把整个集团内子公司净资产中属于子公司非控制性股东的权益部分用"少数股东权益"列示;把子公司的营业收入与各项利润表项目等剔除重复计算因素,与母公司相应项目相加,从而形成合并利润表,再把整个集团内子公司净利润中属于子公司非控制性股东的部分用"少数股东损益"列示;把母子公司对整个集团外的经营、投资和筹资所产生的现金流整合在一起,形成合并现金流量表,再把子公司吸纳的非控制性股东的入资,在合并现金流量表中的补充项目"其中子公司吸收少数股东入资收到的现金"中列示。

四、公司估值、利润分配时财务报表类型的选择

(一)公司估值时采用的利润指标

公司估值与利润分配时都涉及净利润,而报表中涉及的净利润分别是母公司报表中净利润、合并报表中净利润和合并报表中归属于母公司所有者的净利润。

公司估值的重要依据是合并报表中归属于母公司所有者的净利润，而不是母公司报表中的净利润，也不是合并报表中的净利润。如果母公司对所有子公司都是完全控股时，子公司的利润都归属母公司，母公司利润全部属于母公司股东的所有者，从而企业集团的净利润全部是归属于母公司所有者的净利润，没有少数股东权益。但是，当母公司不是100%控股子公司时，比如60%控股子公司，即60%的净利润属于母公司，那么母公司自身利润加上子公司60%的净利润就是归属于母公司所有者的净利润，剩下的40%的子公司的净利润称为少数股东损益，也就是子公司的非控制性股东的损益。

公司估值时公司持续盈利能力是一个重要因素，而合并资产负债表和合并现金流量表中也可以透视更多的关于公司扩张的信息，而扩张与持续盈利能力密切相关，对投资者而言，合并报表的重要性是不言而喻的。

（二）公司利润分配时利润指标的选择

当上市公司自身进行利润分配时，到底采取哪种报表中的利润指标，有不同的观点，也有各自的理论依据。

一般来讲，国有资本收益都要以合并报表为基础；深交所上市公司都要以孰低为原则；其他企业可以母公司个别报表为基础，也可以选择其他标准。对于可以自行决定的企业，建议以个别报表或孰低为依据。除了国有资本收益和深交所上市公司外，其他企业对外利润分配（分红、股利）应当以投资者直接投资的公司（即母公司）个别报表中可供分配利润或个别报表与合并报表中较低的可供分配利润为分配上限。这体现了谨慎性原则，以及《公司法》禁止企业超分配等原则。

第四节　财务报表列报*

一、我国现实国情下财务报表列报

通用财务报表是基于债权人视角、遵循会计准则而编制的，向所有者、债权人、政府、监管机构、供应商、雇员与工会，以及社会公众等反映会计主体财务状况、经营状况、现金流量等信息的会计报表。管理用财务报表是指基于股东和管理者视角，将公司活动分为经营活动与金融活动，即创造价值与不创造价值的活动，通过对通用财务报表调整而重新编制的一种财务报表。

管理用财务报表的列报是国际会计准则理事会正在考虑推进的财务报表列报准则改革，借鉴美国的做法，其目的是增强财务报表之间的内在一致性，便于财务报表使用者分析企业各类活动的财务状况绩效。为此，国际会计准则理事会计划对财务报表列报的格式进行大幅度的改革，要求财务状况变动表（资产负债表）、综合收益表（利润表）及现金流量表都按照业务活动和筹资活动分类列报，业务活动再细分为经营活动和投资活动，同时，企业还应将持续性活动与终止经营分开列报。

国际会计准则理事会也要求中国直接采用国际准则，也采取这种方式列报。财政部企业司司长在2011年10月14日的《中国证券报》撰文指出，国际金融危机发生后，国际会计准则理事会启动系列准则项目的重大修改，要求中国直接采用国际准则，这将对中国现有企业财务体系产生重大影响。中国企业会计准则建设必须坚持与国际会计准则趋同而不能直接完全采用，更不能直接全盘照抄。

到底有没有必要按照国际会计准则理事会要求进行财务报表列报的改革，至少从目前来看，我国进行财务报表列报改革的弊端更多。

我国的财务报表列报准则规定了统一的报表格式，有效地解决了各行业的列报问题，主要项目的变动都有附表。这套列报格式已被广泛接受和熟悉，能够满足各方要求。并且我国当前财务指标体系都是围绕通用财务报表构建的，能够比较好地满足各种利益相关者的不同信息诉求。管理用财务报表是从公司创造价值出发，主要立足于股东、管理者视角，使管理者或者股东更直接洞察公司有效的创造价值环节。当下管理用报表的财务指标大都与公司估值相关，而且财务指标相对比较单一，没有通用财务指标简单明了，尤其是不太利于债权人直观地评估公司的偿还债务能力。

如果按照国际会计准则理事会的思路直接修改我国的财务报表列报准则，必将打乱我国现有的财务报告结构体系，并且现有的管理用报表框架中现有财务指标并不能很好地直观反映公司各类财务能力，满足不同利益相关者的直接诉求。而且，采用新的列报格式将大幅增加各类企业培训、软件更新等转换成本。加之，当前我国会计人员总体素质还有待提高，这给我国财务报表列报改革增加了困难。

因此，当前我国现实条件确实不允许采用管理用报表列报，应以通用财务报表列报为基础，将管理用报表列报作为通用财务报表列报的有效补充。实力强大的企业可自愿将管理用报表列报作为通用财务报告列报的补充。

二、我国未来财务报表列报

管理用财务报表是主要立足于投资者、管理者的视角而编制的报表，通用财务报表主要是基于债权人视角而编制的报表。如果从制度设计角度讲，债权人作为出资方理应具有优先索取权，本金与利息理应得到优先保障，财务报表列报基于债权人视角列报更为合理，通用财务报表列报就是如此。

当然，股东最关注公司的持续盈利能力，管理用报表列报更为直观地体现了这一诉求，通用财务报表列报在这一方面略显乏力。并且，如果公司具有持续盈利能力，其他利益相关者的诉求都会一并达成。但是，在现实生活中很少有企业真正具有持续盈利能力，对债权人尤其是中短期债权人而言，其并不需要过度关注公司的未来，只要其借款抵押物是安全的即可，而公司长期借贷一般不多而且长期借款一般都在5年以内，长期债权人也大多重点关注公司长期债权的抵押物在借款期限内的动态安全性。因此，基于制度设计视角，从表面上看，通用财务报表列报可以更直观地满足债权人的诉求，是更高效的制度设计。

但是，如果考虑到公司债权的真正安全性，仅考虑借款抵押物的安全性是不够的，无论是公司的短期债权人还是公司的长期债权人，基于长期视角考虑公司债权的安全性，更有利于保障债权人利益。也可以说，如果债权人愿意从公司创造价值的视角考察公司债权的安全性，其债权将更为安全。并且公司债权人基于长期视角考虑债权保障也具有一定的合理性，这主要体现在以下几个方面：

一个原因是公司经营性负债有一部分是永久性经营负债，具有长期性质，并且这部分负债一般没有抵押而是基于公司信用而产生的，这部分债权人与公司是长期合作关系，其更关注公司的持续经营能力。

另一个原因是公司抵押贷款的提供者与公司并非都是一次性买卖，这些抵押贷款的资金提供者更加关注优质顾客，寻求长期资金合作关系。当公司具有持续盈利能力时，现金流充沛，资金提供方与之可以展开更多、更长期的合作，并谋求双方利益最大化。

由此可见，基于长期视角考虑，管理用报表列报更为合理，而当前我们更多考虑短期，并且当下我国不太具备采用管理用报表列报的条件，采用管理用报表列报的难度与成本都比较高。如果当我国现实条件具备时，比如会计人员专业素质比较高，管理用报表列报难度与成本都比较低，财务报表列报变革的时机才更为合适，我国才有可能接受国际会计准则理事会的建议，直接采取管理用报表列报方式。

第五节　通用财务报表分析方法

一般来讲，财务报表分析方法大体可以划分为定性分析方法、拟定量分析法和定量分析方法。因为拟定量分析法难于准确界定，有时将拟定量分析法划入定量分析法或者定性分析法，或者兼而有之，所以财务报表分析方法也可以只分为定性分析方法与定量分析方法。

下面重点介绍通常使用的财务方法，其中有定性分析方法的比较分析法、趋势分析法、比率分析法、德尔菲法，拟定量分析法的综合评分法，定量分析方法的因素分析法。

一、定性分析方法

定性分析方法一般包括比较分析法、趋势分析法、比率分析法和德尔菲法。

（一）比较分析法

比较分析法是最基本的财务报表分析方法，是指将两个或两个以上相关指标进行对比，确定其差异，并进行差异分析的一种分析方法。差异分析是指通过分析差异方向、差异性质及差异大小揭示差距，做出评价，并找出产生差距的原因及其对差异的影响程度，为改进公司的经营管理绩效指引方向的一种分析方法。

使用比较分析法对一家企业进行财务分析时，比较标准的选择十分重要。财务分析评价基准就是在一定的评价目标下，人为设定的划分评价对象优劣的财务标准。财务分析评价基准并不是唯一的。采用不同的比较基准，有可能使同一分析对象得到不同的分析结论。在选择比较分析基准时，应根据不同的分析目的，并结合企业的实际情况，选择恰当的比较分析评价基准。

比较分析法按不同的比较标准可以分为不同形式。

1. 依据比较的参照物分类

（1）经验基准。经验基准是依据大量长期的日常观察和实践形成的基准，该基准一般条件下没有科学理论支撑，只是根据日常生活中的大量现象归纳的结果，具有明显的时间特性与行业局限。例如，在20世纪70年代，西方国家认为工业企业流动比率的合理均值是2，速动比率的合理均值是1。这是一种经验规则，这些财务指标经验基准经常是不科学的，甚至是不实用的，需要因时间和空间的变化而做出相应调整，但是不能完全否定经验基准的价值，它可以作为比较分析的参考标准。

（2）预算标准。预算标准又称目标基准，它是财务分析人员综合管理人员等意见后，以公司预算编制为基础制定的标准。预算标准的优劣取决于公司预算管理水平与预算编制的合理性。如果是固定预算，则预算标准比较接近历史标准；如果是现代预算，则预算标准更具有弹性和前瞻性。现代企业很少编制固定预算,更多的企业都是通过现代预算管理制定更有前瞻性的预算标准。

(3) 历史标准。历史标准是指企业在过去某段时间内的实际值,根据不同比较目的,可以选择历史平均值,也可以选择历史中位数,还可以选择历史最佳值作为标准。与历史标准的比较分析,是一种自身最优判断方法,也是一种自身的纵向比较方法,具有排他性。历史标准是企业自身在时间序列上的比较,因此可比性比较强。运用历史标准时要注意分析公司本期财务指标出现明显变化的重要原因,比如是技术变化所致还是重组所致,甄别这些重大因素变化对历史指标的影响,并决定是否需要修正历史标准。

(4) 行业标准。行业标准是行业内所有企业某个相同财务指标的简单平均水平、加权平均水平或较优水平。运用行业标准时要注意不能夸大行业标准,因为世界上没有完全相同的公司,即使行业内公司相同,财务数据处理的方法也不尽相同,公司的财务数据也会明显不同。

与同行业个别企业的比较分析,也属于行业标准的一类,这是比较分析自身优劣的一种方法。比较对象的选择需要考虑以下因素:竞争战略、经营周期、产品生命周期、会计政策选择等,尽可能选择可比对象进行比较分析。

与行业标准的比较分析是比较分析中重要的参考基准,行业标准的确定方法有多种。统计学中可以应用多种变量来描述个别分布的特征,如平均数、中位数、众数等,甚至运用到四分位或者加权平均数的确定方法等。下面介绍几种常用方法:

1) 简单算术平均法。

$$行业标准 = \frac{\sum 同行业个别企业的财务指标数值}{行业内企业数量}$$

使用简单算术平均数作为比较标准,必须注意个别指标的分散程度。例如,1 和 9 的平均数、2 和 8 的平均数与 3 和 7 的平均数都是 5,但是第一个的分散程度最大,第三个的分散程度比较小。这时可以以"平均偏差"来衡量分散程度的大小:

$$平均偏差 = \frac{\sum (同行业个别企业的财务指标值 - 行业标准)}{行业内企业数量}$$

2) 二次算术平均法。首先,计算简单平均数;其次,按一定标准将行业内数值分组,将个数最多的数值组进行算术平均,计算众数平均数;再次,将位于中央位置的两个个别指标进行算术平均,计算中位数平均数;最后,取三者的简单平均数。

$$某财务指标的行业均值 = \frac{简单平均数 + 众数平均数 + 中位数平均数}{3}$$

3) 加权平均法。加权平均法是按照一定的标准把行业内所有企业的个别财务指标进行分组,对各组平均值以各组的企业数目占总样本的比重为权数计算确定。其计算公式为

$$某财务指标的行业标准 = \sum (财务指标的分组平均数 \times 该组中企业个数比重)$$

此外,加权平均法的权数还可以运用财务指标值、企业某些项目的市值、账面价值等,但计算方法比较复杂。

具体选择哪一个平均数,应视样本具体情况而定。如果是一个标准正态分布的优质样本,这 3 个平均数应该是趋同的或者是无差异的。

确定行业标准时还需要注意 3 个假设:

1）对企业的假设。在行业标准确定的过程中，以大量的历史统计数据为样本，测算各类指标的平均数，并假设企业持续经营，以及样本数据能反映各行业的经济运行状态。但是，在实际生活中，不少行业并不符合这种要求，如某些重要企业严重亏损，或者大多数企业亏损，都会扭曲行业均值的代表性。

同时，在行业平均水平的计算过程中，假设各个企业所采用的会计政策、会计估计等是相同的或者是高度相似的，而实际情况并非如此。同一个行业中各个企业经营模式、竞争战略等差异也会导致财务数据出现明显不同。

2）统计方法上的假设。行业标准要具有代表性，其隐含的假设是个别企业的财务指标呈正态分布或者分段平均分布，但现实世界中很难如此。用于描述这种现象的统计变量有偏度和峰值，这些都会影响行业均值的解释能力。在这种情况下，通常的处理办法可采用自然对数或者平方根进行转化，前提是各个变量均为正值。

3）行业分类的合理。行业的分类是分析和评价行业经济活动及行业经济联系的基础，合理、恰当的行业分类有助于了解企业所处的基本情况，进而才能应用行业标准作为财务报表分析的基准。否则，行业分类的标准过于笼统，行业均值就没有代表性，比较分析就没有意义。

迄今为止，行业划分有多种标准，却没有一个被普遍认可的标准，也就是说，行业有不同的分类方式。我国比较权威的行业划分标准是《中华人民共和国国家标准（GB/T 4754—2011）》和上市公司行业分类指引。前者通常提供产品的细目，分析者针对具体企业进行判断，选择行业归属；后者是以中国证监会 2012 年 10 月 26 日颁布的《上市公司行业分类指引》为标准，它是对 2001 年 4 月 4 日中国证监会颁布的《上市公司行业分类指引》为标准分类的修订，同时废止 2001 年标准，它对中国境内证券交易所挂牌交易的上市公司进行了分类，将上市公司划分为 19 大类，每一大类又可进一步细分，共 90 小类。

行业标准在实践中应用得十分广泛，它有一定的理论基础与实证基础：

1）理论基础。从理论上讲，同行业中许多企业一般都受许多共同因素的影响，每个行业都具有与其他行业不同的经济特征，如不同行业的经营特征、技术特征、资本要求、规模经济效应、行业成本特征、价格定价方式等，这些经济特征决定了行业的价格—成本—利润组合，形成了某个行业的根本特点，对行业的经济效益有重要影响，从而形成了不同行业的不同盈利能力。从长期来看，等量资金投资在不同行业要求获得等量利润是一种客观趋势，即行业之间的利润率差异通过资源转移与优化配置最终实现均衡，但这只是一种长期趋势，行业之间的收益不均是短期内客观存在的事实。当然，基于当前移动互联网时代，信息更加对称，行业之间的短期收益达到长期均衡的过程会更加快速。

2）实证基础。从实证视角考察，国外的一些学者研究显示，个别企业的财务比率确实会向行业平均趋势靠拢。这种靠拢的动因尚不完全确定，或者是因为企业管理当局的举动或者是由于影响行业内所有企业的外部强力所致。例如，Lev、Thomas J. Frecka 和 Cheng F. Lee 通过对数线性应用方程证实了个别企业的财务比率有向行业平均水平趋近的趋势。

2. 依据指标数据形式分类

（1）绝对数指标的比较。它是指利用两个或两个以上相关的总量指标进行比较，以揭示绝对指标的数量差异。

（2）相对数指标的比较。它是指利用两个或两个以上相关的相对数指标进行比较，以揭示相对指标的数量差异。

运用绝对数指标与相对数指标进行比较分析时，要注意这两个指标的基期数值的一些变异，如数值过大或者数值过小，或者数值由正向负、由负向正等，都会导致本期数值出现异动，需要甄别其中原因，并做出恰当处理。

3. 依据具体比较方法分类

（1）水平分析法。水平分析法又称横向比较法，是指将反映公司报告期业绩的信息与反映公司前期或某一历史时期业绩的信息进行对比，来研究公司各项经营业绩发展变动情况的一种财务分析方法。比较分析时可以采用绝对数也可以采用相对数。

（2）垂直分析法。垂直分析法又称纵向比较法，是指以财务报表中某一关键项目为基数项目，通过计算报表中各项目占基数项目的比重或结构，反映报表中的项目与总体的关系情况及其变动情况的一种财务分析方法。分析者进行纵向比较分析时，若项目所占比重越大，说明它的重要程度越高，对总体的影响越大。

进行水平分析和垂直分析时，尤其要注意各期数据异动值的处理。

（二）趋势分析法

一般而言，趋势分析法是狭义上的界定。从广义上讲，任何财务分析方法都需要进行趋势分析。

趋势分析法是根据企业连续数期的财务报表，以第一期或选择某一期为基础，计算每一期各项目对第一期或某一期的趋势百分比，或计算趋势比率及指数，形成一系列具有可比性的百分数或指数，以揭示各期财务状况和经营业绩增减变动的性质和方向。趋势分析法的期数一般以年为准，也可以采用季度。

趋势分析法可以将各会计期间的财务报表资料换算为同一期或某一期的基数百分比或指数，这样做不但能化繁为简，反映企业总体经营业绩或分项内容的发展趋势，而且也可以从对过去的研究分析中，发现未来的发展趋势。趋势分析法中最重要的概念是趋势百分比，它是用来表示财务报表各项目的不同会计期间的百分比关系。趋势百分比按基期选择的不同分为定比趋势百分比和环比趋势百分比。定比趋势百分比是本期金额与某确定基期金额之比，环比趋势百分比是本期金额与上期金额之比。这两种方法分别侧重于从不同角度对财务趋势进行分析，在实际分析过程中，信息需求者可以根据实际情况任选其一，或者将两种方法结合使用。

趋势分析法是利益相关者，尤其是外部利益相关者发现企业成长规律，洞察企业内在问题，做出正确决策的一种非常重要的方法。在一般情况下，企业发展都是沿着一定路径进行的，沿着这一路径，可以更好地预测企业未来的发展趋势。无论是一般投资者，还是专业投资者，都很难通过分析企业某一年报表就可以对企业未来做出较为准确的诊断，而通过分析多年财务报表观察更容易发现企业内在问题，并为其决策参考提供更有价值的信息。

当然，趋势分析法并不是尽善尽美的，也有其局限性。在运用趋势分析时，需要注意以下几点：

第一，基期要选择得当，基数必须为正数，并且应该剔除个别年度的极端资料，只有选择代表性极强的年份的数据作为基期，才有利于揭示其发展趋势。

第二，即使基期选择恰到好处，然而，随着经济发展的不确定性、技术变革、物价的波动等因素，使原本具有代表性的基期也可能不再具有代表性，若不重新选择基期，则期限越长，财务报表的可比性越差。这时，选择环比趋势分析就可以有效地避免以上缺陷。环比趋势分析虽然可以规避定比趋势分析的某些缺点，但它也有局限性，有可能出现运用环比增长的方法引起高估或低估企业盈利水平的情况。

在财务分析时，垂直分析法、水平分析法、趋势分析法、比较分析法经常结合在一起使用，很少单独使用，甚至比率分析法也都可以进行趋势分析、垂直分析和水平分析。

（三）比率分析法

比率分析法是财务分析中最常用的分析工具，也是最主要的财务分析方法。它是指利用两个财务指标之间的某种关系，通过计算财务比率以考察、计量和评价企业经营业绩的一种财务分析方法。

比率分析法是将相关联的不同项目、指标之间进行比较分析，以说明项目之间的关系，并解释和评价由此所反映的某方面的情况，其结果反映了原来的简单比较指标无从表达的、更高层次的某种状况或某种能力，已大大超出了原有指标本身所代表的内涵。它可以直接说明某项比率指标水平的高低，也可以和比较分析法结合起来分析该项比率指标和对比指标的差异。比率分析方法经过不断地发展和完善后，在财务报表分析中的地位更加凸显。

根据分析的不同内容和要求，比率分析法主要分为相关比率分析和构成比率分析。相关比率分析是将两个相互联系的财务指标的数额相除，据以对公司财务状况等信息进行分析的一种方法。通过相关比率分析，可以使财务报表分析更全面、更深刻。构成比率分析是指某项财务分析指标的各个构成部分数值占总数值的比重。通过构成比率分析，可以观察构成比率内容的变化，从而掌握该指标的构成和特点。通过构成比率分析，可以充分反映公司经营业绩构成和结构的发展变化的情况。

因为财务比率是指两个指标之间的关系，所以，运用比率分析时，这两个指标之间必须具有一定的逻辑关系，而且构成的财务比率要具有经济意义，这是构建财务指标的基本指导原则。

（四）德尔菲法

德尔菲法又称专家意见法，是指靠专家作为获取财务信息的对象，组织各领域的专家运用专业方面的经验和知识，研究分析对象的性质，考虑对象所处的社会环境和背景，通过对企业过去和现在发生的问题进行综合分析，从中找出规律，借以对企业状况做出评判的一种方法。这种方法经常被用于预测方面，第十三章 财务预测将详细介绍德尔菲法。

二、拟定量分析法

定性与定量之间的划分通常没有绝对明晰的界限，它们经常交织在一起。拟定量分析法是指介于定性分析方法与定量分析方法之间的分析方法。正因为定性与定量之间难以划清界限，拟定量分析法也难以给出明确的定义。这种方法把定量分析方法与定性分析方法结合，比较适合分析难以完全定量的复杂问题。综合评分法是一种最简单、通用的拟定量评估的技术方法，它通过对各组因素的特定评分来反映对评估的判断，并将各种因素的评估通过某种方式的综合，最后用一个量化的结果来表达评估结论。综合评分法的分值又称效应值，是指用因素权数的高低来表示对象对目标的效应程度。在单因素评估基础上，通过加权等方式进行新的综合，给出总体评估结果。综合评分法一般基于明确的评估目的来测度对象的属性，并且判断这些属性的价值。

三、定量分析方法

定量分析方法一般包括因素分析法、指标测度法、因子分析法、主成分分析法、回归分析法和时间序列分析法。

（一）因素分析法

因素分析法又称指数分析法，是指根据指数体系，从数量上分析经济指标变动受各因素指标变动的影响程度的一种分析方法。因素分析法各子因素指标之间的关系式主要有两种：一种是以乘积方式存在，另一种是以非乘积方式存在，即混合运算方式存在。一般因素分析法中各子因素之间的关系以乘积方式存在比较常见，而混合运算方式中以乘法、加法和减法的混合方式比较常见，比较少使用除法的运算方式。

经济指标也可称为因素指标，它和各子因素指标共同构成指标体系。财务指标体系必须符合一定条件：在经济上具有一定联系，在数量上具有对等关系的两个或两个以上指数所构成的整体，且这些因素指标或者以乘积形式，或者以混合运算方式出现。因此，构建因素分析指标体系，其前提条件就是相关指标之间在数量上保持对等关系。

因素分析法中一个难题是如何界定各子因素指标之间的替代顺序，而子因素指标的替代顺序有多种选择。关于因素指标排序这一问题，我们将在第十章　财务报表综合分析方法中详细讲述，并给出相应的理论支撑。

（二）指标测度法

指标测度法是指将定性的、非量化的对象描述转换成量化的、数字形态的指标，通过该指标反映各定性、非量化对象的一种方法。在财务报表分析中，指标测度法可以用来分析财务报表结构的变化程度、分析财务指标之间的相关程度等。

（三）因子分析法*

因子分析法是分析决定某些变量的本质及其分类的一种有效的多元统计分析方法。因子分析的基本目的就是运用一组少数几个因子来描述许多指标或者因素之间的关系，即将相关密切的几个变量归为一类，每一类变量成为一个因子，以较少的因子来有效地代表原有变量组，反映原资料的大部分信息。

因子分析法的基本思想是根据相关性大小将变量分组，使同组内的变量之间相关性较高，但不同组的变量相关性较低。每一组代表一个基本结构，这个结构就是公共因子。这样，对于所研究的问题就可以用最少个数的公共因子的线性函数来描述原来观测的每一变量，通过这些因子就可以帮助我们分析复杂的经济问题。但是，形成的因子是不可观测的、不具体的理论变量。

（四）主成分分析法*

主成分分析法也称主分量分析法，是由 Ho telling 于 1933 年提出的。它来源于现实生活中，我们经常遇到多指标问题，而大多数情况下不同指标之间具有一定的相关性，这就增加了分析处理问题的计算量和复杂性。主成分分析法就是解决这一问题的理性工具。主成分分析法是指利用降维的思想，用多指标重新组合成一组相互独立的少数几个综合指标，并且反映原指标的主要信息的多元统计方法。

一般来说，主成分分析法包括以下步骤：根据分析目的选择指标，并收集数据样本，得到样本原始数据矩阵；对样本原始数据进行标准化处理；计算样本相关系数矩阵；选择主成分变量；构造综合评价函数；运算过程的辅助实现。

（五）回归分析法

回归分析法是指在掌握大量观察数据的基础上，利用数理统计方法建立因变量与自变量之间的回归关系函数表达式的分析方法。在回归分析中，当研究的因果关系只涉及因变量和一个自变量时，叫作一元回归分析；当研究的因果关系涉及因变量和两个或两个以上自变量时，叫作多元回归分析。在实践中，一般使用多元回归分析，通过多个变量因素分析其与因变量的关系，找出影响因变量的关键因素。

(六) 时间序列分析法

时间序列分析法是一种对动态数据进行处理的数理统计方法。该方法基于随机过程理论和数理统计学方法，研究随机数据序列所遵从的统计规律，用于解决实际问题。具体来说，时间序列分析法是指按照时间的先后顺序建立起来的同一变量的一组数据或者一组观察数据。时间序列分析法是以预测为主要目的建立起的各种时间序列模型和方法，主要包括线性趋势外推法、指数平滑法、时间序列分解法等。这些数学方法在第十三章 财务预测中也有提及。

四、财务分析方法的评价

定性分析方法实施的成功与否及其研究质量水平，在很大程度上取决于分析者的专业素养和研究经验。同时，定性分析过程中的主观性和灵活性也会对研究结果的可靠性与有效性产生重大影响。

就研究方法而言，定性分析方法与定量分析方法各有其优缺点，并无绝对的优劣之分。定量分析方法用直观的数据表达评估结果，更为直观，但是也有可能使原来简单的事物复杂化，甚至产生误解与扭曲。定性分析方法可以避免定量分析方法的这些缺点，并且相对比较简单，还可以挖掘出一些隐藏很深的思想，使信息分析的结论更为全面而深刻，但其主观性较强，对评估者本身要求更高。实际上，两者无法完全割裂开来，定性分析的数据有赖于研究者的数据分析能力，而定量分析的假设、构建模型及数据分析与其专业素养与研究经验有关。

科学方法的运用趋势是从定性转向定量，但又在更高层次上出现了定量到定性的回归。这不是简单地对定量方法的否定，而是认识到定量分析方法虽然是一种重要的分析手段，但其作用也是有限的。因而将定性分析方法与定量分析方法结合起来，做一个更为全面、更深入的分析是信息分析的最佳选择。当然，拟定量分析法是一种融合两者的硬性结合体，研究者也可以分别进行定性分析和定量分析，做出综合判断。

综上所述，在实际运用时各种分析方法一般都不单独使用，大都综合使用，以达到提升财务分析效率的目的。具体运用各种分析方法时，需要注意以下几点：

(1) 各种财务报表分析方法都有其利弊，为完成财务分析目的，需要使用多种财务分析方法，仅使用一种财务分析方法通常是不够的。除非在极端条件下，否则不可以只使用单一财务分析方法。

(2) 这些财务分析方法在功能上相近，在方法上可能存在相互替代的关系，使用者要注意财务分析方法的选择。例如，运用财务数据进行财务预测时，不仅可以用多因素分析模型，也可以应用单因素分析模型，还可以应用单个财务比率，这些方法之间存在一定的替代关系。

(3) 财务分析的目标通常可以被细分为不同层次的目标，与之对应财务分析的对象也可拆分为各个子系统，对不同子系统采用不同的分析方法。例如，为了预测公司偿还债务的能力，可以将财务报表分为资产负债表、利润表和现金流量表三个系统，然后对各个报表从不同视角运用不同的分析方法进行分析。

(4) 由于财务报表分析对象的特殊性，财务报表分析可以从不同视角采用不同的方法或者相同的方法进行，比如从财务报表本身数据直接分析，从财务报表的结构以及结构之间的关系分析，还有从财务比率等不同视角进行分析。

第六节　财务报表分析范式

财务报表的分析范式一般有两种：一种是财务报表驱动分析范式，另一种是经营动因驱动分析范式。

一、财务报表驱动分析范式

财务报表驱动分析范式又称被动式财务报表分析范式，是一种由果及因的分析范式，是基于不同财务报表使用者的信息诉求，以财务报告为中心展开分析，运用专业分析方法，达到不同利益相关者信息诉求的一种财务报表分析范式。

这是一种逆序、先入为主的分析范式，也是一种常用的分析范式。财务报表分析的对象是财务报告，因结果而分析过程也是合情合理的。虽然财务报告也有非财务信息，但是分析者对这些非财务信息的利用是事后利用，即当财务数据出现疑问需要解释时才利用非财务信息，而不是在财务数据分析之前抛开财务报告，首先评估公司经营风险、研究公司经营模式等形成对财务数据的初始预期。因此，从概率上讲，这种分析范式更容易让读者产生错误判断。也就是说，因为报表使用者事先没有对公司的基本预期，自然无法形成对公司财务数据的准确预期，也难以准确把握公司财务数据的差异点，财务决策错误的概率更大。

二、经营动因驱动分析范式

经营动因驱动分析范式又称主动式财务报表分析范式，是一种由因及果的分析范式，是首先抛开财务报告，通过分析企业经营能力、竞争战略、行业环境、宏观环境等风险，对企业财务报告形成预期，然后根据财务报告披露信息，基于使用者的信息诉求，运用财务报表的专业分析方法，做出决策的一种财务分析范式。

这是一种顺序的分析范式，首先对企业所处环境给予全面评估，对企业财务数据形成初始预期，然后分析财务报告，找出二者的吻合与差异点，并甄别其中原因。如果吻合，符合因果动因，但是仍需甄别财务数据；如果出现差异，寻找其内在原因。

与前者相比，经营动因驱动方式下的财务报表分析是主动利用非财务分析，而不是因为财务数据解释之需而借助非财务信息。经营动因驱动分析范式将财务数据置于公司经营环境中分析，将其置于一个格局中考虑，而不是如前者将财务分析置于一个散点状态，分析者对分析对象没有任何预期，基本处于头痛医头、脚痛医脚的状态，没有一个总体的格局与视野，很难形成准确的分析。因此，从逻辑上讲，与财务报表驱动分析范式相比，经营动因驱动分析范式在进行财务分析时做出错误判断的概率更小，在分析逻辑上占优。

以福建诺奇股份有限公司为例说明评估企业经营风险财务分析的重要性。第十四章　财务分析综合案例运用将以诺奇股份为例进行系统分析，揭开诺奇老板跑路之谜。

【例1】　2011年3月，具有东方ZARA之称的福建泉州诺奇股份有限公司（01353.HK）第一次冲击上市被中国证监会否决，其上市被否决的原因是诺奇产品销售地区区域有限，公司品牌推广及研发费用均低于同行业上市公司，销售模式也存在风险。随即诺奇在第二次提交A股上市申请的10个月后，撤销申请转投港股，2014年1月9日终于在港交所成功上市。

诺奇公司的成功上市主要得益于第一次IPO被否决的经验教训及其亮丽的财务报告。2010—2012年，公司净利润从4566万元增长至8170万元，2013年微幅增长到8174万元。对于整个服装行业来说，这种业绩实属难得，因为服装行业在这一期间内业绩整体下滑，不少优质公司，如七匹狼的净利润都出现了下滑。

诺奇IPO历程可谓百折不挠，历经三载，终于在2014年年初上市成功，但是比较奇怪的是公司上市不久老板却跑路了。受此消息影响，2014年7月21日至23日诺奇股价暴跌逾50%，停牌后目前市值仅剩1.6亿港元。到2014年7月25日晚，诺奇发布公告称已有4天未能联络或联系到老板丁辉。2014年7月31日，诺奇董事会查实丁辉在2014年1月27日、3月11日及4月3日3天时间4次转移诺奇公司资金累计逾2.28亿元。诺奇已于2014年7月28日和29日，先后就上述转账向中国公安部及香港警务处报案。

2015年4月，泉州市中级人民法院正式受理诺奇重组申请。2015年11月26日，诺奇与重组方罗马世家签署了《重组意向协议》。

2016年7月28日，昊天集团与诺奇联合发布公告称，昊天集团全资子公司昊天中国将取代罗马世家作为重组方，参与诺奇重组，这也意味着重组方"易主"。2016年9月5日，昊天集团与诺奇联合发布公告称，昊天集团全资子公司昊天中国于9月5日完成重组协议，昊天中国1.51亿元投资额已悉数支付，昊天中国正式成为诺奇控股股东。至此，诺奇重组取得实质性进展。

根据以上信息，解析如下问题：

1. 根据诺奇的经营模式分析，诺奇公司的财务数据应该具有哪些特征？
2. 如果诺奇老板没有跑路，诺奇是否具有持续盈利能力？
3. 诺奇老板如此快速跑路，你认为最有可能的原因是什么？
4. 诺奇事发之后，诺奇的命运将如何演绎？

【分析思路】

①诺奇是一家快时尚公司，快时尚公司经营模式的核心是什么？②诺奇执行快时尚战略的能力如何？③诺奇公司创始人刚上市就跑路，是蓄谋已久还是偶然为之？④丁辉如此快速跑路的原因有哪些？

思 考 题

1. 简述财务报告的加工过程。
2. 财务报告体系的构成是什么？
3. 如何评估合并报表的重要性？
4. 上市公司进行利润分配时以哪个利润为依据更为合理？
5. 为何我国当前更适合通用财务报表列报，而我国未来有可能采用管理用报表列报？
6. 财务报表通常分析方法有哪些？使用时应注意什么问题？
7. 请评析经营动因财务报表分析范式从逻辑上讲更占优的理由。

判 断 题

1. 财务报表作为会计人员加工的产成品,也有严格的加工过程。( )
2. 财务报告是指企业对外提供的反映某一特定时期的财务状况和某一特定时日的经营成果、现金流量等会计信息的文件。( )
3. 财务报告只包括财务报表与财务报表附注。( )
4. 附注经常带有技术性,因为它要求财务报表的使用者具有较强的信息处理能力。( )
5. 财务报表附注体现了会计信息质量的重要性要求。( )
6. 审计意见分为以下两类:无保留意见和保留意见。( )
7. 上市公司财务报告只要符合会计准则要求即可。( )
8. 财务报告目标主要包括决策有用观和受托责任观,两者不可调和。( )
9. 我国当前会计目标是受托责任观。( )
10. 财务报告披露制度主要包括单一披露制和双重披露制。( )
11. 财务报告单一披露制强制要求公司披露母公司报表,而没有强制要求公司披露合并报表。( )
12. 我国实施企业会计准则(2006)后,企业编制合并报表的理论由母公司理论转变为实体理论。( )
13. 公司估值时采用的利润是合并报表中归属于上市公司股东的净利润。( )
14. 管理用报表是基于股东和管理者视角而编制的财务报表。( )
15. 我国当前(2010年代)使用的财务报表列报是管理用报表列报。( )
16. 财务报表通用分析方法包括定性分析法、拟定量分析法和定量分析法。( )
17. 定性分析法只包括比较分析法、趋势分析法和比率分析法。( )
18. 比较分析法的比较基准主要包括经验基准、预算标准、历史标准和行业标准。( )
19. 行业均值总是能够比较好地代表行业平均水平。( )
20. 为了更好地评估公司基本面,需要进行多年财务报告分析,当运用各种不同的财务分析方法时,几乎所有财务分析方法都需要进行趋势分析。( )
21. 一般认为,因子分析法属于定性分析法。( )
22. 因素分析法下各子因素指标的不同排序无关紧要。( )
23. 因子分析法是指利用降维的思想,用多指标重新组合成一组相互独立的少数几个综合指标,并且反映原指标的主要信息的多元统计方法。( )
24. 从概率上讲,财务报表驱动分析范式更优于经营动因驱动分析范式。( )

Chapter 4 第四章

财务报表分析步骤

■ **回顾**

第三章阐述了财务分析的必备基础知识，这些知识储备是分析者进行财务分析的前提。

■ **本章提要**

本章重点讲述财务报表分析的基本步骤，主要包括6个组成部分：财务报表分析的目的、会计分析、经营环境评估、财务报表分析方法的选择、财务报表分析和企业前景分析。其中，财务报表分析的目的决定了决策者是否需要完全分析整个财务分析过程，会计分析是财务分析的重要基础，而经营环境评估是决定投资者形成财务数据预期的基石，财务分析方法的选择决定了财务分析数据的效率，财务报表分析包括财务报表结构和趋势分析、单项财务能力评估和财务综合能力分析，企业前景分析是财务分析的重要使命。

■ **展望**

第五章主要揭示资产负债表、利润表和现金流量表中有关持续盈利能力的关键信息。

◆ **章首案例**

在一次财务专题辩论会上，财务管理专业的同学A和会计学专业的同学B对一些财务报表问题展开了激烈辩论。下面是双方争论的一部分摘选。

A认为财务分析时不需要会计分析，财务分析就是财务分析，会计分析就是会计分析，两者不可调和。B认为财务分析时必须进行会计分析，会计分析为财务分析提供安全保障，如果会计分析表明公司存在比较大的会计处理问题，那么直接进行财务分析的风险过大。

A认为如果存在会计分析可以发现的问题，财务分析也是完全可以察觉这些问题的，因此会计分析并不影响财务分析的效果。B认为单纯的财务分析有可能无法察觉公司的财务风险，会计分析仍然是必要的，会计分析至少有利于进一步提高财务分析与评估能力。

A 认为即使没有进行会计分析,经营环境分析一样可以规避缺失会计分析的风险,因此会计分析是没有必要的。B 认为虽然经营环境评估十分重要,但其与会计分析有明显区别,并且由于当今企业竞争过于激烈,公司经营环境信息披露不太充分,因此,会计分析仍是必要的。

根据以上信息,请评述上述观点。

第一节 财务报表分析步骤概述

不同学者对财务报表分析步骤的观点不尽相同,各自认为的财务报表分析步骤有可能存在一些差异。我们认为,尽管不同利益相关者的信息诉求各不相同,各利益相关者的财务报表分析目的也不尽相同,但是一般来讲,财务报表使用者进行财务报表分析时大体上还是有通用的分析步骤,其具体分析过程如图 4-1 所示。

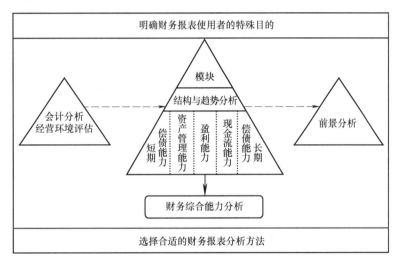

图 4-1 财务报表分析步骤

简单来讲,基于不同的财务报表分析目的,不同的财务报表使用者通常首先需要进行会计分析与经营环境分析,然后进入具体的财务分析环节,选择恰当的财务分析视角,运用合适的财务分析方法,做出正确的财务评价,识别财务数据真相,最终对企业未来前景做出评判。除了通常所说的狭义财务分析外,财务分析还包括了会计分析、经营环境评估等。基于对企业基本面的全方位诊断,仅做狭义的财务方面的分析是不够的,企业经营环境评估是必不可少的,经营环境评估有利于分析者形成财务数据的初始预期,而财务报表是企业所处经营环境的静态与动态的货币化表达,通过财务报表分析可以检验它是否与公司经营环境相匹配。

具体来讲,财务报表分析各步骤的基本内容如下:

一、财务报表分析的目的

财务报表分析的目的是将一堆繁杂的财务报表数据转换为富有朝气的、为不同利益相关者所用的信息，最终有利于利益相关者，特别是投资者对企业的长期发展趋势做出较为科学的判断。具体地说，不同的利益相关者其分析目的会有不同。

在理解财务报告的价值时，需要注意以下几个方面：①财务报告作为信息披露的载体只是提供信息，只做描述、记录，不做评述，它仅是财务分析的客体，不具有主观能动性，并不告诉信息使用者如何使用这些会计信息，这是一个"空白"。这个"空白"由信息需求主体通过财务分析来填补，填补的好坏取决于会计信息需求者的财务分析能力。②在理论分析中，财务分析只是模拟不同信息使用者的决策，而不是使用者的真实决策，所以，财务分析的思路与具体方法是至关重要的，如何使用它则取决于信息使用者自身处理信息的能力。假定立足于投资者视角，财务分析的目的是要尽量从财务报告中挖掘出相对可信而有用的信息，对企业的近期现状与长期趋势做出"科学"的判断。其中，最为重要的是预测企业未来的持续盈利能力，这是最复杂的，也是最难达到的财务分析的诉求。

二、会计分析

会计分析主要是识别危害财务报告公允性的关键因素，评价关键因素的会计处理方法的合理性，以及评价会计信息披露质量等。因此，财务报告使用者通过正确的会计分析，可以避免无效的财务分析。

会计分析实际上是报告使用者对财务报告公允性做出的个人诊断。虽然财务报告有管理者背书，也有会计师事务所鉴证，但是个人的会计职业判断仍然是十分重要的。然而，这种职业素养判断绝非易事。这是因为，无论是危害财务报告公允性的关键因素，还是这些因素的会计处理方法的合理性，以及会计信息披露机制的合理性，都要求财务报告使用者具有较高的职业素养，否则会计分析无从谈起。

三、经营环境评估

财务报告是反映公司在某一时日或者某一期间运营的静态或者动态的结果。经营环境评估就是公司经营过程所处环境的全面评估，是财务报告生成运营环境的全面评估。

通过经营环境评估，可以使分析者将公司财务数据置身于公司经营环境中，有利于其评价公司财务数据的真实性，从而有利于其做出正确决策。

由于"会计分析"和"经营环境评估"的内容过多，并且其在财务分析中地位独特，所以，第二节将重点讲述这两个部分。

四、财务报表分析方法的选择

根据不同的信息诉求，通过会计分析和公司经营环境评估之后，就需要选择恰当的财务分析方法，进入财务分析。如果用比较分析法比较正确，运用比率分析法就有可能得出错误的结果；如果应该运用趋势分析法，而只分析了一期数据是没有意义的；如果需要运用综合比率指标体系分析法，而运用单独的比率分析法，同样也无法达到分析目的。

五、财务报表分析

明确财务报表分析的目的、实施会计分析与公司环境评估、选择恰当的财务报表分析方法之后，接下来进入财务报表分析模块。这一部分可以称为狭义的财务报表分析，即财务报表数据分析。财务报表数据分析与经营环境评估互应，财务报表数据验证经营环境评估，经营环境评估有利于分析者找出财务数据异动的原因。狭义的财务报表分析包括以下内容：财务报表的宏观财务分析与财务报表的微观财务能力分析。

财务报表的宏观分析，又称财务报表的面上分析，它是指资产负债表、利润表和现金流量表的总体解读，是财务报表宏观面上的分析，其主要目的是使财务报表使用者对财务报表有一个格局观。

财务报表的微观财务能力分析，是指财务能力的评价，它包括各类财务能力评价与综合财务能力分析。其中，财务能力评价包括以下模块：短期债务偿还能力模块、长期债务偿还能力模块、资产管理能力模块、盈利能力模块、现金流能力模块、成长能力模块。通常，财务能力的评价不单独论述成长能力模块，这主要是因为它传递的信息含量不高，或者其他财务能力决定了公司的成长能力。此外，成长能力从一定程度上讲也可以包含在公司前景分析中。

财务报表使用者根据自己的信息诉求而侧重选择不同模块。虽然单项财务能力分析能够对企业某方面的财务效果与效率进行有效判断，但是只侧重某一方面的评价，有可能导致分析者判断错误。而综合财务分析可以弥补这一缺陷，它将各单项财务能力有机结合起来，综合权衡判断公司基本状况。

6个财务能力模块就是通常所说的财务能力模块，都属于企业的单项诊断，把各项单项诊断加以综合，即财务综合评价方法，它有利于更为全面地评估公司财务能力。财务综合分析方法参见**第十章　财务报表综合分析方法**。

六、前景分析

前景分析主要包括两个方面：财务预测和公司价值评估。从广义上讲，凡是涉及财务数据的预测都是财务预测，而一般所说的财务预测是狭义上的财务预测。财务预测又称财务预算，是指用货币计量的方式，将决策目标所涉及的经济资源进行配置，以计划的形式具体地、系统地反映出来。财务预算是由一系列预算构成的体系，各项预算之间相互联系，关系比较复杂，很难用一个简单的方法准确描述。我们运用上市公司数据进行财务预测模拟，通过分析公司多年财务报表，进行多次试错，做出更为正确的假设，预测公司财务报表和拟合公司持续盈利能力。而公司价值评估并不是对企业各项资产的单独评估，它是对企业资产综合性、整体性、动态性和协调性的价值评估。公司价值评估是财务管理的一项重要内容，在**第九章　盈利能力与公司估值**中将重点讲述公司相对估值指标的运用。

一般而言，并不要求各利益相关者在进行财务分析时诊断财务分析的每一个步骤与每一个环节，他们可以根据自己的信息诉求侧重某一个方面或几个方面的分析。其中，会计分析与经营环境评估也不是分析者必然经历的步骤。例如，短期债权人并不一定要对公司进行会计分析与经营环境评估，可能只需要重点评估其抵押资产质量的相关信息即可；政府机关基于其特殊信息诉求，也可能侧重关注某一个方面，比如财政部会计司有可能只需要重点关注公司会计分析处理即可；股东则需要评估公司所有的信息，最终预测公司未来的持续盈利能力。

由此可见，图4-1勾稽的财务报表分析步骤是对企业基本面评估的基本步骤，至少股东评估企业基本面必定要完成勾稽图中的每一个步骤。

第二节　会计分析与经营环境评估*

一、会计分析

在现实生活中，关于会计分析与财务分析的关系有多种看法，争论的焦点在于财务分析是否应该包括会计分析，以及会计分析的必要性。有些人认为没有必要单独进行会计分析，因为进行狭义的财务分析时经常用到会计分析，比如进行财务数据分析时发现异动数据，评估异动数据必然涉及评估会计政策、会计估计等是否合理。我们认为，因分析财务数据所致的会计分析是点的分析，不是系统分析，而会计分析是一个面上的系统分析，将会计分析纳入财务分析范畴更为科学。

关于经营环境评估与会计分析的分析顺序也有不同看法，有人认为经营环境评估在前会计分析在后，有人认为恰好相反。我们认为会计分析在前更为合理。

会计分析是指在既定的会计准则之下，对已通过会计核算方法加工处理的会计数据进行的一种梳理，借以发现会计政策、会计方法选择的恰当性与失当性，以做出更为合理的选择的一种技术方法。也可以说，会计分析是指根据公认的会计准则对财务报表的可靠性和相关性等进行分析，以提高会计信息的真实性，准确评价公司的经营业绩。因此，可以说会计分析是财务分析的基础，并为财务分析的可靠性提供保证。若企业编制财务报表的会计方法选择不当、会计估计不合理等，财务报表的真实性就令人生疑，其决策有用性将大打折扣。如果通过会计分析发现，公司会计政策、会计估计等极不合理，存在重大粉饰嫌疑，并且公司与持续盈利能力相关的信息也不光鲜，则利益相关者就没有必要进行狭义财务分析，需要运用特殊处理方法，如只评估抵押资产、公司核心产品竞争能力等即可，这样有利于提高财务分析效率。由此可见，会计分析是财务报表分析中必不可少的一环。并且如果分析者不事先进行会计分析而直接开始财务数据分析，事后发现公司会计政策滥用，会计信息严重失真，这意味着财务数据分析没有太大意义，而且也没有必要进行经营环境评估，经营环境评估也耗费了当事人的精力，因此，会计分析也应该位于经营环境评估之前。

具体来说，会计分析主要包括以下内容：

（一）辨认关键因素的会计政策和会计估计

企业的行业特征和战略选择决定了其关键成功因素和风险因素。企业的财务报表体现了企业的行业特征与经济特征。会计分析的目的之一是评估企业如何处理这些关键成功因素和风险因素。所谓关键因素是指影响企业未来发展，对企业经营成败起决定作用的一些因素，它是由企业所在的行业特点及其确定的竞争策略决定的。企业对这些关键因素处理时所采用的会计政策应能比较真实地反映这些关键因素，这些政策选择的合理与否将影响到利益相关者对企业未来的判断。例如，银行业的关键因素是利息和信贷风险管理；制造业的关键因素是产品质量、产品创新与工业设计系统集成能力；零售业的关键因素是存货管理、信息流程管理等。与之对应的，公司会计处理与之相关的政策就显得十分重要。财务报表分析者应该关注这些会计政策、隐含在这些会计政策中的各种会计估计以及由此产生的会计信息。

以四川长虹（600839.SH）为例，作为一家典型的家电制造企业，特别是追求规模经济，以低成本竞争策略制胜的制造业，公司存货和应收账款的管理能力无疑是其成功的关键要素。从1999—2005年间长虹的财务报表来看，我们可以发现公司的应收账款管理能力和存货管理能力并不太强，公司信用政策的有效性存在较大疑问，存货管理水平有待提升。其中，存货和应收账款占流动资产的比例过高，甚至在总资产中的占比也是逐步增加，到2005年竟然高达35.60%，并在2004年计提了26亿元应收账款坏账准备。而四川长虹存货不仅存货金额过大，而且更为严重的是，库存商品占存货总额比例一直保持在64%以上，2001年达创纪录的82%，截至2005年，库存商品占存货总额比例也高达75%。存货占总资产比例在2004年也达到峰值，并在2004年一次性计提存货跌价准备11亿元。这两项重要的资产在2004年一次性计提如此巨大减值准备是否合理需要深入研究。

（二）评价公司会计政策的灵活性

不同企业，其关键会计政策不同，其会计政策的灵活性也不同。会计人员在处理交易事项时在一定程度上具有较大的选择空间。有的企业关键会计政策受到会计准则的严格限制，公司管理者自主权较小，但是有些企业的关键会计政策可能受到管理者的较大影响，具有较大的弹性。例如，信贷风险管理是商业银行的关键成功因素，商业银行管理层对信贷资产的质量和贷款损失准备的计提却拥有较大的"自由裁量权"。当然，还有一些会计政策，公司管理者具有比较大的自由权。例如，对折旧的计提，企业会计准则（2006）允许企业在直线折旧法、工作量法、加速折旧法、年限总和法等多种方法中选择；对同一交易事项，如果不能确定其准确金额，可以运用会计估计，而会计估计就需要会计人员的职业判断。当公司在会计政策允许范围内，做出有利于自己的行为是合理的。但是，若公司以会计政策灵活性为前提，滥用会计估计，导致会计信息失真，则是不允许的。财务报表分析者需要在企业是合法选择还是非法选择中做出具有职业水平的判断。

同样以四川长虹为例，2004年以前公司管理当局一直采取较为激进的会计政策，这一战略虽然可能帮助长虹保住"面子"，使公司利润始终保持微利状态，但却在财务报表中埋下了许多"会计雷区"。2004年长虹资产减值计提政策发生重大改变，表面上看起来体现了会计信息质量稳健性要求，但实际上却存在利用管理层更迭"洗大澡"嫌疑，是一种变相的激进，是一次性解决历史性问题，摆脱了历史包袱，为以后扭亏为盈打下了基础。

又如2017年乐视网预亏约116亿元，其主要原因是报告期末外部关联方与外部第三方应收款坏账和部分长期资产计提减值。考虑关联方债务风险及可收回性等因素的影响，经初步测算，公司预计将对关联方应收款项计提坏账准备约为44亿元。报告期末对部分长期资产计提减值。公司管理层出于谨慎性考虑，对无形资产中影视版权、可供出售金融资产等长期资产存在的减值风险进行识别及判断，经初步测算，公司预计将对部分长期资产计提减值准备约35亿元。而2017年乐视网财报披露亏损139亿元，其中关联方应收账款计提减值准备约30亿元，外部第三方应收账款计提减值约26亿元。乐视网存在关联方应收账款和部分长期资产的会计处理方法过于激进，到2017年一次性计提巨额减值准备，也存在"洗大澡"嫌疑。也可以说乐视网管理层早前对关联交易和外部第三方产生的应收账款过于乐观，对其他相关长期资产也是如此，到2017年年底一次性计提巨额减值准备纯属无奈之举，是不得已而为之。

（三）评估会计策略的方法

如果企业管理层在关键会计政策选择方面具有较大的自主权，他们就可以运用这种自主权更好地达到传递企业持续盈利能力或隐瞒公司经营绩效的目的。因此，财务报告使用者要关注并判断管理者所采用的会计策略及其合理性。通常有以下方法可做参考：

（1）与行业惯例相比，企业的关键会计政策是否与其保持一致。如果与行业管理惯例不同，是否意味着公司实施的竞争战略不同。如果公司战略与同行竞争战略基本相同，但是会计政策完全背离，需要谨慎判断其行为动机。例如，2002年长安汽车计提销售补偿费时，其计提金额完全高于同行，最后发现其动机是调高当期利润，有助于提高股价，最终达到有利于公司配股融资的目的。

（2）企业管理层是否运用信息裁量权进行脏盈余管理。盈余管理是企业的一种正常行为，但是管理者实施过度盈余管理，误导财务报告使用者做出决策就是不当之举。

（3）企业是否改变其会计政策或者会计估计。如果改变，其原因是什么，以及其影响，还有改变是否合理等，信息使用者都需要做出评估。

（4）企业过去采用的会计政策与会计估计是否合理。例如，长期待摊费用的摊销时间过长，之后进行巨额冲销，这时需要甄别这种行为是否合理。

（5）为了某些会计目标，企业是否做出了重要的经营安排或者从事明显缺乏商业意义的交易。

（四）评价公司会计信息披露机制的质量

企业会计准则（2006）体现了充分披露的理念，目的就是更好地保护利益相关者，尤其是中小投资者的利益。但是这只是一个美好愿望。会计准则对披露的最低要求进行了限定，而管理者在最低要求以外是否进行自愿披露仍有巨大的选择空间。因此，利益相关者在阅读报表时，需要评估公司是否及时而充分地披露了重要信息。具体来讲，财务报告使用者在评价会计信息披露质量时，要注意以下问题：

（1）企业是否充分披露信息。例如，财务报告中"管理层讨论与分析"清楚表明企业的行业地位、竞争地位和管理层的未来规划等，而有些企业则通过"管理层讨论与分析"鼓吹公司经营业绩，对公司未来处境过分乐观，缺少风险警示信息，或者对公司风险轻描淡写，都存在误导报表使用者的嫌疑。

以四川长虹为例，公司的信息披露一直遭受媒体的批评。早在2003年2月，四川长虹就曾收到中国证监会成都证管办的限期整改通知书，要求长虹对公司信息披露等问题进行整改。翻开四川长虹历年财务报告，公司总是对未来充满了乐观估计，而对经营过程中存在的风险轻描淡写地一笔带过。这都不利于报表使用者甄别2004年的"会计雷区"，为投资者的决策错误埋下隐患。

（2）财务报表附注是否充分地解释了企业的主要会计政策、会计估计以及会计方法的理由。

对于给四川长虹带来致命一击的APEX事件，四川在长虹历年财务报告中的"重大合同及履行情况"中从未提及与APEX公司的交易细节。截至2004年10月29日，四川长虹发布第三季度财务报告时仍只字不提对APEX公司的坏账计提之事，并声称"APEX公司的应收账款的重点回款期在年底这一事实情况，导致了公司没有在2004年中期及第三季度对该项应收账款按更为谨慎的个别认定法计提坏账准备。"但是，APEX公司的董事长季龙粉正是在2004年10月被四川警方在深圳拘捕，公司作为主要当事人对公开媒体披露的相关负面信息竟然熟视无睹，不可能对此事不知情，而公司对计提坏账准备的方法如此解释确实不妥，明显有滥用估计政策的嫌疑。

（3）企业对当前经营业绩及其变动解释是否充分。

（五）识别和评价危险信号

危险信号是指危害到会计信息相关性与可靠性的一种信号，它常与会计造假行为密切相关。例如，应收账款异常增加、存货异常增加、巨额利润的冲销、资产的严重高估、负债的严重低估、关联交易有失公允、担保的风险等。一旦发现这些信号，报表分析者应该高度关注，分析这些因素是否会引起会计信息的失真。

以四川长虹为例，投资者应该谨慎评估存货异常增加、应收账款异常，应收账款和存货在2004年一次性计提如此巨大减值准备的合理性，以及公司2004年之前收益质量水平。

关联交易的价格公允性、交易金额与交易数量都是甄别的重点。关联交易是上市公司与关联方之间发生的交易。关联方可以是控股股东及其亲属，也可以是与上市公司有关的关联企业，如子公司、孙公司、合营企业、联营企业等。关联交易是企业做高收入虚增利润的途径之一，但关联交易并非百害而无一利，关联交易可以降低交易成本，有利于实现集团利益最大化。

我国上市公司关联交易一直是我国资本市场的一大诟病。以五粮液股份有限公司（简称"五粮液"）为例，它的关联交易一直以来被市场诟病，这也是它与贵州茅台存在估值差距的重要原因之一。五粮液的控股股东为宜宾市国有资产经营有限公司，而与之发生高额关联交易的五粮液集团，其公开资料显示的却是四川省宜宾市国资委。五粮液的实际控制方依然是五粮液集团。因关联交易导致的利润流失成了五粮液上市公司业绩的诟病，因而也导致市场对五粮液通过关联交易向关联方输送利益产生了严重质疑，而且这种质疑从五粮液1998年上市开始就不绝于耳。借证监会稽查五粮液的契机，公司从2009年开始整改，五粮液集团将其控股的销售子公司几乎全部注入五粮液上市公司，使得五粮液关联交易得以彻底解决。

如果一家公司关联交易的危害性极大，它必定对公司持续盈利能力产生不利影响，严重时足以致命，财务报告使用者应该学会排除这种风险。

阅读材料 4-1

乐视网关联交易有多严重

乐视网（300104.SZ）2016年度报告被审计师出具了非标准审计报告。审计师向我们提示了企业的风险主要来自关联交易。关联交易更多地凸显了公司隐形风险，一旦事发，必将给公司带来致命一击。

根据乐视网2016年度报告、2017年半年报以及其他公开信息做简要分析。之所以没有使用2017年度报告，是因为2017年上半年乐视网关联交易风险尚未成为事实，而2017年下半年，乐视网生态分崩离析，陷入财务困境，乐视网关联交易风险彻底爆发。

乐视网关联交易呈现三大特征：关联企业众多、关联交易金额过大、关联交易方式过多。

一、乐视网关联企业至少84家

根据乐视网2016年的财务报告，可以确定其关联企业已经多达84家，具体统计见表4-1。根据财务报告中的矛盾之处与其他有关关联企业的公开信息验证，乐视网不止84家关联企业。

表4-1 乐视网关联企业分类

关联企业的类型		关联企业的数量（家）	代表企业
子公司	全资子公司	11	乐视网（天津）
	重要非全资子公司	3	乐视致新、乐视云计算
合营和联营企业		2	TCL多媒体、北京智骥
其他关联企业		68	乐视控股、乐视电子商务
合计		84	

二、乐视关联交易总金额超过 200 亿元

根据中德证券关于乐视网关联交易事项的核查意见，2016 年乐视网作为买方涉及的交易金额为 74.98 亿元；作为卖方涉及的交易金额有 128.68 亿元。

乐视网关联交易金额见表 4-2。

表 4-2　乐视网关联交易金额　　　　　　　　　　（单位：亿元）

关联交易类型	关 联 人	2016 年
向关联方采购智能终端产品、电影网络版权、小说剧本等改变权及商品和服务等	贾跃亭控制的公司、酷派集团及其控股子公司、TCL 多媒体及其控股子公司	74.98
向关联方销售产品、服务、提供金融服务等	贾跃亭控制的公司、酷派集团及其控股子公司、TCL 多媒体及其控股子公司	128.68

关联交易的核心问题是交易价格，其公允性直接涉及公司利润之间的人为转移。如果乐视网所发生的关联交易是按照正常的市场价格进行的，属于公平的关联交易尚可；但是，如果人为操纵交易价格使其偏离市价，从而向上市公司或者向关联方输送利益，最终将损害中小股东的利益。这里只评述乐视网关联交易的数量与金额。

从财务报表看，乐视网收入的 41.70% 是应收账款，而应收账款的 41.43% 又来自关联方的赊欠。在 219.87 亿元的收入中，应收账款有 91.68 亿元；而来自关联方的应收账款有 37.98 亿元，其分别计提坏账准备为 4.82 亿元和 1.24 亿元。乐视网如此巨量的关联交易，也意味着其为乐视网贡献了大量利润。总额近百亿的应收账款，原本是有助于缓解乐视网现金流危机，但这取决于应收账款是否能顺利变现，尤其是要密切关注关联方的欠款是否如期偿还。一旦无法及时变现，必将置乐视网于死地。

我们根据乐视网 2017 年半年报计算了上市体系与非上市体系的赊欠，它主要是贾跃亭直接间接持股的公司（简称贾相关公司），包括乐视控股及其他没有归入上市体系的公司。双方资金往来，见表 4-3，贾跃亭控制的非上市体系共赊欠上市公司 61.54 亿元的资金。如果非上市体系无法到期归还上市公司款项，则乐视网将处于破产边缘，2017 年年底关联方赊欠上市公司巨款大部分无力归还，乐视网深陷破产边缘。

表 4-3　上市体系与非上市体系的赊欠　　　　　　（单位：亿元）

项 目	金 额	项 目	金 额
所有关联方应付上市公司款项	78.71	上市公司应付关联方款项	1.20
其中：非贾跃亭控制的关联方	16.56	其中：非贾跃亭控制的关联方	0.59
贾相关公司应付上市公司款项	62.15	上市公司应付贾相关公司款项	0.61
贾相关公司应付上市公司净额	61.54		

进一步验证，从 2017 年半年报披露信息来看，公司的应收账款不仅未能变成现金流活水，反而成为巨大潜在风险。由于乐视网风暴彻底爆发，2017 年乐视网对外部关联方和外部第三方应收账款计提巨额坏账，其中关联方应收账款计提减值 29.77 亿元，第三方计提减值 25.68 亿元，导致乐视网 2017 年亏损 138.78 亿元。

三、乐视网关联交易方式超过 5 种

无论是上市公司从关联方购买原材料,还是关联方为上市公司提供后勤保障,这都是关联交易。乐视网涉及的关联交易基本涵盖了关联交易的类型,包括但不限于此,乐视网财务报告提供了 6 种关联交易方式,其中,各关联交易具体情况见表 4-4。

表 4-4　乐视网 2016 年关联交易情况

关联交易类型序号	关联交易方式	涉及金额	代表企业/个人
1	采购商品、接受劳务	74.98 亿元	TCL、乐视手机电子商务
2	出售商品、提供劳务	126.68 亿元	乐帕、乐视智能终端
3	出租方	199.51 万元	乐视体育
	承租方	1032.69 万元	鑫泰置业
4	关联担保	58.32 亿元	贾跃亭、乐视网(天津)
5	关联方资金拆借	8.67 亿元	贾跃亭、贾跃芳、乐视电子商务
6	关键管理人员薪酬	1202 万元	吴亚洲

四、应收账款分析

通过查阅与应收账款风险相关的财务数据,做简要分析如下:

1) 2016 年年底乐视网的经营现金流与净利润差异悬殊,其中,净利润是 5.55 亿元,而经营现金净流量是 -10.68 亿元,这主要是因为关联交易导致应收账款猛增造成的。

2) 乐视网的实际利润与业绩预告存在差异,其中,2017 年 1 月 27 日业绩预告是 2016 年预计归属于上市公司股东净利润是 63 032.99 万~77 358.67 万元,比 2015 年同期增长 10%~35%,2017 年 2 月 27 日披露公司预计实现净利润 76 554.81 万元,与上期同比增长 33.60%,而 2017 年 4 月 20 日披露业绩为 54 454.58 万元,同比 2016 年减少 1.87%,而与业绩快报的偏差是 -27.53%,原因之一是计提了关联方应收账款坏账准备 123 619 663.93 元。

3) 2016 年乐视网前五大客户全部来自关联企业,其销售金额占乐视网年度销售总额的 44.56%。换言之,乐视网的前五大客户都是自家人,2016 年公司实现销售收入 219.87 亿元中,其中高达 97.97 亿元是由关联方贡献的。

由此可见,关联交易风险是乐视网的一捆定时炸弹,而这捆定时炸弹已于 2016 年年底局部引爆,2017 年这捆定时炸弹全面引爆,它不但没有成为盘活乐视网的活水,反而将乐视网引到死亡边缘。

[资料来源:《乐视:我的年报暴露了我的致命风险》,2017 年 4 月 25 日,微信公众号"读懂上市公司",今日头条网站(www.toutiao.com)。]

由此可见,会计分析有助于了解财务报告是否公允、客观,而不是仅根据审计报告做出判断,因此进行财务分析之前,应当考虑是否调整财务报表相关数据。

二、经营环境评估

这里的经营环境评估是广义上的范畴,是指全球经济环境、国家宏观环境、行业环境、公司自身素质如经营模式、经营战略等全面评估。公司经营环境评估的主要目的是需要研究

一个国家宏观经济、行业环境与自身素质是如何传导到公司业绩上来的，这些非财务信息是如何影响决策者，尤其如何影响投资者判断公司未来持续盈利能力，进而有利于财务报告使用者更好地理解财务信息。

经营环境评估有利于财务报告使用者事先形成公司财务报告的基本预期，基于预期的财务报告分析是一种更为主动的财务报表分析范式，更有利于利益相关者找出差异，以获取其信息诉求，做出正确决策。

经营环境评估涵盖面广，无法逐一描述，并且在其他课程中均有不同方面涉及，因此，仅以企业战略分析为例，我们探究它是如何反映企业基本面信息的，它如何影响公司的竞争力，以及这些信息最终如何体现在企业财务报表上。

任何伟大的财务战略的实施都离不开财务资源的支持，而任何战略之所以伟大是因为它最终能够为企业创造财务资源。公司战略决定企业的财务资源配置。因此，战略分析是公司财务报表分析的逻辑起点，也是形成公司初始预期的逻辑起点。战略分析有利于财务报表分析者了解企业的经济活动，使会计分析和财务分析奠定于模拟的企业"现实"的管理情景中。与此同时，战略分析有助于财务报表使用者识别公司业绩动因及其面临的主要风险，从而评估企业当前绩效的可持续性，并预测公司未来持续盈利能力。从这个角度上讲，公司战略选择在很大程度上决定了公司未来持续盈利能力。战略选择主要体现在以下方面：

（一）行业分析

首先，要识别不同行业的特征。财务报表分析者通过一系列财务数据得出各种财务关系。但是，这些财务关系显现的关键正是行业的经济特征。行业特征以各种各样的方式影响着财务报表各要素的内在关系及财务指标的显现结果。投资者可以观察不同行业资产负债表的各要素的构成比例、利润表各要素的比例构成等，有助于进一步了解公司的行业特征。

其次，研究行业特征的工具。这些工具主要包括：价值链分析、经济特征分析框架和波特五力模型。

价值链分析描绘了行业的研究与开发、生产及分销产品和服务的各种活动。这些活动比较充分地体现了行业特征。如果价值链某个环节的产品或服务是确定的，分析者就可以判断在整个行业中，哪个或者哪些环节创造了价值。当然，分析者也可以通过价值链识别特定企业在其行业中的战略地位。例如，美国的制药企业通常将战略定位于研发、生产与引导需求等环节上，而将药品的销售与分销交给药店。在美国，企业倾向于将药品的试验和审批等环节外包给其他相关企业。美国的工业企业将战略定位于工业设计，通过工业设计产生新产品系统集成能力，而其他环节比如零部件的生产、销售等基本外包。

经济特征分析框架是一种识别行业特征的有效方法。它主要包括行业需求分析、供给分析、生产分析、营销策略分析和融资能力分析等。

波特五力模型准确地界定了行业的竞争程度与行业盈利能力的差异根源。各行各业，其盈利能力存在显著差异。波特在其《竞争战略》中指出，有5种力量影响着行业的平均盈利水平。因此，要分析企业盈利能力时，必须分析企业所在行业的盈利能力。竞争强度决定企业在行业中创造超额利润的潜力，超额利润能否由行业保持则取决于该行业的企业与其顾客和供应商的议价能力。由此可见，一个行业存在3种潜在竞争源：现有企业之间的竞争、新进入者威胁与替代品威胁，尤其要注意新进入者的威胁，通常行业领导者无视这些新进入者的威胁。

(二) 竞争战略分析

1. 企业竞争战略分析

世界上没有不赚钱的行业，只有不赚钱的企业；世界上没有夕阳行业，只有夕阳企业。企业竞争战略涉及两个问题：行业吸引力和企业在该行业的竞争地位。

行业吸引力和企业的竞争地位相互依存，但并非一成不变。随着科技与经济的发展，二者可能都会发生变化。相对而言，选择行业对企业更加重要，这是因为如果企业选择了一个盈利能力比较差并且未来前景比较差的行业，即使公司在行业中占据主导地位，它的盈利能力也强不到哪里去。如果企业选择了具有未来前景的行业，虽然它未必能在本行业中占据绝对主导地位，但是行业处境可以让企业生存得更好，它的盈利能力也差不到哪里去。一个是好不到哪里去，一个是坏不到哪里去。例如，2010年后我国钢铁行业基本面趋坏，即使是盈利能力最强的宝钢股份有限公司，与医药、酿酒等其他行业相比，其盈利增长能力也不及医药、酿酒行业中的一般公司。假定投资者决定投资钢铁行业，即使找寻到具有最强盈利能力的企业，也可以想象他的投资收益必定一般。因此，从总体上讲，投资者应该选择盈利能力强的、具有良好前景的行业，然后选择在行业中占据竞争优势的企业。

企业竞争战略的实质就是将一个企业与其所面临的环境建立联系。在企业环境中，最关键的因素就是企业所参与竞争的一个或者几个行业。行业结构强烈地影响着竞争规则的制定以及潜在的可供选择的战略。行业外部力量通常影响行业内部的所有企业。问题的关键在于企业对外部环境的应变能力。因此，企业盈利能力不仅受到行业结构的影响，而且受到企业在竞争定位时的战略选择的影响。

尽管企业相对其竞争对手存在诸多优势与劣势，企业的竞争战略仍然可以选择，大体包括两种：成本领先策略与差异化策略。一个企业所具有的优势与劣势的显著性取决于企业在多大程度上能够在成本领先和差异化方面有所作为，而成本领先和差异化又由行业结构决定。

成本领先是一种获取竞争优势最明显的战略。它要求公司积极地建立达到有效规模的生产设施，在经验基础上全力降低成本。基于当下移动互联网、大数据时代，加上人工智能的不断拓展边界，大企业更有利于实现成本领先战略。贯穿于成本战略的主题是将成本降低到极致。一般而言，能够把成本领先做到极致的企业都是将企业供应链管理做到极致的企业。公司成本领先优势的来源各不相同，并取决于行业结构。它们主要包括规模经济、专有技术、产业集聚效应等。与竞争对手相比，成本领先企业的低成本将转化为公司的高盈利能力。成本领先优势的战略价值取决于其持久性。如果企业成本领先的来源对于竞争对手来说是难以复制或者模仿的，其持续性更强。例如，ZARA、H&M等企业实际上就是将供应链管理做到极致的企业。虽然道理无人不知，但是只有极少数企业能做到，归根到底是企业的执行力不行，这也是一种公开的、难以复制的竞争优势。

如果一个企业能够提供给顾客某种独特性的东西，那么它就具备了与其竞争对手的经营差异化。经营差异化提供了行业壁垒，减少了竞争，能够保证公司的市场份额。差异化战略利用顾客对品牌的忠诚以及由此产生的价格的敏感性下降使企业得以避开竞争。这可以促使公司盈利能力更具有持续性。因此，实施差异化战略的企业需要注意以下几点：①确定公司产品或者服务的一种或者多种受到顾客重视的独特性；②以独特的方式为特定顾客提供具有独特的产品或者服务，满足顾客的需求；③以低于顾客愿意为具有独特性的产品或者服务支付的价格成本水平实现这种独特性。

从狭义上讲，成本领先与差异化战略是两种互斥战略。但是如果企业进行重大科技变革或者经营革新时，将成本领先战略与差异化战略相结合是有可能的。然而，只有存在竞争者模仿的重大障碍，两者的结合才能持续。但是，从广义上讲，成本领先战略与差异化战略并非互斥，可以将差异化战略界定为一种特殊的成本领先战略，它促使企业的成本领先战略更持久。立足当下全球大数据时代，成本领先战略与竞争差异化战略的界限远没有以前那么清晰，具有竞争差异化战略的企业一般都实现了成本领先战略，而成本领先战略的企业虽然没有那么容易实现差异化战略，但是今天看来变得比以前更有可能。

我们也可以这样理解两种战略的关系：两种战略只是强调的侧重点不同而已，各自战略中均包含另一方。差异化战略并不是只考虑差异化而无视低成本，成本领先战略也并非只考虑成本领先而无视差异化。换句话说，成本领先战略并不意味着没有差异化，差异化战略也不意味着没有成本领先，只是两种战略的侧重点不同而已。例如，企业一味追求成本领先而无视产品差异化，产品很难被消费者识别，企业很容易被市场淘汰，同样，如果企业一味追求差异化，而不兼顾成本，其售价远高于消费者的承受能力，产品销售不畅，最终将被市场淘汰。快时尚服装企业是服装行业的一个异类，与普通服装行业不同，主要通过资产高周转，缩短现金周转期，实现低成本制胜。快时尚服装企业开始以模仿国际顶级奢侈品牌求生，这种以模仿求生方式原本就是一种差异化的战略，只是其中包含了很重的抄袭痕迹，涉及专利侵权，随后形成了自己的独特设计，最终既实现了快速生产，又兼顾了时尚设计，颠覆了人们对原有服装行业的认知。在当下竞争更为激烈的社会里，几乎所有企业都致力于要快于原来的自己，具有了快的属性，而基于口碑、服务、产品质量一流的前提下能够快到极致者仍寥寥无几。

需要注意的是，企业竞争战略的选择不会自然产生竞争优势。企业竞争优势来自于企业自身素养的积累。为了获得竞争优势，企业基于既定的目标，制定与企业内外环境相适应的战略并有效地实施战略。成本领先与差异化战略都要求企业具有核心竞争能力，并以适当的方式构造其价值链。核心竞争能力和价值链的效益以及竞争对手难以模仿的程度决定了企业竞争优势的持续性。

任何企业战略都需要财务资源的支持，而任何战略的实施都应该为企业创造财务资源。企业战略与财务战略相互匹配，财务战略服务于企业战略，它属于企业战略的一个子系统。有效的财务战略可以提升企业价值。然而，企业因产品或者服务的存在而存在，任何产品都有生命周期。因此，企业不同发展阶段，其财务战略也不相同。企业财务战略必须与企业产品生命周期相匹配。与之对应的，每一阶段，公司持续盈利能力增长的具体表现也不相同。

产品生命周期通常表现为企业发展的不同阶段。产品生命周期描述了产品从进入市场到被市场淘汰的整个过程，通常可以分为导入期、成长期、成熟期和衰退期4个不同阶段。在产品4个不同阶段，每个企业的产品在每个阶段的时间长短不一，当然产品处于成熟期越长越好，而有的产品好像永远处于成熟期，没有衰退迹象。例如，可口可乐碳酸饮料看似永远没有衰退期，永远没有被市场淘汰的迹象，最多只是增幅减缓或者微幅下滑而已。这种特殊类产品可以理解为是公司基于无形资产：在产品配方保密的前提下，通过不断地改进产品配方，无限期延长了可口可乐的产品生命周期，也可以将每一次改进视为对旧产品的淘汰，这将与一般产品无异，只是这种产品通过隐形创新实现了旧产品的不断重生。尽管世界上不会存在完全相同的企业，企业的经营过程必定充满个性化色彩，但是一般认为企业产品生命周期具有一些共性特征，见表4-5。

表4-5 不同产品生命周期的特征

基本特征	产品生命周期			
	导入期	成长期	成熟期	衰退期
市场特征	知名度不高	具有一定知名度	具有较高知名度	市场萎缩
战略目标	生存并成长	发展壮大	巩固、改善	产品更新
关键因素	营销、顾客认可	提高市场份额	控制成本	研究与开发
成长性	非常高	高	中等偏低	负数
资金来源	股权资本	股权资本	股权与债务资本	股权与债务资本
经营风险	非常高	高	中等	低
财务风险	非常低	低	中等	高
现金流量	负数	基本平衡	正数	平衡
每股收益	负数或者逼近零	低	高	开始下滑
股利支付率	零	一般	高	高或大于100%
市盈率	非常高	高	中等	低
财务战略	稳定成长型	快速扩张型	稳健型	紧缩型

通过企业战略分析，更容易掌握企业财务数据的信息内涵，也有利于判断企业是否具有持续盈利能力，尤其是企业是否具有持续高增长盈利能力。

2. 识别企业的战略

企业要在激烈的竞争中脱颖而出，必须制定有效的竞争战略，并不断地进行战略细节调整，使企业保持持续竞争优势。

通过企业竞争战略分析，有利于分析者更好地考察企业的战略选择是否合理，准确识别企业战略，进而判断企业持续盈利能力。

具体来说，通过以下途径有助于识别企业战略：

（1）企业的产品或服务的性质。企业是基于细分市场创造独特的产品或者服务，从而达到相对较高的盈利能力，还是提供无差异化产品或者服务达到相对较低的单位盈利能力，通过提高资产周转率，从而达到相对较高的盈利能力。这两种战略只是实现高盈利能力的路径不同，但是都实现了高盈利能力。一般来讲，这两种战略有明显差异，企业的资源配置重点也明显不同。当然有可能实现两种战略的协同，企业通过技术创新实现天然垄断培育顾客忠诚度并严格控制成本，从而实现差异化与成本领先。进一步分析，企业各种战略之间有没有可能出现因企业转型而发生战略转变，比如无论是成本领先战略向差异化战略转变，还是差异化战略变为成本领先战略，还是两者兼顾，都需要评估企业战略优势丧失的可能性。

（2）价值链的一体化程度。企业是追求纵向一体化战略，是参与某一个环节，还是所有环节。其核心优势是什么，在价值链上是否为创造价值的核心环节。就生产为例，企业是自己进行生产还是外包；就分销而言，企业是自己控制分销还是依靠外部资源进行分销。

（3）地区多元化程度。企业的目标是定位于某地区、国内市场还是国际市场。如果定位于国际市场，风险应对能力如何。

（4）行业多元化程度。企业是在单一行业开展经营活动，还是跨行业多元投资。如果进行横向多元化，企业核心竞争能力以及整合资源能力如何。

企业战略选择及其实施结果最终都会体现在财务报表上。因此，分析者必须将财务报表分析与识别企业战略相结合，从而使企业的战略、经营活动与财务活动融为一体。

以上是企业经营环境评估的几个方面，并非穷尽经营环境评估的所有方面。企业经营环境评估至关重要，尤其是对预测一家企业是否具有持续高增长盈利能力更为重要。这是因为财务业绩更多地体现企业的过去，而预测是面向未来的，它无法通过财务业绩有效地评估企业的未来，而企业经营环境评估却蕴含了更多的非财务信息并且与未来更为相关。

预测未来是一件无比困难的事，预测企业持续盈利能力更是难上加难，预测企业持续高增长盈利能力几乎是不可能的。但是这并不意味着我们对此无能为力，只要投资者尽可能试着理解企业所处的行业与企业在行业中的竞争优势等经营环境类评估信息，预测企业未来持续盈利能力便有可能实现。但无论如何，成功预测未来都是一件小概率之事。假定投资者一生中能够准确预测到一家有潜力的企业，甚至只要能比较准确地预测到企业未来3~4年高盈利增长，就足以改变投资者一生的命运。例如，一个中小股东投资了一家具有盈利持续高增长能力的公司，4年内业绩每年以100%的速度增长，在4年内企业股价涨幅高达50倍。即使以20万元初始投资为例，投资者的财富在5年内将高达1000万元。并且，之于投资者，从广义上讲，每个人在一生中总会在不经意间遇到足以改变一生命运的投资机会。巴菲特也说，人们一生中总会遇到6~7次天上掉馅饼的机会，但是，芸芸众生只能捶胸顿足，抱怨自己的无能，总是错失改变人生命运的机会，留下的只是悔恨而已！如果深究其原因，最重要的是投资者不了解这个行业，无法洞察行业未来。一家企业的CEO最重要的使命就是预测行业未来，而CEO作为一个行内人也会经常在预测行业未来的方向上出错，更何况是一个普通的外部中小投资者。但是，如果细心体味一个行业的话，就能够准确地评估企业的经营风险、竞争优势，投资者还是有机会比较准确地预测行业与企业的未来的。

思 考 题

1. 财务报表分析的基本步骤是什么？
2. 如何理解会计分析与经营环境评估的顺序选择？
3. 会计分析包括哪些方面？
4. 如何辨认不同行业的关键因素的会计政策和会计估计？
5. 如何评估公司会计政策与会计估计的合理性？
6. 如何看待经营环境评估的重要性？运用我国企业实例说明如何分析企业战略对财务资源配置的影响。
7. 2008年全球金融危机爆发，各主要国家股指跌幅均超过50%，我国股市跌幅高达70%以上，哀鸿遍野是这一年股市的真实写照。贵州茅台与伊利股份作为优质投资标的也出现大幅下跌，前者跌幅也高达62.27%，后者跌幅更是高达80.16%。

事件信息：2008年9月11日，石家庄三鹿集团公司发出声明，经自检发现部分批次三鹿婴幼儿奶粉受三聚氰胺污染，公司决定立即对2008年8月6日以前生产的三鹿婴幼儿奶粉全部召回。我们称为"三鹿奶粉事件"。2012年年底酿酒行业爆发塑化剂风波，酿酒行业股票价格受到严重影响，贵州茅台股价跌幅高过50%以上。

假定 2008 年年底有一个投资者决定在贵州茅台与伊利股份两者中选择其一,并决定长期持股到 2017 年年底。

请根据两家公司的经营环境信息及其他非财务信息(不要运用财务数据信息),构建投资分析的逻辑,判断哪一个投资标的将给投资者带来更高的投资回报?

判 断 题

1. 会计分析与财务分析是冲突的,不可调和。( )
2. 财务分析时,会计分析一般应早于公司经营环境分析。( )
3. 进行财务分析时,分析者是否进行会计分析无关紧要。( )
4. 行业分析工具主要包括价值链分析、经济特征分析框架和波特五力模型。( )
5. 在移动支付时代,潜在竞争者有可能不是一个竞争实体。( )
6. 会计分析只需要辨别与评价公司关键因素的会计政策。( )
7. 财务数据分析是财务报表分析的逻辑起点。( )
8. 企业竞争战略的实质是将一个企业与其所面临的环境建立联系。( )
9. 当公司产品处于导入期时,公司融资主要采取债务融资方式。( )
10. 关联交易是企业做高收入虚增利润的重要途径之一,关联交易对企业基本是百害而无一利的。( )
11. 财务分析时基于特定的分析诉求,需要选择正确的财务分析方法,并不是说在任何条件下都需要严格按照财务分析步骤走完全程。( )

Chapter 5 第五章

财务报表与持续盈利能力

■ **回顾**

第四章描述了财务报表分析的步骤,重点分析了会计分析与经营环境评估,简析了财务报表分析方法选择的重要性与前景预测的基本内容。

■ **本章提要**

本章主要对财务报表进行总体层面上的理论分析,也称为宏观分析,为财务报表微观分析奠定基础。本章描述了持续盈利能力的基本原理,探究了资产负债表、利润表和现金流量表的分析重点,重点研究了财务报表中与公司持续盈利能力有关的关键信息,以及这些关键财务信息与经营环境变化的关系,并概括了资产负债表、利润表和现金流量表的勾稽关系,以及合并报表下资产、利润与现金流的转化关系。

■ **展望**

第六章将讲述财务报表结构与趋势分析,以案例的形式对资产负债表、利润表和现金流量表进行结构与趋势分析,对异动数据进行重点诊断,并分析对公司持续盈利能力的影响。

◆ **章首案例**

2005年6月6日到2007年10月16日上证指数从998.23点暴涨至6124.04点,创出历史最高点,到目前为止成为上证指数史上第二次超级大牛市;而深证成指几乎在同一期间,从2005年6月3日到2007年10月10日也出现暴涨态势,由2590.53点暴涨到19 600.04点,到目前为止更是创出深证成指史上第一超级大牛市。在此期间,我国上市公司业绩呈现超高速增长态势。2006年上市公司盈利水平同比增长45.6%,预计2007年上市公司净利同比增长50%以上,2008年也将保持30%以上的高增长。

截至2007年8月8日,沪深两市共有344家上市公司披露了2007年半年报。其中,

52家公司中期业绩同比增幅超过一季度同比增幅一倍以上。另外，24家公司一季度业绩同比下降，而中期业绩出现大幅增长。这76家公司二季度净利润合计76.25亿元，一季度净利润合计16.79亿元，二季度净利润环比增长了354.14%，同比增长了259.84%。公司业绩大幅增加明显依赖非经常性损益。数据统计显示，76家公司中，由于投资收益、补贴收入等因素实现了业绩的大幅度增长，18家公司2007年中期非经常性损益占到了净利润的30%以上，占公司总数的23.68%。而2007年第三季度延续了这一特点，全年也是如此，其中，前三季度非金融类上市公司投资收益占净利润的比重为20%左右，比2006年同期的9.96%提高了近10个百分点；从绝对数额上看，前三季度投资收益增加了384.3亿元，而净利润增加了1011.34亿元，增量的净利润中投资收益占了38%。

由此可见，在这次牛市周期中，我国不少上市公司的盈余质量并未得到显著提升，上市公司之间交叉持股明显增多，不少公司的投资收益甚至超过了主营业务利润。大多数上市公司经营现金流都不充裕，股票市场充斥着大量上市公司配股、定向增发、非定向增发等融资信息，股市融资创出历史新高。

根据上述资料，分析下列问题：
1. 为什么说21世纪初第一次超级大牛市时我国上市公司业绩并不如想象中美好？
2. 资产负债表、利润表和现金流量表中与持续盈利能力有关的信息有哪些？

第一节　持续盈利能力的界定*

一、持续盈利能力的原理

预测公司持续盈利能力，尤其是持续增长盈利能力是财务报告分析的最重要也是最难解决的一个难题。如第一章所述，公司持续盈利能力是股东最关注的信息，而其他利益相关者的信息诉求都可以直接或者间接转化为公司持续盈利能力的子集，其重要性可见一斑。

持续盈利能力通过一系列短期盈利的持续性来实现，也就是通过一系列短期目标来实现企业的长期目标，即短期目标是实现长期目标的手段。具体来讲，本期财务报告与连续多期财务报告的关系是这样的：①本期财务报告主要用于短期盈利能力分析，连续多期财务报告主要用于盈利的持续性趋势预测分析。②本期财务报告中揭示的企业持续盈利能力的关键因素同样是影响企业未来盈利能力持续性的重要因素。这些关键因素就是那些持续性较强的因素，其关键性越强，就越影响企业未来盈利的持续性。③本期财务报告分析是实现持续盈利的必要手段，企业未来盈利的持续性预测是财务报告分析的终极目的。

由此可见，财务报告中最具价值的财务信息，是那些能够给报表使用者提供有关企业持续性发展的信息，尤其是持续盈利能力信息。因此，如何界定持续盈利能力成为财务报表分析关键之所在。

二、持续盈利能力的分类

持续性可以从狭义上和广义上进行分类。从狭义上讲，持续性可以描述为某种明确的趋势,这种趋势可以表示为时间的函数$\delta(t)$。具体来讲,持续性有三种表现形态:持续增长的趋势、持续不变的趋势、持续下降的趋势。$\delta(t)$严格为增函数,即$\delta'(t)>0$;恒等函数,即$\delta'(t)=0$;减函数,即$\delta'(t)<0$;从广义上讲,持续性就是一种趋势,这种趋势同样可以表示为时间的函数$\delta(t)$。但是,$\delta(t)$除了狭义上的3种趋势之外,还有不规则的变化趋势,比如先增长,后不变,再下降,也有完全无规则的趋势,即没有趋势的持续性。

从预测难度上讲,预测公司持续高增长盈利能力最难,几乎是难以实现的。假定要求投资者成功预测一家盈余持续增速超过100%的公司,并且持续时间跨越4年,这几乎是无法完成的任务,成功概率极低,而这类投资标的正是资本市场的王者,也是给予投资者最大回报的投资标的。

本书将从不同角度不断挖掘公司持续盈利能力,尤其是那些持续超高增长盈利能力的投资标的应该具有哪些特征,它们在财务报表中是如何显示的,以及从理论上讲财务报表是如何揭示持续盈利能力信息的。至少我们要做到:给投资者提供一些有益线索或者启示,有助于提升投资者识别公司盈利能力持续性的能力。

三、持续盈利能力的简单识别

从计量方法上看,趋势分析法是判断企业持续盈利能力的一种重要方法。本期财务报告影响企业持续盈利能力的关键因素是决定本期盈利是否具有持续性的重要因素,同时,这些关键因素也是决定企业盈利长期发展趋势的关键。

通常可以运用以下两个步骤寻找影响企业持续盈利能力的关键因素。第一步是计算各个因素与企业盈利之间的相关系数和敏感系数。如果两者之间的相关系数比较高,并且为真,而且敏感系数也比较高,这就说明这个因素是影响企业盈利的关键因素。第二步是分析该因素发生的频率。如果该因素频繁发生,则说明它是影响企业持续盈利能力的稳定性因素。这为人们预测未来盈利能力的持续性提供了一条重要线索,即人们可以预期到这些频繁发生的因素在每一时期都是影响企业未来盈利能力的构成因子,也就成为企业未来盈利能力是否具有持续性的重要因素。

毋庸置疑,寻找影响企业持续盈利能力的关键因素是至关重要的,不同的关键因素对企业未来持续盈利能力的影响是不相同的。从一定程度上讲,以净利润为例,公司持续盈利能力的直观表达,其传递的持续盈利能力就是利润不同组成项目反映的不同持续盈利能力因子的加权平均数。如何界定利润不同组成项目所反映的持续盈利能力是个重要难题,这有待实证研究取得进一步突破。关于盈利不同组成部分的持续性,比较有代表性的是拉里莫科里斯南和托马斯(Ramakrishnan and Thomas,1991)的划分方法,他们将其分为三类持续性事件:①持续的,期望无限持续;②暂时的,影响当期盈利,但不会影响未来年度盈利;③与价格无关,持续性为0。这三类不同因素的持续性可以做如下理解,第一类的持续期涉及多期乃至无穷期,第二类的持续期仅涉及一期,第三类的持续期为零。显然,若仅以利润表的构成因素为例,在净利润的不同构成部分中,第一类项目数量占比越多而且金额越高,公司持续盈利能力越容易预测;第二类占比越高,公司持续盈利能力越不容易预测;第三类占比最高,公司持续盈利能力则几乎无法预测。

不同企业影响其持续盈利能力的因素有可能是不同的。如果是工业企业,企业盈利之所以具有持续性,主要是因为公司前期和本期投入的长期资产,并且公司长期投资效益好,回收期短。如果是高科技公司，公司研发投入是一个核心因素，而研发投入资本化也是长期资产。如果是典型的轻资产类零售企业，其持续盈利能力则取决于其经营性流动资产运转的效率值，而重资产类零售业，其持续盈利能力取决于长期资产效率和经营性流动资产的效率值。

基于找出影响持续盈利能力的关键因素的前提下，若仅从本期报表中挖掘企业持续盈利能力信息是有难度的，需要借助多期财务指标，对影响持续盈利能力的关键因素做出多次动态评价，做出"合理"的企业发展趋势的判断。

一般从理论上讲，财务报表中影响公司持续盈利能力的因素主要体现在以下几个方面：

（1）利润表最直观地体现了公司盈利能力，利润表中的一些重要因素的持续性决定盈利能力的持续性。其中，主营业务利润和主营业务利润率是决定持续盈利能力的最关键因素，营业利润和营业利润率次之，而投资收益与公允价值变动损益需要根据公司营业性质与投资能力等甄别其对持续盈利能力的贡献。营业外利润是偶发的，不具有持续性，不是公司持续盈利能力的关键因素。至于公司所得税，它是个强制性约束，除非有确切信息表明公司所得税税率将下降，比如公司申请到高新技术企业资格，享受低所得税税率，并且这一税收优惠具有一定的持续期。

（2）企业资产配置的合理性也是影响持续盈利能力的重要因素，公司决策者需要对企业资产配置进行动态调整。基于资产配置合理的前提下，公司永久经营性流动资产和永久经营性流动负债在很大程度上体现了公司持续盈利能力。如果公司永久经营性流动资产与流动资产的比例不高而永久经营性流动负债与流动负债的占比过高，并且永久经营性流动负债远高于永久经营性流动资产，这时公司持续盈利能力较强。

（3）公司持续盈利能力离不开公司经营的稳健性和充裕的现金流量。一般而言，公司经营的稳健性是其持续盈利能力的重要组织保障，它与行业属性、经营能力等软资源有关，而公司投融资策略是否稳健直接影响了经营的稳健性。公司现金流是衡量公司经营稳健性的动态指示器，也是衡量企业风险的动态指示器。公司经营越稳健，公司现金流，尤其是经营现金流越充足，公司持续盈利能力越强。但是，现金流过于充足有可能意味着现金闲置，可能影响到公司持续盈利能力。一般而言，如果企业具有持续的盈利能力，那么只要企业现金流量能够保障其资金周转顺畅即可。但是，现实生活中资产流动性与盈利之间的权衡并非如此简单。

（4）企业筹资策略可以视为"企业持续盈利能力"函数的控制变量，或者说它是为公司盈利服务的。只要企业盈利具有持续性，经营现金流充足，尤其是自由经营现金流充足，当公司开始投资扩张时，公司融资环境将比较宽松，扩张更容易成功。但是，基于当下移动互联网、大数据时代，企业竞争太过激烈，企业生存处境更为艰辛，产品周期更短，投资周期有可能需要更长的时间，经营现金流充足变得更难。在这种情况下，公司的融资能力显得更为重要。对于一些电商和互联网相关的新商业模式的企业，它们更需要巨额现金流支撑，公司投资效果需要更长时间显现，企业筹资能力更关乎企业生存。

第二节　资产负债表与持续盈利能力

实证会计表明，与资产负债表信息相比，股票价格与利润表信息之间的相关性更为密切，也更为充分。这并不是说资产负债表没有利润表重要，而是说明了资本市场并没有有效地对资产负债表进行充分反应，或者是当前学术界还没有发现股票价格对资产负债表的有效反应方式，这意味着资产负债表中的隐含信息价值更大。如果投资者能够对资产负债表进行深度、充分的挖掘，并运用资产负债表指标构建投资组合，则更有可能战胜市场。由此可知，挖掘资产负债表中的与持续盈利能力相关的信息是一个充满挑战的主题。

一、资产负债表揭示持续盈利能力的原因

资产负债表又称平衡表或财务状况表，是指反映企业在某一特定日期财务状况的会计报表。财务状况主要反映企业资产拥有情况、企业对债权人和所有者的义务。这里"义务"是指广义上的概念，不仅包括企业对债权人承担的经济责任，而且包括对所有者承担的经济责任。企业对债权人履行的义务是强制性的法律义务，而对股东的义务并非强制性义务，更像是一种道义上的约束。债权人具有优先索取权，它具有优先向企业索取本金和利息的权利；所有者享有剩余索取权，即公司净利的索取权。

资产负债表与持续盈利能力相关，是因为资产最终基本都会被耗费，确认为成本或者费用，这些耗费是否能得到高价补偿，最终决定了利润的高低，同时这些补偿最终也会体现在资产负债表中。因此，与持续盈利能力有关的因素可以在资产负债表中找到线索，只是这些因素更为隐蔽，更难以挖掘，并且更影响公司未来持续盈利能力。

二、资产负债表挖掘的基本前提

（一）熟知各个会计科目的内涵

财务报表使用者必须熟知报表各个会计科目的内涵，尤其是高度关注比较晦涩的会计科目。例如，资产负债表中所有者权益增加了一项"其他综合收益"，实际上这个项目是从原资本公积中分化而来的。股东权益基本来自以下几个部分：股东出资、利润积累和非利润性的资产增值，其中非利润性的资产增值的主体就是其他综合收益。而引起其他综合收益变化的主要项目是：可供出售金融资产公允价值变动形成的利得和损失，可供出售外币非货币性项目的汇兑差额形成的利得和损失，权益法下被投资单位其他所有者权益变动形成的利得和损失等。

实际上，我国会计准则基本上每年都在不断修订中，有时新增加了会计科目，有时是原有会计科目的内涵出现了一些变化等，这就要求财务报表使用者要及时了解这些变化。

阅读材料 5-1

财务报表列报的变化

为更好地满足利益相关者的需求，我国会计准则始终在不断修订中，财务报表列报也发生了一些变化。我国财政部于 2017 年 12 月 25 日发布了《关于修订印发一般企业财务报表格式的通知》（财会〔2017〕30 号），接着财政部于 2018 年 6 月 15 日对一般企业的财务报表格式再次进行了修订完善，颁布了《关于修订印发 2018 年度一般企业财务报表格式的通知》（财会〔2018〕15 号），主要是对资产负债表、利润表和所有者权益变动表的一些项目再次做出补充修订，财会〔2018〕15 号包括了财会〔2017〕30 号修订的合理内容。财政部要求 2017 年 12 月 25 日发布的《关于修订印发一般企业财务报表格式的通知》（财会〔2017〕30 号）同时废止。

有兴趣的读者可自行阅读财会〔2017〕30号和财会〔2018〕15号，以便更好地了解财务报表列报的具体变化。

（二）注意与资产负债表中一切与会计信息稳健性有关的项目

如果会计计量不太稳健，比较激进，公司极有可能虚估资产、低估负债、夸大公司当期利润。例如，应收账款的估价是否合理，存货是否高估，特殊目的实体的负债问题，环境负债、退休福利、售后服务的计量的不确定性，以及或有负债的估计是否合理，还有递延所得税资产与少数股东权益隐含的风险等，尤其要注意这些项目中具有重大不确定性的项目及其对企业未来持续盈利能力的影响。

三、资产负债表中与持续盈利能力有关的几个关键要素

（一）流动资产与非流动资产的配置比例

1. 企业战略决定企业资产的配置[*]

（1）资产的分类与战略的分类。按照经典的战略管理理论，战略主要涉及组织的长期发展方向和范围，力求使资源与环境、消费者相匹配，以达到组织的预期目的。因此从企业设立开始，企业的资产结构就已经打上了战略的烙印。企业管理的过程也可以理解为企业战略制定与实施的过程。

按照企业资产对利润的贡献可以将资产划分为经营资产和投资资产。经营资产是指企业因常规性的产品经营和劳务提供而形成的资产。典型的经营资产包括货币资金、应收款项、存货、固定资产、无形资产等。投资资产是指企业以增值为目的而持有的股权和债权。它主要包括各种金融资产、长期股权投资，以及以提供经营性资金的方式对子公司投资的其他应收款项等。

要判断一个企业的资产结构是以经营资产为主还是以投资资产为主，抑或是两种资产并重，应该以母公司的资产负债表为基础。因为在合并报表的过程中控制性投资已经被分解或者还原为子公司的经营资产。

企业战略从这一角度可以分为经营主导型的企业发展战略、投资主导型的企业发展战略、经营资产与投资资产并重的企业发展战略。公司战略划分有多种标准，可以根据经营资产和投资资产占比划分，也可以根据经营资产和投资资产贡献利润占比划分。前者侧重于形式，后者侧重于实质。无论采用哪一种标准划分，通过中长期而不是短期划定企业战略类型更为合适。

以经营资产和投资资产占比多少或者以经营资产和投资资产贡献利润多少为界划分更为合适，没有统一的标准，一般以50%为界划分。根据公司经营性资产和投资性资产占比50%为界划分时，如果公司经营性资产占比超过50%，划入经营主导型的企业发展战略，反之是投资主导型的企业发展战略，两类资产比例近似相当就是经营资产与投资资产并重的企业发展战略。根据经营资产和投资资产为公司贡献利润的比例作为划分标准时，如果经营资产贡献利润超过50%，划入经营主导型的企业发展战略，反之是投资主导型的企业发展战略，两类资产贡献利润比例近似就是经营资产与投资资产并重的企业发展战略。

（2）战略分类与资产配置。不同的公司战略，公司资产配置会体现出明显差异，公司关注资产的类别也不相同。经营主导型企业发展战略重点考察经营资产的盈利能力强弱及其持续性，而对投资性资产的考察处于次要地位，同时需要观察公司发展战略是否存在转变为

另一种发展战略的可能性;投资主导型的企业发展战略重点考察投资资产贡献盈利能力强弱及其持续性,而对经营资产的考察处于次要地位,也需要观察公司发展战略是否存在转变为另一种发展战略的可能性;经营与投资并重型企业的发展战略要综合考察两类资产产生盈利能力的强弱,同样需要考察公司是否有可能向经营主导型企业发展战略或者投资主导型企业发展战略演变。

资产结构以经营资产为主的企业,它的战略十分清晰:以特定的商业模式、行业选择和产品或者劳务的生产与销售为主营业务的总体战略为主导,以一定的竞争战略和职能战略为基础,以固定资产、无形资产、存货的内在联系及其与市场的关系管理为核心,为企业利益相关者持续创造价值。经营主导型企业能够最大限度地保持其核心竞争力。绝大多数企业都是经营主导型发展战略。在这种战略模式下,通过财务报表可以分析公司是专业化战略还是多元化战略,而多元化战略又可分为相关多元化战略和非相关多元化战略。专业化战略主要体现在公司固定资产、无形资产、存货、应收账款和应收票据等的不断变化中。而与多元化战略密切相关的对外控制性投资主要体现在长期股权投资的规模大小,及其与经营资产规模的比重高低。如果与经营资产相比,投资性资产的比例明显偏低,则可以判断公司是以专业化为主导的战略。

资产结构以投资资产为主的企业,通常是规模较大的企业集团。投资主导型企业发展战略同样是清晰的:以多元化或者一体化的总体战略为主导,以子公司采用适当的竞争战略和职能战略,特别是以财务战略中的融资战略为基础,以对子公司的经营资产管理为核心,通过快速扩张为企业的利益相关者持续创造价值。投资主导型企业可以在较短时间内通过直接投资或者并购实现做大做强企业集团的目标,或者在整体上保持财务方面的竞争能力与市场的竞争地位。例如,伯克希尔·哈撒韦股份有限公司就是一家投资主导型多元化发展战略的企业,而我国的雅戈尔股份有限公司比较接近经营资产主导型与投资资产主导型并重的多元化发展战略。当然,有的公司形式上酷似投资主导型战略或者经营主导型与投资主导型并重的多元化发展战略,但实际上仍是经营主导型发展战略。吉林敖东药业集团股份有限公司就是如此,该公司多年财务报告显示,投资收益大多年度超过了主营业务利润,而且吉林敖东进行了多次股权投资,应该是投资主导型战略,但是其投资收益主要是对广发证券投资带来的巨额收益所致,除此之外,公司并没有太多的投资亮点,公司其他多次股权投资金额均不大,而且投资收益一般,因此,公司仍是经营主导型战略企业。

如果说公司战略决定资产配置的格局,那么行业属性、经营周期、管理者风格等决定了资产的具体明细配置,其中行业属性、经营周期属于客观性因素,而管理者风格是主观性因素。

2. 企业行业属性不同,资产配置也不相同

一般而言,资产的流动性与其盈利性成反比。企业必须在资产的流动性与盈利性之间做出权衡,公司实现高盈利通常需要牺牲一定的流动性,而为了提升流动性需要牺牲一定的盈利性。顶级企业例外,因为它们更容易在资产配置中实现利益最大化,它们有可能实现在资产的流动性极强的同时还能维持公司超强的盈利能力。

资产流动性与盈利性之间的矛盾权衡对于不同类型的企业,具有明显的差异性。这是因为不同行业,流动资产与非流动资产对企业的重要性是不一样的,资产的配置也不相同。下面仅以工业企业和零售业为例说明。

(1)工业企业资产配置。一般来讲,非流动资产是工业企业的主要盈利来源,非流动资产应该占主导。如果一家工业企业的非流动资产占总资产比重过低，而流动资产占比过高，它的盈利能力就很难得到保证。非流动资产到底占比多少为优，非流动资产与流动资产两者的比例是否一定超过50%，都没有一个确切答案。

为了更好地理解这一问题，需要根据不同情形进行具体分析：

1）如果一家工业企业在非流动资产盈利能力比较强的条件下，基于公司风险可控的前提下，公司非流动资产占比越高，公司持续盈利能力越强。

2）如果一家工业企业在非流动资产盈利能力比较强的条件下，而公司风险控制能力比较弱，公司非流动资产占比越高，公司持续盈利能力越难于确定。

3）如果考虑到流动资产的持续盈利能力，上述结论需要进一步修正。如果一家工业企业非流动资产盈利能力较强，并且流动资产管理能力与流动资产的盈利能力都比较强，公司风险控制能力也比较强，则这类企业的流动资产与非流动资产之比取决于基于公司流动性充足的前提下流动资产与非流动资产的单位贡献大小，但是无论如何，这类公司持续盈利能力都应该比较强。

因此，对工业企业而言，实际上流动资产与非流动资产配置一般无规律可循，两者的配置比例更多的是依赖企业财务总监根据企业经营环境的评估而做出动态优化资产配置。

（2）零售业资产配置。与工业企业不同，零售业一般主要通过流动资产的高周转率实现利润最大化，从这一角度上讲，流动资产对零售业更为重要。但是，对于零售业而言，流动资产占比多少为优同样没有标准答案。

我国零售业部分上市公司不同年度的资产配置情况见表5-1。

表5-1 我国零售业部分上市公司不同年度流动资产与非流动资产比例

年度 公司	2011	2012	2013	2014	2015	2016
苏宁易购	0.79	1.71	1.70	1.76	2.50	5.04
国美零售	1.83	1.82	2.03	2.39	1.88	1.46
新华都	2.42	2.24	1.04	0.88	0.94	1.23
永辉超市	1.72	1.36	1.37	1.14	1.42	2.32
百联股份	0.90	0.85	0.86	0.67	0.71	0.72

由表5-1可知，同一行业的流动资产与非流动资产的配置比例也出现比较大的差异。例如，相似度比较高的家电零售业中的苏宁易购（002024.SZ）与国美零售（00493.HK）的资产配置比例的差异就比较悬殊，苏宁易购的配置比例呈现逐步走高态势，由2011年的0.79逐步增长到2016年的5.04，2012年和2016年与上一年相比均大幅上升了1倍之多，2012年到2014年稳定在1.7左右，2015年为2.5，而国美零售的配置比例总体稳定在2左右，只有2016年低至1.46。同样，经营模式有些类似的新华都与永辉超市，资产配置比例也有明显差异，新华都（002264.SZ）的配置比例由2012年之前均高于2，在2013年开始明显下降到1左右，并持续如此，而永辉超市（601933.SH）的配置比例除2016年高于2外，大体稳定在1.3左右。百联股份（600827.SH）的资产配置中流动资产比例最低，始终低于1，与其他零售业有明显不同。

因此，从数据表象上来看，同一行业的资产配置呈现出明显差异，同一家公司在不同时点也有比较大的变化，其中原因有多种可能，有的是主动优化配置比例，有的是被动调整资产配置比例，而调整资产配置比例又与多种因素有关，有的是因为公司经营模式发生变化，有的是因为公司战略转型，有的是因为公司遭遇财务困境等。

由此可见，在正常条件下，工业企业与零售业的行业属性不同、商业模式不同、盈利模式也不一样，其对资产偏好的类型也不同。工业企业更重视非流动资产对其盈利性的贡献，而零售业更重视流动资产的贡献。但这并不意味着前者的非流动资产占比一定要超过50%，后者的非流动资产占比一定要低于50%。

3. 国家宏观经济周期、国家金融政策和企业发展阶段的不同，公司资产配置也会存在比较大的差异

当金融危机爆发时，企业的第一任务是生存，保持资产的流动性最重要，资产的盈利性退居次席，公司需要增加流动资产与非流动资产的比例。而调整的原则是基于公司现金流充足或者至少是现金流不发生断裂的前提下，主动性调整流动资产与非流动资产的比例，尽可能实现公司价值最大化。

国家金融政策，尤其是货币政策，也会影响到公司的资产配置。如果一个国家货币政策明显收紧，甚至国家爆发金融危机，这时公司的流动性是无比重要的，要提升到企业战略的高度，资产配置需要向流动资产明显倾斜。尤其是发生全球金融危机时，公司更需要密切关注其流动性是否充足。

企业在不同发展阶段，它的资产配置比例也不相同。不同类型的企业、同一类型的企业、同一企业在不同的发展阶段，流动资产与非流动资产的配置比例都会存在明显差异。例如，一个企业处于创业初期，盈利固然重要，但是公司流动性更为重要。而在一个企业进入成熟期时，盈利当然是第一要务，流动性退居次席，流动性不及初创期重要。

因此，公司资产配置可视为宏观经济周期、金融政策和企业发展阶段的函数。这三个变量交互影响企业的资产配置。例如，一家企业处于成熟期，国家宏观经济周期处于复苏与繁荣阶段之间，货币政策宽松并且财政政策扩张，这时，公司最适宜采取提升盈利能力强的资产配置。

4. 管理者风险偏好进一步决定了资产配置类别

由于管理者的风险偏好不同，不同企业之间配置资产的流动性会呈现明显的差异性。同是地产行业，2017年万达集团在不断进行轻资产化、降低负债率的同时，融创中国却在加快扩张步伐，公司的资产负债率明显上升，这体现了两家公司管理者风格的差异性。

（二）应收款项与应付款项比

应收款项与应付款项是企业经营性流动资产与经营性流动负债，二者之差称为净经营性应收类经营资产。从创造价值的角度讲，当净经营性应收类经营资产为正时，意味着公司被他人无息占用资金，公司在市场竞争中处于弱势地位；如果净经营性应收类经营资产为负，即公司无息占用他人资金，公司在市场竞争中处于主导地位，这意味着公司可以减少净经营性应收类经营资产投资，有利于提高股东权益回报率。

分析者需要注意应收款项与应付款项的变化趋势，以及两者的比例关系，还有应收款项与流动资产的比例关系、应付款项与流动负债的比例关系。如果对应收款项与收入的比例关系、应付账款与购货成本的比例关系进一步研究，更有利于观察公司营运资本管理能力的变化，预测公司市场竞争能力的变化趋势，以及公司持续盈利能力的变化。

(三) 存货的优化能力

存货在流动资产中属于流动性比较弱而盈利能力比较强的一类流动资产。企业持有存货必然发生大量成本，其唯一的好处是规避缺货引起的信誉损失。在现实世界中，存货是必不可少的，工业企业持有的存货有时甚至占流动资产约50%。在现实生活中，因存货管理不善而破产者大有人在，各行业皆是如此，资本密集型企业更是如此。

在当今移动互联网时代，信息更为充分，企业存货管理效率更高，存货数量更少，存货管理成本更低，甚至企业有可能做到零存货。如果企业没有发生这些变化，要么企业原本是行业内的优秀领导者，要么企业将被市场淘汰。当企业存货归零时，企业产品制造流程中的存货管理就会消失，订单处理成为关键起点。而这种情况只有在完美世界中才会出现在大多数企业中，在现实世界中只有顶级企业才能够接近做到这一点。

阅读材料 5-2

世界各国的存货管理典范

世界各主要发达国家与我国都有不少存货管理典范。全球汽车生产厂商巨头日本丰田股份有限公司是制造业的典范，20世纪80年代丰田创造了存货管理的丰田模式：零库存模式（Just In Time, JIT），JIT的实现主要包括3个部分：拉式生产、看板方式和自动化。沃尔玛是零售业的优秀典范，它的全球卫星定位系统、高效的存货信息管理、区位优势等都为其存货管理提供了便利条件。同样作为世界快时尚企业的领跑者，ZARA、H&M、UNIQLO等也是存货管理的优秀代表，它们把企业供应链管理做到了极致，存货管理水平一流。在今天移动互联网和大数据时代，这些公司充分利用大数据，进一步提升了存货管理水平，使其维持着强劲的盈利能力。

我国也不乏存货管理的典范，京东集团就是我国存货管理的典范之一。京东集团于2014年5月在美国纳斯达克上市，公司通过大数据分析消费者的购买行为习惯，到2014年时京东公司基本可以在全国30多个一线和二线城市实现即日达，即当天下单，当天到达。京东集团于2016年年底首次实现扭亏为盈，2017年第一季首次实现单季盈利，第二季度继续刷新公司盈利新高，公司存货管理能力的提升对公司绩效的提升是显而易见的。

同样，苏宁云商、国美零售也是我国家电零售业存货管理的典范，类似ZARA模式的名创优品开创了我国小饰品零售业存货管理的典范。当然，我国的制造业也不乏一流的存货管理者，格力电器、美的电器、青岛海尔就是典型代表。

在当下，消费者忠诚度进一步下降，顾客黏性更差，消费者转移成本极低，消费者对产品的要求更为苛刻，要求企业具有更高素养。其中快速反应只是顾客的基本要求，快速反应能力也不再是某一些企业的特有优势，几乎所有企业都要为消费者的偏好做出快速反应，都要具有强大的存货管理能力，"快"几乎成了企业生存的基本要求。这要求企业要进一步提升信息化水平，拥有更精准的顾客定位、更高效的管理能力以及更强的创新能力。

(四) 投融资策略

企业始终面临着两个难题：一个是资产如何配置，另一个是融资如何优化，而这两个问题直观体现在资产负债表中，其中资金的来源即负债与股东权益，直观体现为资本结构，而资金的运用即资产配置，其结果即资产，资金的来源恒等于资金的运用。通过分析不同筹资方式可以观察公司发展的主要资金来源：是以经营性负债资源为主，还是以金融性资源债务融资为主，抑或是以股权资金为主，还是以留存收益资金为主，还有可能是以各种资本来源并重；通过分析这些资金来源渠道及其成本的比较分析，可以评估公司的市场议价能力，进而评定公司持续盈利能力。

1. 投融资策略理论界定

公司投融资策略从大类上可以划分为保守投融资策略、中庸投融资策略和激进投融资策略。公司投资策略与融资策略的匹配结果，如图5-1所示。

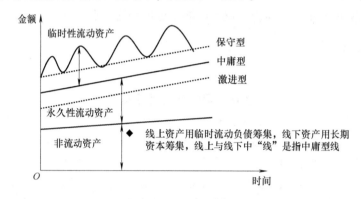

图5-1　投资与融资策略

投融资策略可以进一步细分为九小类，即保守、中庸和激进的投资策略和保守、中庸和激进的融资策略的各种组合。其中，最典型的是中庸投资策略与中庸融资策略、激进投资策略与激进融资策略、保守投资策略与保守融资策略，剩下的6种只是在保守、中庸与激进之间移动，这就是通常认定的中庸投融资策略、保守投融资策略和激进投融资策略。

中庸投融资策略，又称配合型策略，是指公司筹资期限与资产期限完全匹配的一种投融资策略。这种策略要求公司的临时性流动资产运用临时性负债筹集资本满足其资金需要，而永久性流动资产和非流动资产（统称为永久性资产），运用如长期负债、自发性负债和股东权益资本筹集资金等长期资本满足其资金需要。由于外部利益相关者很难准确界定永久性流动资产与永久性流动负债、临时性流动资产与临时性流动负债，简单起见，可以将流动资产与流动负债都作为短期资产与短期资本，准确起见，可以根据公司资产规模、收入、员工薪酬、应收款项、应付款项、信用政策等估算临时性流动资产与临时性流动负债、永久性流动资产与永久性流动负债。中庸投融资策略以控制企业财务风险为第一要务，假定的资产的期限结构与资金来源的期限结构完全匹配，从配置的静态时点上讲，这种策略的确可以有效防止企业财务风险的发生，也最容易控制风险。

如果筹资期限与资产期限不完全匹配，则公司投资期限与融资期限出现错配。投融资错位策略主要包括激进投融资策略和保守投融资策略。

激进投融资策略是公司用临时流动负债资金满足部分永久性流动资产和非流动资产的购建的一种策略。激进投融资策略的最极端形式就是用临时性流动负债解决所有永久性流动资产和非流动资产的购建。激进投融资策略实际上是公司利用低成本资金解决永久性流动资产和非流动资产购建，即以低成本资本博取高资产收益。在这种情况下，公司的短期偿还债务压力陡增，以小博大，符合风险与收益正相关。

保守投融资策略是一种运用永久性流动负债和长期资金满足部分临时性流动资产的购买的策略。保守投融资策略的最极端形式是用长期资金解决所有临时性流动资产的购建。保守投融资策略实际上是公司利用高成本资金购买低收益资产，即以高成本资本配置低收益资产，提升了公司的流动性，有可能存在资金严重闲置的风险，降低了公司的收益率。

2. 投融资策略界定的前提

公司投融资策略的界定通常都隐含着一个基本前提：公司资产负债率处于合理区间。公司资产负债率的合理区间却没有标准答案，一般认为非金融类公司的资产负债率处于50%左右比较合理。当非金融类公司的资产负债率过高或者过低时，虽然根据投融资策略的划分标准界定的投融资策略还是成立的，但是这时判断公司投融资策略通常是没有意义的。这是因为，假定某非金融类公司的资产负债率分别为5%和95%时，前者基本意味着公司是极端保守的，而后者通常代表着公司是激进的。

实际上，即使当公司资产负债率处于合理区间时，根据投融资策略的划分标准界定的投融资策略也未必一定准确。例如，假定某非金融类公司的资产负债率为50%，此时，如果公司经营现金流量十分充沛，且处于投资扩张的中后期，公司具有超强的持续盈利能力，应付款项与存货占比高，而应收款项占收入比趋于零，这时假定根据投融资策略的划分标准界定的公司投融资策略为激进型，但是这一界定有可能是不合适的，这时应该从中长期观察公司这些相关信息的变化趋势，从而对公司投融资策略做出前瞻性判定。

3. 投融资策略的选择

一般来讲，保守策略与中庸策略属于稳健范畴，公司风险不太高，但是激进策略风险过大，企业一定要慎之又慎。与保守策略和中庸策略不同，企业实施激进投融资策略需要一些硬性的约束条件，比如资产负债率是否合理、经营现金流是否充足、是否具有较强的市场议价能力、经营模式是否具有吸引资本的能力等。因此，在正常情况下，绝大多数企业都不应该选择激进投融资策略。

公司投资与融资策略是多种因素综合均衡的结果。管理者风险偏好是影响企业投融资策略选择的最直接因素，而由于企业发展阶段、产品生命周期、行业内竞争状况和行业类型的不同，公司投融资策略也会呈现明显的差异性。管理者风险偏好越强，公司越有可能选择趋于激进策略；管理者越保守，公司越有可能选择趋于保守策略。同样，当企业处于初创期时，一般公司在这一阶段应该采取保守或者中庸策略，即使行业内竞争不太激烈，企业也应尽量少用负债，增加股权融资，提升产品竞争力。

中庸策略适合于任何企业，也适用于企业任何发展阶段。当企业没有更优的投融资策略可选时，中庸策略总是最好的选择。激进投融资策略并不适用于大多数企业，最容易出现在企业的成长期，尤其是那些开始有一点知名度的、刚步入发展期的企业。实际上，激进策略比较适合于实力强大的企业，最好是步入成熟期的企业，但现实却不是这样的。从理论上讲，企业初期时应该尽量保守，成熟期可以适度激进，现实却是大多数企业在初期激进而成熟期保守。

下面我们通过一个例子进一步了解投融资策略。

【例1】 B公司是一家国有制造业上市公司。B公司2009—2011年的比较资产负债表见表5-2。

表 5-2 B 公司 2009—2011 年的比较资产负债表　　　　　　（单位：万元）

2009 年 12 月 31 日		2010 年 12 月 31 日		2011 年 12 月 31 日	
资产		资产		资产	
货币资金	25 000	货币资金	20 000	货币资金	25 000
应收账款	10 000	应收账款	7000	应收账款	3000
存货	35 000	存货	20 000	存货	10 000
固定资产	50 000	固定资产	78 000	固定资产	110 000
合　计	120 000	合　计	125 000	合　计	148 000
负债及所有者权益		负债及所有者权益		负债及所有者权益	
短期借款	20 000	短期借款	32 000	短期借款	63 000
应付账款	25 000	应付账款	15 000	应付账款	5000
长期借款	30 000	长期借款	30 000	长期借款	30 000
股本	40 000	股本	40 000	股本	40 000
未分配利润	5000	未分配利润	8000	未分配利润	10 000
合　计	120 000	合　计	125 000	合　计	148 000

请评述这家公司的投融资策略。

【分析思路】

①2009—2011 年是一个特殊时期，中国在这一时期的金融政策是什么？全球金融市场总体状态是什么？②B 公司是一家工业企业，并且是国有企业，这能够给财务报表使用者传递什么信息？③这家公司的投融资策略是什么？④B 公司的投融资策略合理吗？请给出理由。

第三节　利润表与持续盈利能力

如果将资产负债表比喻为揭示企业持续盈利能力的隐形利器，那么利润表就是企业持续盈利能力的最直观指示器，而隐性信息最终都会转化为显性信息。

实证会计表明，股票价格与公司盈余信息之间具有高度正相关性。股票价格对利润信息的反应最为充分。因此，投资者比较难通过分析利润表赚取超额收益。但是，通过挖掘高质量利润表，投资者很有可能能够预测公司未来的持续盈利能力，从而实现个人财富最大化。

一、利润表中需重点关注的一个会计科目：其他综合收益

资产负债表中也有一个"其他综合收益"，利润表中的"其他综合收益"与资产负债表中的"其他综合收益"是过程与结果的关系。资产负债表是时点数字，反映的是相关项目变化的结果；而利润表是时期数字，反映的是变化的过程。

实质上利润表包含了其他综合收益，称为综合收益表应该更合适。只是限于人们的习惯，保留了利润表之名。

因此，简单地说，综合收益表包括两个部分：一部分是净利润；另一部分是非利润引起的资产价值变化，体现在利润表的"其他综合收益"项目中。

由于我国大多数上市公司的"其他综合收益"的规模并不大，所以，维持当前"利润

表"的名称具有一定的合理之处。

阅读材料 5-3

我国报表中的综合收益

财政部 2009 年 6 月 11 日印发的《企业会计准则解释第 3 号》（财会〔2009〕8 号）中，第七条为：利润表应该做哪些调整？

答：1）企业应当在利润表"每股收益"项下增列"其他综合收益"项目和"综合收益总额"项目。"其他综合收益"项目，反映企业根据企业会计准则规定未在损益中确认的各项利得和损失扣除所得税影响后的净额。"综合收益总额"项目，反映企业净利润与其他综合收益的合计金额。"其他综合收益"和"综合收益总额"项目的序号在原有基础上顺延。

2）企业应当在附注中详细披露其他综合收益各项目及其所得税影响，以及原计入其他综合收益、当期转入损益的金额等信息。

3）企业合并利润表也应按照上述规定进行调整。在"综合收益总额"项目下单独列示"归属于母公司所有者的综合收益总额"项目和"归属于少数股东的综合收益总额"项目。

4）企业提供前期比较信息时，比较利润表应当按照《企业会计准则第 30 号——财务报表列报》第八条的规定处理。

[资料来源：《企业会计准则解释第 3 号》（财会〔2009〕8 号），2009 年 6 月 11 日。]

二、利润表中不同项目所反映的持续盈利能力的界定

利润表是指反映企业在一定会计期间经营成果的会计报表，是一张动态、流量报表，反映的是增量，是一个"过程"，而非一个"时点"上的经营状况。

利润表最直观地体现了公司盈余的单期成果，至于它是否具有多期持续性，从理论上讲取决于它各个构成项目所反映的持续盈利能力的强弱。如何界定利润表不同组成部分的持续性因子是个重大难题，这有待实证研究加以解决。从理论上讲，利润表的项目可以分为三大类，一类是原本持续性较强的经营类项目，一类是原本持续性不太强的经营类项目，还有一类是原本不具有持续性的偶发性项目。原本持续性比较强的经营项目，如主营业务收入、其他业务收入等，如果公司这些项目的持续性并不强，势必影响公司未来盈利能力的持续性；如果原本持续性不太强的经营项目，如投资收益，却具有了较强的持续性，则需要详尽评估公司的投资能力；如果原本不具有持续性的偶发性项目却变成了频发的项目，并且经常对公司利润贡献比较大的份额，这属于一种异动现象，需要甄别公司是否存在操纵利润的嫌疑。

三、利润表不同项目所反映的持续盈利能力

在分步法编制的利润表中，利润主要分为以下几个层次：主营业务利润、其他业务利润、营业利润、利润总额和净利润。从总体上看，利润项目的持续性越强，它反映的内容越单一，这类利润的占比越高，越有利于预测公司持续盈利能力。仅从利润表来看，公司净利润中包含了具有不同持续性的多个项目，很难准确界定不同持续性项目的权重系数，最终难

以确定公司的持续盈利能力。

(一) 主营业务利润所反映的持续盈利能力

主营业务利润的计算公式：主营业务利润＝主营业务收入－主营业务成本－主营业务税金及附加。为简单起见，主营业务利润可以不考虑主营业务税金及附加。主营业务利润的各构成项目均是企业日常生产经营活动中发生的，其重复性最高，持续性最强，有利于预测企业持续盈利能力。若主营业务利润在净利润中所占份额较高，企业的利润质量水平就更有保证，我们就有更充分的理由预期企业未来优质的经营业绩。

(二) 其他业务利润所反映的持续盈利能力

其他业务利润的计算公式：其他业务利润＝其他业务收入－其他业务成本－其他业务税金及附加。为简单起见，其他业务利润可以不考虑其他业务税金及附加。与主营业务相同，其他业务也与经营活动有关，这一点至关重要，因为只要与经营活动相关，它就必定具有一定的持续性，这将有利于预测企业的未来盈利能力。尽管其他业务利润远不及主营业务利润的发生频率，其他业务利润的持续性也不及主营业务利润，但它也是经营活动中产生的，也具有比较高的持续性。如果公司其他业务利润在营业利润中占比竟然比主营利润还高，偶然如此并不重要，但是如果长时间如此，需要探究其中具体原因。

(三) 营业利润所反映的持续盈利能力

1. 营业利润计算公式

新会计准则（2006）对营业利润做了比较大的调整。营业利润的计算公式：营业利润＝主营业务利润＋其他业务利润－税金及附加－管理费用－销售费用－财务费用－资产减值损失＋公允价值变动收益＋投资收益。这是一般企业营业利润中通常会涉及的项目，它并不是营业利润的完整构成项目。具体参见《关于修订印发2018年度一般企业财务报表格式的通知》（财会〔2018〕15号）。

与主营业务利润和其他业务利润相比，营业利润增加了期间费用、投资收益、资产减值损失等，其综合性更强，其所反映的持续盈利能力更难判定，但是这些项目都属于营业活动或者具有日常属性，具有高频属性，是公司净利润的基石。

2. 营业利润计算公式的变化

计算公式的最显著的一个变化就是新会计准则（2006）将原来属于营业外利润的"投资收益"计入"营业利润"，增加了"公允价值变动收益"和"资产减值损失"，这是新会计准则计量属性下的产物。

3. 营业利润计算公式变化的原因[*]

首先必须提及的是新会计准则的一个重大变化：投资收益计入营业利润，这一变化有深层次的原因，它与我国2005年股权分置改革密切相关。2006年10月8日我国资本市场的股权分置改革基本完成。从表面上讲，这令人费解，但实际上它具有一定的合理性，是我国会计准则制定者基于未来"美好"期待而做的提前调整。随着2005年我国股权分置改革的逐步完成，我国股票市场即将进入全流通时代，股票市场将更为理性、更加成熟，公司的投资行为将更为频繁，投资收益将与营业活动一致具有日常属性，将投资收益由营业外利润划入营业利润是比较合理的，并且从广义上讲投资活动原本就属于经营范畴。

再言资产减值损失。资产减值损失原本就是管理者根据公司资产真实情况而计量的减值准备，与管理者的管理能力密切相关。与旧准则相比，这一项目无论是从形式上还是从实质上讲都有所变化。从形式上讲，旧准则下利润表没有这一会计科目。从具体内容上讲，其中有一些内容仅是形式的改变，并不对利润表产生实质影响，如旧准则下对应收款项计提坏账准备属于管理费用，而新准则中将其调入"资产减值损失"，它并无实质变化；还有一些新变化，在新会计准则下原则上要对所有资产计提减值损失，并将所有资产计提的减值损失都直接计入利润表的"资产减值损失"。这在一定程度上更好地体现了会计信息质量的稳健性要求，但是同时也增加了企业粉饰利润的空间，而我国会计准则要求企业一旦计提长期资产，计提的减值损失将无法冲回，这又限制了公司操纵利润的空间。

（四）利润总额所反映的持续盈利能力

利润总额的计算公式：利润总额 = 营业利润 + 营业外利润，其中，营业外利润 = 营业外收入 - 营业外支出。与营业利润相比，利润总额并没有太多实质变化，利润总额的质量水平几乎取决于营业利润的质量水平。营业外利润具有偶发性，一般占利润总额的比例较小。当营业外收支净额为正，它对营业利润起到了锦上添花的作用，但是营业外利润一般不会对企业起到雪中送炭的作用。

（五）净利润所反映的持续盈利能力[*]

净利润的计算公式：净利润 = 利润总额 - 所得税费用。从信息含量上讲，净利润与利润总额相比没有增量信息。当然，公司可以通过盈余管理调节利润，甚至在一定程度上调节公司当期应交所得税，但从长期来讲，这并没有太大意义。

以上各层级利润，利润的综合性逐步增强，从理论上讲它反映的盈利能力的持续性逐步减弱，但实际上并非总是如此。从总体上讲，在没有任何经验可以借鉴的前提下，我们可以按照"28 原则"推断公司各级利润中主要类别项目的合理占比，主营业务利润与其他业务利润最好是前者占比高于 80%，毛利占营业利润高达 80% 更好，营业利润占利润总额比例高于 80%。在这种条件下，公司净利润保持稳定或者持续增长，公司持续盈利能力比较强。

【例 2】 在财务专题讨论会上，20××级财务、会计专业学生对 Z 公司 20×7 年度利润表进行了讨论，比较有代表性的观点主要有两种，一方认为 Z 公司利润的持续性比较强，另一方认为 Z 公司利润的持续性一般。表 5-3 和表 5-4 是 Z 公司 20×7 年度利润表的相关数据，请评估 Z 公司持续盈利能力。

表 5-3　Z 公司 20×7 年度利润表　　　　　　　　　　（单位：万元）

项　　目	本 期 金 额	上 期 金 额
一、营业总收入	8000	7000
其中：营业收入	8000	7000
利息收入	—	—
手续费和佣金收入	—	—
二、营业总成本	5620	5330
其中：营业成本	4200	4000
手续费及佣金支出	—	—
税金及附加	400	350
销售费用	320	400
管理费用	600	500
财务费用	100	80

(续)

项　目	本期金额	上期金额
三、营业利润	2380	1670
加：营业外收入	15	800
减：营业外支出	100	150
四、利润总额	2295	2320
减：所得税费用	574	580
五、净利润		
归属母公司所有者的净利润	1721	1740
六、每股收益：		
基本每股收益	1.72	1.74
稀释每股收益	1.72	1.74

其中，Z公司营业收入与营业成本的具体明细见表5-4。

表5-4　Z公司营业收入与营业成本明细　　　　　　　　　（单位：万元）

项　目	本期金额	上期金额
主营业务收入	5500	3600
其他业务收入	2500	3400
主营业务成本	2900	1800
其他业务成本	1300	2200

【分析思路】

①Z公司20×7年度盈利能力是否得到了提升？②营业利润从数据上看得到了大幅度提升，它是否提升了公司持续盈利能力？③Z公司销售费用是否发生了质变？④Z公司营业外利润对利润的贡献出现了何种变化？

四、敏感性分析和杠杆效应分析*

为了找出公司盈利的关键因素，有必要对企业进行敏感性分析和杠杆效应分析。通过敏感性分析和杠杆效应分析，当企业遭遇困境时，企业将具有更强的应变能力。通过敏感性分析和杠杆效应分析，投资者可更便于判断这些因素对公司盈利的影响以及评估公司未来持续盈利能力。

（一）敏感性分析

敏感性分析是指从定量分析的角度，研究有关因素发生某种变化时对某一个或一组关键指标影响程度的一种不确定分析技术。其实质是通过逐一改变相关变量数值的方法来解释关键指标受这些因素变动影响大小的规律。

利润的敏感性分析是指专门研究制约利润的有关因素在特定条件下发生变化时对利润所产生影响的一种敏感性分析方法。利润的敏感性分析的主要目的有两个：一是通过计算有关因素的利润灵敏度指标，揭示利润与有关因素之间的相对关系，并利用灵敏度指标进行利润预测；二是公司通过测算各因素的敏感性系数，事先制定各种应对之策，以便当公司的敏感性因素出现不利变化时，根据事先制订的方案，依据现实变化情形，评估原有方案是否需要修正，进而做出快速反应，挽救公司的不利局面。

在现实生活中，影响利润的因素有多种，有一些是敏感性因素，有一些是不敏感性因素。当利润变化百分比与某因素变化百分比之比的绝对值大于 1 时，我们称之为敏感性因素。如果两者变化百分比之比的绝对值等于 1，这是敏感与不敏感的临界值。如果两者变化百分比之比的绝对值小于 1，我们称之为不敏感性因素。我们需要重点关注敏感性因素，尤其是当其发生不利变化时，公司需要制定应对之策。当不敏感性因素发生变化不足以明显影响利润时，我们不需要太过关注；当不敏感性因素出现重大变化并引起利润出现明显不利变化时，我们需要探究其原因。

假定运用息税前利润（Earnings Before Interest and Taxes，EBIT）进行敏感性分析，则

$$\text{EBIT} = Q(P - V) - F$$

式中，Q、P、V 和 F 分别代表销售数量、产品价格、单位变动成本和固定成本。

在 EBIT 计算公式中，它对成本的划分标准按照是否与产量有关，将成本分为固定成本与变动成本，这种成本划分方法称为成本性态分析。当然，企业也有可能存在混合成本，即它与产量有关但不是正比例关系，这时需要专业的方法通过对混合成本分解，将其划分为变动成本与固定成本两部分。如果混合成本与产量之间的关系是非线性的，就比较难将其清晰地划分为变动成本与固定成本，这会影响到利润的敏感性分析的效果。

从测算敏感因素的数量划分，敏感性分析可分为单因素敏感性分析和多因素敏感性分析。以单因素敏感性分析为例，根据公司大量数据测算的结果，一般认为 Q、P、V 属于敏感性因素，而 F 是不敏感性因素，但是很难判断 Q、P、V 的敏感性系数绝对值的大小排序，仅根据大量公司的测算结果，由大量统计样本结果显示，Q、P 的敏感性系数的绝对值大于 V 的敏感性系数的绝对值，而 Q、P 的敏感性系数无法给出严格排序。因此，当 Q、P、V 出现不利情况时，比如 Q 下降，其他因素不变，利润当然会下降，这时企业需要制定相应对策防止由此带来的利润下滑，或者至少让利润减缓下滑速度。

需要注意的是，单因素敏感性分析时，假定 Q 的敏感性系数是 5，即公司销售量上升 5%，公司息税前利润变化 25%，假定敏感系数等于 5 只是告诉大家：销量是影响利润的重要敏感因素，需要重点关注这个因素的变化，而不是指利润与销量之间的变动关系真的是 5 倍的关系。这是因为单因素敏感性分析是在假定其他因素都不发生变化的情况下的分析，这也是最不符合现实的假定，分析结果与现实背离的概率最大。

由于单因素敏感性分析假设因素最多，分析是最简单的，也是最不符合现实情景的。在现实生活中几乎都是多因素同时变动，所以需要进行双因素敏感性分析、三因素敏感性分析和四因素敏感性分析，尽量比较逼真地观察企业的利润如何变化。模拟多因素变化的情景越多，公司越容易对未来的不利局面制定对策，做出快速反应。

假定采用营业利润指标进行敏感因素测试，即分析营业利润与各变量因素的敏感性分析。根据 2018 年财会〔2018〕15 号规定，以已执行新金融准则或新收入准则的企业为例，公司营业利润的计算公式为：营业利润 = 主营业务收入 + 其他业务收入 − 主营业务成本 − 其他业务成本 − 税金及附加 − 销售费用 − 管理费用 − 研发费用 − 财务费用 − 资产减值损失 − 信用减值损失 + 其他收益 + 投资收益 + 净敞口套期收益 + 公允价值变动收益 + 资产处置收益，这是完整的营业利润的构成项目，因此，营业利润的计算公式比 EBIT 计算公式要复杂得多，这也意味着多因素敏感性分析将更为复杂。这是现实生活中更为真实场景的敏感性分析，这种模拟一般只能在企业内部进行，外部利益相关者由于无法获取充分而相关的信息，很难进行这类有效测试，不过外部财务报表使用者也可以尝试进行现实模拟，拓宽分析思

路。这种场景模拟也可分为单因素敏感性测试和多因素敏感性测试,以更真实地观测利润的敏感因素,有利于公司迅速制定对策。进行单因素敏感性分析时,比如测试资产减值损失的敏感系数,外部人员可以了解公司是否存在通过改变资产减值调节利润的动机。当然,模拟这些因素时,如果把收入与成本进一步进行分解,分析因素还会增加,模拟多因素分析时更为复杂,模拟越接近现实情景,公司制定的对策越有针对性,当公司遭遇不利处境时的反应就会更加快速而准确。

(二) 经营杠杆、财务杠杆与公司利润

为了预测公司持续盈利能力,对公司进行杠杆效应分析是十分必要的。经营杠杆、财务杠杆与综合杠杆的计量模型与分析,使用者可查阅财务管理或管理会计相关书籍。

经营杠杆分析有助于投资者预测公司销售量变动带来的税前利润变动情况。财务杠杆效应分析有助于投资者了解财务融资是否带来正杠杆效应。两种杠杆的综合叠加效应就是综合杠杆效应,公司在总风险可控的条件下,可以适度使用两种杠杆的不同组合,以实现公司盈利最大化。

在进行公司总风险比较时,尽管不同公司之间的经营杠杆与财务杠杆的总乘积有可能相等,但是两家公司的实际风险未必一样。公司经营风险是公司经营能力的体现,它是内化在每一家公司身上的,只要公司开始运营,公司经营风险必然存在。而财务杠杆只是在公司经营能力的基础上实现公司财富最大化的一种手段,现实中没有多少公司能够运用好财务杠杆。因此当两家公司的总杠杆效应相等时,要更注重公司的经营风险分析,经营能力强大的公司才具有有效举债的能力。

第四节 现金流量表与持续盈利能力

据统计,欧美发达国家破产企业中每 5 个有 4 个是盈利的。尽管黎明曙光已现,但是许多企业,特别是中小企业,却坚持不到最后一刻,其主要原因就是现金流断裂。在当下移动互联网时代,企业竞争更为激烈,由于现金流不足而死亡的企业更不足为奇,现金流的重要性不言而喻。

一、现金流量表概述

我国财政部在 1998 年颁布了《企业会计准则——现金流量表》,首次要求企业编制现金流量表,提供现金流量相关信息。2006 年《企业会计准则》提及中小企业可以不编制现金流量表。2013 年《小企业会计准则》要求中小企业也要编制现金流量表。至此,原则上我国所有企业都要编制现金流量表。

现金流量表是反映企业在某一特定会计期间的现金和现金等价物流入和流出的会计报表。现金流量表与利润表是孪生报表。利润表是在权责发生制的计量基础上产生的,反映企业某一会计期间经营成果的报表。而现金流量表可以理解为是在现金收付制的计量基础上的利润表。会计计量期间越长,现金流量表与利润表之间的差异越小。可以设想,若将企业的生命周期界定为一个会计期间,企业的利润将与现金流相等。在现实生活中,公司的垄断能力越强,市场主导权越强,公司的现金流越有可能远超公司净利润;反之,公司话语权越弱,公司净利润的现金含量越差,现金流越有可能小于公司净利润。

在现金流量表中，现金及现金等价物是计入现金流量表的两个标准，现金和现金等价物之间的转换不会产生现金流量，只是现金的形式转换而已，不计入现金流量表。现金等价物是指企业持有的期限短、流动性强、易于转换成已知金额现金、价值变动风险较小的投资。如企业购买的3个月到期的国库券。所以，若企业用现金购买3个月的国库券，这属于现金和现金等价物之间的形式转换，不会产生现金流量。

列报现金流量表有两种方法，一是直接法，二是间接法。采用直接法便于直接分析经营现金流量，有利于预测企业未来现金流量；而间接法有利于将净利润与经营活动现金流量净额做比较，找出两者差异，分析净利润的现金含量。我国会计准则要求公司采用直接法编制现金流量表，并在附注中提供间接法编制的现金流量表。若以直接法为例，现金流量表主要分为经营活动现金流量、投资活动现金流量和筹资活动现金流量三个部分，每类活动又分为不同的具体项目，这些项目从不同角度反映了企业业务活动的现金流入与流出，更容易揭示企业的风险，反映企业的真实状况，弥补资产负债表和利润表提供信息的不足，为利益相关者的决策提供有力依据。

二、经营活动现金流量、投资活动现金流量、筹资活动现金流量与价值创造

（一）经营活动现金流量分析

经营活动现金流量是指企业日常的、与流动资产（除交易性金融资产外）各个项目有关的活动现金流，包括存货销售或劳务提供、存货采购或劳务购买、工资支付、税费缴纳等活动现金流。而长期类经营资产，如固定资产、无形资产等属于投资活动现金流的范畴。

经营活动现金流量的显著特点是高频率性和高持续性，它对预测企业未来现金流量至关重要。经营活动现金流量直接影响、甚至决定了企业未来的筹资能力和投资规模的扩张速度。如果企业经营活动现金流量比较充足，它的地位与战略业务单位的现金流比较相似，这种战略业务单位能够产生足够的现金，进而支撑其他类型的战略业务单位，比如问号类、明星类战略业务单位，使其得到更好的发展。

要评估经营活动现金流量的质量需要先了解经营活动现金流量的运作规律。在正常情况下，经营活动现金流量除了维持企业经营活动的正常周转外，还应该有足够的补偿经营性长期资产折旧与摊销以及支付利息和现金股利的能力。其中，补偿速度取决于折旧与摊销的速度，这取决于公司会计人员对折旧与摊销方法的选择。因此，公司经营活动现金流量的首要使命是要弥补上述基本要求，然后才可以判定公司经营活动现金流量的充裕程度及其质量水平。我们将这类经营活动现金流量称之为自由经营现金流。

一般认为，公司经营活动现金流量应该大于零，经营活动现金流量偶尔为负并不太重要，但是持续为负时需要谨慎评估。如果公司经营活动现金流量偶尔产生一次巨额的负现金流，使公司产生生存危机，更需要谨慎评估其影响。例如，2014年诺奇创始人丁辉携2亿多元跑路，而公司正常情况下经营活动现金流量仅有3000万~4000万元，这必然对公司的正常运营造成严重影响，导致公司休克，陷入破产整顿境地。

从严格意义上讲，只有当公司的自由经营现金流量持续大于零时，才说明公司经营活动现金流量稳健而充沛，为公司持续盈利能力提供有力保障。才可以为投资扩张提供必要的现金流支撑，为其进一步融资提供便利。同样，自由经营现金流偶尔为负时也不太重要，但是需要注意如果自由经营现金流持续为负，并且这个负数极小且远偏离公司正常值时，需要评

估它是否影响公司持续盈利能力。

(二) 投资活动现金流量分析

投资活动现金流量是指企业长期资产（如固定资产）的购建和不包括在现金等价物范围内的投资及其处置活动所产生的现金流量。投资活动主要包括取得或收回权益性证券的投资、购买或收回债券投资，购建或处置固定资产、无形资产和其他长期资产等。投资活动隐含了更多的与公司未来持续盈利能力有关的信息。

一般而言，投资活动现金流量大于零代表着公司处于净回收状态，即意味着公司处于收缩状态。如果投资活动的现金流量小于零，处于"入不敷出"的状态，代表公司处于净投资状态。如果投资活动现金流量等于零，代表着公司投资处于平衡状态。当投资活动现金流量远小于零，并且越来越小时，需要判断公司扩张成功的可行性。如果企业投资规模控制适度，符合企业的短期计划和长期规划，表明这是企业经营活动发展和企业扩张的内在需要，也反映了企业在扩张方面的努力和尝试。

上述判断只是笼统判断。如果公司投资活动现金流量小于零，即投资活动现金流入小于投资活动现金流出，一般都认为公司处于扩张状态。但是，分析者需要小心公司处于伪扩张态势。这是因为投资活动现金流出中有一个科目叫作"投资支付的现金"，而我国大多数公司将用于购买大量低风险理财产品的现金流出计入该科目，这意味着公司是将闲置现金用于投资，只是闲置资金的再利用，并不是购买固定资产、无形资产等支付所致，所以这并不表明公司真正处于扩张趋势。如果剔除这一因素，公司投资活动现金流量的确是因投资活动产生的结果，则上述判定具有合理性。而至于公司投资扩张是否具有可行性，则需要借助经营活动现金流量有关信息，并且最好借助公司自由经营现金流作为重要的判断指标。

评估投资活动现金流量质量同样需要了解投资活动的运作规律。在投资活动中，对外投资现金流量和经营性长期资产现金流量的补偿机制不同，在整体上反映了企业利用现金资源的扩张状况。具体分析如下：

1) 对外投资活动现金流量的补偿状况都会在投资活动现金流量的有关项目中反映出来。其补偿方式主要有以下几种表现：将本会计期间取得的投资对外出售变现；将本会计期间取得的投资在未来会计期间出售变现；长期持有，其现金流出主要靠投资收益来补偿。到底选择何种方式，取决于公司管理当局的投资偏好，是看重当前还是关注长远，这都会影响到投资活动的补偿机制，也会影响到公司持续盈利能力或者盈利持续增长能力。

2) 经营性长期资产现金流出量的补偿机制与经营现金流的补偿机制也不同。它是长期的，所以不太可能在当期或近期得以完全补偿，大多以折旧或摊销的方式分期补偿。因此，企业购建长期经营性资产时需要慎重考虑才能决定，它可以在一定程度上体现公司管理高层的经营风格与风险偏好。

(三) 筹资活动现金流量分析

筹资活动是指导致企业所有者权益及借款规模和构成发生变化的活动，包括吸收权益性投资、发行债券、借入资金、偿还债务、支付股利等。企业筹资能力取决于经营活动现金流量充裕度与投资是否有效。如果公司经营活动现金流量持续小于零，则不利于公司进行外部筹资。若企业经营活动运转良好，经营活动现金流量充沛，投资扩张比较有效，企业的筹资能力将得到明显提升。在筹集资金时，要注意资金的来源与其用途的匹配性。长期资金一般用于长期资产的购建，短期资金用于流动资产的购置，这样就可以较好地规避风险，尽量达到融资与投资策略的匹配。

筹资活动现金流量同样可能大于零、等于零或小于零。具体分析如下：

1）如果筹资活动现金流量大于零，这种情况是否正常关键要看企业的筹资活动是否已经纳入企业的发展规划，是企业管理层以扩大投资和经营活动为目标的主动行为还是企业因投资活动和经营活动的现金流出不得已而为之的被动行为。

2）如果筹资活动现金流量小于零，有可能是企业在投资扩张方面有意收缩的行为，避免陷入财务困境。

3）如果筹资活动现金流量等于零，这意味着公司资金来源的收入与支出处于平衡状态，需要甄别这种状态是否具有可持续性，如果可持续，再判断这种状态是否合理，公司是否具有再次扩张的可能。

（四）现金流与价值创造

投资活动现金流量更能体现企业未来的持续盈利能力，经营活动现金流量能够体现企业当前的财务风险的高低，以及检验投资活动是否有效，也会形成对投资活动的有效支撑。筹资活动现金流量是为经营活动和投资活动服务的，它无法创造价值，只有经营活动和投资活动才能为企业创造价值。换句话说，筹资能力的高低取决于公司经营活动现金流量是否充沛与投资扩张是否有效，只有当公司经营活动现金流量变得充沛和投资扩张变得有效时，公司的筹资能力才会逐步增强。

（五）移动互联网时代现金流的重要性

在当下移动互联网、大数据时代，公司面临的竞争更为激烈，公司的经营活动现金流量有可能在很长时间内都不充足，投资却处于长期扩张中，公司盈利是更长远的等待，有些公司的亏损期超过10年，股东承担的风险更高，投资者需要拥有一种"赌博"式投资的勇气，去投资公司更长远的未来。在这种情况下，公司筹资能力并不取决于公司经营活动现金流量是否充沛与投资扩张是否有效，而取决于公司商业模式给投资者的想象空间。公司经营活动现金流量、投资活动现金流量和筹资活动现金流量也不太符合上述规律，公司融资的对象基本只能是股东，公司是否具有可盈利的商业模式是其融资的重要资本。也就是说，在公司曙光来临之前，股东更需魄力和长远眼光来审视被投资企业，长期给予公司现金支撑，避免公司陷入财务困境。这种现象在一些移动互联网和电商企业中比较明显。这类企业需要很长时间才有可能实现盈利，甚至极有可能在多年后发现它根本不具有盈利能力，但是由于诱惑性信息的迷惑，还是有大量资本不断涌入，使这类企业迅速增加，导致这类公司中原本可以实现盈利的企业也开始烧钱大战而使公司盈利推迟。创业初期的大多数这类公司的经营活动现金流量长期不充沛，而且在达到盈利之前，这个行业的竞争者似乎更像是在玩一种烧钱游戏，看谁是最后的幸存者，然后公司重新定价，转入盈利轨道。因此，公司筹资能力在当下显得更为重要，公司现金流也显得更为重要。

阅读材料 5-4

ofo 们的命运

1. ofo 们的洗牌史

共享单车企业ofo创立于2014年，是国内首家共享单车企业，首创无桩共享单车出行模式，致力于解决大学校园的出行问题，现已开始布局全国各主要城市。2016年9月26日，滴滴出行以数千万美元战略投资共享单车平台ofo。2016年12月8日，ofo在广州召开城市战略发布会，宣布正式登陆广州，将与海珠区政府建立战略合作，2016年年内连接6万辆自行车。2016年12月23日，共享单车平台ofo宣布，将在硅谷、伦敦等地开启城市服务试运营。2017年1月，ofo共享单车在北京、上海、成都、广州、深圳、天津、重庆等地开始应用。2017年3月，ofo共享单车在兰州开始应用。与之对应，摩拜单车、微笑单车等也开始疯狂布局，2017年这些共享单车企业实施了大规模的促销活动，比如免费骑车等活动，烧钱持续中。然而到2017年年底，我国共享单车行业二三线企业开始大面积洗牌、淘汰，有不少二三线企业宣告破产。这一过程还将持续，目前已经延伸到一线企业，共享单车双寡头ofo和摩拜单车分别被阿里巴巴和美团收购。

当前共享单车已进入深度洗牌区，落败已初露端倪。伴随着堆积如山的废铁垃圾、越来越高比例的坏车以及甚嚣尘上的资金断裂传闻，共享单车的正能量形象正在坍塌。共享单车在全国布局城市违停和乱停现象严重，严重影响了城市环境，我国地方政府开始规范共享单车，比如城市投放量、停放点等。喧嚣一时的共享单车仿佛在一夜之间突然陷入了沉寂之中。

2. ofo们的贡献

共享模式代表着未来，投资共享经济也就意味着投资未来，并且共享经济给人们无限遐想的空间，这是资本疯狂追逐共享单车的重要理由。但是共享单车只是名字中有共享而已，其本质是租赁单车，并不是真正意义上的共享经济，只是一个被资本炒作的噱头而已。

单纯的租赁单车市场前景并不明朗，也无明显吸引资本的能力，所谓的"共享单车"吸引了无数人的眼球，资本疯狂涌入再正常不过，而疯狂的资本加速了行业洗牌的进程，这有可能就是共享单车如此短命的原因。

不可否认的是，目前共享经济的发展已初露端倪，以共享单车为代表的互联网新型租赁经济模式，可以被视为广义共享经济的重要组成部分。从一定程度上讲，虽然这种新型租赁经济的本质并非狭义上的共享经济，但是仍然具有一定价值，它至少在一定程度上节约了社会资源。

三、现金流量与持续盈利能力预测*

以经营现金流、投资现金流和筹资现金流为例，单纯运用其中之一很难预测公司持续盈利能力，而这几类现金流的组合在一定程度上可以揭示公司持续盈利能力。

假定公司经营活动现金流量充沛，并且自由经营现金流也是如此，投资活动现金流量为负且逐步变小，则公司持续盈利能力很可能比较强。这是一种最清晰的现金流序列，投资者最希望寻找到这种公司，但与之完全吻合的公司少之又少，这是一种理论上的界定。在现实中，需要根据实际情况酌情修正，从中长期来看，这种现金流关系仍是成立的。

在现实中，公司可能出现经营活动现金流量长年为负，中间有些年度公司经营活动现金流量甚至呈恶化态势，公司自由经营现金流更是如此，但是公司却处在不断的投资扩张中。抑或是公司经营活动现金流量长期都大于零，但只是略大于零，公司却处于快速扩张状态，经营活动现金流量相对投资而言，一点都不充沛。在旧经济模式下，基本可以判断这家公司濒临破产，或者趋于死亡。然而在当下移动互联网、大数据时代，如果风险投资愿意投资这家公司，愿意豪赌这类公司的未来，公司未必会死，而是有可能成为行业的领导者。但是无论哪种情况，如果公司经营活动现金流量持续小于零，并且不断恶化，则公司是不可能长期从股东获取资本支撑的，最终公司都要回到盈利轨道，公司经营活动现金流量充沛，公司融资才会持续，公司扩张才能比较长期地持续下去。也就是说，无论是哪种类型的企业，无论公司经营模式如何新奇，只要公司要实现持续盈利能力，公司的经营活动现金流量、投资活动现金流量仍需要符合上述条件，只是经营活动现金流量充足的时间有可能要推迟或者提前，而判定投资是否有效的时间也有可能推迟或者提前，公司开始盈利的时点明显后移或者明显前置，投资者有可能要承担更大的风险。

【例3】 表5-5、表5-6、表5-7和表5-8是同一行业的4家不同上市公司的现金流序列。

表5-5　现金流序列 I　　　　　　　　　　（单位：亿元）

年度 现金流	2013	2014	2015	2016	2017
自由经营现金流	10	13	16	18	25
投资现金流	−5	−8	−12	−13	−15

表5-6　现金流序列 II　　　　　　　　　　（单位：亿元）

年度 现金流	2013	2014	2015	2016	2017
自由经营现金流	10	−3	−6	−7	−10
投资现金流	10	8	−3	12	14

表5-7　现金流序列 III　　　　　　　　　　（单位：亿元）

年度 现金流	2013	2014	2015	2016	2017
自由经营现金流	10	−3	−6	−7	−10
投资现金流	−5	−8	−12	−13	−15

表5-8　现金流序列 IV　　　　　　　　　　（单位：亿元）

年度 现金流	2013	2014	2015	2016	2017
自由经营现金流	10	13	16	18	25
投资现金流	−5	−3	−2	0	6

现做以下4个假定：

假定1：资本市场有效。

假定2：公司股本相同，初始公司股价相同。

假定3：公司4年间净利每年都以100%速度增长。

假定4：公司投资活动的现金支出均为扩张性支出。

基于上述假定，回答以下问题：

1. 各现金流序列下的公司融资能力如何？
2. 如果投资者从2013年开始投资，并持股到2017年，哪个公司的投资回报可能最好？
3. 如果投资者不是从2013年开始投资，应该在哪个时点选择哪家公司进行投资？
4. 四家公司的股利分配政策有何不同？

【分析思路】

①解读四家公司的经营活动现金流量与投资活动现金流量的质量。②公司股价与净利、现金流的关系是什么？③判断这些公司分别处于哪个发展阶段？④现金流序列Ⅰ和现金流序列Ⅱ的不同对公司定价有何影响？⑤现金流序列Ⅲ的公司生存处境如何？基于移动互联网、大数据时代背景，现金流序列Ⅲ的公司的分析结论是否需要修正？⑥四家公司的持续盈利能力有何不同？

四、现金流粉饰甄别

现金流是现金收付制下计量的产物，经营活动现金流量被视为是对权责发生制会计的最佳质疑工具，经营活动现金流量是判断公司经营业绩的重要标准。在间接法编制的现金流量表中，应计项目是在净利润和经营活动现金流量之间列示的。这些应计项目在质量诊断中的应用如下：

1）在进行销售收入质量诊断时，将应收账款净额的变化与销售收入的变化进行比较。

2）在进行销售收入质量诊断时，将递延收入和担保负债的变化与销售收入的变化进行比较。

3）用折旧与摊销额，进行调整后息税折旧摊销前利润和折旧的诊断。

4）将预付费用的变化与销售收入的变化进行比较。

5）将应计费用的变化与销售收入的变化进行比较。

6）使用递延所得税的数额进行递延所得税的诊断。

7）追踪重组费用及其反转。

8）进行上述诊断时，需要构建诊断指标，分别诊断收入和费用相关的操纵程度。

但是，分析者必须小心处理经营现金流，它也有可能被操纵。有以下项目需要注意：

1）经营活动现金流量和非付现费用。经营活动现金流量通常被认为是比收益更为可靠的数据，因为它剔除了折旧、摊销等非付现费用。这些非付现费用不会影响现金的会计政策，但是忽略折旧是比较激进的。折旧虽然不是其计提期间的现金流出，但它一定源自更早时期投资导致的现金流出，并且这些投资对产生经营活动现金流量是必要的。如果使用经营活动现金流量而不是收益数据，则必须使用经营活动现金流量减去为取得经营现金而进行的现金投资，这实际上就是剩余现金流。如前所述，使用剔除折旧、摊销以及支付股利等之后的经营活动现金流量才是判定其质量的标准。

2）推迟支付。企业可以简单地通过推迟支付应付账款和其他经营负债来增加现金流。这种推迟支付并不影响收益。通过调整财务政策操纵现金流，比较常见的方法是：推迟向供货商支付货款，从而减少会计期间内的经营性现金支付，改善经营活动产生的现金净流量。

从某种程度上讲，这不失为一种良好的经营管理手段，尤其是这种延迟支付是由于公司市场话语权不断提升而引起的。但是，这种利用延长支付期限来改善现金流的方法，一般只能奏效一次。在这之后，公司只能通过不断提高营业能力来获得持续增长的现金流了。

3）应收账款的提前收取。企业可以通过出售或者证券化应收账款来增加现金流。但是，这并不代表企业通过产品销售创造现金流的能力。

4）非现金交易。企业可以通过承担债务或者发行股票的方式来支付所获得的服务，进而增加公司经营现金流。用应付工资或者养老金承诺的方式来递延工资的支付也可以增加经营活动现金流量，以股票期权而非现金支付员工薪酬也是如此。

5）结构化融资。借助金融机构的帮助，公司通过粉饰借款而使借款所得现金更像经营活动现金流量而非融资活动现金流量。安然就是这样一个例子，通过表外的层层构造，借款被伪装成了安然和银行间的天然气交易，而这些借款的现金流入被报告为经营活动现金流量。

6）资本化政策影响经营活动现金流量。如果一项现金流出被作为一项投资并因此在资产负债表上被资本化，它将被计入现金流量表中的投资而不是经营部分。因此，如果一家公司很激进地将经营费用资本化，它将增加公司经营活动现金流量。例如，常规的维修费用可能会被计入固定资产。一些公司会通过这种方法，蓄意调整经营活动的现金支出，美化经营活动现金流量，从而欺骗和误导报表使用者，产生公司的经营活动创造现金能力很强的假象。

7）不配比。经营活动现金流量最基本的问题是它没有将现金流入和现金流出很好地匹配起来。并购方可利用被并购的子公司增加经营活动现金流量。但是取得这些现金流的成本并不在现金流量表的经营活动现金流量中。

8）指向不明的"其他"项目。每一大类现金流量的项目中，都有一个"其他"项目，分析者要注意"其他"项目的具体内涵。

第五节 不同利益相关者视角下财务报表的重要性比较

不同利益相关者对资产负债表、利润表以及现金流量表的认知必然存在着一定差异，其对财务报表的重要性认定必然不同。

假定分析者以企业生存为使命，对他来说资产负债表远比利润表重要。资产负债表反映的是公司的内部支撑，而利润表反映的是外部表现，现金流量表兼顾内部支撑与外部表现。利润表只能反映公司发展快慢，资产负债表则是企业实力的体现。利润表反映的是单期的成果，而资产负债表反映的是企业在生命周期内的积累。利润表反映的是企业一个阶段发展的表现，而资产负债表反映的是企业生死存亡的根基，资产负债表中体现的实力决定了公司竞争优势的大小。如果利润表是花，则资产负债表就是树根与树干。

不同利益相关者对不同报表的重要性认知也是不同的。投资最大的风险不是公司发展太慢，而是公司死亡，让股东血本无归。股东的财富价值主要通过资产负债表来反映，因此，价值投资者更关注资产负债表。由于股价与利润具有高正相关性，每股收益越高，股价可能越高，所以追求短期利益的中小股东可能更关注利润表，但是一旦中小股东也追求长期利益，也会更关注资产负债表。大股东，尤其是公司的唯一股东，而且未来将长期持有公司股份，股价高低并无意义，只有净资产才是王道，资产负债表是其首要关注的焦点。管理者的薪酬主要取决于公司利润，所以，管理者更重视利润表。但是，如果管理者谋求与公司长期合作下去，他将更关注资产负债表。债权人，尤其是短期债权人，更关注资产负债表，只有公司资产足以抵债，债权安全才有保障。同样，假定债权人希望与公司长期合作，债权人也会更关注资产负债表。

因此，基于短期视角与长期视角，对于同一利益相关者，其关注的财务报表也存在一些差异。一旦基于长期视角考虑，大多数利益相关者都会更关注资产负债表，更关注现金流量表中与长期投资相关的信息，即更考虑公司的持续盈利能力。

基于持续盈利能力视角，即股东视角，资产负债表、利润表和现金流量表的关系还可以做如下描述：

资产负债表可称为企业的底子，利润表可称为企业的面子，现金流量表可称为企业的日子。底子是企业的家底，面子是企业的脸面，日子是企业的脸面的红润度。底子是企业的存量资源，它是企业产生利润和现金流的基石，而企业的家底雄厚，并不一定代表它一定有面子，比如企业亏损严重；同样，一个企业面子够大，它的日子不一定过得红火，比如公司现金流匮乏。

一个企业如果日子越来越红火，面子必定越来越大，企业的家底必然越来越雄厚；一个企业的底子越雄厚，它的面子有可能越大，日子有可能越红火。前一种逻辑关系是基本确定的关系，也是一家中小企业成为巨人的一种典型路径，即具有持续盈利能力潜力的公司成为巨人的路径，而后一种逻辑并无确定性关系，只是可能的关系，并且这种可能关系从概率上讲远不及前者。

第六节　资产负债表、利润表和现金流量表的勾稽关系

勾稽关系是指财务报表结合在一起，彼此间相互联系的方式。资产负债表、利润表和现金流量表之间能够起到相互印证、互为补充的功效。简单来讲，财务报表之间的关系无非是存量与流量的关系，存量主要通过资产负债表体现，而流量主要通过利润表与现金流量表体现。流量是动态过程的体现，是存量在动态过程中的耗费，到某一静止时点，流量又累计为存量。

一、资产负债表、利润表和现金流量表的勾稽原理

图 5-2 勾画了资产负债表、利润表和现金流量表之间的勾稽关系。通过图 5-2 可以较为清晰地观察财务报表各项要素在资产负债表、利润表和现金流量表之间的来龙去脉。

资产负债表和利润表通过股东权益变动表给予描述。资产负债表给出了某个时点的股东权益存量。股东权益变动表描述了在两个时点之间资产负债表所有者权益的变化（流量），利润表主要反映了公司在某一期间营业活动与营业外活动中增加价值而引起所有者权益的变化。资产负债表还列出了某个时点的现金存量，现金流量表说明了某一个期间内现金存量如何变化。

简单地说，资产总会被耗费，而这些耗费最终必然体现在利润表中，公司的耗费可以得到更高的收入，公司的利润将随之产生，而利润通过分配的方式与所有者权益发生联系。当

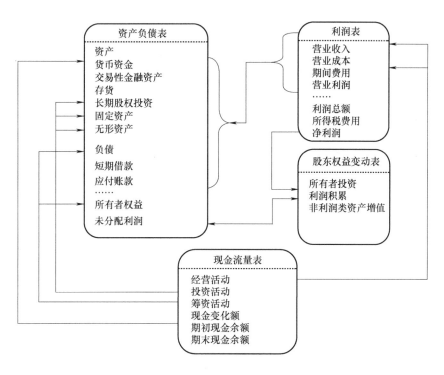

图 5-2 资产负债表、利润表和现金流量表之间的勾稽关系

然,这中间涉及具体的资产负债表的不同项目与利润表项目之间的转换,也涉及现金流量表与资产负债表和利润表的不同项目之间的转换。这就是资产负债表、利润表和现金流量表之间勾稽关系的笼统描述。

(一)资产负债表与利润表之关系剖析

由动态会计恒等式:资产 = 负债 + 所有者权益 + (收入 – 费用)可知,利润表与资产负债表之间存在密切关系。引起所有者权益变动的有四类要素:投入资本、净利润、其他综合收益和资本公积——其他资本公积。净利润引起所有者权益变化的项目是盈余公积与未分配利润,其他综合收益的变化也会引起资产负债表所有者权益的其他综合收益的变化,两者是流量与存量的关系。企业当期净利润引起所有者权益变化的关系是,如果公司当期不进行现金分红,则当期净利润必然全部计入所有者权益,即计入盈余公积和未分配利润;如果公司当期净利润全部进行现金分红,则当期净利润转入所有者权益的金额为零;如果公司当期现金分红超过当期净利润,超过当期净利润的部分将减少当期所有者权益。公司更为详尽的利润分配情况通过所有者权益变动表显示。

(二)资产负债表与现金流量表之关系剖析

现金流量表中的现金比较接近资产负债表中货币资金的内涵,但是二者的定义并不完全相同。资产负债表中的货币资金包括库存现金、银行存款及其他货币资金,而现金流量表中的现金及现金等价物是指企业的库存现金和可随时用于支付的银行存款以及现金等价物。在很多情况下,现金流量表中的现金流量等于或者近似等于资产负债表中的货币资金的变化额,即期末货币资金与期初货币资金之差,这会给大家一种假象,认为现金流量表中的现金与资产负债表中的货币资金等同，实则不然。具体分析如下：

如果企业货币资金中包括限制使用的现金或特殊的货币等价物，如定期存款、专项存款、冻结存款、现金抵押或担保、商业票据等，则两张报表中的两组数据就可能出现差异。具体来说，企业运用资产负债表中的货币资金与短期投资之间的资产内部转换，如运用货币资金购买三个月到期的国债，这实质上在现金流量表中是现金及现金等价物之间的转换，不会体现在现金流量表中，但却引起了资产负债表中的货币资金的变化。

即使企业两张报表界定的现金的定义完全相同，两组数据也未必一致，这是因为现金流量表是根据资产负债表和利润表估算或者调整出来的，不是根据严格的账户关系计算而来的，这是由于技术原因形成的误差。换句话说，即使两者的定义完全相同，资产负债表与现金流量表中的数据仍然有可能出现差额。

还有，公司对货币资金和现金流量表中有关会计科目的处理方法不同，也有可能导致两者不等。因此，如果公司这两组数据几乎每年都相同，有可能是人为粉饰了这两组数据，需要查阅报表、附注以及公开信息来进行验证。

表5-9、表5-10和表5-11是三一重工（600031.SH）和中国联通（600050.SH）在三个不同时点上的资产负债表的货币资金期末余额与现金流量表中的现金及现金等价物期末余额的对比。

表5-9 上市公司资产负债表与现金流量表中现金流量之比较分析（一）（单位：元）

公司名称	2006年12月31日		2007年12月31日	
	资产负债表	现金流量表	资产负债表	现金流量表
三一重工	2 605 454 627	2 605 454 627	1 139 173 572	1 139 173 572
中国联通	7 331 506 985	6 687 178 007	12 449 094 019	12 253 274 647

表5-10 上市公司资产负债表与现金流量表中现金流量之比较分析（二）（单位：元）

公司名称	2011年12月31日		2012年12月31日	
	资产负债表	现金流量表	资产负债表	现金流量表
三一重工	10 246 990 000	8 216 580 000	9 631 110 000	8 274 220 000
中国联通	15 439 020 000	15 134 970 000	18 320 100 000	18 287 990 000

表5-11 上市公司资产负债表与现金流量表中现金流量之比较分析（三）（单位：元）

公司名称	2015年12月31日		2016年12月31日	
	资产负债表	现金流量表	资产负债表	现金流量表
三一重工	6 840 880 000	6 276 920 000	7 442 060 000	7 050 190 000
中国联通	22 006 870 000	21 804 880 000	25 394 660 000	23 641 110 000

总体上讲，中国联通的两组数据在三个不同时点期间都近似相等，而三一重工除2011年两组数据差异比较大以外，其他年度这两组数据差异基本在10%以内。其中，三一重工2006年两组数据完全相等，中国联通2006年与2007年、2011年与2012年、2015年与2016年基本无差异。

（三）现金流量表和利润表之关系剖析

现金流量表和利润表之间的关系很难用严格的数学等式表示，但是，这两张报表之间还是存在着密切关系的,由现金流量表的间接编制法原理便可略知一二。以净利润为起点,通过对不同项目进行调整,可以求得经营活动现金流量,然后考虑投资、筹资活动现金净流量等因素,最终得出现金流量净增加额。由利润 =(收入 + 得)−(费用 − 损失)可知,利润最终得以形成,主要由日常经营活动和非经营活动两方面形成。如果经营活动根据权责发生制计量,则主要形成利润表中的营业利润;若运用现金收付制计量,则形成经营活动的现金流量。从广义上讲,投资活动也属于经营活动,经营活动现金流量可以更好地反映营业利润的现金含量。对于非经营活动,在利润表中主要是指营业活动以外的活动,这些活动可能会导致营业外收入和营业外支出的发生;对现金流量表来说,非经营活动是指筹资活动,形成筹资活动现金流量。除此之外,还有汇率变动的影响因素。总的来讲,可以将利润表和现金流量表理解为同一事物的两个方面,若以利润表为立足点,则现金流量表就是一张以现金收付为计量手段形成的特殊的利润表。如果没有会计分期,利润表和现金流量表将变成一张财务报表。

二、合并报表下资产、利润和现金流的总体脉络关系*

利润由资产耗费而产生,利润结构与资产结构是逐步对应的。但是不同资产贡献利润的能力是不一样的,因此,为获取亮丽的合并报表,企业进行多种产品经营时,应注重优化投资结构与业务结构。

为了更好地理解资产、利润和现金流的关系,我们把资产分为经营资产和投资资产,将其进一步划分为:经营资产、控制性投资资产和其他投资资产,经营资产、控制性投资资产是分析的重点。

经营资产对利润的贡献比较容易理解。而控制性投资的效应如何转化为盈利、以及现金流如何体现是分析难点。具体关系如下:

经营资产对应核心利润或者营业利润,与之对应是经营现金流;而控制性投资的识别方法主要体现在如下项目:母公司长期股权投资与合并报表长期股权投资之差;母公司其他应收款与合并报表其他应收款之差;母公司预付账款与合并报表预付账款之差;母公司长期应收款与合并报表长期应收款之差。

需要说明的是,母公司的预付账款成为其对子公司提供财务支持的重要"合理"渠道。预付账款一般基于以下几种情形:买卖双方初次交易,双方信誉状况不明,供应方要求采购方预先付款;供应方产品供不应求,产品畅销,供应方要求预先支付货款,如苹果公司每当新产品发布时,都会公布接受预订货物的时间以及付款时间;供应方的行业惯例如此,如装修行业。如果仅从理性视角看,预付账款一般不应该出现在母子公司之间。如果母公司向子公司预先支付货款,即使是以预付款项的名义支付给子公司,这其中更大可能包含着向子公司提供的财务支持。长期应收款、其他应收款的分析原理也与之类似,当它们在母公司报表与合并报表之间出现差异时,可以视为是对子公司的财务支持。

需要提及的是,上述控制性投资的识别方法涉及的只是简单笼统的方法,不是精确的识别方法。这些识别方法都基于一个假设前提是子公司并没有与母公司报表对应的项目。假定母公司长期股权投资是1000万元,子公司并没有长期股权投资项目,合并报表时只冲销子公司的所有者权益。但是如果子公司自身也有长期股权投资,则上述分析会低估母公司对子公司的长期股权投资,其他几类识别项目也是如此。而其他应收款项目与预付账款项目需要识别这些项目是否具有永久属性，只有具有永久属性的其他应收款、预付账款才能谈及母公司对子公司的控制。

进一步讲，长期股权投资是最直观地反映母子公司控制性投资的项目，而预付账款、其他应收款和长期应收款等，可以理解为是母公司进一步强化其控制性投资的项目，也可以将其理解为是基于母公司对子公司控制基础上进一步提供的财务支持而已，并没有进一步加强控制的内涵，只是基于母子公司纽带提供的财务资源。

由此可见，现有的识别企业控制性投资的方法并不精确。如果需要掌握准确的控制性投资的识别信息，则需要通过查询企业对外控制性投资的账簿记录。若仅以公司财务报表为依据，我们只能做逻辑上的推理分析，做出概率上的判断，但是这并不是说明我们对此无能为力，我们还是可以通过上述分析透视企业的扩张信息，进而诊断这些扩张性投资给企业带来的盈利能力及现金流信息。

与控制性投资对应，它表现为子公司的核心利润或者营业利润，并入合并报表的营业利润。此时现金流量表现为子公司的经营活动现金流量，并入合并现金流量表的经营活动现金流量。如果子公司分红，则表现为投资方的投资收益，即成本法下确认的投资收益。此时，现金流量表表现为取得投资收益收到的现金。其他投资的识别方法是交易性金融资产、可供出售的金融资产、持有至到期投资和合并报表长期股权投资——假定子公司不对外投资。与之对应，成本法确认的投资收益，权益法确认的投资收益、债权投资收益、转让投资收益等，由于投资收益对应的现金流量表现比较复杂，无法准确概括。

思 考 题

1. 持续盈利能力的简单识别方法有哪些？
2. 为什么说资产负债表是一张投融资匹配表？
3. 资产负债表与持续盈利能力相关的关键因素有哪些？
4. 为什么投融资策略需要假定公司资产负债率处于正常区间？
5. 我国会计准则（2006）将投资收益归入营业利润，从理论上讲是否合理？从我国当前资本市场实践的角度上讲，它合理吗？
6. 利润表中的"其他综合收益"与资产负债表的"其他综合收益"之间的关系是什么？"其他综合收益"包括哪些内容？
7. 递延所得税资产如何影响公司的持续盈利能力？
8. 如何通过利润表透析公司营销策略、竞争战略等方面的非财务信息？
9. 敏感性分析对分析公司持续盈利能力有何作用？
10. 现金流量表中的经营活动现金流量、投资活动现金流量和筹资活动现金流量之间的关系是什么？它们与公司价值创造之间的关系是什么？
11. 如何正确评估一家公司经营活动现金流量尤其是自由经营现金流突然变为负数对公司持续盈利能力的影响？
12. 公司粉饰现金流量表的手段有哪些？
13. 简述现金流量表中"现金及现金等价物净增加额"与资产负债表中的"货币资金"的净增加额不相等的原因。

14. 为什么说资产负债表中隐含信息最多，现金流量表次之，而利润表最为直观？

15. 如何通过母公司报表与合并报表分析母公司的控制性投资，以及这些控制性投资是如何转化为盈利的？

判 断 题

1. 财务报告中最具有价值的财务信息，是那些与企业持续发展相关的信息，尤其是那些与持续盈利能力相关的信息。（　）

2. 股东拥有优先索取权，债权人拥有剩余索取权。（　）

3. 金融资产重新分类形成的利得和损失有可能引起所有者权益变化。（　）

4. 分析者需要注意资产负债表中一切与会计信息稳健性相关的项目。（　）

5. 递延所得税资产是公司基于未来预期扭亏为盈而形成的一项资产。（　）

6. 考察公司是经营性资产为主导的战略还是投资性资产为主导的战略应以合并报表为主。（　）

7. 资产的流动性与其盈利性成正比。（　）

8. 零售业一般是通过流动资产的高周转实现薄利多销，因此，零售企业必然在总资产中配置高于50%比例的流动资产。（　）

9. 一般认为工业企业的非流动资产更重要，其在总资产中占比必然高于50%。（　）

10. 无论是工业企业还是零售企业，资产配置都没有一个统一的标准。（　）

11. 宏观经济周期是一个影响公司资产配置的重要因素。（　）

12. 从理论上讲，投融资策略的界定在某些情况下是失效的。（　）

13. 资产负债表是一张投融资表。（　）

14. 资产负债表中的"其他综合收益"与利润表中的"其他综合收益"相同。（　）

15. 公司应收款项和应付款项是考察公司议价能力的重要报表项目。（　）

16. 从严格意义上讲，利润表称为综合收益表更为合理，我国仍将其称为利润表是极其不合理的。（　）

17. 投资收益是营业利润的组成部分。（　）

18. 利得与损失必然计入利润表。（　）

19. 主营业务项目是公司利润构成项目中反映持续盈利能力最强的项目。（　）

20. 当公司反映持续盈利能力最强的项目发生变化时，将极大地影响公司估值。（　）

21. 利润表中的所得税费用就是公司当期应缴纳的所得税。（　）

22. 敏感性分析的重要意义在于促使公司密切关注这些敏感因素对公司基本面的影响，并制定有效措施，及时纠正这些敏感因素对公司的不利影响。（　）

23. 当进行利润单因素敏感性分析时，Q是敏感因素，假定其敏感性系数是5，即当Q变化1%时，将导致EBIT变化5%，但是这并不意味着两者一定是5倍的关系，更重要的是告诉我们Q是影响利润的敏感因素，需要重点关注Q的变化，并迅速制定有效对策。   (   )

24. 《小企业会计准则》不强制要求中小企业编制现金流量表。   (   )

25. 现金流量表中的"现金及现金等价物"与资产负债表中的"货币资金"的内涵相同。   (   )

26. 经营活动与投资活动为公司创造价值,筹资活动并不直接创造价值,它为前两者服务。   (   )

27. 只要公司经营活动现金流量充足,它就一定可以为公司投资扩张提供支撑。
                                                                      (   )

28. 公司经营活动现金流量也有可能被人为粉饰,使其具有较大的主观性。(   )

29. 公司投资活动现金流量是极小的负数,它意味着公司必定处于扩张状态。
                                                                      (   )

30. 公司经营活动现金流量为负说明公司经营状况一定有问题。   (   )

31. 当公司自由经营现金流越来越充沛时,如果公司投资趋于扩张态势,公司扩张成功的概率比较高。   (   )

32. 如果公司经营活动现金流量呈逐步恶化态势,而公司投资处于不断扩张中,公司必定趋于破产。   (   )

33. 公司应计制下粉饰报表的手段大都可以用于粉饰现金流量表。   (   )

34. 公司净利润必然引起股东权益变化。   (   )

35. 公司绝不可能将当期净利润完全分配。   (   )

36. 当金融市场越不发达和公司业绩越单一时,公司现金流量表中"现金及现金等价物"的变化与其资产负债表中"货币资金"变化越有可能近似相等。 (   )

37. 母公司报表中的长期股权投资和合并报表中的长期股权投资的差额是识别上市公司控制性投资的一个主要项目。   (   )

Chapter 6 第六章

财务报表结构与趋势分析

■ **回顾**

第五章讲述了财务报表中揭示持续盈利能力信息的关键要点、财务报表之间的勾稽关系和合并报表下资产、利润和现金流的总体脉络关系。资产负债表中的资产配置与资金来源的优化关系决定了公司未来的持续盈利能力;利润表最直观地显示了公司单期盈利的结果;而现金流量表不仅衡量了公司当前的财务风险,也揭示了公司的持续盈利能力。资产负债表、利润表和现金流量表之间的勾稽关系有利于读者掌握财务报表之间的逻辑关系,更好地阅读报表,而合并报表下资产、利润和现金流的关系有利于进一步考察公司扩张性信息。

■ **本章提要**

本章描述了资产负债表、利润表和现金流量表结构与趋势分析的原理及其运用,以我国上市公司网宿科技为例,通过2011—2016年公司财务报表结构与趋势分析,透析公司财务报表面上信息,尤其是与公司持续盈利能力相关的信息。借助比较财务报表,提升财务报表结构分析效率,提出了财务报表结构分析与趋势分析要互相验证:在财务报表结构分析时,要适度关注财务报表的趋势变化,需要根据趋势分析进一步修正结构分析;在财务报表趋势分析时,也要注意财务报表结构的变化,需要根据结构分析进一步修正趋势分析。

■ **展望**

第七章开始第三篇 财务能力评价篇的学习,首先评价公司流动性能力,探究如何评价公司偿还债务能力,包括了计量偿还债务能力的财务指标的内涵、运用以及使用时的注意事项等。

◆ **章首案例**

A公司是一家上市的高科技公司。A公司20×5—20×7年的比较利润表和营业收入与营业成本明细表见表6-1和表6-2。

表 6-1 A 公司 20×5—20×7 年的比较利润表　　　　　　　（单位：万元）

年　度 项　目	20×5	20×6	20×7
一、营业总收入	6000	7000	8000
其中：营业成本	6000	7000	8000
利息收入	0	0	0
手续费和佣金收入	0	0	0
二、营业总成本	4850	5330	5520
其中：营业成本	3900	4000	4100
手续费及佣金支出	0	0	0
营业税金及附加	240	350	400
销售费用	300	400	320
管理费用	350	500	600
财务费用	60	80	100
加：公允价值变动收益	0	0	0
投资收益	0	0	100
三、营业利润	1150	1670	2480
加：营业外收入	1100	800	20
减：营业外支出	50	150	100
四、利润总额	2200	2320	2400
减：所得税费用	550	580	600
五、净利润	1650	1740	1800
归属母公司所有者的净利润	1650	1740	1800
六、每股收益：			
（一）基本每股收益	1.65	1.74	1.80
（二）稀释每股收益	1.65	1.74	1.80

表 6-2 A 公司 20×5—20×7 年营业收入与营业成本明细表　　（单位：万元）

年　度 项　目	20×5	20×6	20×7
主营业务收入	3000	4000	6000
其他业务收入	3000	3000	2000
主营业务成本	1700	2000	3000
其他业务成本	2200	2000	1100

根据以上资料，分析下列问题：

1. A 公司利润表的内部结构是如何变化的？

2. 如果以 20×5 年 A 公司利润表数据为定基，20×6 年和 20×7 年的利润表数据是如何变化的？

3. 如果投资者在 20×4 年披露财务报告日购入 A 公司股票，并且计划长期持股 3 年，到 20×8 年公司披露 20×7 年财务报告日止，那么该投资者的投资回报率如何？

第一节　财务报表结构与趋势分析概述

一、财务报表结构与趋势分析意义

财务数据的分析可以分为两个层面：一个是宏观层面分析，另一个是微观层面分析。财务报表的结构与趋势分析是宏观层面分析，有时也称为财务报表质量分析。企业财务比率及财务比率体系的运用是微观层面分析。宏观分析是微观分析的前提，微观分析是宏观分析的进一步延伸与运用。

财务报表结构和趋势分析有利于利益相关者从宏观层面进一步了解企业的经营状况，发现企业存在的问题，为决策者提供分析视角，并使财务能力评价更有针对性。

具体来讲，通过财务报表的结构与趋势分析，分析者可以获取以下信息：

其一，通过财务报表的结构分析，可以直观地观察企业的财务结构，便于分析财务结构的合理性，不仅有利于从总体上对企业财务数据有一个比较正确的清晰印象，更能消除不同时期、不同企业规模之间的差异，可以对企业财务状况做同行业比较。

其二，通过财务报表的趋势分析，财务报表使用者可以从中了解到有关项目变动的基本趋势，正确评估这些趋势，揭示这种趋势是有利的还是不利的，对这些项目做出正确评价，并在此基础上判断其发展趋势。

二、财务报表结构与趋势分析的内容

(一) 财务报表结构分析的内容

1. 财务报表结构分析的含义

财务报表结构分析是对财务报表内部各项目之间进行比较，以某一关键项目的金额为100%，将其他项目与之相比，以显示各项目的相对地位，分析各项目的比重是否合理的分析方法。由于财务报表结构分析时采用的是共同比基数，以这种百分比表示的企业财务报表，又称为共同比财务报表。又因为共同比基数是以某一关键项目的金额为100%，将其余项目与之相比，所以这一关键项目的选取要具有代表性、综合性。

需要注意的是，当财务报表的内部结构比例出现"重大异动"时，需要借助比较财务报表的原始数据，才能做出全面诊断。一般情况下，财务报表结构分析选择的比较基数都具有代表性并且数值比较大，因此，由于财务报表某项数据的定比基数过大，可能公司某项数据在财务报表的内部结构比例并未出现明显变化，但它实际上是异动数据，需要重点评估其对公司基本面以及持续盈利能力的影响。

2. 财务报表结构分析的特征

（1）结构性。财务报表结构分析是以某项目在某一年的数值为基础，计算同时期各个组成部分在总体中的结构比例，可以使各组成部分的相对重要性得以显现，揭示财务报表中各项目的相对地位及其与总体间的结构关系，便于发现问题并寻求解决方案。

（2）整体性。通过财务报表结构分析，可以从整体上了解企业财务状况的组成、利润形成的过程和现金流量的不同来源，深入研究企业财务结构的具体构成要素及其原因，有利于更准确地评价企业财务能力的关键点，尤其是影响持续盈利能力的关键因素。

（二）财务报表趋势分析的内容

1. 财务报表趋势分析的含义

实际上，所有财务数据都可以进行趋势分析，通常也需要进行趋势分析，财务报表结构分析也属于趋势分析范畴，这属于广义上的划分。而财务报表结构分析与财务报表趋势分析通常是狭义范畴，其中财务报表趋势分析是指定比基数趋势分析，财务报表结构分析是指财务报表内部结构比例的分析，包括一年财务报表结构分析和多年财务报表结构分析。

财务报表趋势分析是指通过对企业财务报表各类数据按时间序列的比较分析，观察企业财务报表中的异动项目，尤其是那些影响持续盈利能力的项目，评估异动项目的真伪及其对持续盈利能力的影响，从而正确判断企业的财务状况、经营成果与现金流量等会计信息的发展趋势。

财务报表趋势分析可视为比较财务报表分析的一种，也可以将其与比较财务报表分析等同。因为财务报表趋势分析通常采用定比趋势分析，需借助多年财务报表的原始数据，而多年财务报表的原始数据并排列示实际上就是一种比较财务报表，两者均属于比较财务报表分析范畴，所以，我们将财务报表趋势分析界定为比较财务报表分析。

比较财务报表可采用比较分析法和趋势分析法对财务报表进行纵向分析。国际上通行的做法是编制比较财务报表进行趋势分析，即将两期或者多期财务报表的指标数据在比较报表中并列，同时设置增减金额栏和增减百分比栏，分别列示各项财务指标的增减变动状况。

2. 财务报表趋势分析的特征

（1）纵向分析。财务报表趋势分析是将企业的财务数据按时间序列进行比较的纵向分析，是在企业财务报表历史资料的基础上，分析企业的现在并展望企业的未来，将企业置身于动态发展过程中加以考察，评估企业未来生存处境的优劣。

（2）动态分析。财务报表趋势分析是以企业财务报表的历史数据为主要分析依据，对整个企业经营过程或最近几年的财务状况和经营业绩进行全方位考察。趋势分析不是静态的描述，而是从动态角度反映企业的财务状况、经营成果和现金流量等信息，比较深刻地揭示了各项财务数据此消彼长的变化及其发展趋势，从而发现财务报表深层次的价值信息，并有利于对企业的未来做出合乎逻辑的预测。

3. 财务报表趋势分析的类型

根据比较时点的不同划分，财务报表趋势分析可以分为定比基数趋势分析和环比基数趋势分析。定比基数趋势分析是指选定某一期间数据作为固定基期，然后其余各期间的数据都与基期比较；环比基数趋势分析是指将相邻两年的财务数据相比较，以前一期数据作为基数，更清晰地揭示各项目的环比变化趋势。需要注意的是，无论是定比基数趋势分析还是环比基数趋势分析，都需要注意基数的合理性。

按照分析的具体对象划分，财务报表趋势分析可以按绝对数进行比较，也可以按相对数进行比较。具体包括财务报表原数的趋势分析、结构百分比的趋势分析、财务比率的趋势分析等。

（三）财务报表结构分析与趋势分析的关系

财务报表结构分析与趋势分析总是如影随形，不可分割。两种分析相结合可用于财务报表的多期比较，使财务报表项目的变化趋势更为清晰，能够更有效地揭示财务报表各项目重要性的变动情况，以及这种变动趋势如何演绎。

在实践中，为了更好地揭示财务报表结构与趋势变化，需要将财务报表结构分析与趋势分析结合起来，即在财务报表结构分析时，适度关注财务报表趋势变化，根据趋势分析进一步修正结构分析；在财务报表趋势分析时，需要注意财务报表结构变化，根据结构分析进一步修正趋势分析。

第二节　资产负债表结构与趋势分析

一、资产负债表结构与趋势分析概述

（一）资产负债表结构分析

资产负债表结构是指资产负债表各内容要素金额之间的相互关系。资产负债表结构分析就是对这种关系进行分析，从而对企业整体财务状况做出判断。资产负债表的结构分析包括两个方面：一个方面是观察各个项目占总体的比例，最常用的方式就是建立共同比资产负债表；另一个方面是观察各个项目之间的比例和结构，如企业的资产结构、资本结构、债务结构等，判断分析企业的财务状况。

资产负债表结构分析必然涉及比较基数的选择，一般以资产总额或权益总额为100%。但是，这并非一成不变，还需要根据资产负债表结构分析关注点的不同而灵活选用比较基数。例如，如果主要目的是了解公司的流动资产的结构，就应该采用流动资产总额作为比较基数；如果是为了考察公司的流动负债结构是否合理，就应该采用流动负债总额作为比较基数。

对资产负债表进行结构分析时，当它的某些内部结构数据出现"重大异动"时，需要结合资产负债表的原数作为参照依据，避免因基数过大、过小或者基数变化过大等外因，导致信息使用者做出误判。简单来讲，资产负债表结构分析只是直观地描述了报表的内部结构，而将其多年报表的结构比例进行比较分析时，其中一些结构比例有可能出现异动，但它未必是真的异动数据。

通过资产负债表的结构分析，有助于分析者判断企业资产负债表的结构是否合理。如果企业要保持持续盈利能力，则必须不断动态优化其资产结构、负债结构，并保持资产结构与资本结构一定的合理性。

在资产结构方面，首先，企业必须确定一个既能维持企业正常生产经营，又能在不增加企业总风险的前提下给企业带来尽可能多利润的流动资金水平。其次，企业需要确定不同类型资产的合理比重，包括长期投资和短期投资、固定资产投资、无形资产投资和流动资产投资、直接投资和间接投资、产业投资和风险投资等。当然，这种合理性判断必须考虑到企业的战略定位，以及企业与行业、历史等基准水平的对比。

在负债结构方面，企业管理的重点是负债到期的期限结构。外部人员无法准确计算出不同负债项目的具体期限结构，需要根据财务报告及公开信息进行预估。由于预期的现金流量通常很难与债务到期金额保持协调一致，这就要求企业在允许现金流量波动的前提下，确定合理的负债到期结构，保证充分的安全边际。企业应对长、短期负债的资本成本与其带来的潜在财务风险进行权衡，以确定长、短期负债，以及各种负债方式的比例。不合理的债务结构可能给企业带来致命的威胁，导致负债的税盾效应远低于高负债造成的财务困境成本。

同时，企业还应在股东权益和债务资本之间确定一个合适的比例结构，使负债保持在一

个合理的水平，不能超过自身的承受能力。提高负债固然有可能使股东获得更多的杠杆利益，但一旦超过一定的临界点，过高的负债比率将会成为企业财务危机的前兆。当企业负债杠杆效应运用到极致时，即使企业或者项目回报率高于负债成本，提高负债也无法增加企业每股收益，也无法增加股东财富，实现股价最大化。

还有，评估企业投融资策略的合理性。投融资策略直观体现了企业总体风险，企业应基于宏观经济周期、市场竞争地位、战略定位、发展阶段等动态调整投融资结构，提高企业应对风险的能力。为了更好地评估企业风险控制能力，可以将资产负债率、投融资策略以及现金周转期等综合起来评估。

（二）资产负债表趋势分析

资产负债表趋势分析是采用比较分析方法，分析企业连续若干期的财务状况信息，并观察其变动趋势，判断其总体趋势是向好、保持不变还是趋坏，进而做出正确决策。趋势分析比较灵活，可以是对绝对数的分析，也可以是对相对数的分析；可以做定比趋势分析，也可以做环比趋势分析。

其中，资产负债表的定比趋势分析比较常见，其可以直观地观察每期数据相对基期数据的变化，直观地察觉资产负债表不同项目的异动数据，借助比较资产负债表，判定这些异动数据的真伪。资产负债表的环比趋势分析可以直观地观察每期数据与上一期数据的变化，更容易比较真实地观察到资产负债表的不同项目的异动数据，有利于减少资产负债表定比趋势分析产生的伪异动数据。

此外，资产负债表趋势分析经常与资产负债表结构分析结合在一起，后者的分析重点也同样适用于前者。

我们将资产负债表结构分析与比较资产负债表一并进行分析，重点分析资产负债表的结构，辅助比较资产负债表来修正原有资产负债表结构分析的判断。在进行比较资产负债表分析时，资产负债表结构分析已论述的部分，将不再赘述。利润表和现金流量表分析与此相同。

二、资产负债表结构与趋势分析的运用

现以网宿科技股份有限公司为例，说明资产负债表结构与趋势分析的运用。网宿科技股份有限公司（300017.SZ）成立于2000年1月26日，主营范围是向客户提供全球范围内的内容分发与加速（Content Delivery Network，CDN）服务、互联网数据中心（Internet Data Center，IDC）服务及云服务整体解决方案。公司于2009年10月31日登陆我国深圳证券交易所创业板，成为创业板的首批上市公司。公司2012—2016年在我国资本市场上成为一颗耀眼的明星。

网宿科技CDN业务营业收入占公司总营收达90%以上。CDN是指通过在现有的互联网中增加一层新的网络架构，将网站的内容发布到最接近用户的网络边缘，使用户可以就近取得所需的内容，改善网络的传输速度，解决互联网网络拥挤的状况，从技术上解决由于网络带宽小、用户访问量大、网点分布不均等原因所造成的用户访问网站响应速度慢的问题。简而言之，CDN主要是解决因分布、带宽、服务器性能带来的访问延迟问题，主要适用于站点加速、点播、直播等场景，使用户可就近取得所需内容，解决互联网网络拥挤的状况，提高用户访问网站的响应速度和成功率。

(一) 共同比资产负债表的运用

网宿科技 2011—2016 年的资产负债结构表，即共同比资产负债表见表 6-3。

表 6-3 网宿科技 2011—2016 年的共同比资产负债表　　　　　　　　　　（%）

项目\年度	2011	2012	2013	2014	2015	2016
货币资金	64.93	62.28	40.64	38.54	29.96	37.18
交易性金融资产	0.00	0.00	0.00	0.00	0.00	0.00
应收票据	0.00	0.00	0.00	0.00	0.00	0.05
应收账款	8.59	8.94	14.51	15.00	19.57	10.80
预付款项	0.87	0.43	1.32	1.73	1.28	0.37
其他应收款	0.22	0.28	0.69	1.95	1.12	0.62
应收关联公司款	0.00	0.00	0.00	0.00	0.00	0.00
应收利息	0.98	0.93	1.41	0.91	0.15	0.85
应收股利	0.00	0.00	0.00	0.00	0.00	0.00
存货	1.13	1.13	2.77	0.84	1.33	2.90
其中：消耗性生物资产	0.00	0.00	0.00	0.00	0.00	0.00
一年内到期的非流动资产	0.00	0.00	0.02	0.00	0.00	0.00
其他流动资产	0.06	4.02	16.47	20.82	26.13	28.10
流动资产合计	76.78	78.02	77.82	79.79	79.54	80.88
可供出售金融资产	0.00	0.00	0.00	0.00	0.43	0.35
持有至到期投资	0.00	0.00	0.00	0.00	0.00	0.00
长期应收款	0.00	0.00	0.00	0.00	0.00	0.00
长期股权投资	0.00	0.00	0.00	0.00	0.00	0.06
投资性房地产	0.00	0.00	0.00	0.00	0.00	0.00
固定资产	18.89	17.09	17.74	15.49	13.28	8.80
在建工程	0.00	0.00	0.00	0.00	0.00	1.54
工程物资	0.00	0.00	0.00	0.00	0.00	0.01
固定资产清理	0.00	0.00	0.00	0.00	0.00	0.00
生产性生物资产	0.00	0.00	0.00	0.00	0.00	0.00
油气资产	0.00	0.00	0.00	0.00	0.00	0.00
无形资产	2.83	3.79	3.00	2.97	2.24	1.45
开发支出	0.91	0.43	0.78	0.80	0.81	0.65
商誉	0.03	0.03	0.02	0.12	0.17	0.07
长期待摊费用	0.30	0.25	0.13	0.19	0.24	0.24
递延所得税资产	0.27	0.39	0.51	0.65	0.14	0.07
其他非流动资产	0.00	0.00	0.00	0.00	3.14	5.88
非流动资产合计	23.22	21.98	22.18	20.21	20.46	19.12
资产总计	100.00	100.00	100.00	100.00	100.00	100.00
短期借款	0.00	0.00	0.00	0.00	0.74	0.00
交易性金融负债	0.00	0.00	0.00	0.00	0.00	0.00
应付票据	0.00	0.00	0.00	0.00	0.00	0.00
应付账款	2.63	4.12	7.96	7.26	8.72	5.49
预收款项	1.63	3.15	3.95	2.55	2.21	0.84
应付职工薪酬	1.45	2.08	2.79	3.07	2.35	1.26
应交税费	0.80	1.31	1.26	1.30	1.84	4.15

(续)

项目\年度	2011	2012	2013	2014	2015	2016
应付利息	0.00	0.00	0.00	0.00	0.00①	0.02
应付股利	0.00	0.00	0.00	0.00	0.00	0.00
其他应付款	0.45	0.27	0.53	0.58	4.59	0.25
应付关联公司款	0.00	0.00	0.00	0.00	0.00	0.00
一年内到期的非流动负债	0.00	0.00	0.00	0.00	0.00	0.00
其他流动负债	0.00	0.00	0.00	0.00	0.00	0.00
流动负债合计	6.95	10.93	16.49	14.77	20.46	12.01
长期借款	0.00	0.00	0.00	0.00	0.00	0.00
应付债券	0.00	0.00	0.00	0.00	0.00	0.00
长期应付款	0.00	0.00	0.00	0.00	6.30	2.55
专项应付款	0.27	0.47	1.44	0.00	0.00	0.00
预计负债	0.00	0.00	0.00	0.00	0.00	0.00
递延所得税负债	0.00	0.00	0.00	0.00	0.01	0.00
长期递延收益	0.00	0.00	0.00	2.51	1.53	0.52
其他非流动负债	0.00	0.00	0.26	0.00	0.00	0.00
非流动负债合计	0.27	0.47	1.70	2.51	7.84	3.07
负债合计	7.23	11.39	18.19	17.28	28.29	15.08
股本	18.36	15.70	11.27	16.04	20.19	9.25
资本公积	57.80	50.49	39.91	22.25	3.62	43.25
盈余公积	2.09	2.77	3.64	4.98	5.20	3.55
减：库存股	0.00	0.00	0.00	0.00	0.00	0.00
其他综合收益	-0.04	-0.03	-0.04	-0.03	0.16	0.19
未分配利润	14.57	19.68	27.03	39.48	42.23	28.26
少数股东权益	0.00	0.00	0.00	0.00	0.31	0.42
非正常经营项目收益调整	0.00	0.00	0.00	0.00	0.00	0.00
股东权益合计	92.77	88.61	81.81	82.72	71.71	84.92
负债和股东权益合计	100.00	100.00	100.00	100.00	100.00	100.00

① 公司 2015 年应付利息是 12 万元，公司总资产是 350 574 万元，当计量单位取到万分位时，应付利息占比约等于零。

根据表 6-3 可知，公司资产负债表的比例结构总体比较稳定，重要报表项目异动不多，具体分析如下：

1）企业流动资产与非流动资产的比例基本稳定在 80%：20%，仅从数据上看，流动资产占比极高，并且连续 6 年占总资产比重基本稳定在 80% 左右，从 76.78% 逐步稳定增长到 80.88%。其中，货币资金、应收账款和其他流动资产是资产负债表内部结构中最高的三项资产。货币资金的比重逐年下降，由 2011 年的 64.93% 逐步降低到 2015 年的 29.96%，到 2016 年增加到 37.18%；应收账款占比稳步增加，由 8.59% 增加到 19.57%，只在 2016 年大幅度下降到 10.80%。其他流动资产占比由 2011 年仅占 0.06%，暴增到 2012 年的 4.02%，然后在 2013 年再次跳升到 16.47%，然后上升到 20% 以上，到 2016 年上升到 28.10%。

如果只根据这几项重要数据比例的趋势变化，我们很可能得出如下结论：货币资金有逐步恶化的迹象，应收账款管理也是如此，而其他流动资产变化过于异动。如果仅根据货币资金和应收账款的变化分析，我们会对其感到担忧，只是到了 2016 年公司的货币资金和应收账款情况才有所好转。但是这种判断是不严谨的，这是计量方法的内在缺陷所致，资产负债表的结构只是展示了资产负债表的内部结构，而没有考虑到每年共同比基数的变化。

以 2016 年为例，查阅公司 2016 年年度报告披露公司非公开发行 81 218 421 股新股，发行价格为 43.95 元/股，募集资金总额为 3 569 549 602.95 元，扣除发行费用 22 420 820.55 元，募集资金净额为 3 547 128 782.40 元。上述募集资金到位情况已经瑞华会计师事务所（特殊普通合伙）于 2016 年 2 月 15 日出具的瑞华验字［2016］48260004 号《验资报告》验证确认。通过与比较资产负债表进行比对，公司在 2016 年货币资金大幅增加了近 22 亿元，增幅高达 2 倍，而在共同比资产负债表中它的占比与 2015 年相比仅增加了 24.10%，并且货币资金占总资产比例为 37.18%，仍然远低于前两年的 60%，从数据上讲，仍然有可能引起分析者的担忧，这就是结构比例分析的缺陷。实际上并非如此，即使是在 2013—2015 年，公司的货币资金也是相当充裕的。由表 6-4 可知，公司近 6 年的货币资金实际上一直都相当充裕，公司 2011—2013 年的货币资金稳定在 6 亿元左右，2014 年上升到 7 亿元，2015 年高达 10 亿元，2016 年更是高达 32 亿元，公司货币资金并无隐忧，甚至有可能让人感觉公司存在资金大量闲置。

即使做了初步修正，到目前为止，我们对公司货币资金的评价实际上仍是不准确的，因为它还需要与其他流动资产联系起来一起评估。根据公司财务报告附注披露，公司其他流动资产中几乎全部是理财产品及结构性存款，基本等同于现金，这意味着可以将其计入货币资金，这两项总计占总资产的比例近 6 年间刚好基本稳定在 60% 左右。由此可知，我们完全没有必要担心货币资金占比的变化，公司的货币类资产始终十分充足。并且由于其他流动资产几乎全部是理财产品及结构性存款，直接导致现金流量表中"投资支付的现金"项目出现异动，有可能让人误认为这是公司的投资扩张支出。这就是说，网宿科技账面高达 50% 以上的资产均是现金类资产，而且公司资产负债率偏低，几乎没有有息负债，公司流动性十分充足。这些数据揭示了公司应具有惊人的盈利能力和强大的市场定价权，同时也让公司具有了应对 CDN 市场竞争不利局面的资本。

同样，应收账款结构比例也需要结合比较资产负债表进行判断。由表 6-3 可知，公司应收账款占比只有 2016 年明显下降，本以为是利好，但实际上应收账款却增加了 36.42%。具体来讲，应收账款由 2011 年的 7215 万元逐步增加到 2016 年的 93 593 万元，其中前两年变化不大，2013 年大幅度增加到 20 184 万元，2015 年更是跳升到 68 607 万元，2016 年又进一步上升。只根据应收账款占比及其绝对数是无法准确评估公司应收账款管理能力的，需要借助它与销售收入的占比和公司信用政策等相关信息，进一步评估公司应收账款管理能力的变化。如果从应收账款与销售收入占比看，2015 年之前公司两者占比基本在 15% 以内，到 2015 年之后两者占比增加到 20% 以上。因此，虽然公司货币资金充足，但是随着公司知名度的上升，公司应收账款与收入的占比并未明显下降，而是总体逐步上升，并且公司应收票据占比几乎为零，而预付款项占比也极小，公司的应收账款管理能力还是给投资者带来了一丝隐忧。进一步查询公司客户和信用政策，公司客户主要是企业而非个人，并且公司客户中的大公司逐步增加，这些客户资信优质，公司实施的信用政策比较宽松，公司应收账款管理风险是极小的。当然，需要谨慎评估的是，2016 年开始，公司的产品市场出现了明显变化，给公司带来了巨大挑战，需要密切关注公司客户、信用政策、市场议价权和公司应收账款的趋势变化。

我们以市场竞争为例进一步说明。当公司面临的市场竞争环境出现不利变化时，尤其是公司产品价格大幅度下降时，公司宽松的信用政策就有可能给公司带来比较大的隐患。近年，尤其是从2016年年初到2017年年底，阿里巴巴、腾讯多次大幅度降低CDN产品价格，网宿科技遭遇了前所未有的挑战。根据阿里巴巴集团2016年财务报告显示，过去一年多时间里阿里巴巴曾经17次调低CDN价格，核心云产品最高降价幅度达50%。同时腾讯云CDN业务降价25%，乐视云直接推出CDN免费服务。原来CDN市场是双寡头垄断市场，网宿科技与蓝汛通信是主要竞争对手，现在这一市场格局正在发生变化。虽然网宿科技当下仍呈现比较强的盈利能力，但是在2017年公司盈利第一次出现大幅度下滑，并且没有明显止跌迹象，而蓝汛通信业绩近些年呈现亏损状态。虽然网宿科技管理者披露公司将采取错位竞争，但是公司认为的错位竞争的优势很可能远没有高管估计的乐观，竞争激烈的市场环境导致公司CDN产品价格大幅度下降，公司营业收入虽然保持10%以上的增长率，但利润却呈现了明显下滑趋势，产品价格均衡点目前尚未出现，阿里巴巴与腾讯2017年下半年又再次宣布进一步降价，这都进一步考验着公司产品的定价能力，以及应对风险的能力。根据2017年12月11日网宿科技公司披露2017年股票期权与限制性股票激励计划考核管理办法，其中行权条件只对未来3年低收入增速做出限制，以2017年公司收入为基数，未来3年收入增速分别只要实现10%、20%和30%即可，并未提及对利润增速的要求，这也从一个侧面说明了公司管理者预计未来市场竞争风险的严峻形势。这时正是检验公司应收账款管理能力的一个试金石，未来需要密切监控公司应收账款的变化趋势。

不过，从总体上讲，公司应收账款金额与收入占比不大，公司计提坏账率高达3%，属于谨慎为之，基于公司强大的盈利能力和充足的现金流（根据利润表和现金流量表即知），公司坏账对公司盈利影响极小，从目前来看，公司应收账款风险处于可控范围。

由此可见，单纯从共同比资产负债表来看，它更多的只是提供了资产负债表的内部比例结构，有时会误导分析者，不利于揭示公司数据真相，需要辅助更多数据以及其他相关信息才能做出判断。但是不可否认的是，资产负债表结构分析提供了一个很好的结构剖析分析视角，有利于快速找出重要项目，更有利于从总体上判断资产负债表结构的合理性，只是进行趋势分析时需要密切关注异动值的变化，以及这些异动值变化的真伪。

2）公司长期资产配置中固定资产和无形资产占绝对主导，其他非流动资产于2015年和2016年占比明显增加，其中2015年为1.1亿元，2016年为5.09亿元，属于购房款。公司长期金融资产与短期金融资产占比基本为零，只有2015年和2016年公司可供出售金融资产分别为1500万元和3012万元。在长期经营性资产中，企业固定资产比重较低，总体逐年递减，2011—2013年约18%，2014年降低到15.49%，2015年微幅下降，2016年大幅下降到8.80%。由表6-4可知，公司固定资产前两年小幅上升，之后三年是大幅上升。公司总资产前两年规模比较小，而后由于股东融资、净利增加等因素，导致总资产快速增加，即尽管固定资产增速比较快，但是与总资产基数相比其占比呈下降趋势，这从一定程度上说明公司实施轻资产策略，这与其高科技公司定位比较吻合。

3）企业资产负债率呈小幅上升趋势，除了2015年是28.29%外，基本在20%以下，属于典型的低负债率。根据流动资产占总资产约80%，而流动负债占总权益基本低于20%，尤其是货币类资产占比过高，由此，我们可以断定公司采取的是保守投融资策略。

其中，2015年公司资产负债率由总体低于20%大幅度上升到28.29%，较上年大幅度上升63.72%，主要是两个项目所致，一个是其他应付款，另一个是长期应付款。其他应付款由2014年仅占0.58%大幅度上升到4.59%，而公司之前多年均不涉及长期应付款，由之前的占比为零，到2015年其占比陡增到6.30%。对于其他应付款，根据公司年度报告的第十项第七小项合并财务报表项目注释，其显示主要是公司支付的押金大幅度增加，由2014年度527 623.60元大幅度上升到7 038 868.78元，至于是何种性质的押金，公司未做进一步披露，也未指明其支付对象，可以根据公司的债权人推测其风险大小。对于长期应付款的说明，合并财务报表项目注释显示是国开发展基金有限公司投资款，其具体信息披露如下：国开发展基金有限公司于2015年12月4日对上海云宿投资22 073.5万元，本次投资期限为自首笔增资款缴付完成日之日起6年，在投资期限内及投资期限到期后国开发展基金有限公司有权行使投资回收选择权，并要求本公司对国开发展基金有限公司持有的上海云宿股权予以回购。国开发展基金有限公司对上述投资每年以分红或通过回购溢价方式获得1.2%的收益。国开发展基金有限公司对上海云宿的投资属于阶段性持股行为。

这可能会产生一个疑问：保守的投融资策略是否影响公司的盈利能力？这需要借助公司利润表与公司充沛的货币资金和极低的资产负债率相对应。2011年之后，公司净利润呈现超高速增长态势，且公司财务费用持续为负数，即公司在保持超高盈利能力的同时保持了资产的超强流动性，这是顶级企业通常具有的特征，而网宿科技在成长期就具备了这一特征。

进一步分析，公司负债中绝大部分是流动负债，非流动负债占总负债之比基本维持在10%～20%，并且有息短期负债占比几乎为零，更多的是经营性无息负债，其中应付账款和预收账款占流动负债的50%以上，这两项数据占总权益之比也呈上升态势，这说明公司占用他人无息资金能力比较强，公司市场议价能力得到提升，这在一定程度上减缓了我们对公司应收账款管理能力的担忧，至少在2011—2016年公司应收账款的风险是极低的。并且企业流动资产所占比重过高，尤其是货币类资产远高于无息经营负债，加之公司长期负债占比过低，再次说明了企业偿债能力强劲。因此，从总体上判断公司市场定价能力和议价能力比较强是合理的。

4）公司资产配置与资金来源相当简洁。公司资产中有不少会计科目的金额占比是零，同样负债类也有不少会计科目占比为零。例如交易性金融资产、应收公司关联款、应收股利、一年内到期的非流动资产、可供出售的金融资产、长期股权投资、长期应收款、在建工程等，而应收票据除了2016年占比0.05%外，其他年度占比为零。同样，公司负债中不少会计科目占比基本为零，如应付票据、应付股利、应付关联公司款、一年内到期的非流动负债、其他流动负债、长期借款、应付债券、预计负债等，而短期借款占比几乎为零，只有2015年占比0.74%，应付利息占比几乎为零，仅在2015年和2016年产生极小的利息费用。

此外，通常认为存货在流动资产中占有重要地位，而网宿科技的存货占总资产比例极低，存货占流动资产的比例也远低于5%。公司存货通常只有几千万，只有2016年存货过亿元，为2.5亿元。公司年度报告披露这主要是随业务量增长，仓库库存增加所致。显然，这种揭示是比较乏力的，因为2016年存货较2015年大增438.53%，而之前年度公司营收也是大幅增加，但存货并不呈现如此快速增加。分析者需要进一步将本年度存货骤增与公司市场竞争、信用政策、采购成本、销售成本以及公司存货优化管理等结合起来判断。

5）股东权益的构成比例中，股本与资本公积两项占比波动都比较大。其中，股本占比从 2011 年的 18.36%逐步下降到 2013 年的低点 11.27%，然后占比逐步上升，到 2015 年升至最高占比 20.19%，然后在 2016 年骤降到 9.25%。资本公积占比逐步下降，到 2015 年占比由 2011 年的 57.80%下降到 3.62%，然后在 2016 年大幅度提升到 43.25%。如果仅从股东权益的结构比例趋势上看，同样有可能得出错误结论，有可能认为 2011 年和 2016 年公司股本占比属于异动数据，而 2015 年资本公积占比肯定也是一个异动数据。通过查阅表 6-4 可知，近些年公司股本总量是逐步上升的，并且从 2013 年到 2015 年间股本数量基本以 100%的速度增加，2016 年股本数量也增加了近 1 亿股。股本之所以呈现如此快的增速，与 2013 年和 2014 年公司实施高送转股利分红政策和 2016 年非公开发行新股密切相关。而资本公积在 2011—2014 年并没有明显变化，2015 年资本公积由 4.4 亿元降低到 1.27 亿元，2016 年更是暴增至 37.47 亿元。具体来说，2014 年公司实施资本公积高送转后，公司资本公积总额并未急剧下降。这是因为一方面本期资本溢价的增加是公司股票期权激励对象缴纳行权资金 30 113 563.46 元，其中新增股本合计人民币 3 782 000.00 元，差额 26 331 563.46 元计入资本公积-资本溢价，以及已行权部分相应的股权激励期权成本 9 910 368.66 元的结转。本期资本溢价的减少是根据公司 2013 年年度股东大会审议通过的 2013 年年度权益分派方案，以资本公积金向全体股东每 10 股转增 9.990 104 股所致。另一方面，其他资本公积增加是因为本期其他资本公积增加主要是母公司股权激励期权成本摊销，减少是第一期、第二期激励计划授予的激励对象已行权的股份额所占的股权激励期权成本结转。2015 年主要是因为资本公积转增资本所致，主要是根据公司 2014 年年度股东大会审议通过的 2014 年年度权益分派方案，以资本公积金向全体股东每 10 股转增 11.993290 股及股票期权激励对象行权所致。总体上讲，公司在 2014 年和 2015 年都对上一年度实施了高送转股利分红，也都出现了其他资本公积的变化，而 2015 年之所以资本公积总额出现明显下降，其最主要原因是高送转分红，而 2014 年公司实施高送转分红，之所以并未导致资本公积出现明显下降，是因为 2013 年公司股本基数比较小，只有 1.5 亿股，而 2014 年股本基数已达 3 亿股之多，加上 2014 年公司实施的是更高比例的高送转，2015 年资本公积就需要多结转 1.6 亿股之多。2016 年公司进行了股权融资，公司非公开发行 81 218 421 股新股，募集资金净额为 3 547 128 782.40 元，导致资本公积骤增。正因为公司在 2016 年进行了巨额融资，公司总资产随之大幅度增加，引起公司股本占总资产的比例大幅下降，而资本公积的占比出现大幅度上升。

（二） 比较资产负债表的运用

承前例，网宿科技 2011—2016 年的比较资产负债表见表 6-4；网宿科技 2011—2016 年的定比资产负债表见表 6-5。

表 6-4　网宿科技 2011—2016 年的比较资产负债表　（单位：万元）

年度 项目	2011	2012	2013	2014	2015	2016
货币资金	54 546	61 180	56 541	76 216	105 032	322 097
交易性金融资产	0	0	0	0	0	0
应收票据	0	0	0	0	0	445
应收账款	7215	8787	20 184	29 660	68 607	93 593
预付款项	732	419	1842	3421	4490	3228
其他应收款	185	279	956	3850	3931	5361

（续）

年度 项目	2011	2012	2013	2014	2015	2016
应收关联公司款	0	0	0	0	0	0
应收利息	822	914	1963	1806	526	7326
应收股利	0	0	0	0	0	0
存货	946	1114	3855	1660	4667	25 133
一年内到期的非流动资产	0	0	23	13	12	34
其他流动资产	50	3950	22 911	41 174	91 594	243 437
流动资产合计	64 496	76 643	108 275	157 800	278 859	700 654
可供出售金融资产	0	0	0	0	1500	3012
持有至到期投资	0	0	0	0	0	0
长期应收款	0	0	0	0	0	0
长期股权投资	0	0	0	0	4	555
投资性房地产	0	0	0	0	0	0
固定资产	15 864	16 788	24 687	30 630	46 567	76 244
在建工程	0	0	0	0	0	13 321
工程物资	0	0	0	0	0	93
固定资产清理	0	0	0	0	0	0
生产性生物资产	0	0	0	0	0	0
油气资产	0	0	0	0	0	0
无形资产	2377	3727	4173	5867	7847	12 568
开发支出	761	427	1086	1582	2839	5605
商誉	26	26	26	242	596	596
长期待摊费用	249	245	184	367	858	2067
递延所得税资产	231	380	704	1278	503	645
其他非流动资产	0	0	0	0	11 000	50 906
非流动资产合计	19 508	21 593	30 860	39 966	71 714	165 612
资产总计	84 004	98 236	139 135	197 766	350 574	866 265
短期借款	0	0	0	0	2581	0
交易性金融负债	0	0	0	0	0	0
应付票据	0	0	0	0	0	0
应付账款	2206	4052	11 073	14 359	30 557	47 583
预收款项	1371	3091	5499	5049	7745	7262
应付职工薪酬	1214	2041	3879	6079	8256	10 919
应交税费	672	1284	1748	2565	6460	35 959
应付利息	0	0	0	0	12	143
应付股利	0	0	0	0	0	0
其他应付款	378	265	742	1153	16 101	2181
应付关联公司款	0	0	0	0	0	0
一年内到期的非流动负债	0	0	0	0	0	0
其他流动负债	0	0	0	0	0	0
流动负债合计	5841	10 733	22 941	29 205	71 712	104 046
长期借款	0	0	0	0	0	0
应付债券	0	0	0	0	0	0
长期应付款	0	0	0	0	22 074	22 074
专项应付款	229	458	2004	0	0	0

(续)

年度 项目	2011	2012	2013	2014	2015	2016
预计负债	0	0	0	0	0	0
递延所得税负债	0	0	0	0	28	33
长期递延收益	0	0	0	4964	5366	4470
其他非流动负债	0	0	366	0	0	0
非流动负债合计	229	458	2370	4964	27 468	26 577
负债合计	6070	11 191	25 311	34 169	99 180	130 623
股本	15 421	15 421	15 676	31 730	70 798	80 154
资本公积	48 557	49 602	55 531	44 012	12 676	374 663
盈余公积	1753	2719	5070	9840	18 231	30 751
减：库存股	0	0	0	0	0	0
其他综合收益①	−33	−27	−60	−56	548	1643
未分配利润	12 236	19 330	37 607	78 071	148 056	244 788
少数股东权益	0	0	0	0	1085	3643
非正常经营项目收益调整	0	0	0	0	0	0
股东权益合计	77 934	87 045	113 823	163 597	251 394	735 642
负债和股东权益合计	84 004	98 236	139 135	197 766	350 574	866 265

注：比较资产负债表以万元为单位，由于数据四舍五入的原因导致个别项目金额有极小误差。这一问题在比较利润表和比较现金流量表中是一样的。

① 2011—2013 年的该项目计入"外币报表折算价差"，现统一调整为"其他综合收益"。

表 6-5　网宿科技 2011—2016 年的定比资产负债表　　　　　　　　　　　　（%）

年度 项目	2011	2012	2013	2014	2015	2016
货币资金	100	112.16	103.66	139.73	192.56	590.51
交易性金融资产	—	—	—	—	—	—
应收票据①	—	—	—	—	—	100
应收账款	100	121.79	279.77	411.20	950.96	1297.29
预付款项	100	57.32	251.71	467.54	613.64	441.16
其他应收款	100	150.89	517.51	2083.47	2127.30	2900.91
应收关联公司款	—	—	—	—	—	—
应收利息	100	111.19	238.83	219.67	64.05	891.14
应收股利	—	—	—	—	—	—
存货	100	117.82	407.64	175.86	493.51	2657.70
一年内到期的非流动资产	—	—	100	6.06	52.44	148.95
其他流动资产	—②	100	580.03	1042.38	2318.84	6162.96
流动资产合计	100	118.83	167.88	244.67	432.37	1086.36
可供出售金融资产	—	—	—	—	100	200.80
持有至到期投资	—	—	—	—	—	—
长期应收款	—	—	—	—	—	—
长期股权投资	—	—	—	—	100	14 089.52
投资性房地产	—	—	—	—	—	—
固定资产	100	105.82	155.61	193.07	293.53	480.60
在建工程	—	—	—	—	—	100
工程物资	—	—	—	—	—	100

(续)

项目\年度	2011	2012	2013	2014	2015	2016
固定资产清理	—	—	—	—	—	—
生产性生物资产	—	—	—	—	—	—
油气资产	—	—	—	—	—	—
无形资产	100	156.83	175.55	246.84	330.13	528.75
开发支出	100	56.10	142.84	207.97	373.22	736.71
商誉	100	100.00	100.00	924.46	2280.96	2280.96
长期待摊费用	100	98.41	73.82	147.54	344.76	830.58
递延所得税资产	100	164.78	305.31	554.05	217.97	279.65
其他非流动资产	—	—	—	—	100	462.79
非流动资产合计	100	110.69	158.19	204.87	367.62	848.95
资产总计	100	116.94	165.63	235.43	417.33	1031.22
短期借款	—	—	—	—	100	0.00
交易性金融负债	—	—	—	—	—	—
应付票据	—	—	—	—	—	—
应付账款	100	183.65	501.85	650.78	1384.91	2156.53
预收款项	100	225.54	401.24	368.37	565.07	529.84
应付职工薪酬	100	168.08	319.55	500.80	680.08	899.45
应交税费	100	191.00	260.01	381.50	960.82	5348.28
应付利息	—	—	—	—	100	1170.09
应付股利	—	—	—	—	—	—
其他应付款	100	70.22	196.25	305.30	4262.41	577.30
应付关联公司款	—	—	—	—	—	—
一年内到期的非流动负债	—	—	—	—	—	—
其他流动负债	—	—	—	—	—	—
流动负债合计	100	183.75	392.75	500.00	1227.72	1781.28
长期借款	—	—	—	—	—	—
应付债券	—	—	—	—	—	—
长期应付款	—	—	—	—	100	100
专项应付款	100	200.00	875.11	0.00	0.00	0.00
预计负债	—	—	—	—	—	—
递延所得税负债	—	—	—	—	100	120.34
长期递延收益	—	—	—	100	108.10	90.05
其他非流动负债	—	—	100	1354.73	—	—
非流动负债合计	100	200.00	1035.11	2167.57	11 994.81	11 605.63
负债合计	100	184.37	416.99	562.91	1633.92	2151.91
股本	100	100.00	101.65	205.75	459.09	519.76
资本公积	100	102.15	114.36	90.64	26.10	771.60
盈余公积	100	155.15	289.28	561.49	1040.25	1754.64

(续)

项目\年度	2011	2012	2013	2014	2015	2016
减：库存股	—	—	—	—	—	—
其他综合收益③	—	—	—	—	—	—
未分配利润	100	157.99	307.36	638.07	1210.06	2000.65
少数股东权益	—	—	—	—	100	335.96
非正常项目收益调整	—	—	—	—	—	—
股东权益合计	100	111.69	146.05	209.92	322.57	943.94
负债和股东权益合计	100	116.94	165.63	235.43	417.33	1031.22

① 2011—2015年应收票据均为0，以2016年作为基期。与此类似的情况，均以该项目第一次有数据的年份作为基期。

② 因为公司2011年其他流动资产仅50万元，2012年起基本在1亿元以上，所以以2012年作为基期。

③ 由于其他综合收益金额占总资产比例过小，并且前4年为负数，后两年为正数，所以本处不做标注。

由于在资产负债表结构分析中借助了比较资产负债表，其主要辅助我们判断，我们不再单独对比较资产负债表进行系统分析。而进行定比资产负债表分析时，同样需要借助比较资产负债表，避免判断错误。

定比资产负债表把2011年数据定基为100%，各年数据在2011年数据作为定比基数上进行计算。

由表6-5可知，总体上讲，网宿科技2011—2016年间各项数据均呈明显上升趋势，公司资产增幅比较快，2016年公司资产是2011年的近10倍，而流动负债增幅近20倍，非流动负债暴增115倍，而股东权益增幅高达8倍，总负债增幅达20倍。其中，非流动负债暴增100多倍，而总负债增幅仅20倍，这主要是因为2011年非流动负债基数过小，仅229万元，而且总负债中流动负债占比始终过高，至少达80%以上。

在公司资产方面，货币资金增幅远低于总资产增幅，不到5倍，与前面分析呼应，需要结合其他流动资产一并分析更为合理；应收账款增幅明显，主要是公司业务增长所致，如前所述，应收账款总体风险极低，需要密切关注公司应收账款的回款能力；应收利息随着货币资金和其他流动资产（主要是银行理财产品）的增加而增加；公司存货增幅明显，高达近26倍，但是存货占流动资产的比例很低，存货管理处于可控范围之内。公司2016年存货增幅高达2亿元之多，并且存货与营业收入占比与以前年度相比也明显上升，需要评估这种情况是否因为公司CDN产品市场陷入白热化竞争，给公司产品销售带来严重挑战所致；公司其他流动资产出现大幅上升，主要是因为公司购买理财产品增加所致；与流动资产和总资产增幅相比，公司固定资产增幅不大，2011—2016年间增加不到4倍，并且都集中在2015年和2016年，它与公司战略扩张、并购等密切相关。

在公司资金来源方面：负债之所以增幅如此之快，并不是因为公司负债上升所致，而是因为公司定比基数过小，导致定比增速过快。从相对比例来讲，流动负债的增加速度高于流动资产的上升速度，非流动负债增速更高于非流动资产的上升速度，但是从绝对数上看，流动资产远大于流动负债，非流动资产也远大于非流动负债；2016年公司所有者权益增幅较大主要是公司非定向增发和当年公司净利润增加所致，非定向增发导致股本和资本公积陡增，而公司净利润引起未分配利润增幅较大。

第三节　利润表结构与趋势分析

一、利润表结构与趋势分析概述

（一）利润表结构分析

利润结构分析表又称共同比利润表。利润表结构分析通常是以营业收入总额为共同基数，求出利润表中各项目相对共同基数的百分比，目的是帮助了解企业有关销售利润率以及各项费用率的情况。如果将若干期利润表的结构百分比报表并列在一起，可以比较判断企业盈利状况的发展趋势。

（二）利润表趋势分析

利润表趋势分析是指通过对利润表所列各项目数值或比率进行比较，分析确定其增减变化的方向和幅度，预测未来的盈利水平和分配结构。利润表趋势分析可以采用绝对额比较分析、百分率比较分析和结构比较分析，也可以采用定比趋势分析或者环比趋势分析。

利润表趋势分析一般采用定比基数趋势分析，其内涵与资产负债表原理相同，此不赘述。

二、利润表结构与趋势分析的运用

（一）共同比利润表的运用

承前例，网宿科技 2011—2016 年的共同比利润表见表 6-6，网宿科技 2011—2016 年的利润总额结构分析表见表 6-7。

表 6-6　网宿科技 2011—2016 年的共同比利润表　　　　　（%）

年度 项目	2011	2012	2013	2014	2015	2016
一、营业收入	100	100	100	100	100	100
减：营业成本	71.16	66.16	57.66	56.42	55.24	58.03
营业税金及附加	3.11	3.29	3.23	1.55	0.15	0.16
销售费用	8.64	10.43	9.75	8.35	6.85	6.02
管理费用	9.46	8.28	9.67	10.10	11.02	11.08
财务费用	-2.31	-2.01	-1.53	-0.89	-0.53	-2.20
资产减值损失	0.05	0.25	0.36	0.30	0.59	0.29
投资收益	0	0.20	0.30	0.80	1.10	1.42
二、营业利润	9.89	13.80	21.15	24.98	27.79	28.04
加：营业外收入	2.23	1.72	1.70	1.97	2.32	1.97
减：营业外支出	0.19	0.44	0.75	0.70	0.14	0.19
三、利润总额	11.92	15.07	22.10	26.24	29.96	29.82
减：所得税费用	1.83	2.34	2.43	0.93	1.67	1.75
四、净利润	10.09	12.73	19.68	25.31	28.30	28.07

表 6-7　网宿科技 2011—2016 年的利润总额结构分析表　　　　　　　　　（%）

年度 项目	2011	2012	2013	2014	2015	2016
营业利润	82.91	91.55	95.70	95.18	92.74	94.03
营业外收入	18.69	11.39	7.71	7.51	7.74	6.61
营业外支出	-1.59	-2.93	-3.41	-2.69	-0.47	-0.64
营业外收支净额	17.1	8.46	4.3	4.82	7.27	5.97
利润总额	100.00	100.00	100.00	100.00	100.00	100.00

根据表 6-6 和表 6-7 分析，公司利润表简直可以用"完美"来形容，公司持续盈利能力极强，几乎所有影响持续盈利能力的关键项目都运行趋好，唯有管理费用占比微幅增高，其与公司实施股权激励计划有关，也并非利空信息。公司主营业务与其他业务分明，营业利润与非营业利润更加分明，主营利润在营业利润中占绝对主导，营业利润在利润总额中占绝对主导。具体来讲，营业成本与营业收入之比逐步走低，只有 2016 年微幅上升；营业税金及附加也逐步减低，从 2011 年到 2013 年基本稳定为 3%，但是 2014 年大幅度降低到 1.55%，2015 年更是大幅度降低到 0.15%，2016 年与 2015 年基本持平为 0.16%。这与我国营业税改增值税和税收优惠政策等密切相关，尤其是公司 2015 年营业税金及附加比 2014 年暴降 2500 多万元。销售费用占比逐步降低，体现了公司的销售效率逐步提升。管理费用占比除 2016 年外逐步走低，体现了公司良好的管理水平。财务费用皆为负数，说明公司银行存款和理财产品金额比较大，使财务费用产生了净利息收入。资产减值损失占比保持稳定，在一定程度上说明公司的资产管理水平比较稳定。投资收益除 2011 年外，其他年度保持逐步上升，对利润产生了正贡献。并且营业外利润始终为正，起到了锦上添花的效果。由此可见，公司利润表简直完美无瑕，完全符合持续高增长盈利能力的特征。

公司在这一期间内的超高收入增长和超强盈利能力主要得益于 CDN 行业的高景气周期，网宿科技与蓝汛通信是 CDN 市场竞争中的双寡头，公司受益十分明显。不过从 2014 年开始，CDN 市场双寡头格局遭受挑战，包括阿里巴巴、腾讯、百度在内的互联网巨头纷纷开始涉足 CDN，更是在 2015 年打起了价格战，整个行业迎来大变局。这在一定程度上增加了公司盈利持续的不确定性。以销售毛利率为例，公司 2013 年第四季度出现拐点，销售毛利率开始下降，虽然随后又继续上升，但是增长速度已明显不及从前，进入 2015 年之后，销售毛利率几乎接近水平发展。可以预计的是，随着腾讯、阿里巴巴等加入，行业竞争更加激烈，公司销售毛利率面临明显下滑的风险，公司利润也存在大幅度下滑的风险，2017 年的财务数据就是例证。

（二）比较利润表的运用

承前例，网宿科技 2011—2016 年的比较利润表见表 6-8，表 6-9 是网宿科技 2011—2016 年的定比利润表。

表 6-8　网宿科技 2011—2016 年的比较利润表　　　　　　　　　（单位：万元）

年度 项目	2011	2012	2013	2014	2015	2016
一、营业收入	54 214	81 480	120 499	191 077	293 166	444 653
减：营业成本	38 579	53 908	69 481	107 807	161 938	258 025

(续)

年度 项目	2011	2012	2013	2014	2015	2016
营业税金及附加	1686	2683	3891	2964	448	702
销售费用	4687	8498	11 754	15 951	20 068	26 754
管理费用	5128	6745	11 650	19 294	32 305	49 261
财务费用	-1254	-1636	-1845	-1700	-1547	-9777
资产减值损失	28	205	436	570	1729	1303
加：投资收益	0	165	358	1531	3239	6304
二、营业利润	5360	11 242	25 490	47 722	81 464	124 689
加：营业外收入	1208	1398	2054	3765	6799	8761
减：营业外支出	103	360	909	1347	418	850
其中：非流动资产处置净损失	90	345	774	591	369	835
三、利润总额	6465	12 280	26 635	50 140	87 845	132 600
减：所得税费用	993	1905	2924	1770	4890	7780
四、净利润	5472	10 375	23 711	48 370	82 955	124 820

表 6-9　网宿科技 2011—2016 年的定比利润表　　　　　　　　　　　　　（%）

年度 项目	2011	2012	2013	2014	2015	2016
一、营业收入	100	150.29	222.26	352.45	540.76	820.18
减：营业成本	100	139.73	180.10	279.44	419.76	668.82
营业税金及附加	100	159.09	230.72	175.79	26.59	41.62
销售费用	100	181.33	250.80	340.35	428.20	570.86
管理费用	100	131.54	227.20	376.28	630.00	960.68
财务费用	100	130.47	147.13	135.55	123.40	779.71
资产减值损失	100	716.25	1525.70	1995.17	6047.76	4561.05
投资收益	—	100	217.54	931.05	1968.05	3831.66
二、营业利润	100	209.75	475.58	890.37	1519.92	2326.39
加：营业外收入	100	115.74	170.02	311.67	562.73	725.16
减：营业外支出	100	349.36	882.41	1306.72	404.80	825.08
其中：非流动资产处置净损失	100	376.98	846.22	646.23	403.51	912.42
三、利润总额	100	189.96	411.99	775.59	1358.81	2051.08
减：所得税费用	100	191.98	294.49	178.35	492.59	783.71
四、净利润	100	189.59	433.31	883.93	1515.95	2280.99

注：在整个分析周期中财务费用皆为负值，代表净利息收入，因此财务费用取 2011 年的绝对值作为定基。而公司投资收益在 2011 年为零，所以将 2012 年的数据作为定比基数。

根据表 6-8 和表 6-9 分析，公司 2011—2016 年的营业收入、营业利润、利润总额、净利润均呈现高增长趋势，尤其在 2013 年净利润比 2012 年增幅明显，而此后也保持接近一倍的速度增长，直至 2016 年增速小幅下降到 50%，统计数据再次说明在这段时间内公司持续盈利能力惊人。

以终点与起点的定比营收增速 720.18% 为比较基础，公司营业利润中各个耗费类明细项目的增速基本都低于营业收入的增长速度，这体现了公司在保持收入高增长的同时，成本类项目控制能力极强。其中异动类项目是资产减值损失和投资收益，并且这两类增速远高于收入增速，尤其是资产减值损失。通过表 6-8 可知，这主要是因为资产减值损失的基数过小，还不足 30 万元，因此资产减值损失并不是异动数据；投资收益也是一样，基数比较小，不过从 2012 年开始，公司投资收益大幅度增加。在营业利润项目中，管理费用的增长略高于营业收入增长，这与公司对管理人员的股权激励有关。财务费用基本与营业收入增速相当，财务费用是负数，表示利息净收入，它是公司综合实力强大的一个写照。最终公司净利润增速远高于营业收入增速，净利润增加近 22 倍。这是高成长公司财务数据的典型特征，公司缔造了创业板的神话，股票价格走势十分强劲。

第四节 现金流量表结构与趋势分析

一、现金流量表结构与趋势分析概述

（一）现金流量表结构分析

现金流量表的结构分析是指通过对现金流量表结构的分析，进一步了解企业现金流入的具体来源和现金流出的具体去向，从而有助于预测企业的未来现金流量充沛程度，并更好地评价企业财务状况的质量，提升经营业绩预测的准确性。

现金流量表的结构分析包括总体结构分析与各部分内部结构分析两大类。

总体结构分析主要分析经营活动现金净流量、筹资活动现金净流量和投资活动现金净流量占全部现金净流量的百分比。总体结构分析需要观察公司经营活动现金流（流入、流出或者净额）、投资活动现金流（流入、流出或者净额）与筹资活动现金流（流入、流出或者净额）的总占比分配是否合理，尤其应特别关注经营活动现金净流量的信息。通过经营活动现金净流量占全部现金净流量的分析，结合比较现金流量表，信息使用者可以了解企业的各种经营决策对企业经营成果及其质量的影响。借此，分析者还可以进一步更准确地评价企业的偿债能力和股利支付能力。通常，如果在公司各类现金净流量构成中公司投资净现金流是负数，并且绝对值逐步增大，这时要求公司经营现金流量比较充沛，尤其是要求自由经营现金流充沛。

各部分内部结构分析是指各部分内部不同性质的项目占该部分现金流量的百分比分析。通过各大类别的内部结构分析，可以更清晰地了解公司各部分现金流质量，更具体地了解企业的经营战略，了解企业的偿债能力、财务弹性能力、现金股利支付能力及其他现金流量情况。

各部分内部结构分析具体包括现金流入结构分析、现金流出结构分析以及经营活动、投资活动和筹资活动现金流入和流出之间的比例分析。

现金流入结构分析就是将经营活动、投资活动和筹资活动的现金流入加总合计，然后计算每个现金流入项目金额占总流入金额的比例，分析现金流入的结构和含义。通过现金流入结构分析，可以了解企业资金的主要来源，进而分析企业未来扩张的可行性和各项现金流入波动的原因。

现金流出结构分析就是将经营活动、投资活动和筹资活动的现金流出加总合计，然后计算每个现金流出项目金额占总流出金额的比例，分析现金流出的结构和含义。通过现金流出

结构分析，可以了解企业资金的主要去向，进而分析企业未来发展状况和各项现金流出波动的原因。

在分析了现金流入与现金流出结构之后，还需要对经营活动现金流入与流出、投资活动现金流入与流出和筹资活动现金流入与流出之间的比例进行分析，以观察各部分现金流的匹配情况。一般而言，对于一个正常发展的企业，经营活动现金流入与流出的比例应该大于1，但是投资活动现金流入与现金流出的比例没有确切标准，主要视公司发展阶段而定，筹资活动现金流入与现金流出之间的比例与公司扩张密切相关。

（二）现金流量表趋势分析

现金流量表趋势分析是通过观察和比较连续若干期间的现金流量表相同项目增减变动的金额及幅度，判断经营现金流、投资现金流和筹资现金流等项目质量的变化趋势的分析方法。

现金流量趋势分析可以分为绝对额比较分析和相对额比较分析，也可以分为定比趋势分析和环比趋势分析。

现金流量趋势分析一般选择定比现金流趋势分析，其内涵与资产负债表原理相同，此不赘述。

二、现金流量表结构与趋势分析的运用

（一）现金流量结构表的运用

承前例，网宿科技 2011—2016 年的现金流入结构表见表 6-10，网宿科技 2011—2016 年的现金流出结构表见表 6-11，网宿科技 2011—2016 年的现金流入和流出结构分析表见表 6-12。

表 6-10　网宿科技 2011—2016 年的现金流入结构表　　　　　　　　（％）

年度 项目	2011	2012	2013	2014	2015	2016
销售商品、提供劳务收到的现金	95.45	25.26	38.88	50.10	41.36	31.27
收到的税费返还	1.12	0.15	0.13	0.19	0.35	0.26
收到其他与经营有关的现金	3.41	0.86	1.63	1.25	0.94	0.50
经营活动现金流入小计	99.98	26.28	40.63	51.54	42.65	32.03
投资收到的现金	0.00	73.67	56.93	45.48	47.35	39.64
取得投资收益收到的现金	0.00	0.05	0.12	0.77	0.75	0.33
处置固定资产等现金净额	0.02	0.01	0.00	0.00	0.00	0.01
处置子公司等现金净额	0.00	0.00	0.00	0.02	0.00	0.00
收到其他与投资有关的现金	0.00	0.00	0.00	0.00	0.00	0.00
投资活动现金流入小计	0.02	73.72	57.06	46.27	48.09	39.99
吸收投资收到的现金	0.00	0.00	1.55	0.75	0.78	25.95
取得借款收到的现金	0.00	0.00	0.00	0.00	3.76	0.00
收到其他与筹资有关的现金	0.00	0.00	0.75	1.44	4.71	2.03
筹资活动现金流入小计	0.00	0.00	2.31	2.19	9.25	27.98
现金流入合计	100.00	100.00	100.00	100.00	100.00	100.00

根据以上数据，简要分析如下：

1）总体上讲，在网宿科技的现金流入结构中，经营活动现金流入与投资活动现金流入占主导地位，而筹资活动现金流入占比明显处于次要地位。其中经营活动现金流入占比和投

资活动现金流入占比除2011年和2012年外，两者在现金流入中的贡献相当。2011年是比较极端的年度，当年现金总流入几乎全是经营活动现金流入，其占比高达99.98%，而2012年两者出现了明显变化，其中经营活动现金流入占比仅占26.28%，而投资活动现金流入占比暴增到73.72%。筹资活动现金流入在前两年占比为零，在中间两年仅为2%左右，在2015年大幅增加到近10%，在2016年更是高达27.98%。

需要说明的是，经营活动现金流入基本是由销售产品和提供劳务收到的现金提供，这一项目在经营活动现金流入中占比高达95%以上，而投资活动现金流入中基本由投资收到的现金贡献，它几乎贡献了全部。也就是说，经营活动现金流入和投资活动现金流入几乎就等于销售产品和提供劳务收到的现金和投资收到的现金。并且由于公司投资支付的现金几乎都是用于购买理财产品，这部分产品风险比较低，只要赎回就会产生大量的投资收回的现金。

经营活动现金流入占总现金流入的比例由2011年的95.45%下降到2016年的31.27%，波动比较大，除在2012年仅占25%外，公司销售产品和提供劳务收到的现金占比基本维持在40%~50%。之所以这一比例波动比较大，与公司这一期间的投资活动和外部筹资有一定关系。实际上，公司经营活动现金流入在这一期间是逐步稳定上升的，公司销售产品和提供劳务收到的现金也是稳定上升的。2011年是公司营收高增长的起点，当年没有外部融资，并且几乎没有投资活动现金流入，总现金流入基数不高，导致经营活动现金流入占现金总流入比例过高。2012年经营活动现金流入占现金总流入的比例明显下降，主要原因是投资活动中"收回投资收到的现金"增幅巨大，导致本年现金总流入基数增大。而且之后每一年度"销售商品、提供劳务收到的现金"增幅明显，其占比维持在40%左右。2016年经营活动现金流入降低至31.27%主要是当年非定向增发导致公司现金流大增所致。

2）除2016年外，各年度筹资活动现金流入比都比较低，这从一个侧面说明公司经营活动现金流量充沛，为公司扩张提供了支撑。2016年公司经营活动、筹资活动、投资活动的现金流入比例比较均衡，其他年度比较失衡。公司2016年筹资现金流入占总现金流入27.98%，其中25.95%由股权资本投入。公司自2009年上市至2016年进行非定向增发前，网宿科技没有进行股权融资，除了2015年短期借款2581万元外，其他年度也没有借款，这意味着公司基本利用自由经营现金流就足以支撑公司运营和扩张，也证明了公司现金流充足，有利于减缓我们之前对公司应收账款的一丝忧虑。并且2016年非定向增发体现了管理层的高明之处。公司2016年盈利增速开始放缓，市场竞争出现巨变，BAT正式发力CDN业务，公司经营风险开始显现，于是公司决定发力云计算，开始并购了一些相关公司，力争开拓新的盈利增长点，此时公司利用多年在市场处于主导地位的优势，以及多年一流的财务数据，以极高的估值进行了股权融资，显然是融资上策之选，进一步降低了公司陷入财务困境的可能性。

根据表6-11分析可知，在各类现金流出中，投资活动现金流出占据绝对主导，除2011年占比11.81%外，都维持在60%以上。其中，公司投资现金流出基本由投资支付的现金构成，占比高达90%以上，该项目主要是购买理财产品，属于闲置资金的再利用，而购建固定资产、无形资产和其他长期资产支付的现金占比，除2011年外，远低于10%，这意味着公司投资现金流出的变化并不能有效代表公司扩张的变化。公司从2012年开始购买理财产品，这是导致2011年投资活动现金流出占比过低的原因；经营活动现金流出占比除2011年高达85.41%外，基本为20%~35%。其中，经营活动现金流出中购买商品、接受劳务支付的现金占主导地位，其占比基本维持在70%以上；筹资活动现金流出占比极小，基本为

1%～3%。经营活动现金流出占比之所以2011年是个例外，是因为这一年总现金流出过小，主要是投资活动现金流出过小所致，该年投资活动现金流出中仅有购建固定资产等支付的现金一项，其金额为6544万元。

表6-11　网宿科技2011—2016年的现金流出结构表　　　　　　　　　　（%）

年度 项目	2011	2012	2013	2014	2015	2016
购买商品、接受劳务支付的现金	62.39	15.12	21.25	26.33	24.26	18.84
支付给以及为职工支付的现金	12.74	3.28	5.09	6.33	6.06	3.76
支付的各项税费	4.89	1.31	2.32	2.02	1.07	0.46
支付其他与经营有关的现金	5.39	1.28	1.86	2.05	1.32	0.94
经营活动现金流出小计	85.41	20.99	30.53	36.73	32.70	24.02
购建固定资产等支付的现金	11.81	1.86	5.01	3.75	5.97	7.17
投资支付的现金	0.00	76.43	62.79	56.38	58.04	66.19
取得子公司等支付的现金净额	0.00	0.00	0.00	0.24	0.00	0.00
支付其他与投资有关的现金	0.00	0.00	0.00	0.61	0.00	0.03
投资活动现金流出小计	11.81	78.28	67.80	60.98	64.01	73.39
偿还债务支付的现金	0.00	0.00	0.00	0.00	0.00	0.18
分配股利、利润等支付的现金	2.78	0.73	1.06	0.80	0.75	1.11
支付其他与筹资有关的现金	0.00	0.00	0.62	1.49	2.54	1.30
筹资活动现金流出小计	2.78	0.73	1.68	2.29	3.29	2.59
现金流出合计	100.00	100.00	100.00	100.00	100.00	100.00

根据表6-12可知，公司现金总流入与现金总流出总体上比较均衡，其中经营活动现金流入远大于经营活动现金流出，由2011年的120.75%，逐步稳健上升到135%左右，2016年微幅下降到131.08%；而投资活动现金流入与投资活动现金流出之比，除2011年外，由2012年的96.15%，逐步下降到2015年的77.49%，2016年骤降至53.56%。其中2016年大降主要是当年购买理财产品大增近60亿元所致；筹资活动现金流入与筹资活动现金流出的比例，除前两年外，从2013年开始波动极大，这与公司融资有关，尤其是2016年公司进行了大额股权融资，导致当年筹资活动现金流入远高于筹资活动现金流出，两者之比竟高达1061.02%。相对而言，2011年和2012年在整个分析周期中比较特殊。公司2011年没有投资活动现金流入，投资大规模现金流出是从2012年开始的，导致2011年公司现金总流入与现金总流出中几乎全是由经营活动现金流构成的。2012年公司筹资活动现金流入为零，导致筹资活动现金流入与筹资活动现金流出的比例为零。

表6-12　网宿科技2011—2016年的现金流入和流出结构分析表　　　　（%）

年度 项目	2011	2012	2013	2014	2015	2016
经营活动现金流入/现金流出	120.75	127.83	131.03	136.27	134.51	131.08
投资活动现金流入/现金流出	0.15	96.15	82.85	73.69	77.49	53.56
筹资活动现金流入/现金流出	0.00	0.00	135.48	93.05	290.05	1061.02
现金总流入/现金总流出	103.15	102.10	98.44	97.12	103.13	98.29

（二）比较现金流量表的运用

承前例，网宿科技2011—2016年的比较现金流量表见表6-13。网宿科技2011—2016年的定比现金流量表见表6-14。

表6-13　网宿科技2011—2016年的比较现金流量表　　　　　（单位：万元）

年度 项目	2011	2012	2013	2014	2015	2016
销售商品、提供劳务收到的现金	54 558	81 670	111 334	190 616	271 346	441 181
收到的税费返还	642	490	358	716	2316	3654
收到其他与经营有关的现金	1948	2790	4669	4746	6182	6989
经营活动现金流入小计	57 148	84 950	116 361	196 078	279 844	451 824
购买商品、接受劳务等支付的现金	34 571	47 866	61 829	103 147	154 333	270 445
支付给以及为职工支付的现金	7061	10 388	14 812	24 813	38 561	54 035
支付的各项税费	2709	4138	6742	7913	6779	6655
支付其他与经营活动有关的现金	2986	4061	5420	8015	8373	13549
经营活动现金流出小计	47 327	66 453	88 803	143 888	208 046	344 684
经营活动现金流量净额	9821	18 497	27 558	52 190	71 798	107 140
收回投资收到的现金	0	238 150	163 050	173 020	310 651	559 282
取得投资收益收到的现金	0	165	355	2925	4894	4679
处置固定资产等的现金净额	10	20	9	18	4	176
处置子公司等的现金净额	0	0	0	80	0	0
收到其他与投资有关的现金	0	0	0	0	0	0
投资活动现金流入小计	10	238 335	163 414	176 043	315 549	564 137
购建固定资产等支付的现金	6544	5874	14 583	14 686	37 986	102 942
投资支付的现金	0	241 997	182 650	220 871	369 256	949 966
取得子公司等支付的现金	0	0	0	959	−14	0
支付其他与投资有关的现金	0	0	0	2371	0	461
投资活动、现金流出小计	6544	247 871	197 233	238 887	407 228	1 053 369
投资活动产生的现金流量净额	−6534	−9536	−33 819	−62 844	−91 679	−489 232
吸收投资收到的现金	0	0	4452	2867	5147	366 127
取得借款收到的现金	0	0	0	0	24 655	0
收到其他与筹资有关的现金	0	0	2153	5469	30 911	28 661
筹资活动现金流入小计	0	0	6605	8336	60 713	394 788
偿还债务支付的现金	0	0	0	0	0	2581
分配股利等支付的现金	1542	2313	3084	3135	4773	15 967
支付其他与筹资有关的现金	0	0	1791	5824	16 159	18 660
筹资活动现金流出小计	1542	2313	4875	8959	20 932	37 208
筹资活动产生的现金流量净额	−1542	−2313	1730	−623	39 781	357 580
汇率变动对现金的影响	−67	−10	−108	20	580	2329
其他对现金的影响	0	0	0	0	0	0
现金及现金等价物净增加额	1678	6634	−4639	−11 257	20 480	−22 184
期初现金及现金等价物余额	52 868	54 546	61 180	56 534	45 277	65 757
期末现金及现金等价物余额	54 546	61 180	56 541	45 277	65 757	43 573

表 6-14　网宿科技 2011—2016 年的定比现金流量表　　　　　　　　　　　　　　（%）

年度 项目	2011	2012	2013	2014	2015	2016
销售商品、提供劳务收到的现金	100	149.70	204.07	349.39	497.36	808.65
收到的税费返还	100	76.32	55.82	111.58	360.76	569.14
收到其他与经营有关的现金	100	143.25	239.69	243.62	317.37	358.79
经营活动现金流入小计	100	148.65	203.62	343.11	489.69	790.63
购买商品、接受劳务等支付的现金	100	138.46	178.85	298.36	446.42	782.29
支付给以及为职工支付的现金	100	147.13	209.77	351.43	546.13	765.30
支付的各项税费	100	152.75	248.90	292.07	250.23	245.58
支付其他与经营活动有关的现金	100	135.99	181.52	268.48	280.44	453.79
经营活动现金流出小计	100	140.41	187.64	304.03	439.60	728.31
经营活动现金流量净额	100	188.34	280.60	531.41	731.08	1090.94
收回投资收到的现金	—	100	68.47	72.65	130.44	234.84
取得投资收益收到的现金	—	100	215.59	1777.57	2974.06	2843.79
处置固定资产等的现金净额	100	203.21	96.66	185.19	43.05	1771.40
处置子公司等的现金净额	—	—	—	100	0.00	0.00
收到其他与投资有关的现金	—	—	—	—	—	—
投资活动现金流入小计	—①	100	68.56	73.86	132.40	236.70
购建固定资产等支付的现金	100	89.80	222.85	224.43	580.47	1573.10
投资支付的现金	—	100	75.48	91.27	152.59	392.55
取得子公司等支付的现金	—	—	—	100	-1.35	0.00
支付其他与投资有关的现金	—	—	—	100	0.00	19.45
投资活动现金流出小计	100	37.88	30.14	36.50	62.23	160.97
投资活动产生的现金流量净额	100	145.99	517.58	961.80	1403.11	7487.53
吸收投资收到的现金	—	—	100	64.39	115.60	8223.59
取得借款收到的现金	—	—	—	—	100	0.00
收到其他与筹资有关的现金	—	—	100	254.09	1436.08	1331.54
筹资活动现金流入小计	—	—	100	126.21	919.24	5977.45
偿还债务支付的现金	—	—	—	—	—	100
分配股利等支付的现金	100	150.00	200.00	203.30	309.49	1035.39
支付其他与筹资有关的现金	—	—	100	325.25	902.46	1042.12
筹资活动现金流出小计	100	150.00	316.11	580.94	1357.32	2412.76
筹资活动产生的现金流量净额	100	150.00	-112.17	40.39	-2579.57	-23187.20
汇率变动对现金的影响	100	15.61	161.99	-29.94	-871.17	-3500.08
其他对现金的影响	—	—	—	—	—	—
现金及现金等价物净增加额	100	395.31	-276.42	-670.76	1220.31	-1321.81
期初现金及现金等价物余额	100	103.17	115.72	106.94	85.64	124.38
期末现金及现金等价物余额	100	112.16	103.66	83.01	120.55	79.88

注：由于公司 2011 年"收回投资收到的现金"的金额为零，用 2012 年数据作为定比基数。如果某会计科目 2012 年没有数据，顺延用 2013 年作为定比基数，其他类似情况处理方法与此相同。

① 2011 年公司投资现金流入仅有 10 万元，之后多年数据都是达到上亿元，所以，本数据以 2012 年作为基期。

根据表 6-13 和表 6-14 可知，总体上讲，在这一期间内，公司处于非常健康的"快速扩张"阶段，几乎完全符合成功扩张必备的各类现金流条件。但是，如前所述，公司的投资活动支出主要是购买金融理财产品而非购买固定资产、无形资产等，也非取得子公司等现金支付，而固定资产增加并不快，取得子公司等现金支付几乎为零，这意味着公司扩张并不明显。公司经营现金流充足，它可以为公司投资活动提供有效支撑，与之对应，公司外部融资能力很强，且偏向股权融资方式，公司始终保持极低的资产负债率，几乎完全没有陷入财务困境的可能性。

具体来讲，2011—2016 年，公司经营活动现金流呈强劲上升趋势，经营现金流净增了 9.91 倍，其中销售商品、提供劳务收到的现金增加了 7.09 倍，购买商品、接受劳务等支付的现金增加了 6.82 倍。这也说明，公司在产品市场处于主导地位，具有很强的话语权。

在此期间，公司投资活动净现金增加了 73.88 倍，看起来相当惊人，实际并非如此。这主要是因为 2011 年投资活动现金净流量基数过小，仅为 6534 万元。公司从 2012 年开始大规模购买理财产品，高达 24.20 亿元，2016 年更高达 95.00 亿元，与 2015 年相比，理财产品暴增近 60 亿元，而固定资产由 2011 年的仅 6544 万元，到 2016 年增加到 10.53 亿元，总体上与购买理财产品相比仅为其 10% 左右，这说明公司扩张并不激进。

如果进一步将公司现金流量表与利润表一并考察，我们会发现公司经营活动现金流入、流出和营业收入、营业成本的变化趋势基本一致，说明公司经营活动健康；2016 年公司处置固定资产、无形资产和其他长期资产收回的现金净额大幅增加，购买固定资产和大量理财产品引起投资活动现金流出大幅增加，且后者远大于前者，最终投资活动现金净流量大幅下降；虽然公司分配的股利逐年增加，但现金股利增幅远低于净利增长。

根据表 6-14 还可以发现一些异动数据，通过查阅财务报告和其他公开信息发现，这些异动数据基本处于可控、合理的范畴。有兴趣的读者可以评估这些异动数据的原因及其对公司持续盈利能力的影响。

至此，网宿科技从教科书层面近乎完美地演绎了一家具有持续高增长盈利能力的公司应有的财务写照。从总体上讲，公司资产负债表反映的各个方面都比较健康：货币类资产充足，应收账款风险极低，存货占比不高，公司经营性负债比较高，公司资产负债率比较低，投融资策略比较保守，是一家典型的优质企业的财务状况。其中，需要密切关注公司应收账款与存货的趋势变化，并结合其他指标辅助判断。公司利润表完美无瑕，几乎一切影响利润的核心项目都是趋好，只有管理费用与收入之比因为股权激励而微幅升高。公司现金流量表也近乎完美，经营现金流充足，扩张并不激进，这说明公司利润增长更多基于内在驱动而非大规模扩张所致。

市场总是变幻莫测，网宿科技还没来得及自赏，挑战便近在眼前。市场正在发生巨变，公司的 CDN 市场份额开始下降，定价能力遭受挑战，云计算尚未形成盈利增长点，公司变革迫在眉睫。公司需要在维持现有优势的基础上开拓新的竞争性产品，增加盈利增长点，使企业重回强劲盈利轨道，至少能够维持当前持续盈利能力，而这一切都充满不了确定性。

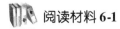阅读材料 6-1

暴利时代终结下网宿科技的未来

根据中国信息通信院数据,在 2010—2015 年期间,CDN 业的市场规模年复合增长率高达 32%,相较而言,同期热热闹闹的手机市场,年复合增长率仅 8.8%。可以说,网宿科技充分享受到了中国互联网行业高速发展带来的红利。在 2010—2015 年这段时间内,网宿科技的营业收入增长率几乎每年都超过 50%,净利润年复合增长率则达到 80%。账面上源源不断的利润增长传导至资本市场,令网宿科技的股价不断高企,网宿科技成了创业板的一个神话,然而神话大都有落幕的一天,不知网宿科技是否命也如此。

历史似乎总在重演,当年靠价格战打开市场的网宿科技,如今也被新的竞争对手以同样的手法围剿。首先是阿里云在 2015 年宣布旗下"极速 CDN"产品降价,降价后价格仅相当于网宿科技同类产品的 1/3;随后腾讯云加入战局,宣布 CDN 服务价格最高下调 25%;此后金山云、百度云、迅雷等厂商纷纷跟进降价,CDN 行业开启一轮又一轮的降价潮。目前一些供应商给企业的 CDN 价格已低于 10 元/M 的成本线。

2016 年年底,与 CDN 有关的话题再次引发了业内的热烈讨论。例如,"云服务商将占据 80% CDN 市场份额,传统 CDN 或将终结""趴在门口的云计算,盯上了屋内狂奔的 CDN""市场和价格被马云颠覆,白马网宿科技增长'急刹车'""网宿科技下跌近 5% 股价再创年内新低""CDN 价格战加剧洗牌"等,网宿科技股价与历史最高价相比已跌去近 70%,唱衰网宿科技的论调甚嚣尘上。而网宿科技公司的核心高管认为,CDN 整体市场足够庞大,阿里云、腾讯云、金山云等 CDN 云服务商掀起的价格战带来的冲击,并不能动摇网宿科技的根基,更说不上是致命一击。云服务商的冲击,反而给了网宿科技新的机会,也就是其正在酝酿的"三大招数"——打一场"错位战争",同时借助"出海"和进军云计算寻找新的商业机会。就像那些传统汽车巨头对付特斯拉那样,力争在周旋中发现对手的破绽,不断增加自己胜出的概率。

2017 年 11 月 22 日,阿里云宣布 CDN 价格再次下调 25%。阿里云称,作为互联网的基础服务,更低价的 CDN 直接降低了互联网的创业门槛,推动了包括音视频、直播等行业的"风口爆发"。

云厂商的猛烈进攻,对网宿科技造成的压力已显而易见。尽管网宿科技的市场份额仍维持在 40% 以上,但其毛利率已自 2015 年年底巅峰时期的 47% 降至 35% 左右。

"网宿科技已经比较被动,现在还无法确定利润率会下滑到什么水平,一切都要等新的平衡态势出现。"一位调研了网宿科技的分析师说。

"对价格战有预期,但没想到会疯狂到低于成本,这是不可想象的。因为 CDN 是玩量级的事情,上 T 的带宽,一年仅带宽成本就几个亿,意味着每个月要烧掉很多钱。"视界云资源采购中心总监孙嘉说。

在这场大战中,被挑战的不仅是市场上的传统玩家,刚入场的创业企业甚至已面临生死困境。

高管的预期总是美好的,而现实却是残酷的。当市场出现巨大不利变化时,高管的预期也会落空,不知这一次网宿科技的高管是否能让现实再次美好起来。

最后，我们希望通过网宿科技案例的分析，有利于投资者以一颗敬畏市场之心挖掘高成长的投资标的，分享高成长公司红利，而不只是作为事后评述这家公司丰功伟绩的评论家，更不是总是错失持续高增长盈利能力公司的失意投资者。

思 考 题

1. 简述财务报表结构与趋势分析的内涵、分类与意义。
2. 一般情况下，为什么财务报表结构分析与趋势分析需要借助比较财务报表？
3. 一般而言，为何利润表结构分析不借助比较利润表也基本可以判断盈利能力水平？
4. 持续高增长盈利能力公司的现金流量表应该呈现何种特征？
5. 为什么说网宿科技 2011—2016 年是一家教科书式完美的高成长公司？

判 断 题

1. 财务报表的结构是财务报表的横截面，需要以某一个财务数据作为比较基础，而这个数据选取的合理性直接决定了横截面的分析效果。（ ）
2. 资产负债表的结构分析通常不需要借助资产负债表原始数据就可得出比较正确的结论。（ ）
3. 财务报表结构分析不需要做趋势分析。（ ）
4. 财务报表趋势分析是指对财务报表各类数据按时间序列的比较分析。（ ）
5. 从广义上讲，各种财务数据都需要做趋势分析。（ ）
6. 经由财务报表结构与趋势分析，分析者不需要再评估公司各种财务能力。（ ）
7. 财务报表结构与趋势分析有利于从宏观上掌握财务数据的总体印象，形成正确的财务报表的总体判断。（ ）
8. 利润表结构分析不借助其原始数据也有可能比较正确地评价公司盈利能力。（ ）

第三篇
财务能力评价篇

第七章　流动性能力分析
第八章　资产管理能力与财务弹性
第九章　盈利能力与公司估值
第十章　财务报表综合分析方法

Chapter 7 第七章

流动性能力分析

■ **回顾**

第六章通过财务报表结构分析和趋势分析,读者可以对财务报表产生总体印象,有利于进一步评价公司的财务能力。当财务报表结构和趋势发生变化时,尤其是出现重大异动时,首先需要甄别这些异动的真伪,然后对实质性异动数据做出正确评估,并判断这些异动数据的持续性及其对公司持续盈利能力的影响。

■ **本章提要**

本章开始进入第三篇 财务能力评价篇。本章对公司流动性能力进行评估,着重解释和运用各种计量偿还债务能力的财务指标及其注意事项。本章描述了流动性的内涵与重要性,探讨了短期债务偿还与长期债务偿还的重要计量指标:营运资本、流动比率、速动比率、资产负债率等,深化了一些理论知识,也对一些实务知识进行了逻辑上的推演,有利于读者提升运用这些计量流动性工具的评价能力。

■ **展望**

第八章讲述 OPM 战略与财务弹性评估,探讨 OPM 战略和财务弹性的计量指标的内涵、计算、运用及其注意事项。

◆ **章首案例**

有统计数据显示,我国 60% 的企业在 5 年内破产,85% 的企业在 10 年内消亡,能够生存 10 年以上的企业只有 10% 左右,而中小民营企业的平均寿命更是只有大概 2.9 年。发达国家企业的平均寿命明显高于我国企业的平均寿命,比如日本企业的平均寿命高达 30 年,美国企业的平均寿命更高达 40 年,但是近些年发达国家企业生存处境也变得更为艰辛。

当下企业生存艰难的原因是多方面的。例如，当下信息繁杂，竞争尤为激烈，顶级企业占据更多的信息优势，竞争优势更为明显，垄断能力更强，更容易形成闭环或者开环生态体系，留给中小企业的生存空间更加狭小。又如，不少中小企业乃至大企业盲目扩张，过于激进，无视公司风险控制的重要性。还有大多数企业没有核心竞争力，导致其生存变得更难，这是最重要的原因。

仅从财务角度上讲，大多数企业破产并不是因为亏损，甚至不少破产的企业都是盈利的，其主要原因是公司现金流枯竭了。在当下移动互联网、大数据时代，市场竞争更为激烈，死亡变得更为容易，公司的流动性评估显得比以往更为迫切而重要。

根据上述资料，分析以下问题：

1. 为什么当下公司流动性比以往任何时候都显得更为重要？
2. 如何评估公司的流动性？

第一节 各类财务能力的关系与动态循环财务能力评估*

一、各类财务能力之间的关系

财务能力分析模块主要包括短期债务偿还能力、长期债务偿还能力、资产管理能力、盈利能力、现金流能力和成长能力6类财务能力。这6类财务能力之间的关系如图7-1所示。

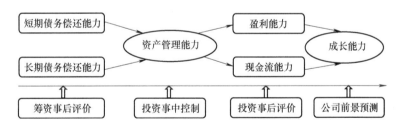

图7-1 财务能力评价关系图

我们将各种财务能力之间的关系称为供应链财务能力。供应链财务能力是指各类别财务能力有机构成一个供应链，各类财务能力是供应链的其中一环，供应链各环各司其职。供应链财务能力管理通过不断动态优化供应链每一环节的财务能力，实现公司价值最大化。

具体来说，短期债务偿还能力与长期债务偿还能力分析是公司筹资决策的事后评价，通过评估资本结构，检验是否能够进一步优化公司的资本成本，分析公司风险是否可控，以及公司陷入财务困境的可能性，公司是否存在现金类资产过度闲置等；资产管理能力分析是公司长短期投资决策的评价，属于投资事中控制，比如公司流动资产产生收入的能力是否有改进空间，临时性流动资产是否过多，永久性流动资产占比是否过高，非流动资产效率是否低下等；盈利能力与现金流能力分析是投资事后评价的两个维度，其中，盈利能力是衡量公司创造利润的能力，即投资效益，现金流能力是衡量公司创造利润的含金量的能力，即投资效益现金含量。要实现持续盈利,公司必须兼顾两个维度。如果公司短期大幅度提升了投资效益但是现金流明显不足,公司盈利将难以持续。最后是评价公司成长能力,属于公司前景预测的内容,以公司盈利成长性为中心,也可以称为投资的终极评价。单纯的成长能力指标没有太多信息内涵,成长能力可以视为其他各项财务能力的函数,各项财务能力强弱基本决定了成长能力。整个供应链是一个有机整体,环环相扣,实现公司价值再造。只有公司供应链管理各环节的财务能力越强,公司的综合财务能力才可能越强,公司未来盈利持续能力才可能越有保障。公司要实现持续盈利,正常情况下公司不能有供应链短板,即使有短板,也至少要保持短板环节的风险处于可控范畴。

其中,持续盈利能力是财务能力评价的核心。如果公司具有持续盈利能力,正常情况下公司债务偿还能力、资产管理能力、现金流能力都比较强,而公司成长能力至少是保持收入、利润持续或者持续增长,至于其增长率高低与公司发展阶段有关。如果这几类财务能力中任何一项表现一般(如果是成长能力的话,是指公司收入和利润下滑),则公司都不太可能具有持续盈利能力。资产管理能力是公司经营过程财务能力的指示器,它直接决定了公司盈利能力、债务偿还能力和现金流能力的强弱。现金流能力只是一个辅助指示器,它重要的使命是保证公司正常运转即可。

财务能力分析六个模块是一个动态评估链,通过甄别供应链的各个环节和有效管理,剔除不创造价值的部分,保留创造价值的环节,不断提升企业创造价值的能力,实现股东财富最大化。一般来讲,公司筹资效果一流,能为投资提供有效支撑;投资链条更具创造价值能力,公司的现金流就比较充沛;公司持续盈利能力越好,资产质量越稳健。公司前景取决于公司供应链管理的综合能力,而不是取决于哪一类财务能力最强,但受制于哪一类财务能力最弱,即短板制约企业未来盈利能力。因此,切勿将这六类财务能力割裂开来,需要将每一类财务能力都置入动态循环评估中。

二、动态循环财务能力评估

动态循环财务能力评估是指根据一定顺序计算各类财务能力指标,并结合比较标准,形成各类财务能力的初始判断,然后根据后一类财务能力的评价,不断修正前一类财务能力的判断,即增加一类财务能力评价,就需要对已评估财务能力做出修正,以此类推,最终形成每类财务能力的终极评价,进而形成公司财务能力的综合评价。

各类财务能力因评估不同类别财务能力的顺序的不同而不同,但是各类财务能力和公司综合财务能力的最终评价应该是趋同的。各类财务能力评估的一般顺序是:短期债务偿还能力评估、长期债务偿还能力评估、资产管理能力评估、盈利能力评估、现金流能力评估和成长能力评估,这与资金运动过程也比较一致。基于此,动态循环财务能力评估简化过程如下:财务报告使用者首先计算短期债务偿还能力,根据公司财务报告数据及非财务信息,形成对公司短期债务偿还能力的初始判断。然后计算长期债务偿还能力,同样借助公司财务报告数据及非财务信息,给出公司长期债务偿还能力的初始判断。继而根据长期债务偿还能力的初始判断,修正原来公司短期债务偿还能力的初始判断,形成短期债务偿还能力的第二次判断。接着计算公司资产管理能力,形成公司资产管理能力的初始判断,依次修正短期债务偿还能力和长期债务偿还能力的判断,即短期债务偿还能力的第三次评估和长期债务偿还能力的第二次判断。以此类推,最终给出各类财务能力最终评定和财务综合能力评定。

在财务能力动态评估的修正过程中,各类财务能力原有评估有可能出现不太准确的地方,通过再次评估这些矛盾的地方,不断修正每一类财务能力的初始判断,最终给出各类财务能力的更为准确的评价。

通过多次动态调整各类财务能力的初始评价,使各类财务能力评价构成有机整体,形成动态闭环循环财务能力评估体系,对各类财务能力做出更为准确的判断。为了更准确地评价公司各类财务能力,借助非财务信息是非常重要的,尤其是公司经营环境评估信息。我们将动态闭环财务能力评估系统与公司经营环境评估相结合,进行再循环修正评估,形成动态开环财务能力评估系统。

各类财务能力之间并非泾渭分明,为方便起见,我们将六类财务能力评价重新划分为三大类:流动性能力(债务偿还能力)、资产管理能力和盈利能力,将现金流能力融入三大类财务能力,成长能力不单独讲述,形成三大部分:流动性能力、资产管理能力与财务弹性、盈利能力与公司估值。

第二节　流动性概述

公司流动性能力分析是公司筹资决策的事后评价。它通过一系列财务指标评价公司的流动性,透析公司财务风险的高低,评价公司资本结构的优劣,为公司下一步的优化筹资决策提供数据支撑。

一、流动性的定义

流动性有狭义与广义之分。狭义的流动性分析是指公司偿还债务能力分析,并且一般是指短期债务偿还能力分析。而广义的流动性不仅包括短期债务偿还能力,而且还包括长期债务偿还能力,甚至还可将资产管理能力归入其中,如应收账款周转率、存货周转率等也可以反映公司的流动性能力,还有现金流能力也属于流动性范畴。因此,从广义上讲,剔除成长能力,财务能力可以划分为盈利能力和流动性能力。而这里流动性分析包括公司偿还债务能力和一些反映公司现金流能力的指标分析,视为狭义流动性。

短期债务偿还能力是指企业用流动资产偿付流动负债的能力,它反映的是公司偿还一年以内到期或一个营业周期以内到期债务的能力。

流动性划分有两个标准:一年和一个营业周期,其中,营业周期的时间界定并非一定要大于一年,可以等于一年也可以小于一年。资产以年为界限的划分标准直接划定了长期资产与短期资产,比如有一些以年为划分标准的经营性流动资产,如应收票据、应收账款等,也有一些金融类资产,如交易性金融资产等,但这并非资产的全部。有些资产的划分以营业周期为标准,如存货、固定资产等。

一般来说,短期债务偿还能力主要取决于资产的市场流动性。资产的市场流动性是指资产变现的难易程度。从根源来讲,无论是公司短期债务偿还能力还是长期债务偿还能力,其本质都取决于公司的持续盈利能力。

二、资产流动性的判定标准

资产的流动性主要体现在以下两个方面:

（1）非价格压力效应。如果一种资产在改变市价的情况下大量销售，那么这种资产就具有市场流动性，但这说明该资产具有价格压力效应。价格压力效应是指为了有利于资产的销售，而不得不降低资产的价格。而非价格压力效应是指为了资产销售，公司不存在降低价格的压力。

（2）时效性。如果一种资产能以现有市价快速出售，那么这种资产就具有比较强的市场流动性。

由此可见，判断资产的流动性有两个标准：一是价格尺度，另一个是时间尺度。价格尺度是指售价与公平市场价格相比的折扣，折扣越小，资产的流动性越强。公司资产的时间尺度是指公司卖出资产所需多长时间，时间越短，资产的流动性越强。价格尺度与时间尺度的匹配直观产生四个结果：价格尺度与时间尺度皆强、价格尺度与时间尺度皆弱、价格尺度强与时间尺度弱、价格尺度弱与时间尺度强。其中，第一种结果资产的流动性最强，比如货币资金流动性最强，假定币值稳定，则它的价格尺度和时间尺度都几乎为零；第二种结果资产的流动性最弱；其他两类匹配结果存在着不同的流动性。因此，资产的流动性也可界定为公司资产以一个合理的价格顺利变现的能力。

三、流动性的重要性

流动性本身是一个程度大小的问题。缺乏流动性使企业处于被动境况，或者放弃好的投资机会、舍弃巨大的现金折扣，或者拖延公司管理层的决策等。严重的流动性导致公司现金流陷入财务困境，有可能导致公司陷入流量破产，甚至是企业破产清算。

对不同利益相关者而言，公司流动性不足都是不利征兆。对股东而言，公司缺乏流动性经常是公司盈利水平下降和投资机会减少的先兆，有可能导致公司控制权和投资机会的流失。对债权人来说，企业缺乏流动性将直接导致公司债权人本息收回的延迟，甚至无法收回。企业顾客和供应商也一样受到公司流动性影响，如果公司流动性匮乏，公司售后服务必然受到影响，供应商的应收账款也会受到影响，严重的话会有可能导致供应商陷入财务困境。

阅读材料 7-1

资产减值准备与公司流动性危机——以长虹和乐视网为例

2004年12月28日，长虹（600839.SH）披露了上市10年来第一个预亏公告。该公司披露，由于拟对美国APEX公司（Apex Digital Inc.）应收账款计提坏账准备，以及拟对南方证券委托国债投资余额等计提减值准备，将会导致2004年度公司出现较大的亏损。其中长虹应收APEX公司账款余额截至2004年12月25日约为4.7亿美元，预计其坏账准备计提额高达3.1亿美元，约合25亿元人民币。预亏公告公布后长虹股价暴跌，并且连续几天跌停，给股东造成了巨大损失。四川长虹当年披露亏损36.81亿元，荣登当年A股亏损王。

2016年底乐视网流动性危机爆发，2017年乐视关联交易风险彻底暴发，上市公司乐视网（300104.SZ）流动性濒临枯竭。随之乐视网喊了许久贾跃亭还钱，至今尚无明确还款方案。2017年底，贾跃亭控制的关联方对乐视网欠款仍高达72.8亿元，关联交易风险没有得到有效缓解，并为之计提了巨额坏账损失。2017年乐视网披露巨亏138.78亿元，成为2017年A股亏损王，这一数据超过了第6~10名的亏损总和。乐视网巨亏导致公司净资产由2016年度的104.82亿元骤减到6.63亿元，这意味着2017年乐视网一年亏损几乎击穿公司净资产。乐视网巨亏主要是因为公司及下属子公司对2017年1~12月存在可能发生减值迹象的资产进行全面清查和资产减值测试后，计提2017年各项资产减值损失共计108.82亿元，其中无形资产减值损失32.8亿元，坏账损失60.94亿元。报告期内，由于持续受到关联方资金紧张、流动性风波影响，社会舆论持续发酵并不断扩大，对公司声誉和信用度造成较大影响，公司的广告收入较2016年同比下降87.39%、终端收入较2016年同比下降75.09%、会员及发行业务收入较2016年同比下降50.66%。同时，公司日常运营成本CDN费用较2016年增加57.97%，摊提费用较2016年增加52.62%。乐视网关联交易危机直接将乐视网推向死亡边缘，2018年乐视网发出警示：公司存在退市风险。

所有这些情况都表明，企业的流动性至关重要。公司流动性是保障其持续经营的前提。如果公司流动性不足，公司无法持续经营，战略无法实施，公司持续盈利更是无从谈起。而现实生活中保持适度流动性不是一件容易的事，流动性是企业的生存命题，更是财务总监面临的重要难题。

第三节 短期债务偿还能力分析

我们通常所说的流动性是指短期债务偿还能力，实际上长期债务偿还能力也属于流动性分析范畴，这是因为在企业破产时，人们看到的总是这个时点的债务无法偿还，这个时点的债务在这个时点必然是短期债务，但是其初始未必是短期债务。

一、短期债务偿还能力存量指标

短期债务存量是指资产负债表中右方列示的流动负债期末余额，与之对应的是资产负债表中左方列示公司的流动资产。两者的划分标准相同，都是小于等于一年或一个营业周期，流动资产与流动负债从划分标准的时间期限上是匹配的，所以，通过营运资本，即流动资产与流动负债的比较可以反映公司的短期债务偿还能力。

1. 指标原理分析

营运资本是计量流动性的重要指标，是衡量公司短期债务偿还能力的常用分析工具。营运资本也是计量流动性储备的重要指标。流动性储备的主要目的是用于应付企业的或有事项或者不确定事项。

营运资本又称营运资金，分为广义的营运资金和狭义的营运资金两种。广义的营运资金是指流动资产总额，它主要衡量企业资产的流动性和周转状况。狭义的营运资金是指某时点内企业的流动资产与流动负债的差额，又称净营运资本。净营运资本越多，公司偿还债务越安全，但公司闲置资金越多，势必影响公司的盈利能力。因此企业营运资本的持有状况和管理水平直接关系到企业的盈利能力和财务风险。

营运资本一般是指狭义上的范畴，即流动资产与流动负债之差。其计算公式为

$$营运资本 = 流动资产 - 流动负债$$

营运资本作为判定企业短期债务偿还能力的标准隐含着一个强假设：以营运资本等于零为标准，流动资产与流动负债在金额与期限上均完全匹配。基于此，当流动资产小于流动负债时，即流动资产在不同时点及金额不能完全与流动负债匹配，营运资本出现短缺，指示公司流动性不足。当流动资产大于流动负债时，营运资本出现溢余，说明公司流动性比较充分。当二者相等时，公司处于流动性的安全临界点。具体分析如下：

（1）营运资本大于零。当流动资产偿还流动债务后剩余越多，偿还债务能力越强，安全边界越高。若企业一味追求安全边界，必然以牺牲其盈利能力为前提。当公司流动性过强时，流动资产的机会成本必然上升，通常会影响到公司的盈利能力，因此并不是营运资本越高越好。如果公司的营运资本长期过高，投资者需要考察其中具体原因。如果是公司长期垄断带来充足现金流，则这反而是好消息。如果是公司管理者过度保守所致，则公司未来盈利能力势必受到影响。因此，公司需要优化营运资本的持有量。确定营运资本的持有量可以参考存货管理模型，基于若干假设，测算公司的最佳营运资本持有量区间。

（2）营运资本等于零。从理论上讲，流动资产刚好用于偿还流动负债，处于债务偿还的安全临界点。如果企业偿还债务能力处于安全临界点，这时需要密切关注公司的偿还债务因素的趋势变化，观测这些因素是向有利于公司还是不利于公司的方向发展，并分析其中原因。

（3）营运资本小于零。当流动资产不足以偿还流动负债时，公司偿还债务能力较差，处于危险区域，应引起企业高度关注。在这种情况下，企业短期债务偿还能力较差，若企业的流动资产能够满足刚性短期债务，如金融机构的借款，企业的偿还债务风险仍然处于可控制范围之内，否则企业只能动用借款、变现非现金类资产，甚至是变现非流动资产等，以解燃眉之急。这种情况下，投资者需要密切关注营运资本不足的具体原因，是公司过度扩张，还是公司产品销售不畅，还是其他原因，并观察这种流动性不足是暂时的还是持续的。

这三种情况是表象性分析的一般性结论。以营运资本等于零为例，其假设前提是流动资产与流动负债不仅在各个时点上完全匹配，并且在金额上也完全匹配，但实际上很少有企业的流动资产与流动负债的期限结构与金额是完全匹配的，这就意味着当营运资本相同时，同一公司或者不同公司的流动性有可能存在比较大的差异。

阅读材料 7-2

营运资本等于零是安全临界点吗

公司营运资本等于零意味着公司短期债务偿还能力处于安全临界点？实际并非一定如此，应视具体情况而定。

假定各时点流动资产与流动负债金额相同，并且公司流动资产的不同变现时点与偿还流动负债的不同时点相同，如1月15日公司需偿还流动负债150万元，2月25日公司需偿还流动负债300万元，而公司1月15日流动资产有150万元可变现，2月25日流动资产有300万元可变现，这时公司处于流动性安全临界点，流动资产刚好用于偿还流动负债，这也是营运资本判定准则的假定前提。然而现实生活中并非总是如此。

假定各时点流动资产与流动负债金额相同，而公司流动资产的不同变现时点都早于偿还流动负债的不同时点，如 1 月 15 日公司需偿还流动负债 150 万元，2 月 25 日公司需偿还流动负债 300 万元，而公司 1 月 1 日流动资产有 150 万元可变现，2 月 1 日流动资产有 300 万元可变现，因此，虽然企业处于流动性平衡点，实则比较安全，公司偿还债务能力比较强。这时，企业处于假象的流动性安全平衡点，其安全程度由不同时点流动资产变现金额与时间的前置程度而定。这种情况下最极端的情形是公司所有流动资产于年初变现，而所有流动负债于年底偿还，此时公司偿还债务的能力惊人，流动资产几乎闲置了一整年才用于偿还流动负债。

假定各时点流动资产与流动负债金额相同，而公司流动资产的不同变现时点都迟于偿还流动负债的不同时点，如 1 月 15 日公司需偿还流动负债 150 万元，2 月 25 日公司需偿还流动负债 300 万元，而公司 1 月 31 日流动资产有 150 万元可变现，3 月 20 日流动资产有 300 万元可变现，因此，虽然公司处于流动性平衡点，实则公司存在流动性风险，其风险程度视流动资产变现金额和时间的滞后程度而定。这时企业处在属于假象的流动性安全平衡点，但并不安全。这种情况下最极端的情形是公司所有流动资产于年底变现，而所有流动负债于年初偿还，此时公司流动性严重不足，极有可能陷入流动性危机，只能用非常规手段补救流动性的不足。

同样，当营运资本大于零时，从表象看公司处于流动性安全临界值之上，实际也并非如此。即使营运资本出现一个较大的正异动值，公司流动性也未必充分。同理，当营运资本小于零时，公司流动性也未必不足。

在流动资产与流动负债的时间期限与金额基本匹配的前提下，营运资本作为衡量短期债务偿还能力的计量标准，在营运资本大于零时，它实际上充当了一种"缓冲器"。营运资本越大，公司偿还债务的缓冲能力越强，流动负债"穿透"流动资产的能力越弱，公司偿还债务能力越强。

营运资本大于零之所以具有"缓冲器"的功能，是因为公司借用了部分长期资本配置临时性流动资产，而这些长期资本不需要在一年内或者一个营业周期内偿还，于是公司出现了资金闲置，这也给公司带来了充足的流动性。当营运资本大于零时，意味着公司的资产期限出现了错配，因此营运资本的不同数值可以在一定程度上反映企业的投融资策略。

营运资本和长期资本的关系的推导过程如下：

$$
\begin{aligned}
营运资本 &= 流动资产 - 流动负债 \\
&= (资产 - 非流动资产) - (资产 - 所有者权益 - 非流动负债) \\
&= (所有者权益 + 非流动负债) - 非流动资产 \\
&= 长期资本 - 长期资产
\end{aligned}
$$

由此可见，营运资本大于零相当于长期资金满足长期资产购建之后，将剩余的长期资金配置给了流动资产。由于流动资产变现早于长期资金的偿付，如果是股权融资，公司更无还本压力，因此，当营运资本大于零时，企业短期债务偿还能力比较强。

同时，如果流动资产与流动负债的时间期限与金额完全匹配，当营运资本等于零时，假定公司资产负债率处于正常区间，基本可以界定公司为中庸投融资策略；当营运资本大于零时，基本可以判定公司是保守投融资策略。这就意味着企业将一部分长期资金用于购买部分临时性流动资产，公司流动性提升而盈利能力受到影响。当营运资本小于零时，基本可以判定公司是激进投融资策略，公司流动性下降而盈利能力得到提升。

2. 营运资本的重要性

营运资本犹如血液一样，时刻流淌于企业体内，是企业资金周转的润滑剂，在营运资本周转的过程中，使企业实现了价值的补偿和增值。一旦营运资本出现短缺，企业就会产生即时不良反应，偶尔短缺尚可，但若长期严重短缺，则足以致命。企业现金流量预测的不确定性及现金流入与流出的非同步性，更进一步提升了营运资本的重要性。并且，当下信息更为不对称，企业之间的竞争日益激烈，经营模式更加多样化，企业生存更为艰辛，因而企业营运资本管理显得更为重要。

营运资本对不同利益相关者的重要性也是不言而喻的。股东要实现财富最大化，但又必须确保公司能够实现持续经营，而营运资本可以为股东提供公司风险方面的信息。债权人在贷款协议和债务契约中经常包括维持最低营运资本水平的条款，利用营运资本大小判断其借款的安全程度。财务分析师根据营运资本规模进行投资决策与建议。政府机关通过营运资本规模实施对公司的监管与政策的推行等。

3. 指标的缺陷

营运资本是一个绝对量指标，无法反映公司债务的相对保障程度和安全程度，不能用于公司之间比较分析，用于公司自身的比较分析也会受限。例如，A 公司流动负债为 1000 万元，B 公司流动负债是 10 000 万元，两家公司营运资本都是 100 万元，但是两家公司的流动性有可能是不同的，其债务的安全程度也有可能是不相同的。假定 A 公司的 100 万元营运资本等于其流动负债的 10%，而 B 公司虽然同样剩余资金 100 万元，它仅等于其流动负债的 1%。同样，公司自身与营运资本相关的因素有可能发生变化，比如公司销售收入为 10 000 万元与 5000 万元时，公司营运资本都是 400 万元，它传递的信息也不一样。所以，当公司不同年度营运资本相同时，它对企业偿还债务的安全保障也不尽相同。

4. 注意事项

为了更好地评估营运资本，分析者需要注意营运资本项目内部的具体分类。例如，管理当局有可能影响到资产的类别划分时，如有价证券，有没有可能从非流动资产划为流动资产，或是一些待处理的经营性资产等。在这种情况下，管理当局试图扩大流动资产的定义时，财务报表使用者在分析时就不能过度依赖财务报表，在运用财务指标进行个人判断时，要谨慎从事。管理当局试图美化公司资产流动性时，这种行为将导致公司风险增加。同样，一些特殊类型行业，如租赁业，由于这些公司特殊的融资和经营环境，要注意它的流动资产与流动负债的划分是否合理，是否存在美化财务报表的行为。

同时，在分析营运资本时，应尽量将营运资本与某些重要的财务变量，如销售额或者总资产联系起来。

二、短期债务偿还能力的存量比率

流动比率同样被广泛地用于计量流动性，流动比率表示单位流动负债受单位流动资产的保护程度，它可以有效规避营运资本的缺陷。

(一) 流动比率

1. 流动比率原理分析

流动比率的计算公式为

$$流动比率 = \frac{流动资产}{流动负债}$$

该比率越大，表明企业短期债务偿还能力越强，企业财务风险越小，债权人的权益越有保证。

一般认为，流动比率的经验均值等于2，这是美国20世纪70年代的经验统计数据。随着时代的变化，这一经验值仍具有使用价值。

这一合理均值隐含着三个显性前提条件：①它以工业企业为背景；②存货占流动资产的比重大约为50%；③存货的变现能力比较差，存在贬值、毁损等可能。除此之外，流动比率的经验值还包括两个隐性前提条件：④剔除存货以外的流动资产与流动负债的期限和金额是基本匹配的；⑤从广义上讲，企业真正用于偿还债务的基本都是现金类资产，这意味着流动比率是以企业破产清算为前提的。

由此可见，流动比率运用时隐含着五个假设条件，制约着流动比率的评价效果。当五个条件同时具备时，流动比率以2为合理均值比较合理。

在现实生活中，企业几乎不可能同时具备以上五个条件，尤其是第四个前提条件，更不希望第五个条件发生，因此，流动比率是否以2为合理均值并没有确切答案。

在现实生活中，不同企业相同的流动比率，其流动性很可能不同，而同一企业在不同时点相同的流动比率也可能传递不同的流动性，因此，公司之间的流动比率不太具有可比性，同一公司的流动比率进行自身比较时也有一定的局限性。

【例1】 假定A、B和C为三家汽车制造业的上市公司，各公司资产、销售收入、资本结构、股本数量、公司股权市值等都完全一样，管理人员素质、组织结构也相同，公司净利基数与盈利增速也是如此。或者说，除了流动比率外，假定三家公司的其他因素皆同。

假定这三家公司20××年年初股票价格完全相同，盈利增速均为60%，但是各公司股票价格在20××年全年中的表现却截然不同。其中，A公司股票价格大幅上涨80%，B公司股票价格稳中略升，C公司股票价格却出现了20%的下跌。

假定A公司、B公司和C公司的流动比率都等于2，而且各公司的存货变现能力极差，试评述这三家公司的股票价格表现迥异的原因。

【分析过程】

除流动比率外，这三家公司的其他信息比如盈利基数和增速等均相同，而公司股票价格截然不同，这意味着虽然三家公司的流动比率相同，但是其流动性必定不同，预示着各公司不同的财务风险，影响股权成本的高低，进而影响公司股票定价。

需要说明的是，以下分析均剔除存货因素。若企业流动资产的变现期限结构和金额与流动负债的偿还期限结构和金额完全一致，当流动比率等于2时，三家公司偿还债务能力相同，从理论上讲，剔除变现能力比较差的存货，公司变现能力强的流动资产刚好用于偿还流动负债，债务偿还能力处于安全临界点，公司偿还债务相当安全，不会陷入流动性危机，公司资本成本也必定相同。在这种情况下，流动性不是影响公司股价走势的重要因素，又因为其他条件皆同，各家公司股价表现应该趋同。这意味着，三家公司不符合这种情况，也就是说三家公司流动资产的变现期限结构和金额与流动负债的偿还期限结构和金额应该不完全一致,这就会出现不同公司流动比率都等于2时,公司的流动性能力却不相同。

当流动资产与流动负债期的期限与金额不完全一致时,其内涵具体分析如下:

1) 当流动比率等于2时,假定公司流动资产全部于年初变现,而公司流动负债全部于年末偿还,这种条件下,公司出现大量现金闲置,债务偿还能力超强,根本没有陷入流动性危机的可能。

2) 当流动比率等于2时,假定企业流动资产全部于年末变现,而企业流动负债全部于年初偿还,在这种条件下,公司流动性极差,将陷入巨大的短期债务偿还压力之中,极有可能陷入流动性危机,公司需要借助非常规手段弥补流动性不足。

3) 当流动比率等于2时,假定公司流动资产的变现时点与流动负债的偿还期限不匹配程度介于两者之间。假定流动资产各时点变现金额与流动负债各时点偿还金额相同,如果流动资产的各变现时点总早于流动负债的各偿还时点,那么公司偿还债务能力比较强;同样,如果流动资产的变现时点总迟于流动负债的偿还时点,公司债务偿还能力比较差,但短期内公司还有生还的机会。如果流动资产的变现时点与流动负债的偿还时点是完全不规则的,可以将公司各流动资产按照其变现天数及其在流动资产中的权重进行加权平均,然后将各流动负债按照偿还时间及其在流动负债中的权重进行加权平均,取二者之商,即流动性指数率,可用于综合评估公司的流动性。

根据以上分析,当三家公司流动比率都等于2时,不同公司股票价格的表现不同,显然A公司的流动性最强,B公司次之,C公司的流动性最差。与之对应,A公司的资本成本应该最低,B公司次之,C公司最高。因此,A公司股价在全年中表现最优,B公司次之,C公司最差。如果比较A公司与B公司的流动性,A公司占优,但是无法确定A公司与B公司的流动性的具体情况,比如有可能是A公司流动资产与流动负债的期限错配,且A公司流动性惊人,而B公司也有可能错配,只是其流动性不及前者,也有可能是A公司流动资产与流动负债的期限错配,而B公司流动资产与流动负债的期限完全匹配,也有可能是其他情况。有一点可以肯定的是,C公司的流动性必定一般。

需要说明的是,本例只是帮助分析者理解流动比率的内涵,在现实生活中,基本不太可能出现公司之间只有流动性差异而其他条件完全相同的情况。

在流动比率用于公司之间或者公司自身比较时,需要注意与公司流动性相关的假定条件是否发生了变化。当下信息日益对称,实力强大的企业具备了监控公司各类资产与各类负债动态变化的能力,企业更容易提升资产与负债的期限匹配度,从而提升企业的风险控制能力,更有利于减少资金闲置,进而提升企业盈利能力。然而,在现实生活中,绝大多数企业的流动资产与流动负债只是笼统匹配,而不是精准匹配,会计准则及监管机构并不强制要求公司披露流动资产与流动负债明细的时间期限,只有像银行、保险等金融类公司才会十分重视资产与负债的时间匹配,非金融类企业并不太重视这一问题。

为了更好地了解公司流动性,可以进一步计算流动性指数或者流动性指数率,更为全面地评估公司的流动性。流动性指数的计算公式为

流动性指数 $= \sum$ 第 i 项流动资产的变现天数 $\times$ 第 i 项流动资产占总流动资产的权重

对流动性指数的解释必须谨慎对待,因为流动性指数的数字本身并没有直接意义。只有运用到公司比较时才有意义。

【例2】 假定公司流动资产由货币资金、交易性金融资产、应收账款和存货构成，第1年各项流动资产分别是200 000元、100 000元、500 000元和200 000元。由于货币资金的变现时间是零天，不需估计。所以，运用财务报告中的相关数据，通过分析预估交易性金融资产、应收账款和存货的变现天数分别为5天、30天和60天。基于以上资料，请计算公司的流动性指数。

【计算过程】

流动性指数的计算过程如下：

$$流动性指数 = \sum 第i项流动资产的变现天数 \times 第i项流动资产占流动资产的权重$$
$$= 0.2 \times 0 + 0.1 \times 5 + 0.5 \times 30 + 0.2 \times 60$$
$$= 27.5(天)$$

如果公司第2年流动资产各项目及其金额发生变化，与之对应的变现天数也发生变化，通过再次计算流动性指数就会发现公司流动性是上升还是下降了，比如公司第2年流动性指数是40天，这说明公司流动性下降了。

由于流动性指数只考察了流动资产不同项目的综合流动性，没有考察与流动负债不同项目的偿还匹配程度，无法全面衡量公司流动性。与流动资产的流动性指数一样，流动负债也可以计算流动性指标，其计算原理与前者相同。

流动负债的流动性指数的计算公式为

$$流动性指数 = \sum 第i项流动负债的偿还天数 \times 第i项流动负债占总流动负债的权重$$

然后，将流动资产与流动负债的流动性指数率做比较，即流动性指数率，其计算公式为

$$流动性指数率 = \frac{流动资产的流动性指数}{流动负债的流动性指数}$$

流动性指数率可以更好地反映公司的流动性，如果流动性指数率上升或者下降，就意味着公司相对流动性上升或者下降。

2. 流动比率过高的原因

流动比率过高的原因有三个：一是流动负债正常而流动资产过高；二是流动资产正常而流动负债过低；三是流动资产与流动负债都发生变化，但是总体导致流动比率过高。具体分析如下：

（1）流动资产大增，流动负债不变。分析者需评估流动资产增加过多的具体原因，如货币资金增加过多、应收账款增加过多、存货增加过多等。第一种情况下，如果公司货币资金过多，会导致流动比率过高，流动资产的机会成本变大，但是需甄别引起货币资金过于充足的具体原因，以及是否存在优化货币资金的可能；第二种情况下，如果应收账款过多，尤其是与收入之比下降时，通常说明公司应收账款管理能力下降，这对企业并不是好消息；第三种情况下，公司存货过多，势必导致存货管理成本上升，这时需要具体分析增加存货的具体类别及其原因。例如，公司预计该存货将升值，提前储备，这是一种利好消息。又如企业接到大额订单，需要大幅增加购买原材料等物品数量，在这种情况下，流动比率的上升也是一种利好消息。但是如果是由于公司产品销售不畅导致库存商品积压过多，这是一大利空。

（2）流动资产不变，流动负债大降。这种情况对企业而言未必一定是利好，需甄别其中原因。例如，假定公司原来流动负债中大多是经营性负债，即公司的无息负债，免费

享用他人的资源，这类资源减少是利空消息，这通常代表着公司议价能力下降，在这种情况下，虽然公司流动比率上升，从表象上看是公司流动性增强，但是实际却完全相反。如果公司有息负债如短期借款大降，并且是现金流充足导致偿还债务所致，这说明公司偿还能力增强。

（3）流动资产与流动负债双向变动，但变动方向未必一致。有多种情况可能出现流动比率过高：其一是流动资产与流动负债都上升，其中流动资产的上升幅度远高于流动负债的上升幅度；其二是流动资产与流动负债都下降，其中流动资产下降幅度远小于流动负债下降幅度；其三是流动资产上升而流动负债下降，这又包括多种情况：流动资产上升幅度远高于流动负债下降幅度、流动资产大幅上升而流动负债微幅下降、流动资产微幅上升而流动资产大幅下降；其四是流动资产不变而流动负债大幅下降；其五是流动资产大幅上升而流动负债不变。针对以上每一种情况都需要综合分析流动资产与流动负债的变动数量与原因。

3. 不同利益相关者的态度

基于公司持续经营的前提，债权人希望公司的流动性越高越好，流动比率越高，债权人权益越有保障。注册会计师也希望公司保持流动性充沛，这样公司粉饰财务报表的动机就会下降。管理者并不希望公司流动比率过高，因为流动比率过高有可能损害公司盈利能力。股东也是如此。

4. 指标运用

【例3】 苏宁电器（002024.SZ）于 2004 年 7 月 21 日在深圳证券交易所上市，2013 年公司更名为"苏宁云商"，2018 年公司又更名为"苏宁易购"。苏宁 2004—2007 年处于快速扩张阶段，苏宁连锁门店每年均大幅增加，公司每年利润几乎都以 100% 的速度增长。公司自 2004 年 7 月 21 日到 2008 年 1 月 3 日，不到三年半时间，股价以上市第一天收盘价 32.70 元计算涨到后复权价 1347.22 元，涨幅高达 41.20 倍。换言之，如果投资者在苏宁上市第一天按当日收盘价买入 25 万元股票，一直持有至 2008 年 1 月 3 日，股票市值将超过 1000 万元。

苏宁 2004—2007 年的流动比率见表 7-1，请评估公司的流动性。

表 7-1 苏宁 2004—2007 年的流动比率

年度 指标	2004	2005	2006	2007
流动比率	1.53	1.25	1.45	1.19
行业均值	1.21	1.01	1.02	1.05
市场均值	1.61	1.46	1.45	1.48

（资料来源：根据公司年度报告和广发证券金融终端交易软件统计。）

【分析思路】

总体上讲，苏宁的流动比率逐步下降，由 1.53 下降到 1.19，均高于行业均值，而零售业行业均值均明显低于市场均值。除 2006 年与市场均值持平外，苏宁的流动比率均低于市场均值。

由此我们思考：①公司的流动比率与行业的流动比率都不符合经验值 2 的假定，是否意味着零售业会陷入流动性危机？②苏宁流动比率逐步降低，是否意味着公司的投融资策略发生了变化？③苏宁作为零售业的领导者，公司盈利能力在领跑行业之时，流动性却总体上优于行业均值,是否意味着行业领导者都是如此?以我国不同行业的领导者为例说明。④我国上市公司平均流动比率都远低于2,并且总体水平逐步下降,是否意味着我国上市公司投融资策略都具有激进倾向?

指标运用注意事项如下:

(1)强假设的合理性。流动比率隐含着一个强假设,即企业以破产清算为前提,而现实是公司是持续经营的。基于持续经营的前提下,几乎没有流动性强的公司会运用现金类以外的流动资产偿还流动负债,而且企业的流动负债有可能获得适度展期,这都会影响流动比率的效用。

但是这并不意味着流动比率一无是处。因为公司配置资产与筹资策略都具有惯性,即使公司资产与负债出现期限结构错配,除非出于公司管理者或财务总监更换、公司处于发展的拐点、公司转型等原因,否则这种错配的惯例一般都可以延续,所以,当公司流动比率持续变大或者持续变小时,基本可以判断公司债务偿还能力变强或者变弱。

(2)企业偶尔动用特殊手段也不为过。公司运用非现金类资产偿还短期债务也有一定的合理之处,比如当企业遭遇短期资金周转不畅时,如果公司管理者认为这只是暂时的,这时公司将部分非现金类资产或者固定资产等进行处置也并非不可。又如,在移动互联网、大数据时代,公司竞争十分惨烈,公司的促销活动尤其盛行,如京东"618全国年中购物节"、阿里巴巴"双11全球购物节"等,如果公司管理层认为通过产品组合在购物节进行大规模促销,将引起公司销售大增,则公司需要提前大量备货,这有可能导致公司货币类资产下降,这时如果公司临时决定变现一些低价值资产或者运用特殊手段如短期拆借资金,也并无不妥。由此可见,流动比率的强假设具有一定的合理之处。

(3)需要注意公司长期债务与短期债务之间的转化。如果公司当前流动性充足,但是到年底公司将有一笔巨额长期借款在一年内到期,即转化为一年内到期的非流动负债,这时就会出现公司在年中计算流动性时流动比率显示公司流动性充足,但是到年底很可能流动性不足,或者今年流动性十分充沛,但是一年后公司流动性明显不足,甚至有可能陷入财务困境。

(4)公司流动比率与宏观经济周期、行业属性、企业经营方式、企业的发展阶段都密切相关。流动比率因宏观经济周期、行业属性、企业发展阶段等不同而异,具体分析原理参阅**第五章 财务报表与持续盈利能力**,这一点也适用于其他流动性指标。这就要求我们进行流动比率分析时必须谨慎加以解释。有时流动比率明显变动却未必反映公司偿还债务能力和经营业绩的变化。例如,当宏观经济处于衰退期时,大多数企业的生存处境艰难,而公司的应收账款和存货越积越多,公司管理费用逐步增加,利润逐步下降,这时公司流动比率上升不一定是好事。相反,当经济处于扩张期时,企业产品开始畅销,存货购置逐步增加,如果经营性负债明显增加,并总体引起流动比率下降,这却是好消息。同样,在正常宏观经济周期中,如果企业因为扩张需要而增加负债,且公司扩张具有良好的盈利前景,则企业流动比率下降是一大利好。企业行业属性的不同和企业发展阶段的不同也会影响公司流动性,同样需要慎重分析才能得出正确判断。

5. 指标缺陷

(1)虽然流动比率的诸多假设具有一定的合理性,但这些假设在一定程度上限制了流动比率的解释能力。当期的现金存量和未来的现金流入并没有很强的逻辑上的因果关系,而未来的现金流入确实是流动性最好的指示器。但是,预测现金流入是一个大难题,它取决于公司销售、现金支出、利润和商业环境的变化,而流动资产和流动负债在这方面是比较乏力的。

一般情况下,现金类资产是一种几乎没有回报的资产。现金余额与公司现有的经营水平几乎无关,也不会提供预测未来现金流入的信息。同样,应收账款和销售的关系受公司信用政策的制约。如果公司应收账款管理能力一般,应收账款水平基本也不能很好地反映未来的现金流入量。存货的水平取决于销售和预期销售,而不取决于流动负债水平。流动比率并不能揭示销售水平或者毛利水平,但它们是未来现金流入的重要决定因素。预付账款是为了获得未来利益而支出的现金。这些利益通常会在一年或一个营业周期内实现。公司预付账款的对象一般都是实力强大、产品供不应求的公司,这使得公司预付账款在理论上变现强,但在实际上很难变现。

流动负债主要取决于销售水平,营运资本就是计量公司偿还债务能力的一个指标。因为赊欠的购货是销售的函数。应付账款随销售而变化。只要销售保持增长或者稳定,流动负债的支付就是一个再融资的问题。在这种情况下,流动比率的各个构成部分几乎没有提供多少这方面的信息,其对未来现金流也难以产生真正的影响。

由此可知,负债的安全程度在很大程度上依赖于公司预期的现金流量,而较小程度取决于现金及现金等价物水平;营运资本规模与未来现金流之间没有直接关联;应收账款和存货管理政策的主要目的是盈利性资产的有效利用,它们的流动性是次要的。

(2) 流动比率以 2 为合理均值,这种标准反映了贷款方特别是银行的稳健性要求。到底流动比率多少为合理值,没有一个确切答案。这属于经验规则的行为,经验法则解释能力需要甄别具体情况,如不同行业的样本均值大小,以及它是否具有比较好的解释能力。需要注意以下三个原因:①若这个行业样本过小,或者样本不符合正态分布,则这个行业均值就不具有代表性,也就无从谈起经验规则的价值;②流动资产中存货的变现能力通常较差,如一些存货可能已经贬值、报废、毁损、抵押等,将此类存货用于变现,其价值将大打折扣。但是,不同公司的不同类型存货盈利能力并不一样,不同公司的不同类型存货的变现能力也不一样。因此,不同的公司存货的流动性需要谨慎评估,不同公司的存货也应该区别对待,属于正常需要的存货、畅销的存货、安全储备的存货等,安全储备的存货应该不属于流动性存货的范畴,应该属于非流动资产,类似保险储备,一般都不使用,只为应急所需;③行业特征不同,经验均值也应不同,尤其是当前公司的经营方式和金融环境发生了很大变化,不少行业的流动比率通常都低于 2。

(二) 速动比率

流动比率的诸多事项的分析基本都适用于速动比率的分析,两者的计算公式中只有存货不同而已。因此,速动比率只做与流动比率差异方面的分析。

1. 指标原理分析

由于流动资产中各项资产的变现能力不同,变现能力较强的流动资产用于偿还流动负债更能反映公司的偿还债务能力。考虑到流动资产中通常存货的变现能力较弱,将其剔除,重新计算公司流动性,这就是速动比率。其计算公式为

$$速动比率 = \frac{流动资产 - 存货}{流动负债}$$

速动资产主要是指公司可以在较短时间内变现的资产,如货币资金、交易性金融资产、

应收票据、应收账款、预付账款等。因此，除货币类资产外，速动资产的不同项目的变现时间和数量具有较大的确定性，从这一角度上讲，可以将其定义为可偿债资产。

速动资产的分析思路与流动资产相同，只是计算公式的分子中少了一项存货，资产的变现能力更强一些而已。

如果流动比率以 2 为合理经验值，则速动比率的合理均值就是 1。这仅是一个经验解释，不可将其曲解化。当公司的速动比率小于 1 也并不都意味着企业债务偿还能力一定比较差，当然，公司速动比率大于 1 也并不能说明公司的短期债务偿还能力一定没有问题，需要根据宏观经济周期、企业行业特征、经营运作方式、生存环境等各方面做出综合权衡。

2. 指标运用

【例4】 苏宁（002024.SZ）2004—2007 年的速动比率见表 7-2，请评估公司的流动性。

表 7-2 苏宁 2004—2007 年的速动比率

年度 指标	2004	2005	2006	2007
速动比率	0.88	0.60	0.83	0.79
行业均值	0.89	0.71	0.70	0.76
市场均值	1.21	1.06	1.04	1.09

（资料来源：公司财务报告和广发证券金融终端交易软件。）

【分析思路】

沿用【例3】的分析思路，做如下分析：①与流动比率对比，考察存货对零售业是否符合存货占流动资产 50% 的一般假定。②对比苏宁的流动比率与速动比率，正确评估公司存货管理能力。③根据公司的速动比率，分析公司投融资策略是否激进？④检验一下零售业平均流动比率与速动比率的关系，市场平均流动比率与速动比率的关系，这说明了什么？

3. 指标进一步透视

与流动比率相比，速动比率能够更加真实地反映企业的短期债务偿还能力。然而，由于流动资产中预付账款等变现能力并不太强，应收账款变现也具有不确定性等，速动比率反映公司真实的债务偿还能力也有较大局限。有鉴于此，可以仅将变现能力更强的一部分列入债务偿还能力范畴，这样，将这一部分资产用于偿还流动负债显然更优。由此，将资产的流动性进一步限定，以更强的流动资产为标准，可以衍生出多个财务指标，具体如下：

改进方案 I：$速动比率_1 = \dfrac{货币资金 + 交易性金融资产 + 应收票据 + 应收账款}{流动负债}$

改进方案 II：$速动比率_2 = \dfrac{货币资金 + 交易性金融资产 + 应收票据}{流动负债}$

改进方案 III：$现金比率_3 = \dfrac{货币资金 + 交易性金融资产}{流动负债}$

改进方案 IV：$现金比率_4 = \dfrac{货币资金}{流动负债}$

改进方案 V：$现金比率_5 = \dfrac{剔除定期存款的货币资金}{流动负债}$

……

需要说明的是,速动比率中速动资产有多种界定,现金比率中现金也有多种界定,本处只是列举了其中几例而已。上述几个方案反映的公司债务偿还能力逐次增强,尤其Ⅲ、Ⅳ和Ⅴ更为真实地反映了公司短期债务偿还能力的高低。若这三个财务指标越高,公司债务偿还能力越强,但是公司不能一味强调安全,过度安全意味着公司持有这些资产的机会成本越高,所以,公司要综合权衡资产流动性和盈利性,确定在流动性基本充足的前提下,实现股东财富最大化。

三、短期债务偿还能力的流量比率

公司的债务偿还能力更直观地体现在公司的现金流是否充沛,而不是静态存量流动资产是否充足。如果公司的现金流充沛,尤其是经营活动现金流量充沛,特别是自由经营现金流充沛,公司的债务偿还能力必定强劲。基于此,我们有必要运用现金流量指标进一步考察公司的债务偿还能力。

(一) 现金到期债务比

1. 指标分析

现金到期债务比是现金与到期债务的比率,它计量了部分长期债务和部分短期债务。其计算公式为

$$现金到期债务比 = \frac{经营活动现金净流量}{本期到期债务}$$

公式中,本期到期债务是指本期到期的无法展期的债务,一般是指本期到期的长期债务和本期应付票据。其中本期到期的长期债务在财务报表中就是一年内到期的非流动负债。由于这些债务到期一般都无法展期,必须用稳定现金流偿还,而且经营活动现金流量与到期债务的偿还能力之间存在着高度的正相关性。因此,这一计量指标比较激进,它只保证了部分刚性债务的偿还,而短期借款并不在考虑之列。稳健起见,可以将短期借款考虑在内。

现金到期债务比多大为优,没有一个统一标准。在正常情况下,现金到期债务比应该大于1。一般认为现金到期债务比的经验标准值是1.5。

当现金到期债务比越正向偏离1时,公司偿还硬性债务的能力越强,管理当局的风险规避意识越强。但是,若这一指标过高,就意味着公司持有现金过多,需要考虑持有现金的总成本是否处于优化区间。当现金到期债务比等于1时,企业经营活动现金净流量刚好用于偿还无法展期的本期债务,公司偿还债务能力得到基本保证,公司管理当局比较具有冒险意识。当现金到期债务比小于1时,公司经营现金流量无法满足本期必须偿还的到期债务,公司存在一定的债务偿还压力,至少公司在这个短期时点的债务偿还能力并不那么强,应引起管理层和其他利益相关者,尤其是债权人的重点关注。

2. 指标运用注意事项

(1) 现金到期债务比需要注意经营活动现金流入的时点与到期债务的时点匹配。如果公司经营活动现金流量在各个时点的金额与本期在各个时点到期债务金额严格匹配,当然,最好是公司自由经营活动现金流量与到期债务匹配,则现金到期债务比等于1,公司到期债务得到流量安全保障,加上公司短期还有可以动用的流动资产,公司偿还债务比较安全。基于这个前提,如果现金到期债务比大于1,公司经营活动现金流量比较充分,即只用公司经营活动现金流量就可以轻松支付到期债务,则公司偿还能力比较强;如果该指标小于1,公司需要借助

货币资金等其他流动资产支付到期债务支付，这时需要借助其他财务指标进行综合判断。

（2）运用现金到期债务比应尽量和其他财务指标联系起来，也需要注意异动值的处理。这一计量指标没有考虑短期借款及其他需要偿还的流动负债，单独依靠现金到期债务比有可能出现错判，借助其他流动性指标是必要的。当现金到期债务比出现异动时，需要甄别其中原因。例如，现金到期债务比远大于1主要是公司到期债务过小所致，这不一定说明公司债务偿还能力强。

（二）现金流动负债比

1. 指标分析

现金流动负债比又称现金比率，是指经营活动现金流量偿还流动负债的比率，它更直观地计量了公司资产的流动性。其计算公式为

$$现金流动负债比 = \frac{经营活动现金净流量}{流动负债}$$

与现金到期债务比相比，该比率更为保守一些。现金流动负债比越高，表明公司经营活动现金偿还流动负债的能力越强。同样，该指标也并不意味着越高越好，现金流动负债比越高，说明公司持有现金过多，这有可能影响到公司的获利能力。一般认为，现金比率达到20%以上就认为公司短期债务偿还能力较强。

2. 指标运用注意事项

（1）宏观经济周期、行业、公司发展阶段、管理者偏好等都会影响现金流动负债比，应针对不同情况综合判定该比率是否合理。

（2）现金流动负债比同样要注意经营现金流与流动负债的匹配度。剔除金融类公司，假定公司的流动负债处于正常水平，基于公司经营现金流与流动负债期限匹配的前提下，如果现金流动负债比大于1，公司短期债务偿还能力高枕无忧，同时也意味着公司存在资金过度闲置的可能性。现金流动负债比等于1，表明公司的经营现金流足以支付流动负债，正常情况下，公司的债务偿还能力也十分强劲。现金流动负债比小于1只能说明公司经营现金流不足以支付流动负债，无法断定公司的债务偿还的风险，需要根据该比率的大小以及其他流动性计量指标综合判断。

（3）现金流动负债比到底多少合适，也没有一个统一标准，难以估计这一指标的上限和下限。当现金流动负债比远高于1时，意味着公司现金流量充沛，长期如此，意味着公司可能是极度保守型公司或者是顶级企业。当现金流动负债比过低时，比如经营现金流不足以支付工人薪酬时，这是公司财务危机的前兆。

（4）现金流动负债比需要解析流动负债的结构，计算刚性债务与非刚性债务比例。公司短期债务不仅包括本期必须偿还的刚性债务，而且还包括一些可展期债务，公司的一些特殊事项也会产生偶发性现金流，这都会影响到现金到期债务比。

第四节 长期债务偿还能力分析

一、长期债务偿还能力概述

长期债务是指企业偿还在一年或者超过一个营业周期以上的债务，主要包括长期有息

负债。

　　与短期债务偿还能力一样，长期债务偿还能力也受到了不同利益相关者的高度关注。长期债权人根据企业长期债务偿还能力判断其债权安全状况，并决定是否继续对企业提供贷款；管理者通过长期债务与股东权益的比例调整，不断优化公司资本结构，降低资本成本；如果企业长期债务偿还能力较强，投资者需要评估公司是否可以适度调整资本筹资策略，适度运用短期资本解决部分长期投资，达到低成本收高收益的财务杠杆效应。监管部门根据公司长期债务偿还能力决定相关法律、法规的制定与修订。

　　评估公司的长期债务偿还能力要比短期债务偿还能力复杂得多，需要考虑的因素也更多，与短期债务偿还能力不同，公司长期债务偿还能力本源来自于企业的持续盈利能力。如果公司持续盈利能力较强，它的盈利现金含量必定较高，由此形成公司持续现金流。因此，盈利才是公司支付长期债务的最可靠、最理想的资金来源。因此，分析者评估公司长期债务偿还能力时，一方面通过计量公司长期债务偿还能力比率指标，做出公司债务偿还能力的趋势判断：长期债务偿还能力是增强、恶化还是不变，另一方面需要考虑公司盈利能力评估，尤其要留意一些公司的非财务信息如公司产品竞争力、公司信誉等因素。

二、长期债务偿还能力存量比率

　　长期债务偿还能力存量比率有利于进一步揭示公司的融资策略，评价公司的偿还债务风险，更好地评价公司资本结构决策的优化程度。

（一）资产负债率

1. 指标原理分析

　　资产负债率是反映企业资本结构的一个重要财务比率，它从总体上权衡公司偿还债务风险。其计算公式为

$$资产负债率 = \frac{负债总额}{平均资产总额} \times 100\%$$

　　计算公式的分母一般选取总资产的平均值，也可以选取期末资产或者期初资产，视具体情况而定。

　　资产负债率反映了企业总资产中负债的占比，直观衡量了在公司破产清算时债权人利益受保护的程度。一般来说，债权人受到了企业的抵押资产担保，还受到了所有者权益的保障。资产负债率越低，债权人受到资产的保护程度越高；资产负债率越高，债权人受到资产的保护程度越低。除金融类企业外，如果资产负债率过高，一旦公司遇到重大危机，公司当年严重亏损有可能直接击穿净资产，公司面临破产清算的险境。

　　实际上，不仅公司的债权人尤其是公司长期借款的债权人关注这一指标，其他利益相关者也同样关注资产负债率。

　　以所有者和管理者为例，他们关注资产负债率的原因如下：①所有者是公司的真正拥有者，和公司生死与共，他们会关注公司所有方面的信息，包括长期债务偿还能力，评估公司是否通过适度负债实现财务杠杆的正效用，从而提升了公司的价值。②管理者是公司的实际经营者，通过不断努力经营，达到薪酬合同的要求，实现自身利益最大化。管理者实现契约要求的同时力争实现公司与自身利益最大化。负债是一把双刃剑，负债效应主要取决于公司有效平衡税盾效应、正负财务杠杆效应与财务困境成本的能力。如果公司具有强劲的盈利能力，高

负债有利于提升公司价值；当企业经营前景堪忧，盈利能力下降时，高负债很可能使企业陷入财务困境，加速公司死亡。因此，经营者应审时度势，权衡利弊，根据公司实际情况，采用适度的负债比率，通过不断地调整资产负债率，降低资本成本，实现公司价值最大化。

2. 剔除金融类公司，资产负债率的安全临界值为 50% 或者安全临界区间为 50% 左右的逻辑推定[*]

既然资产负债率是衡量公司负债风险的重要标志，那么公司资产负债率多少是安全的就是一个重要课题。资产负债率的优化就是公司资本结构的优化，不同学者提出了多种资本结构理论，而现实与理论不同，实践中资产负债率没有一个标准值，它更多的是依赖财务总监的职业素养而定。与其说追求公司最佳资本结构，不如说求解资本结构的优化区间，而资本结构的优化区间也没有统一的结论。我们尝试着从逻辑上推定资产负债率的安全临界值或者安全临界值区间。

命题的正解：

命题之所以剔除金融类公司，是因为金融类公司，尤其是以银行为例，它们原本就是高负债类公司，通常的资产负债率不能有效地反映公司的债务偿还能力。剔除金融类公司，我们认为大多数公司的资产负债率以 50% 为安全临界点，或者以 50% 左右为安全临界区间。50% 不是一个精确值，也可以是 45%、55% 等其他数值。命题也不是说公司资产负债率高于这一数值或者这一数值区间，公司必然陷入流动性危机，而是指当公司资产负债率符合我们的要求时，从概率上讲，至少在短期内，公司偿还债务是相当安全的，或者说债权人权益能够得到高度保障，几乎没有被损害的可能性，公司陷入破产的概率是极小的。

简单起见，我们推定公司资产负债率以 50% 为安全临界点，50% 的安全临界区间的推理过程与之相同。这意味着，剔除金融类公司，当资产负债率≤50% 时，公司控制风险能力极强，在短期之内很难陷入流动性危机；当资产负债率＞50% 时，公司控制风险的难度加大，存在风险失控的可能，尤其是当资产负债率趋于 90% 以上时，公司处于风险失控边缘，随时面临破产的可能。

命题证明思路：

命题有两个证明方法：一个方法是顺序证明，即直接证明当公司资产负债率≤50% 时，公司偿还债务是安全的；另一个方法是逆序证明，即当公司资产负债率≤50% 时，公司陷入财务困境的概率小于 10% 或者几乎是零，即 90% 以上都是安全的，而 90% 是基本确定的意思，这几乎是不可能的，从而间接证明了命题。

为了证明命题，首先证明公司在极端不利的情况下命题是成立的。其中，极端不利条件包括两个层面：一个层面是公司战略定位选择，公司是以经营资产为主导的战略还是以投资资产战略为主导的战略，抑或二者兼备；另一个层面是公司投资品种选择，公司可以投资金融资产也可以进行项目投资，抑或二者兼备。前一种层面最不利的情况是假定公司只进行股权投资而不从事实业经营，即将经营决策权交于或者委托于被投资企业，也可以说专门从事投资的公司，其风险远高于从事实业经营的公司，它对风险控制要求更高。基于第一个不利层面：只从事股权投资的前提下，后一种层面是指公司投资品种的选择，这一层面公司最不利的选择是只从事单一类别资产投资而不构建多类别投资组合，以及由单一类别投资资产中选择风险大的且可行的资产。于是，命题在极端情形下的表达是：公司只从事股权投资，并且只投资单一类别风险高的资产。在现实生活中，公司经营必定处于上述极端情况之间，风险只会更小，这意味着如果极端不利条件下命题是成立的，则其他情况下更是如此，从而证明了命题。

命题的证明过程：

假定公司只从事股权投资的前提下，我们需要构建风险极大且可行的单一类别投资资产，可以从实业项目和金融项目中分别选择。我们认为实业投资中房地产投资和金融资产投资中股票投资是各自的典型代表，其原因参见证明过程。其中，从事实业投资的房地产投资不是指从事房地产开发经营，而是选择以股权入资的方式进行分红的投资，如果投入股份占比达到控制，公司也不干涉被投资企业或者项目运营。在现实生活中，几乎不太可能出现这种情况。因此，命题的极端情况可以进一步表达为：公司只从事股权投资，并且只投资单一类别资产。单一资产的类别有两种：房地产和股票，而公司要么全投资房地产，要么全投资股票。我们将公司只投资房地产和股票的情况界定为情景Ⅰ和情景Ⅱ。只要我们证明了只从事股权投资的公司的资产负债率在50%时，在情景Ⅰ和情景Ⅱ中几乎不可能遭遇流动性危机，即证明了命题。

情景Ⅰ和情景Ⅱ的具体描述及其理由的分析如下：

情景Ⅰ：假设公司只投资实业房地产。

情景Ⅱ：假设公司只投资金融资产股票。

情景Ⅰ是指公司只从事房地产投资，这是因为房地产行业受政府调控影响也比较大，属于政策性风险比较高的行业，同时也是资金密集型行业，经营风险也比较高，还有其经营周期过长，以我国房地产企业为例，其现金周转期一般高达1000多天。情景Ⅱ是指公司只从事金融资产投资，再假定只有投资股票，而股票属于高风险金融资产。在正常情况下，如果公司从事金融资产投资，绝不会只投资股票资产，而是通过构建多类别资产的投资组合，从而有效地分散风险。之所以我们认为公司全部投资于股票几乎是风险最大且可行的资产，是因为公司不可能只从事金融衍生品投资，而且金融衍生品大多数用于套期保值，更无法实现长期盈利，全世界几乎没有依靠金融衍生品而不断创造财富的公司。

因此，这两种情景都是将公司置于最不利的境地。如果在这两种情景中都能够证明：当资产负债率≤50%时，公司几乎没有可能陷入财务困境，就证明了命题。

基于上述两种情景，再假定公司是理性的利己主义者，这是一个常规性假设。公司作为理性人代表，属于信息占优者，其投资收益率在大概率条件下至少应该与市场收益持平，即应该属于"28"原则中的"2"的强势群体。

为了让大家更直观地感受公司资产负债率为50%时，大家对公司债务偿还能力的直观印象，我们通过会计恒等式中权益结构比变化来表达这一诉求。

假定下列是非金融类公司在6种不同场景下的会计恒等式。

场景Ⅰ：资产$_1$(100亿元) = 负债$_1$(10亿元) + 所有者权益$_1$(90亿元)

场景Ⅱ：资产$_2$(100亿元) = 负债$_2$(30亿元) + 所有者权益$_2$(70亿元)

场景Ⅲ：资产$_3$(100亿元) = 负债$_3$(50亿元) + 所有者权益$_3$(50亿元)

场景Ⅳ：资产$_4$(100亿元) = 负债$_4$(80亿元) + 所有者权益$_4$(20亿元)

场景Ⅴ：资产$_5$(100亿元) = 负债$_5$(90亿元) + 所有者权益$_5$(10亿元)

场景Ⅵ：资产$_6$(100亿元) = 负债$_6$(100亿元) + 所有者权益$_6$(0亿元)

这组数据可以描述为一家公司在不同时点资本结构的动态变化过程，也可以描述为六家不同公司在同一时点的资本结构。

假定这组数据是同一公司在不同时点的资本结构，通过观察本组系列数据，读者的直感大概是这样的：

下面三种场景下读者对公司的流动性的评估是基本无争议的。其中，公司在场景Ⅰ下十分安全，短期内几乎没有流动性危机；公司在场景Ⅵ下处于破产清算状态；公司在场景Ⅴ下处于破产边缘，属于高危情况。下列两种场景下公司的流动性也是比较明确的。其中公司在场景Ⅱ下流动性相当安全；公司在场景Ⅳ下处于比较危险境地，公司容易陷入财务困境。公司只有场景Ⅲ下比较难以判断其流动性处境，处于模糊边界。而命题刚好与第Ⅲ种场景相同，需要判断在第Ⅲ种场景下公司陷入流动性危机的可能性大小，如果在第Ⅲ种场景下公司陷入财务困境的概率极小，就证明了命题。

当公司的会计恒等式是：资产(100亿元) = 负债(50亿元) + 所有者权益(50亿元)，这意味着只有当公司当年净损失超过总资产的50%时，才有可能损害债权人利益，公司债务偿还才有可能陷入困境，发生流动性危机。我们需要评估公司发生这种可能性的大小，如果评估这种情况发生的可能性极小，就证明了命题。

命题证明过程如下：

当公司处于情景Ⅰ时，我们需要估计全球各国和一个国家全国各地区房地产平均价格跌幅高达50%的可能性。根据全球各国房地产价格统计数据，全球各国同时发生这种情况的可能性是零，而一个国家或者主要经济体发生这种可能性的概率也是极低的。

我们以日本房地产为例说明。日本房地产是一个十分极端的个例，我们几乎找不出第二个可与之媲美者。日本房地产地区集中度极高，东京房地产几乎代表了日本的房地产。20世纪80年代日本科技创新领先全球，全国经济强劲增长并且持续周期很长，日元兑美元呈单边升值态势并且持续周期也比较长，全球游资疯狂涌入日本，热衷于炒作日本房地产和股市，导致房地产价格和股市快速上涨，最终房市与股市崩盘，给投资者带来了巨大灾难。即使是日本20世纪80年代的房地产，其崩盘耗时也近5年时间，房价跌幅才刚达到50%。

作为一个理性主义者，企业不可能只投资一个国家或者地区的房地产，势必分散投资于全球各主要国家或者某一个国家不同地区比较具有投资价值的房地产，而全球各主要国家或者某一个主要国家比较具有投资价值的房地产总体跌幅达到50%以上几乎是不可能的。因此，当情景Ⅰ发生时，至少根据历史统计数据表明，当资产负债率≤50%时，在短期之内公司几乎没有陷入财务困境的可能。

当情景Ⅱ发生时，基于理性人假设，当专注于股票投资时，企业应该重视公司基本面研究，从事长期价值投资，它不太可能只投资一个国家或者地区的股票，更不太可能只投资于一个经济不发达的国家或者地区的股票。如果企业按照技术分析进行投资，它会着重研究技术分析的原理、技巧及其运用，从而提升投资收益。因此，当情景Ⅱ发生时，我们需要评估全球主要国家股票价格指数跌幅高达50%以上的概率。全球股票投资组合要实现如此跌幅，需要全球金融（经济）危机爆发，如果是地区金融（经济）危机，全球股票组合跌幅很难高达50%。到目前为止，全球金融（经济）危机爆发的概率是1%。20世纪初期爆发了一次全球经济危机，即1929—1933年的全球金融危机。即使人类社会在100年内爆发几次全球金融（经济）危机，比如5次，5%也是极小概率。以地区金融（经济）危机为例，人类社会从20世纪60年代开始，基本每10年爆发一次，这种概率也仅为10%。假定公司是理性人，其不太可能输给市场收益，而股票市场跌幅高达50%的情形，在两种极端情况下发生的概率都小于10%。如果公司发生风险失控的概率小于10%，则可以认定公司陷入财务困境的概率极低。并且企业通过分散投资，更不太可能只投资某一国家或者地区的股票市场，因此投资组合的系统风险应计算全球金融市场的风险，以全球金融危机爆发的概率计算更为合理，而这种概率远低于10%，几乎是无风险的。

到此为止，我们通过两种最不利的投资场景分析发现，如果公司的资产负债率在50%以内，短期之内公司风险总体可控，公司很难陷入流动性危机。在现实生活中，作为理性人的企业不太可能只集中投资某一类投资品，而是分散投资于实业资产和金融资产，当两类投资品兼而有之时，两类风险同时爆发的概率更低，其概率几乎归零，这意味着公司的风险更低，几乎没有可能陷入流动性危机。因此，剔除金融类企业，这一命题从逻辑推理上讲是成立的。

需要注意的是，从静态时点上讲，当公司资产负债率为50%或者50%左右时，公司债权人利益受到高度保障，公司陷入流动性危机的可能性极低。但是我们要知道资产负债率只是评价公司债务安全的一个财务指标而已，不能过分夸大其功能，不能认定公司资产负债率符合我们认定的标准公司偿还债务就一定是安全的。从根源上讲，公司需要通过公司基本面不断优化来提升公司持续盈利能力，不断地优化资本结构，使公司始终处于风险控制界内。

3. 指标运用

【例5】 表7-3是我国上市公司2002—2014年采用各公司市值与上市公司总市值的比重作为权重因子加权平均计算的资产负债率。

表7-3 我国上市公司2002—2014年的资产负债率 （%）

年　度 企业类型	2002	2003	2004	2005	2006	2007	2008
零售业上市公司	54.17	55.23	56.09	58.40	57.86	58.78	58.78
上市公司	52.23	55.80	60.49	65.97	65.11	79.20	81.80

年　度 企业类型	2009	2010	2011	2012	2013	2014	均值
零售业上市公司	54.76	59.87	61.24	63.85	63.87	64.25	59.01
上市公司	82.50	78.43	75.40	76.56	78.47	79.28	65.29

这一期间流动负债与总负债的情况是这样的：2002—2008年我国零售业上市公司流动负债占总负债比同期为91.48%，同期上市公司平均为82.12%，而2002—2014年我国零售业上市公司和上市公司总体流动负债占总负债比的均值大体分别为89.52%和80.23%。

（资料来源：根据百度搜索资料整理而成，其中2009年之后的数据是根据前几年数据拟合的数据。）

根据以上资料，解读上述数据。

【分析思路】

我们将本组数据阅读分为两个层次：一个层次是对数据的直觉感知，另一个层次是数据真相挖掘。

总体分析思路如下：

（1）表7-3所列给我们的第一印象是我国零售业的资产负债率基本稳定在60%左右，

它是零售业理想的资产负债率吗？

（2）如果是零售业优化的资产负债率，是否可以认为我国零售业在2000年左右即知零售企业的最佳资本结构？

（3）虽然我国上市公司总体平均资产负债率仅为65.29%，但是从趋势上看，由2002年资产负债率50%左右逐步上升，到2009年竟然高达80%以上，然后维持在75%左右。据此，有以下疑问：①总体如此高的资产负债率，是否意味着我国上市公司总体濒临破产？②如果上市公司没有濒临破产，是什么原因导致如此高的资产负债率？③从逻辑上讲，解答②的思考路径是什么？④如果知道我国在不同年度的新增上市公司，②的答案便迎刃而解，这给我们什么启示？

（4）流动负债与总负债数据解读。它给我们的第一印象是：我国不仅零售业上市公司流动负债占总负债的比例过高，而且上市公司总体也是如此，因此，我们产生下列疑问：①我国上市公司真的如此热爱短期融资吗？②是否可以认为我国上市公司的融资策略比较激进？③如果将负债范围缩小为短期借款与长期借款，这对我们的分析有何帮助？④沿着③的思路思考，当前我国企业借贷资金的主要资金提供者是谁？⑤借贷资金主要提供者的借贷意愿是什么？⑥资金借贷双方议价能力如何？

4. 指标运用注意事项

资产负债率从总体上反映了公司偿还债务的能力，不仅可以反映企业长期债务偿还能力，而且还可以反映短期债务偿还能力。为了更好地评估公司的债务偿还能力，需要将资产负债率与短期债务偿还能力的计量指标相结合。

宏观经济周期不同、行业的不同、企业发展阶段的不同、商业模式的不同、经营特征的不同，不同企业和同一企业的资产负债率都会体现明显的差异。但是，剔除金融业，一般企业的资产负债率以50%为安全警戒值，或者说资产负债率为50%左右是大多数企业的安全负债区间。虽然没有统一的破产警戒线，但是一般企业的资产负债率尽量不要远高于50%，比如资产负债率高达80%，否则企业很容易处于风险失控的边缘。

（二）产权比率和权益乘数

产权比率和权益乘数实际上是资产负债率的变形，与资产负债率一样，产权比率和权益乘数也可以反映企业资本结构的财务比率。它们的计算公式为

$$产权比率 = \frac{负债}{所有者权益} \times 100\%$$

$$权益乘数 = \frac{资产}{所有者权益} \times 100\%$$

按照财务比率的命名习惯，产权比率应该为净资产负债率，权益乘数为所有者权益资产率。产权比率直观地反映了债权人利益受所有者权益的保障程度，比率越高，债权人利益越得不到有效保障。权益乘数直观反映了所有者利用负债的杠杆倍数效应，乘数越高，财务杠杆越高。

产权比率与权益乘数的关系式为：权益乘数 = 1 + 产权比率。具体推导过程如下：

$$产权比率 = \frac{负债}{资产 - 负债}$$
$$= \frac{1}{(资产 - 负债)/负债}$$

$$= \frac{1}{1/资产负债率 - 1}$$

$$= \frac{资产负债率}{1 - 资产负债率}$$

$$权益乘数 = \frac{资产}{资产 - 负债}$$

$$= \frac{1}{(资产 - 负债)/资产}$$

$$= \frac{1}{1 - 资产负债率}$$

将权益乘数分解式与产权比率分解式相减可得：权益乘数 − 产权比率 = 1，即权益乘数 = 1 + 产权比率。

产权比率和权益乘数仅是资产负债率的两种变形的表达形式，其本质是一样的，产权比率和权益乘数并不能给利益相关者增加信息含量，只是关注的侧重点不同。资产负债率侧重于分析债务偿付安全性的物质，直接描述了公司负债率的事实；产权比率侧重于揭示企业财务结构的稳健程度，直观地体现了债权人受股东的保护程度；权益乘数侧重于揭示自有资金对偿债风险的承受能力，也更为直观地体现了股东利用的杠杆倍数。例如，公司资产负债率为75%，则产权比率是3，而权益乘数是4，三个财务指标传递信息的侧重点分别是：公司负债率比较高的事实、债权人受到的保护程度不太高和公司4倍的高财务杠杆，而其本质是一样的。

资产负债率、产权比率和权益乘数本质上是企业融资策略的体现，是三种常用的财务杠杆计量尺度。财务杠杆表示债务的多少，与偿还债务能力有关，并且可以表明股东权益净利率的风险，也与盈利能力有关。财务杠杆计量可以反映特定情况下的资产净利率（总资产报酬率）和权益净利率（股东权益报酬率，所有者权益净利率）之间的倍数关系，其推导过程如下：

$$权益乘数 = \frac{净利润/所有者权益}{净利润/资产总额} = \frac{所有者权益净利率}{总资产净利率}$$

与无负债公司相比，举债公司才有杠杆效应。对无负债公司来说，它的资产报酬率等于股东权益报酬率。但是，对举债公司而言，它的资产报酬率不一定等于股东权益报酬率。由上述计算公式可知，当权益净利率大于资产净利率时表明有利的杠杆效用，可以界定为公司成功举债经营，这是因为风险型公司的资产报酬率大于负债成本。例如，资产报酬率是12%，税后债务成本为8%，产生了正杠杆效应。如果负债经营公司的权益净利率等于资产净利率，其财务杠杆效应是中性的，公司分配给股东和债权人的总收益虽然比无负债经营公司增多，但是对股东而言意义不大，因为增多的部分就是公司实际支付给债权人的金额。如果举债经营公司权益净利率小于资产报酬率，称为公司举债经营失败，这是因为风险型公司的资产报酬率小于负债成本，比如资产报酬率为12%，税后负债成本为15%，此时公司负债增加将减少股东权益，财务杠杆负效应显现。因此，权益净利率与资产净利率的变化从本质上反映了财务杠杆效应，反映了负债对公司经营产生的正负效应。公司是否应该提高负债比率，需要评估权益净利率与资产报酬率，而权益乘数的推导公式给我们提供了一种利用负债效应的分析思路。

(三) 有形资产净值债务比率

为了更加真实地反映债权人利益受股东的保障程度，将难以准确计量的无形资产、递延资产从净资产中扣除，即用所有者具有所有权的有形资产，计量有形资产对债务的保障程度。有形资产净值债务率的计算公式为

$$有形资产净值债务率 = \frac{负债总额}{所有者权益 - 无形资产及递延资产} \times 100\%$$

这一指标反映了债权人可获得的财产抵押情况。有形资产净值债务率实质上是产权比率的延伸，这是一种更为保守的计算——它将可实现价值有不确定性的资产排除在外，更为谨慎、保守地反映在企业破产清算时债权人投入的资本受到所有者权益的保障程度。其中，无形资产的价值变动较大，缺乏可靠的计量基础，不可能作为确定性偿还债务的来源。递延资产本身就是企业费用的资本化，它们往往也不能用于偿还债务，因而也将其从所有者权益中扣除。

(四) 长期资本负债率

为了从融资角度反映企业长期债务偿还能力，用长期资本负债率计量债务的安全程度，其计算公式为

$$长期资本负债率 = \frac{非流动负债}{非流动负债 + 股东权益}$$

$$= \frac{长期负债}{长期资本}$$

长期资本负债率反映了企业狭义上的资本结构，反映了长期债权人受自身及股东权益的保障程度。

上述财务指标统称为杠杆比率。这些杠杆比率一般都是利用账面价值进行比较分析的。账面价值以历史成本计量为主。这些杠杆比率也可以用市价计量，前提是股票市场与债券市场比较成熟，市场效率比较高，市场波动比较小，市场不确定性较低。而我国金融市场虽然经历多年发展，但是市场治理机制仍不健全，股票投机氛围过重，市场波动比较大，股票市场效率仍然不高，债券市场体量过小，计量财务杠杆指标时不宜采用市场价值计量，应该以账面价值为主。

为了更进一步地了解公司的偿还债务风险，还可以采用资本结构组成分析法。构成分析一般是通过资产负债表中负债与股东权益运用结构百分比报表进行分析。它直接解释了公司的财务风险。例如，分析某公司权益结构是流动负债、非流动负债、优先股和普通股占比分别为45%、15%、15%和25%。这四个数据反映了公司融资风险的直观结果。另一种结构百分比法是分析长期融资渠道，不考虑流动负债，或者是只考虑有息负债和股东权益融资。

三、长期债务偿还能力流量比率

(一) 利息保障倍数

1. 指标原理分析

利息保障倍数从收益偿付能力角度分析企业的长期债务偿还能力，它也提醒我们注意盈利能力才是企业真正的还本付息的基本来源，公司持续盈利能力才是长期债务偿还能力的根本保障。

利息保障倍数又称已获利息倍数，是指息税前利润（Earning before Interest and Tax，EBIT）与利息费用之比。其计算公式为

$$利息保障倍数 = \frac{息税前利润}{利息费用}$$

在该比率计算公式中，分子还可以使用息税前利润加折旧或者息税前利润加折旧加利息费用。息税前利润是公司理财中一个重要的指标，它既包括利息又包括所得税，它可以反映资金来源各方索取利益的分布情况，也在杠杆指标计算中有着广泛的应用。其中，利息费用是指本息发生的全部应付利息，不仅包括利润表中财务费用项目列示的费用化利息，而且还包括资产负债表中计入固定资产、存货、投资性房地产等资本化利息。在一般情况下，公司外部人员无法区分费用化利息和资本化利息，同样无法区分财务费用中利息费用的占比，在实践分析时，一般用财务费用替代利息费用。在正常情况下，这种替代具有一定的合理性，因为大多数公司的利息费用通常占财务费用的比例较高，而且一般公司的资本化利息占总利息的比例较低。但是，当公司资本化利息占比过高时，如房地产企业、大型飞机、船舶制造企业等，这时采用财务费用作为替代值，将会使这一指标的作用大打折扣。对于这类公司，分析者需要根据公司可能进行资本化利息的资产的类别，对其成本项目进行分解，估计资本化利息的占比，进而推断公司的资本化利息，将其计入利息费用（财务费用）。

利息保障倍数很难界定统一标准，利息保障倍数的安全临界值也难以确定。假定利息保障倍数的安全临界值是5倍，但是当利息保障倍数低于5倍时，也不能说明公司偿还债务存在问题。从长期来看，假定公司资产负债率处于正常区间，大多数公司的利息保障倍数应该远大于1。当利息保障倍数持续低于1时，需甄别其中的具体原因。

2. 不同利益相关者的分析侧重点

与其他流动性财务指标一样，利息保障倍数也受到了不同利益相关者的关注。具体分析如下：

（1）债权人。利息保障倍数越高，说明企业支付利息的能力越强，企业拥有还本的缓冲资金越多，企业到期偿还本金的能力越强。债权人，尤其是长期债权人，希望企业利息保障倍数越高越好，其索取本息权益越有保障。

（2）所有者。基于企业正常的资产负债率并且本息保障程度较高的前提下，所有者并不希望该指标越高越好，而是希望企业适度地提高杠杆，实现股东财富最大化。若利息保障倍数持续小于1，说明企业盈利能力比较差，企业债务偿还能力没有保障，需要甄别其中的具体原因。

（3）经营者。若息税前利润比较高，企业能以更低的成本借入资金，假定其他条件不变，经营者希望企业可以充分利用利息的税盾优势，进一步降低资本成本，实现企业价值最大化，同时实现个人利益最大化。

当然，还有税务机关、监管层等利益相关者也会关注利息保障倍数的变化。

3. 指标运用注意事项[*]

（1）由于外部利益相关者无法掌握利息费用的准确数值，通常使用财务费用替代利息费用，但这种替代的前提条件是财务费用和利息费用均为正值，并且利息费用在财务费用中占比极高。

（2）利息保障倍数运用的前提条件是公司资产负债率处于正常区间。假如公司资产负

债率出现明显异动,比如资产负债率由 50% 大幅度降低至 5%,即使公司的 EBIT 不变,也会导致利息保障倍数陡增,这并不能说明公司债务偿还能力的变化,利息保障倍数将失去解释力,无法很好地反映公司债务偿还能力的变化,需要借助公司其他财务指标综合权衡公司流动性变化。

(3) 当利息保障倍数为负数时,需要甄别具体原因。如果该指标为负是因为财务费用为负,并且 EBIT 是正数且 EBIT 不趋于零,则通常意味着公司的债务偿还能力极强。当财务费用为正数而 EBIT 是负数时,表明公司的债务偿还能力极差。

(4) 利息保障倍数的计算错误。例如 EBIT 是负数,财务费用是负数,利息保障倍数是正数。在正常情况下,财务费用为负数表示净利息收入,通常说明公司处于市场主导地位,EBIT 应该是正数,两者不太可能皆为负。当公司资产负债率处于正常区间时,主营业务利润是负数,公司营业利润也是负数,营业外利润也是负数或者营业外利润小于营业利润的亏损额,而由于公司当年有一笔汇总收益导致财务费用为负,但是这笔汇兑收益并不能扭转公司亏损的局面。

(5) 资本化利息费用的处理。由于利息费用包括费用化利息和资本化利息,而资本化利息计入资产价值,计算利息费用时予以扣除,但其本质仍是利息费用,因此,计算利息保障倍数时,利息费用是利润表中的利息费用加上资本化利息,或者财务费用加上资本化利息。

(6) 利息保障倍数的评价期限效应。在正常情况下,利息保障倍数的短期评价效果的确比较有限,其高低很难判断公司债务偿还能力,也难以评估公司流动性,但是它的长期趋势变化更具有代表意义。例如,一家公司其他因素基本没有变化,公司利息保障倍数逐步上升,它还是可以传递公司债务偿还能力逐步增强的信息。

4. 指标扩展

假定企业将利息保障倍数作为评价其长期债务偿还能力的重要指标,并且如果管理者认为只要企业的利息保障倍数大于等于 1 即可,则基本可以判断这类管理者是风险偏好者。因为利益相关者在短期内难以根据利息保障倍数判定企业债务偿还能力的变化。利息保障倍数作为判定偿还债务能力的指标首先要求企业的资产负债率处于正常区间,至少不能过低,否则需要结合其他信息综合判定。如果资产负债率过低,利息保障倍数将丧失解释能力,并且企业除了要偿还利息费用外,还有许多固定性支出。这些固定性支出如本金偿付要求、固定支出偿付、连带担保等,也都会影响到企业的债务偿还能力。因此,有必要采取更为保守的计算指标,如保守利息保障倍数,使之更为稳健。

保守利息保障倍数的计算公式为

$$保守利息保障倍数 = \frac{息税前利润}{利息费用 + 本金/(1-所得税税率)}$$

保守利息保障倍数的分母考虑了偿还本金要求,可以在一定程度上规避偿还债务本金风险。计算公式中本金做了特殊处理。由于息税前利润是一种特殊的税前利润,利息费用也是公司支付的具有抵税效应的项目,而本金没有抵税效应,但是为使计算公式匹配,所以,将本金调整为

$$\frac{本金}{1-所得税税率}$$

保守利息保障倍数计算公式分子也可考虑折旧费用,这是因为从现金流计量角度看,当

考虑公司所得税时，固定资产折旧作为当期的现金流入增量，也可以作为还本付息的来源之一。当然，该比率也可以进一步考虑其他固定性支付，使之更为全面地反映公司长期债务偿还能力。

四、长期债务偿还能力现金流量比率

现金债务比是通用的衡量长期债务偿还能力的现金流指标，它可以更好地反映公司债务偿还能力。其计算公式为

$$现金债务比 = \frac{经营活动现金净流量}{债务总额}$$

现金债务比更为保守，它考虑了公司的所有债务。该指标越高，公司债务偿还的能力越强；反之，公司债务偿还的能力越弱。至于现金债务比多少合理，同样也没有定论。有一点可以肯定的是，如果公司的资产负债率处于正常区间，大多数公司的现金债务比很可能低于1。

计算公司现金债务比时，需要适度考虑公司的负债构成比例与偿还时间，并且也要考虑一些特殊事项引起现金债务比的异动，如债务展期、债务减免、债转股等，需要评估这些特殊事件对公司偿还债务能力的影响。以公司债权人债转股为例，分析者需要判断是公司债权人主动转股还是被动转股，需要判定债转股成功的可能性，并全面地评估债转股是否增强了公司债务偿还能力以及提升了公司盈利能力。

第五节 短期债务偿还能力与长期债务偿还能力的关系

一、短期债务偿还能力与长期债务偿还能力的联系

（1）企业的各种长期负债与短期负债在一定程度上只是一种静态时点的划分，随着时间的推移，长期债务会变成短期债务，部分短期债务也有可能具有长期属性。例如，永久性经营负债，还有一些短期债务有可能成为企业的长期债务，甚至转为股东权益，变成永久性资金。当这种情况发生时，需要综合权衡这些因素变化对企业债务偿还能力的影响。因此，企业对长期债务和短期债务的统筹规划十分重要，需要对各种债务偿还的时间、金额、资金来源进行总体安排，才能使企业债务偿还能力达到一种理想状态，有效避免陷入财务困境。

（2）短期债务偿还能力与长期债务偿还能力都是从特定资产与特定负债的相对关系角度揭示企业财务风险的，只是时间长短不同而已。两者在指标值方面存在相互影响、相互转化的关系，长期是由多个短期构成的，短期的质量决定了长期的水平；从长远看，长期债务偿还能力与短期债务偿还能力是一致的，从根本上讲，两者都受制于企业的经营能力、资本结构、盈利能力等。

二、短期债务偿还能力与长期债务偿还能力的区别

（1）两者缓冲时间不同。一个是短期债务偿还能力而另一个是长期债务偿还能力，给企业偿还债务的缓冲时间是不同的。

（2）两者稳定程度不同。短期债务偿还流动性较大，其判定标准更为多样化，必要时

可采用特殊手段，而长期债务偿还则相对稳定，其还款来源基本来自企业持续盈利能力背景下的充足现金流。

（3）两者的物质承担者不同。从短期看，短期债务偿还能力的物质承担者是流动资产，而长期债务偿还能力的物质承担者是企业的资本结构和企业的盈利能力等。资本结构的合理性、企业资产管理能力和盈利能力等是企业长期债务偿还能力的决定因素。

（4）短期债务偿还能力拥有更多的、偶然性可动用的因素，如应收票据贴现、债务延缓支付、非流动资产变现等，而长期债务偿还能力虽然也有偶然动用事项，但是无法持续使用例外事项。短期内企业遭遇生死存亡时可以将部分长期资产变现，或者以资抵债，甚至使用一次公司信誉延期支付债务助其渡过难关，但是这些手段只可偶尔为之，最好不用，更不能长期使用，企业也没有能够长期使用的特殊手段应付债务危机。

总而言之，企业短期债务偿还能力与长期债务偿还能力是共通的，两者总体是一致的，不是此消彼长的关系，而是高度正相关的关系。当然，也可能出现意外，两者也有可能出现不一致的情况。例如，企业某个时点的短期债务偿还能力出现困难，甚至是间断几个时点或者连续几个时点都出现短期债务偿还能力困难，但是企业的长期债务偿还能力保持良好。虽然有可能如此，但是好的企业很少出现这种情况。当企业发展到跨国经营时，战略要更有前瞻性，运营系统更为复杂，经营失败概率更高，由于决策错误导致公司面临偿还债务困境的概率大幅增加，而当下移动互联网、大数据时代，企业竞争更为激烈，这种情况更有可能频繁发生，企业需要提升风险意识，做好短期与长期债务偿还规划，密切关注企业流动性，提升企业应对风险的能力。

思 考 题

1. 简述各类财务能力的关系。
2. 简述动态循环财务能力评估体系。
3. 营运资本与公司筹资策略之间的关系是什么？
4. 流动比率以2为合理均值的假设前提是什么？这是否意味着正常情况下流动比率没有使用价值？
5. 流动比率小于1是否意味着公司短期债务偿还能力比较差？
6. 为何流动比率比较难于用于公司之间的比较分析？
7. 流动比率用于自身分析时需要哪些假设条件？
8. 当两家公司流动比率相同时，为何两家公司的短期债务偿还能力有可能完全不同？
9. 公司将本应借记应付账款，错误借记成应收账款。请比较这种记账错误产生的速动比率与公司实际的速动比率的大小。
10. 剔除金融类企业，从逻辑上推定企业资产负债率的安全临界值或者安全临界区间。
11. 如何理解利息保障倍数的计量内涵？
12. 运用利息保障倍数计量公司偿还债务能力的前提是什么？
13. 如何处理利息保障倍数的极端情况？

14. 简述信誉对公司偿债能力的影响。

15. 简述短期债务偿还能力与长期债务偿还能力的关系。

判 断 题

1. 各类财务能力是相互孤立的，不需要根据彼此的分析结果修正彼此的分析结果。
（   ）

2. 流动性有以下两个标准：一年和一个营业周期，其中营业周期年限超过一年。
（   ）

3. 营运资本大于零之所以为公司偿还债务提供了安全保障，是因为公司长期资本为其提供了安全保障。（   ）

4. 当公司在不同时点的流动比率相同时，其反映的流动能力有可能不同。（   ）

5. 流动比率很难用于公司之间的比较分析。（   ）

6. 流动比率等于1说明公司偿还短期债务能力必定一般。（   ）

7. 速动资产是包括存货在内的流动资产。（   ）

8. 预付账款具有比较强的流动性。（   ）

9. 因为流动比率是以公司破产清算为前提的，所以流动比率没有实用价值。
（   ）

10. 速动资产是流动资产中流动能力比较强的流动资产。（   ）

11. 公司短期债务偿还能力可临时动用特殊手段应付债务危机。（   ）

12. 一旦公司资产负债率高达90%以上，公司随时面临着陷入财务困境的可能性。
（   ）

13. 我国21世纪10年代上市公司平均资产负债率高达80%，这说明我国上市公司大都采用激进的融资策略。（   ）

14. 公司利息保障倍数突然上升时意味着公司长期债务偿还能力必定明显上升。
（   ）

15. 当一家公司短期遭遇现金流缺口时，假定公司信誉良好，公司可动用特殊手段应急，帮助公司渡过危机，但是不能经常使用特殊手段。（   ）

16. 公司短期债务偿还与长期债务偿还的资金来源是一样的。（   ）

Chapter 8 第八章

资产管理能力与财务弹性

■ 回顾

第七章描述了流动性原理，探讨了计量短期债务偿还能力与长期债务偿还能力指标的原理、指标运用和注意事项等，运用财务数据分析了财务指标内涵，讨论了短期债务偿还能力与长期债务偿还能力的关系。

■ 本章提要

本章由 OPM 战略开始，系统地评价了公司资产管理能力，重点描述了 OPM 战略的内涵及其衡量工具与财务弹性，其中，现金周转期是 OPM 战略的最佳计量工具，而财务弹性是实施 OPM 战略的必要条件；重点分析了 OPM 战略涉及的重要财务指标：存货周转率、应收账款周转率及应付账款周转率的内涵、理论分析及其运用；财务弹性着重探讨了现金流量充裕率、现金满足投资率和现金比率的运用；探讨了非流动资产若干比率的内涵及注意事项。

■ 展望

第九章将讲述盈利能力与公司估值，盈利能力是财务能力评价的核心，并且在公司估值中占据重要地位。

◆ 章首案例

长期以来，京东集团（NASDAQ：JD）给外界的印象总是亏损，其实不只是京东集团，电商鼻祖亚马逊（NASDAQ：AMZN）也是经历了多年亏损之后才开始盈利的，随后进入了漫长的利润收割期。这是电商企业的一个典型特征，也是这些电商企业在盈利之前长期烧钱的动力。

2016 年 8 月 17 日，京东集团发布 2016 年第二季度财务报告。在消费品市场出现疲软的大环境背景下，京东集团却实现了逆增长。第二季度京东集团的净利润在非美国通用会计准则（Non-GAAP）下净利润为3.91亿元人民币，2015年同期亏损为1570万元；美国通用会计准则（Generally Accepted Accounting Principles，GAAP）下净亏损1.32亿元，比2015年同期净亏损5.10亿元大幅收窄。

需要提及的是，第二季度有京东"618促销节"活动，利润率理应下降，但是京东集团经营利润率却持续走高。这说明京东集团的规模效应开始显现。初步实现了规模效应的京东集团，有可能挖掘出一条可持续运营的自营电商之路，利润有可能步入正式收割期。截至2018年第一季度，京东集团单季连续八个季度实现盈利。

以京东集团2016年第二季度为例，存货周转期为38.5天，应付账款周转期为49.8天，两个指标均处于行业领先水平。并且，截至2016年6月30日，京东集团过去12个月累计自由现金流达到110亿元人民币，创下历史新高。从表面来看，这要得益于京东集团高效有序的运营体系；从深层次来看，这要得益于自身高科技、精细化的供应链体系，以及一流的存货管理能力和物流配送能力。需要注意的是，京东集团自建物流，将物流配送掌控在自己手中，形成了对整个供应链的控制，使京东集团将物流从成本控制中心转变成未来盈利中心。这正是京东集团的差异化战略。但是，自建物流存在初期投入太高、系统管理跟不上等弊端，而这些弊端在京东集团并没有显现。一旦实现规模效应，基于信息物流体系、大数据等支撑，京东集团很有可能将这一良好趋势延续下去。

在大型促销节期间，通常库存的飞涨很可能导致存货周转天数短期内的急剧攀升。苏宁"418大促销节"直接导致了公司库存上升，乐视网"414生态电商节"也直接导致存货大增，对公司经营现金流产生了不利影响。反观京东在"618促销节"期间，虽然顾客订单暴增，但是公司库存始终保持在合理区间内，保证了存货周转顺畅，极大降低了对自身资金的占用，并且经营活动现金流量持续为正。可以预期的是，当前企业竞争更为激烈，企业之间的节日营销大战几乎成为一种常态，京东集团的仓储物流优势将更加凸显。

一路走来，京东集团从3C到家电，从图书到日化，从一个搅局者变成了综合零售业巨头，从宣布零毛利到今天的规模效应拐点，虽然拐点仍有待时间验证，京东集团始终都在不断地降低成本，提升营运效率。

［资料来源：《说出来你可能不信，京东终于盈利了，怎么回事?》，2016年8月11日，王长胜，搜狐网站（www.sohu.com）（节选）。］

根据以上信息，讨论下列问题：
1. 为什么存货管理是京东集团的生命线？
2. 京东集团如何做到在大促销时存货仍处于合理区间？
3. 未来存货管理还如此重要吗？

第一节 资产管理能力分析概述

从资金运动过程看，企业筹资完成就需要进行资产配置，然后对资产进行有效管理，实现企业价值最大化。企业筹资的事后评价就是企业短期债务和长期债务偿还能力评价。资产配置的事中和事后管理就是资产管理能力评价。资产管理可分为广义的资产管理与狭义的资产管理两类。广义的资产管理是指企业所有要素综合运营的能力，具体表现为人力资源、物力资源、财务资源、技术能力、管理能力等，通过优化配置资源，使各种资源形成一个有机整体，推动企业有效运营，提升企业价值。狭义的资产管理可以界定为资产的效率与效益。本章的资产管理能力是指狭义的资产管理能力，并且资产管理能力计量的财务指标基本都是资产周转率指标。因此，通常所说的资产管理能力着重评估资产管理的效率而不是资产管理的效益。通过评估公司资产的效率可以检验公司资产规模配置的合理性。如果通过资产管理能力分析发现公司资产运营效率低下，存货周转速度过慢，应收账款周转期过长，现金周转期过慢，公司就需要剥离低效资产、优化存货配置、改变信用政策等，达到动态调整资产配置，持续优化资产配置，不断提升资产效率。

资产管理的效益是资产管理能力的另一个评价维度：盈利能力，属于公司盈利能力范畴，与资产管理能力并列。资产管理效率与资产管理效益是辩证统一的。一般而言，公司资产周转速度越快，资产管理效率越高，公司效益越好，但是速度与效益并非总是一致，有时两者也会出现背离。例如，一家公司的供应链管理一流，资产周转效率极高，公司市场定位明确，深受消费者爱戴，但是随着公司的不断扩张，公司没有重视新产品研发，产品更新速度过慢，虽然旧产品销售依然比较紧俏，并且资产周转能力仍然很强，但是公司效益从中长期来看却在不断下滑。

公司资产管理能力由其经营管理水平决定，而公司经营管理水平直接决定了经营过程的效率高低财务效果。资产管理能力计量指标不仅能够反映公司的管理水平、竞争战略、经营模式、营销策略等信息，而且也为印证公司财务数据是否造假提供了支撑。因此，资产管理能力分析在财务能力评价链中，充分地体现了财务数据的过程信息。而过程一般决定结果，公司资产管理能力更容易影响其他类别的财务能力，它具有更强的马太效应，是供应链财务能力管理中搭建各个节点的桥梁。那些以强调资产管理能力著称的企业更是如此。例如，快时尚企业将供应链管理做到了极致，其资产管理能力指标更加明显地决定了企业的其他各类财务能力。

第二节 OPM 战略与财务弹性

OPM 战略是资产管理能力的最佳表达工具，它直接衡量了公司资金周转过程中的几项重要资产和几项管理水平。

一、OPM 战略与财务弹性概述

OPM（Others' People Money）战略是指企业充分利用做大规模的优势，增强与供应商的讨价还价能力，将占用在存货和应收账款——更为严谨的说法是应收项，至少应该包括应收账款、应收票据、预付账款等资金及其资金成本转嫁给供应商的运营资本管理战略。OPM 战略是一种创新的盈利模式，是"做大做强"的生动实践。

衡量公司 OPM 战略实施效果的最佳计量工具是现金周转期。现金周转期可以分为狭义现金周转期和广义现金周转期。狭义现金周转期只包括存货周转期、应收账款周转期和应付账款周转期,而广义现金周转期涉及存货周转期、应收款项周转期和应付款项周转期,能更为全面地衡量公司 OPM 战略的执行能力。一般而言,广义现金周转期用于衡量公司 OPM 战略的实施效果,并且一般所说的现金周转期是指广义现金周转期。

成功实施 OPM 战略的公司的现金周转期大都为负数,这意味着公司净占用他人资金,说明公司占据市场主导权,但同时也意味着公司在经营过程中处于净支付状态,要求公司具有充足的现金流,因此 OPM 战略运用的前提条件是公司财务弹性能力强,意味着并非任何企业都具备实施 OPM 战略的条件。这也意味着,能够成功实施 OPM 战略的公司通常具有较强的持续盈利能力,但是这并不意味着具有持续盈利能力的公司一定能够成功实施 OPM 战略。

OPM 战略与财务弹性是相得益彰的关系。如果公司能够成功实施 OPM 战略,OPM 战略执行力越强,越有利于增强公司的财务弹性;公司财务弹性越强,运用 OPM 战略成功的概率越高。

全球各国能够成功运用 OPM 战略的公司并不太多,戴尔(NASDAQ:DELL;2013 年私有化退市,2018 年拟重新上市)和沃尔玛(NYSE:WMT)堪称运用 OPM 战略的典范。我国的苏宁易购和国美零售也是成功运用 OPM 战略的优秀代表。然而,相比一枝独秀的戴尔和树大招风的沃尔玛,我国本土家用电器零售业龙头的苏宁易购(002024.SZ)和国美零售(00493.HK)在运用 OPM 战略时,公司财务弹性能力远不及这些世界顶级企业,其应对市场机遇和逆境的能力也远不及戴尔和沃尔玛。近年随着世界竞争格局的巨变,一些后起之秀成为运用 OPM 战略的佼佼者,戴尔 OPM 战略优势已不再那么明显,沃尔玛也遭遇到巨大挑战。而我国的苏宁易购早已不是单纯的家电零售企业,也不再是单纯的线下运营,开始转变为线上与线下的双线融合,虽然现金周转期表现尚可,但是其财务弹性远不及以前。同样,国美零售的战略也出现明显变化,两家公司 OPM 战略的可比性变得更为复杂。

二、OPM 战略中重要计量指标

(一)存货周转率

1. 指标原理分析

存货周转率又称库存周转率,是评价企业购入存货、投入生产、销售回收等各环节管理状况的综合性指标。通过存货周转率的计算与分析,可以测定企业一定时期内存货资产的周转速度,是反映企业购、产、销平衡效率的一种尺度。存货周转率越高,表明公司存货及占用在存货上的资金周转速度越快。

存货周转率通常有两种计算公式,分别采用销售成本和销售收入计算存货周转率。其公式为

$$存货周转率 = \frac{销售成本}{存货平均余额} \qquad (8\text{-}1)$$

$$存货周转率 = \frac{销售收入}{存货平均余额} \qquad (8\text{-}2)$$

存货周转率一般立足于年度周期内考察公司存货周转次数,与之对应,存货周转期(天数)公式为

$$存货周转期 = \frac{年度公历天数}{存货周转率}$$

公式中年度公历天数可按 365 天或者 360 天计算，一般选择 360 天计算年度天数。

从中文字面含义来看，存货周转率就是存货周转速度的快慢，衡量在一年内公司存货周转次数。

首先，我们研究式（8-1）和式（8-2）是否都可以表达这个诉求；其次，探讨两个计算公式的本质；最后，探究计算存货周转率时需要处理的若干事项。

（1）式（8-1）和式（8-2）的内涵。

1）式（8-1）是用销售成本作为计算存货周转率公式的分子，名如其义，准确计算了存货周转率，即存货周转速度快慢。

为便于更清晰地理解式（8-1），做以下两个假定：

假定 1：公司存货平均余额年度内保持稳定在 100 万元。

假定 2：公司存货周转率等于 3 次。

需要解释一下假定 2，假定 2 是已知公司存货周转率，这一点十分重要，因为我们已知存货周转率，这是无法改变的，然后运用式（8-1）计算存货周转率，检验其是否求得与已知结果相一致。

因为已知公司存货周转率是三次，即平均存货在年度周期内被出售三次，这意味着，这批价值相等的存货在年内共出售了三次，每次出售时存货结转为销售成本，则公司全年总共结转销售成本为 300 万元（=100×3）。于是，根据式（8-1）知，存货周转率 = 300（总销售成本）÷100（平均存货）= 3（次）。

由此可见，用式（8-1）计算的存货周转率与已知的存货周转率是吻合的，并不是巧合，从计算过程来讲，它也应该是吻合的，因此式（8-1）可以表达存货周转次数的诉求。

2）式（8-2）是以销售收入作为计算存货周转率公式的分子，名不如其义，并未计算存货周转速度，而是别有他意。

基于 1）中的两个假定，进一步假定 100 万元货物在五种不同销售价格的情况下分别被企业销售了三次，则运用式（8-2）计算存货周转率的结果如下：

假定 1：每次 100 万元存货的售价为 200 万元，则存货周转率 = 200×3÷100 = 6（次）。

假定 2：每次 100 万元存货的售价为 150 万元，则存货周转率 = 150×3÷100 = 4.5（次）。

假定 3：每次 100 万元存货的售价为 100 万元，则存货周转率 = 100×3÷100 = 3（次）。

假定 4：每次 100 万元存货的售价为 80 万元，则存货周转率 = 80×3÷100 = 2.4（次）。

假定 5：100 万元货物在全年中 3 个存货周期中的销售价格分别为 100 万元、200 万元和 300 万元，则根据式（8-2）知，存货周转率 =（100+200+300）÷100 = 6（次）。

其中，假定 4 属于强假设，只有在公司遭遇特殊情况时才有可能发生，比如当公司遭遇金融危机时为了生存不得已而为之，它意味着公司每次亏损还在不断销售货物。在现实生活中，假定 5 更为接近现实，进一步放宽假定，假定 5 中有可能个别存货周转期中出现售价低于成本，而总体售价高于总成本。

实际上，无论假定 1、假定 2、假定 3、假定 4 和假设 5 中哪一种情况发生，公司存货周转次数都是 3 次，但是，运用式（8-2）计算的存货周转率却分别是 6 次、4.5 次、3 次、2.4 次和 6 次。仅根据上述 5 个假定，只有假定 3 即当存货按照成本价出售时，式（8-2）与式（8-1）计算结果相同，此纯属巧合而已。当然假定 5 发生变化时，公司存货周转率也有可能等于 3 次，但也纯属巧合。

由此可见，如果仅根据存货周转速度的字面意义或者原本内涵判断，则式（8-2）无法反映存货周转速度。

进一步观察假定 1、假定 2、假定 3、假定 4 和假设 5。通过分析五个假设发现，当公司存货周转率"越快"时，尽管它不传递存货周转快慢的信息，但是可以说明存货周转率"越快"对公司越有利，即越快是越好的，这意味着式（8-2）间接表达了公司在不同年度（时期）内存货周转"速度"的效果，即式（8-2）计算的存货周转率提升意味着公司存货管理变好或者存货的市场销售紧俏的趋势，式（8-2）计算的存货周转率下降意味着公司存货管理变差或者存货的市场销售疲软的趋势。换句话说，假定公司存货周转率不变，当存货售价发生变化时，式（8-2）表达的存货周转率有可能变化，从而间接地表达了公司存货管理能力的变化。用式（8-2）计算的存货周转率不是速度，可以理解为它可以表达公司存货管理是变好或者变坏的趋势。比如，公司不同年度（时期）内的存货周转率 6 次优于存货周转率 4.5 次，存货周转率 4.5 次优于 3 次存货周转率，存货周转率 3 次优于存货周转率 2.4 次。

（2）通常认知下存货周转率的理解与我们的观点。通常认为，如果是为了反映存货管理水平的高低，采用式（8-1）计算存货周转率；如果为了反映存货的变现能力，采用式（8-2）计算存货周转率。我们认为，"式（8-1）反映存货管理水平的高低"是比较合理的，但是认为"式（8-2）反映存货的变现能力"有些不妥。

如果仅从存货周转率中文字面来看，它只是反映存货周转速度的一个指标，是一个效率指标而不是一个效益指标，是一个数量指标而不是一个质量指标。例如，货币流通速度本身只反映流通中货币周转速度效率，它本身并不能有效地反映货币的使用效益。因此，从字面释义上说，存货周转率原本是反映存货管理效率而非存货管理效益。当然，存货周转效率与公司效益具有高度正相关性，即存货周转率越快，公司效益越好，公司盈利能力越强。但也有可能出现例外的情况，比如公司在持续经营过程中某一个或者某几个特殊时点流动性偏弱，通过资产高周转实现薄利多销，但是公司效益不一定好。

姑且不论存货周转率的原本内涵，如果认为式（8-2）采用销售收入是为了反映存货的变现能力，即收入反映变现能力，这也是不太合理的。我们认为，式（8-2）反映存货管理效益更合理一些，但也有些牵强，将利润界定为效益更为全面。当然，式（8-2）并非完全不能反映公司资产的变现能力，假定公司销售全部为现金销售时，或者公司现金销售占绝对主导时，则式（8-2）可以反映公司存货的变现能力。或者说式（8-2）运用的前提条件是公司必须采用现金销售或者现金销售占绝对主导。如果剔除这一前提，式（8-2）不能有效地反映公司存货的变现能力。当然，现实生活中，大多数企业不太可能以赊销为主，这说明式（8-2）反映资产变现能力具有一定的合理性。然而公司之间相互赊销又是不可避免的，所以采用式（8-2）计算存货周转率时，需要关注公司信用政策的变化。如果公司信用政策保持一致，通过观察公司多年存货周转，观察其变化趋势，可以在一定程度上反映公司变现能力的趋势。当公司信用政策发生改变时，需要适度修正偏差。如果公司信用政策经常改变，则分析者很难运用式（8-2）观察公司资产的变现能力。

（3）平均存货的理解*。为了规避公司存货波动性，计算存货周转率公式的分母一般采用平均存货，即期初存货与期末存货的简单平均。如果年度内存货变动不大，也可以采用存货期初余额或者存货期末余额。然而平均存货并非如表象那样简单，有必要进一步探讨平均存货的使用。

1）存货周转率的再认识。做两个基础假设和设置三种场景，运用简单算例以式（8-1）为例进一步理解存货周转率。

假定1：已知公司在不同时点的存货，又因为全年时间跨度过长，手工计算不具有可行性，因此假定全年以5天计算。

假定2：每件存货成本1元，公司每天剩余存货分别是5件、4件、3件、2件和1件，这样平均占用存货量为3件，即平均占用成本为3元。

场景1：公司全年5天内总计销售存货3件，即销售成本为3元。

场景2：公司全年5天内总计销售存货30件，即销售成本为30元。

场景3：公司全年5天内总计销售存货60件，即销售成本为60元。

需要注意的是，场景中假定全年为5天是为计算和分析方便，而在分析时，读者需要将其置于真实年度周期内考察。

基于假定1、假定2和场景1，根据存货周转率的式（8-1）知，公司存货周转率是1次，以全年360天计算，存货周转期为360天，即公司平均占用存货在360天内实现了一次周转。这意味着公司平均占用3元存货，每360天实现一次周转，存货周转期为360天，即360天总共出售了3件货物。

基于假定1、假定2和场景2，根据存货周转率的式（8-1）知，公司存货周转率是10次，以全年360天计算，存货周转期为36天，即公司平均占用存货36天实现一次周转。这意味着公司同样是平均占用3元存货，每36天就可实现一次周转，存货周转效率进一步提高，也可以说公司在达到既定销售存货数量的情况下，平均占用存货更少。以场景1为例，如果公司在场景2要实现全年销售3元存货（注意不是售价，是指成本），它并不需要占用公司3元存货，只需要平均占用公司0.3元存货就可以实现场景1的总销量。

基于假定1、假定2和场景3，根据存货周转率的式（8-1）知，公司存货周转率是20次，以全年360天计算，存货周转期为18天，即公司平均占用3元存货18天实现一次周转，存货周转效率进一步提高。这说明公司在达到既定销售存货数量的情况下，平均占用存货进一步减少。仍以场景1为例，如果公司在场景3要实现全年销售3元存货，它并不需要占用公司3元存货，只需要平均占用公司0.15元存货就可以实现场景1的效果。

显然，场景1公司存货周转能力最差，全年仅实现一次周转。接下来比较场景2与场景3，场景3中公司存货周转率是场景2中公司存货周转效率的一倍，资产管理能力更强。换言之，同样是3元存货，公司在场景2中全年通过10次周转，总计实现销售30件的效果，相当于全年平均占用存货3件的条件下，达到了全年单独一次销售30件的效果。而公司在场景3中，同样是3元存货，通过20次周转，总计实现销售60件的效果，相当于在全年占用存货3件的条件下，达到了全年单独销售60件的效果。更简单地说，一年中平均占用公司3件存货或者占用3元成本，存货周转率越高，公司的存货管理能力越高，存货管理效率越高，也意味着在达到同样销售数量的情况下，公司占用存货越少。

为了进一步理解存货周转率的内涵，做假定3、场景4和场景5进一步说明。

假定3：公司每天平均存货为1件，每件成本为1元。

场景4：公司每天销售1件存货，并可以及时补货，不影响接下来一天的销售，以此类推。

场景5：公司每2天销售2件存货，并能及时补货，不影响接下来一周期内的销售，以此类推。

由场景4可知，公司存货一天周转一次，即存货周转期是1天，这意味着公司每天平均存货占用成本是1元，它在全年实现累计销售量是360件，销售成本是360元，简单地说，一件货物全年被企业销售了360次。由场景5可知，公司平均2件存货2天销售完毕，即存货周转期是2天，这意味着平均存货2件在全年被销售了180次，共计360件。由此可见，假定场景5和场景4实现的总销售数量相同，但是平均占用存货却高了一倍，即场景5的效率仅是场景4效率的一半。

2）存货周转率计算公式的分母：平均存货的再处理*。计算存货周转率时一般都是将公司在不同时点的存货差异化做简化处理，将公司期初存货和期末存货做简单平均化，但是这并不意味着在任何条件下使用平均存货，如果存货周转率是某个综合财务指标的分解因子时，通常采用某个时点的存货作为分母。

在现实生活中，企业会致力于提升存货管理能力，使每天存货数量趋于稳定，处于存货优化区间，这说明将平均存货做简单平均化处理具有一定的合理性。但是，大多数企业的存货管理能力不强，存货很有可能是不规律的，存货波动性比较大，这意味着存货管理能力比较差的企业，存货周转率偏离真实情况的可能性较大，而存货管理能力比较强的企业，平均存货在简化处理方法下存货周转率偏离真实情况的可能性较小。为准确起见，计算平均存货时最好把每天的存货做简单平均，即平均存货是将全年公司在不同时点上被占用的存货金额做简单平均。因此，分析者计算企业存货周转率时需谨慎处理平均存货。

下面，进一步通过不同场景评估平均存货对存货周转率的影响。

假定1：全年以5天计。

假定2：公司销售成本相同。

场景1：公司每天存货是不规则的，每天剩余存货分别是5件、6件、3件、4件和3件，每件成本为1元。

场景2：公司每天剩余存货是5件、4件、6件、1件和3件，每件成本为1元。

由场景1和场景2可知，公司存货不是规则的，每天销售数量可能也是不一样的。

根据假定1和场景1可知，公司简化处理的平均存货是4件，成本为4元，而准确的平均存货是4.2件，成本为4.2元。但是，如果将这组存货序列随意调换顺序，公司准确的平均存货仍是4.2件，但简单化处理的平均存货却并不一定相同。

根据假定1和场景2可知，公司简化处理的平均存货是4元，与场景1的简单平均存货成本相同，但是场景2准确的平均存货是3.8件，成本为3.8元。同样，如果将这组存货序列随意调换顺序，公司准确的平均存货仍是3.8件，而简化处理的平均存货却并不一定相同。

比较场景1和场景2，场景2的存货波动比场景1要大，但是两种场景的简化平均存货是相同的，因此两种场景中公司简化处理平均存货下存货周转率是相同的，但是两种场景中的实际存货周转率是不相同的。又因为场景1简单处理存货与精确处理平均存货的偏差比较小，而场景2两种处理方法下的平均存货偏差比较大，场景2下简单处理平均存货的存货周转率比较失真。因此，在简单平均处理存货方法下，公司存货必须比较稳定。

对于公司存货的稳定性问题，由于公司不是每天都披露财务报告，财务信息使用者可以通过观察公司多期财务报表的季报、年报，判断公司存货的波动性。如果公司多季度末存货数量差异不大，采取简单平均处理是可行的。但是，如果通过多期观察发现，公司存货没有一点规律，这时需要对公司存货波动性进行处理，可以运用回归模型也可以通过公司信息化程度判断其内在规律。

因此，计算存货周转率时，其计算公式的分母采用平均存货，是一种简化处理，这是其假定前提。财务报告使用者计算存货周转率时需要注意平均存货的正确处理。评估公司存货周转率时需要结合公司更多财务与非财务信息一起判定公司存货管理水平。

由此可知，平均存货字面意义很简单，是企业平均占用存货的成本。但是在计算存货周转率时，平均存货的使用并非如此简单。现实生活中还有更多种的情况都可以描述平均存货，而不同情况下存货周转率都有可能不同。

首先，需要明确一下存货是如何在存货周转期内被出售的。从广义上讲，只要公司存货在存货周转期内被企业出售一次，就实现了一次存货周转，姑且不考虑每个存货周转期内不同时点的平均存货。例如，存货周转期为 30 天，平均存货是 100 万元，只要公司在 30 天的存货周转期内完成销售 100 万元的存货即可，比较极端的情况是公司前 29 天都没有销售产品，第 30 天销售 100 万元，公司平均存货是 100 万元。在年度周期中，公司存货每 30 天周转 1 次，全年周转 12 次，即销售 12 次的 100 万元的货物，销售成本为 1200 万元。

接下来，考察两种比较具有代表性的平均存货：

第一种情况：假定企业平均存货是 100 万元，公司期初存货金额是 200 万元，在存货周转期内匀速销售，最终到期末销售完毕，期末存货归零。然后，公司及时补货 200 万元，以此类推。因此，在存货周转期内，公司期初与期末存货的平均数为 100 万元[=（200 + 0）/ 2]。第一种情况通常的表达是：公司平均存货 100 万元，期初存货 200 万元，在存货周转期内不是均匀销售，而是不规则销售，但是到存货周转期末销售完毕，期末存货归零。然后，公司及时补货 200 万元，以此类推。

第二种情况：假定企业平均存货是 100 万元，公司期初存货 100 万元，假定公司第一天销售存货成本 1 万元，然后公司补货 1 万元，补货后保持 100 万元，第二天公司销售存货成本 5 万元，然后公司补货 5 万元，补货后保持 100 万元，以此类推，公司在存货周转期内每一天始终保持 100 万元货物。

第三种情况：在现实生活中，每个企业都追求最佳存货持有量或者最佳存货持有量区间，进一步假定最优存货持有量或者最优存货持有区间就是公司的平均存货。第二种情况可视为第三种情况的特例。如果公司始终动态保持最佳持有量，当公司存货低于这个存货量时，公司及时补货；当公司存货高于这个存货量时，公司延迟补货，公司需要加快销售，最终在每个周转期内公司都销售了这个最佳持有量，这个最佳持有量也是公司存货的平均占用成本。换言之，只要在每一个存货周转期比如 120 天以内，企业总计补充了 100 万元货物，这 100 万元货物就实现了一次销售，总销售成本是 100 万元。当然，公司也有可能围绕最佳平均存货持有量或者最佳存货持有量区间波动，而在每一个存货周转期中总计销售另一个数量的存货。

在这三种情况下，公司平均占用存货均皆为 100 万元，假定存货周转期是 120 天，在第一种情况平均存货的描述中，公司实际上销售了 200 万元货物，结转成本是 200 万元，这意味着公司在一个存货周转期内，第一种情况下平均存货应该理解为 200 万元货物，它实现了通常所说的两个存货周期的销售量,但是从数字计算上讲,它的确是平均存货100万元,这种情况下存货周转率计算失效。而第二种平均存货描述中,公司在每一个存货周转期内,实际上匀速总计销售了100万元货物,结转成本100万元,这是一种比较典型的平均存货的表达。第三种情况是更为一般的平均存货表达,更接近现实。

假定第二种和第三种平均存货属于公司存货最佳持有量或者最佳持有量区间,则存货管理能力比较强的企业,其存货管理与第三种描述的平均存货状态更为接近,力争将平均存货降至最低点或者最低量区间,这种情况也是大多数企业追求的经营状态。但是,现实生活中,中小企业的存货管理更有可能接近第一种情况,并且公司销售很难实现匀速销售。而第三种情况才是现实世界中企业存货管理的上策之选。

3)存货周转率计算的失效点*。式(8-2)的原理分析与式(8-1)相同,此不赘述。当公司的存货在本期是匀速销售的,到期末归零,然后瞬时补足货源,这种情况下存货周转率公式自身无法解释这种情况。或者进一步放宽假定,如果公司的存货极端不规则,尤其是期初存货与期末存货过于悬殊时,存货周转率也将无法评估公司的管理能力。

(4)不同利益相关者的关注点。不同利益相关者的动机不同,注定了其关注存货管理水平的侧重点也不同。中小股东通过分析存货周转水平可以判断企业资产管理水平,评判企业管理水平的高低;债权人通过分析企业存货管理状况,评价企业资产管理水平,决定是进一步为企业提供信贷还是提前收回贷款;供应商通过分析企业存货周转速度,可以决定企业存货大致需求量,评估企业市场销售紧俏程度,以便更好地安排自身生产以及是否为企业进一步提供宽松信用政策;央行、银保监会等管理部门通过分析企业存货管理水平,判断上市公司资产管理水平,决定是否调整货币政策等。

2. 指标注意事项

(1)正确处理存货最佳持有量或者最佳持有量区间。如果人类生活在完美世界,企业存货有可能归零,存货管理效率无高低之分,企业没有存货管理的苦恼。企业在现实生活中一直都在致力于提高自身的存货管理水平,力求达到零存货,以节约大量储存、管理等成本。然而,事实却总不如其愿。在现实世界中,企业不太可能没有存货,否则企业因缺货导致的损失会更大,所以企业只能尽最大努力追求最佳存货持有量或者存货的动态优化区间。在当今的移动互联网、大数据时代,企业存货管理效率越来越高,但即便如此,几乎所有公司仍无法做到零存货,存货管理仍是企业管理无法规避的重要难题。只要人类社会尚未进入理想社会,企业必定持有一定数量的存货,这意味着企业只能在既定条件下,使存货达到最佳持有量或者处于存货优化区间,不断提升企业存货管理水平。因此,在现实世界中,企业存货注定有一定的优化范围,在这个条件下,存货周转率越快越好。

(2)正确评估存货周转率高低。在一般情况下,存货周转率越高越好,公司存货周转率越高对公司越有利,公司存货周转率越低对公司越不利。公司存货周转效率越高,在存货总量水平既定的条件下,企业占用平均存货越少,在正常情况下,公司盈利能力越强,公司现金流有可能越充足。但是,这并不是意味着,存货周转速度快就一定好,存货周转速度慢就一定不好。这是因为前一种观点描述的是一种长期趋势描述,长期具有持续性,而后一种只是一种时点描述,时点具有偶发性。换言之,公司存货周转率突然降低不一定对公司不利,而存货周转率陡增也不一定对公司有利。

假定公司存货原本处于优化区间,但是存货周转率出现了异动,比如公司存货短期低于优化区间下限，或者高于优化区间上限，这并不一定说明企业存货管理水平变差。短期带有偶发因素，一般不具有持续性。如果这种短期因素具有持续性，投资者需要重点关注它是否会导致公司存货管理水平出现质变。例如，公司存货周转率近期骤降，是因为公司接到一个巨额订单，于是公司会先增加采购材料等，这必然会引起存货大量增加，导致存货突破优化上限，然后公司销售增加，收入上升，应收账款也有可能随之增加。由于存货增加在前，收入实现在后，在这种情况下存货周转率下降并不是坏事。如果再假定企业在未来几年内产品销售顺畅，基本确认存货周转率只是暂时下降，未来存货周转率将逐步回升或者维持在合理范围内，那么订单引起存货周转率骤降基本可以确定是一个好消息。若因为订单增加引起了存货周转率长期持续下降，则有可能是因为公司原本没有能力接下这个大订单，导致公司固定资产配置增加，存货管理水平下降，这就属于坏消息。

因此，公司存货因大订单引起异动属于利好还是利空，关键取决于公司存货流程管理能力。一般而言，大订单有可能引起公司存货周转率剧烈波动，但是如果公司存货管理能力一流，如京东集团，即使在促销节期间，仍然能将存货控制在合理区间内，存货周转率虽然有可能会出现波动，但不至于过度异动。又如，在阿里巴巴"双11"全球购物狂欢节期间，平台的交易商大都是存货管理能力一般的中小交易商，因为要备战"双11"全球购物狂欢节，需要提前准备大量存货，引起存货暴增，导致存货周转率过于异动，不仅增加了各中小交易商的存货管理成本，而且也增加了社会成本。随着阿里巴巴不断进行物流体系整合，以及阿里集团与实体零售的不断融合，将大幅缓解各交易商的存货管理困境。

公司订单剧增，并且公司存货流程管理能力一流，也并不意味着它对公司一定是利好，还取决于公司订单转化盈利的能力。不同行业的订单转化盈利能力不同，零售业订单剧增一般都可以转化为公司盈利能力，而强周期行业具有较大的不确定性，需要谨慎评估其大额订单转化盈利的能力。

阅读材料 8-1

行业基本面与大额订单的陷阱——以航海运输行业为例

自 2008 年达到行业景气高点之后的 10 多年里，航海运输行业再也没有进入行业景气周期，基本处于行业低估周期徘徊，航海运输行业公司业绩惨淡，生存处境十分恶劣。我国 A 股上市公司亏损王长期被航海运输行业垄断，其中，中国远洋（601919.SH；2016 年 11 月 4 日更名为"中远海控"）在后金融危机时代三度成为我国 A 股亏损王，分别是 2009 年亏损 75.41 亿元、2011 年亏损 104.49 亿元和 2012 年亏损 95.59 亿元。2013 年和 2016 年的 A 股亏损王分别是退市长油和 *ST 油服（600871.SH），分别亏损 59.22 亿元和 161.15 亿元。虽然 *ST 油服 2017 年摆脱了 A 股亏损王的称号，但其亏损仍高达 105.83 亿元，高居 A 股亏损榜第二名，仅次于乐视网（300104.SZ）亏损 138.78 亿元。即在后金融危机长达 9 年中，航海运输行业长期霸占我国 A 股亏损王的位置，高达 5 次，2017 年也高居亏损第二位。另外三次也被强周期行业霸占，分别是 2010 年华菱钢铁（000932.SZ）亏损 26.44 亿元、2014 年中国铝业（601600.SH）亏损 162.17 亿元和 2015 年武钢股份（600005.SH；2017 年 2 月 14 日以换股吸收合并方式被宝钢股份吸收合并而摘牌）亏损 75.15 亿元，唯一例外的是，2017 年 A 股亏损王属于互联网行业的乐视网。

航海运输行业惨淡经营,与之密切相关的造船行业,尤其是专注制造航海运输船只的企业的生存处境也必然艰辛。

在2008年之前,航海运输业处于景气周期,航海运输业与船舶制造业的持续盈利能力都比较强,航海运输船舶制造业中不少企业手中持有大量订单。虽然这些企业手中持有巨额订单,但是这些订单是否能如期转化为公司盈利能力却具有很大的不确定性,这是因为一旦航运市场基本面发生改变,比如行业基本面总体下滑,则船价(造价和租价)立刻就会下滑。而定船是分期付款,假定签订合同时付船价的15%,上龙骨时付15%,下水时付10%,交船时付剩下60%。而新船一般建造周期是18~22个月,甚至有的长达36个月以上。如果在这期间船市大跌,买家很可能弃船,这会导致造船厂遭受重大损失。因此,如果对航运市场走势和已签订订单是否已超过未来市场需求判断错误,而仅根据当前订单判断公司盈利能力,很可能对航海运输造船企业的未来盈利能力做出错误预测。2008年金融危机之后,航海运输行业生存处境艰辛,船舶制造业也是如此,原来手中的大量订单几乎化为泡影,行业龙头*ST船舶(600150.SH;原中国船舶)2008年之后利润持续大幅下滑,并且2013年之后持续亏损,为了摆脱退市命运,公司亏损主要由少数股东承担,保持归属于上市公司股东净利润为正,但是到2016年公司净利润和归属于上市公司股东净利润均为负,2017年两者持续双负,连续亏损两年被*ST,面临退市险境。

(3) 关注存货构成各项目之间的逻辑关系。工商企业的存货品种较多,如原材料、在产品、半产品、产成品、周转材料等。在正常情况下,这些存货之间存在某种比例关系。如原材料库存大量减少,半产品和产成品相应增加,但增加幅度远不及原材料减少幅度,说明公司产品畅销,加快了生产节奏;再如,产成品大量增加,其他项目减少,可能是销路不畅或者是公司人为地囤积产成品。若为前者,总存货金额可能不会发生显著变化,与之对应,存货周转率也无明显变化,但存货管理水平却下降了;若为后者,如果公司预期未来市场需求旺盛,产品价格大有上升之势,公司在不违背相关法律法规的情况下,即使存货周转率不变或者微幅下降,并不意味着企业存货管理水平下降,反而对公司是好消息。因此,在分析时首先要抓住主要矛盾,关注重大变化的项目,也要兼顾次要矛盾,不能完全忽视变化不大的项目,其内部有可能隐藏着潜在问题,这种潜在问题反而更容易反映公司真实的管理水平。

(4) 为了更加准确地了解公司存货管理水平,仔细比对存货各项目的质量水平变化,对存货进行有效分类,按照存货质量高低分成A类、B类、C类等,然后通过比较账面与可变现净值的高低,关注存货计提跌价准备的状况,分析存货未来增值潜力。

(二) 应收账款周转率

在现实生活中,立足于信用社会,企业之间难免有赊欠行为,这就会产生应收款项如应收账款、应收票据、预付账款和应付款项如应付账款、应付票据、预收账款等。从广义上讲,公司应付款项管理也属于资产管理能力范畴,也会对公司的流动性产生重要影响。

1. 指标内涵分析

对大多数公司来说,应收账款在流动资产中具有举足轻重的地位。公司应收账款如能及时收回,公司资金使用效率就会大幅提高,否则有可能使公司陷入流动性危机。因此,应收账款管理水平的高低对公司的流动性至关重要,对公司流动资产的总体变现能力有着重要的影响。

应收账款周转率是衡量公司应收账款管理水平的重要计量指标,其公式为

$$应收账款周转率 = \frac{赊销净额}{应收账款平均余额}$$

与之对应,应收账款周转期(天数)的公式为

$$应收账款周转期 = \frac{年度公历天数}{应收账款周转率}$$

公式中,年度公历天数可以选择 360 天或者 365 天,计算时一般选择 360 天。

应收账款周转率反映了应收账款在一定时期内的回款次数,或者说应收账款转变为现金的次数。一般以一个年度周期考察应收账款的周转次数。

从计算公式上讲,应收账款周转率是指公司平均被占用的应收账款在全年中能实现的赊销收入。在同等条件下,应收账款周转率越快,公司在全年中实现的赊销额越高。例如,如果平均应收账款是 1000 万元,赊销收入也是 1000 万元,则应收账款周转率是 1 次,应收账款周转期是 360 天;又如,如果平均应收账款是 1000 万元,赊销收入是 4000 万元,则应收账款周转率是 4 次,应收账款周转期是 90 天。显然,后一种情况下公司应收账款管理能力更高,其只需要 1 个周期,即 90 天,就能实现前一种情况的赊销额。因此,从表象来看,应收账款周转率应该无法观察应收账款的变现能力,这一问题我们随后将进行深入探讨。

2. 应收账款周转率公式分析[*]

(1)应收账款周转率计算公式的分子选择。分母一般采用平均应收账款,即期初应收账款和期末应收账款的简单平均值。当应收账款波动不大时可以采用期初应收账款余额或者期末应收账款余额;当应收账款波动过大时,需要对应收账款按时间权重做加权平均。

因为外部利益相关者一般无法从报表中直接读取公司年度内赊销净额,所以计算应收账款周转率一般采用销售收入替代赊销收入。但是,两者进行替代时需要注意公司信用政策。销售收入中不仅包括赊销的部分,而且包括现销的部分。如果现销部分占比过低,如收入中现销仅占不到 10%,那么赊销与销售收入近似,两者替代比较合理。如果现销部分占销售收入的比例较高,如高达 50% 以上,用销售收入替代赊销净额不太妥当,会严重高估平均占用应收账款的管理能力。

假定 1:公司 20××年度公司销售收入 4000 万元,现销收入 400 万元,赊销收入 3600 万元,应收账款平均余额 400 万元,则采用销售收入与赊销收入分别计算的应收账款周转率为

$$应收账款周转率_{收入} = \frac{4000}{400} = 10(次)$$

$$应收账款周转率_{赊销} = \frac{3600}{400} = 9(次)$$

与之对应,应收账款周转期分别为 36 天和 40 天。

由假定 1 计算结果可知,这时采用销售收入与赊销收入计算应收账款周转率,两者差别不大,两者进行替代比较合理。

假定 2:公司 20××年度公司销售收入 4000 万元,现销收入 3200 万元,赊销收入 800 万元,应收账款平均余额 400 万元,则采用销售收入与赊销收入分别计算的应收账款周转率为

$$应收账款周转率_{收入} = \frac{4000}{400} = 10(次)$$

$$应收账款周转率_{赊销} = \frac{800}{400} = 2(次)$$

由假定2可知，同一交易事项，运用收入与赊销额计算的应收账款周转率迥异，正确答案是2次，而不是10次，即公司应收账款回收周期是180天，而不是36天。这时，如果公司采用销售收入计算应收账款周转率，则其速度被提高了4倍，分析者认为公司应收账款周转一次只需36天，而不是180天，认为公司应收账款周转期短，从而高估应收账款的管理能力。在本例中，公司现金销售占比80%，赊销比例仅为20%，但赊销金额并不太小，如果运用销售收入替代赊销收入计算应收账款周转率，将高估应收账款周转次数，人为缩短应收账款收现期，掩盖应收账款的潜在风险。

因此，如果赊销比例占销售收入的比例越大，运用销售收入计算应收账款周转期更加符合实际，比较真实地反映应收账款质量；如果现销比例占比过高，运用销售收入计算应收账款周转期，从而掩盖这部分应收账款周转期过长的事实。然而，如果赊销比例极低，比如仅为1%，采用销售收入替代赊销收入计算应收账款周转率并不会引起分析者误读数据，或者说即使分析者做出错误信息评估，也不会产生严重影响。这是因为赊销收入占比过低，可以忽略不计，应收账款必然过小，而用销售收入计算的应收账款周转率必然过高，这一比率从另一侧面表明不必担心应收账款，而这种提示是正确的。这时，如果根据赊销收入计算应收账款周转率，必定发现应收账款周转率过低，即应收账款回收周期过长，判定公司应收账款管理能力过低，于是分析者担心公司应收账款，实际上不必太在意应收账款。这一问题我们后续将进一步深入探讨。

由此可知，财务报表使用者根据公司信用政策，估计赊销比例，当赊销比例占绝对主导时，这一指标可以反映公司应收账款管理水平的变化，而当现销占绝对主导时，比如现销占比达到98%以上，运用销售收入计算的应收账款周转率会从另一个侧面告诉分析者真相。而赊销比例介于二者之间时，需要谨慎评估运用销售收入计算应收账款周转率的内涵。

即使销售收入均是赊销，上述推理逻辑也未必严谨。我们计算的只是应收账款周转率。应收账款确实因赊销而产生，但是赊销不仅仅产生应收账款，还会产生应收票据，尤其当公司销售主要结算方式采用商业汇票时，应收账款周转率将严重失真。因此，即使采用赊销收入作为分子计算应收账款周转率，仍然有些不妥，应该采用营业收入中有多少是因为应收账款而产生的营业收入才更为准确。实际上，能够让企业形成营业收入的应收款项不仅仅是应收票据和应收账款，预收账款也是产生营业收入的重要来源。所以，应收账款周转率的公式中分子应该采用因应收账款产生的营业收入（赊销收入），这才能准确地反映应收账款周转率。如果是应收票据产生的营业收入，则应该计算应收票据周转期。

下面，进一步做深层次分析。我们分析的企业营业收入是不含增值税销项税额的，但是企业在收取销售货款时，如果卖方被赊欠，则卖方索取的应收账款就包括增值税销项税额，不可能公司只让买方赊欠销售价款，而不包括增值税销项税额。例如，公司营业收入10万元，公司增值税税率为16%，公司允许买方赊欠的款项是11.6万元，而不太可能是10万元，当公司收到11.6万元时，公司应收账款实现了一次周转。因此，公式的分子应该采取应收账款产生的含税的赊销收入更加准确。假定计算应收账款周转率时始终不考虑增值税，则增值税因素并不太影响应收账款周转率的使用价值,如果考虑增值税时,根据报表收入将其折算为含税额即可,并注意增值税税率变化对应收账款周转率的影响。

(2) 应收账款周转率计算时分母的选择。应收账款周转率计算公式的分母有三种选择:财务报表中的应收账款、应收账款总账余额、应收账款原值(报表中的应收账款加上应收账款计提的坏账准备)。在这三种选择中,计算应收账款周转率时应该采取应收账款原值。

1) 理论分析:坏账准备的本质。坏账准备的本质是应收账款,它仅是基于稳健性会计信息质量要求所确认的一种可能损失,这种损失是否转变为现实损失,以及转变为现实损失的程度取决于企业对应收账款的管理能力。即计提坏账的应收账款并不排除在收款责任之外,在变成呆账之前,公司更应该加强对这部分应收账款的管理,也应该密切关注已冲销坏账准备对应的应收账款。

2) 逻辑推理:坏账准备扣除的荒谬。假定采用财务报表中的应收账款,即剔除坏账准备的应收账款,将得出一种荒谬推论:当公司应收账款原值既定时,公司计提坏账准备越多,公司财务报表中的应收账款越小,这时,运用报表中的应收账款计算的应收账款周转率越快,这意味着应收账款回收周期越短,应收账款管理能力越强,而这是错误的。再做一个极端假设,假设公司对应收账款全额计提坏账准备,则公司应收账款周转率是无穷大,意味着应收账款回收期是零,即应收账款瞬时变为现金,显然这是荒谬的。

同样,也不能采用应收账款总账金额,因为应收账款总账有可能包含预收账款,而预收账款总账也有可能包含应收账款。

因此应收账款周转率的准确计算公式为

$$应收账款周转率 = \frac{应收账款产生的营业收入 \times (1 + 增值税率)}{平均应收账款原值}$$

为准确起见,公式中的"应收账款产生的营业收入"是指应收账款产生的赊销收入。

因此,企业的结算方式是为适应市场安排所做的选择。所有的结算方式不是为了显示资产周转速度,而是为了把存货卖掉。存货得以销售,企业才有可能获得利润。因此,需要把应收账款周转与存货周转结合起来一起分析,脱离存货周转分析分结算方式的周转没有意义,同样,如果采用销售收入计算存货周转率时,也需要与结算方式结合起来分析才更加准确。

现实生活中,计算应收账款周转率时一般采用销售收入替代赊销收入,同样也不考虑增值税销项税额,这会导致一系列偏差,有可能误导分析者。如果公司执行信用政策、商业汇票的使用惯例不变和增值税税率都不变,这种偏差的惯性将得以延续,沿袭原来惯例计算的应收账款周转率具有一定的合理性。如果这些惯例不具有持续性而是经常变化,分析者需要重点关注。

3) 应收账款周转率计算的失效点。与存货周转率存在失效点一样,应收账款周转率也存在失效点。我们计算各类资产周转期时,通常以年度天数为基准,除以各类资产周转率,计算各类资产周转期。当这些类别资产是反映其变现能力时,需要这些类别资产周转率要大于等于1,应收账款周转率也是如此。

当应收账款周转率大于1时,这意味着它在全年周转了1次以上,如果在第1个周期内应收账款没有变现,公司无法实现下一次周转,这在一年内比较清楚地看到了应收账款变现的真实性。

当应收账款等于1时，基本也能确定应收账款实现了变现。假定公司平均应收账款是100万元，与之对应的包括增值税的赊销收入是100万元，则根据应收账款周转率公式知，公司的应收账款周转率是1。需要注意的是，公式的分母是应收账款，而分子是赊销收入，这时只能说公司100万元应收账款一年中产生了100万元的赊销收入，在年度周期内，赊销收入变现的时点刚好是年度最后一天，年度末也可以观测赊销收入是否变现。

当应收账款周转率小于1时，无法从逻辑上推定公司平均应收账款总体在一年内的变现能力，这时需要立足于公式表达的时间周期内才能衡量平均应收账款总体变现的真实性。或者说，在本年度内只实现了相应比例应收账款的回收，但是在本年度末无法确定这些在其他年度中才能变现的应收账款是否如期变现，需要站在计量的应收账款周转期内验证总体应收账款变现的真伪。

因此，当应收账款周转率小于1时，说明公司应收账款回收周期超过一年，立足年度周期考察，这就产生了应收账款周转率计算的失效点。而应收账款等于1可以认为是应收账款周转率计算有效的起点。

承前，假定3：公司20××年度销售收入4000万元，现销收入3900万元，赊销收入100万元，应收账款平均余额400万元，则采用销售收入与赊销收入分别计算的应收账款周转率为

$$应收账款周转率_{收入} = \frac{4000}{400} = 10（次）$$

$$应收账款周转率_{赊销} = \frac{100}{400} = 0.25（次）$$

仅由应收账款周转率计算结果看，由于公司应收账款实际周转率仅为0.25次，即需要4年才能变现，而运用收入计算的结果是10次，即36天就可以变现，于是得出结论：公司应收款管理能力被严重高估，实际上公司应收账款回收周期极长，公司这部分应收账款管理能力极差。这种分析真的正确吗？未必，因为它会遮盖真相！

这种情况下需要思考3个问题：一是公司应收账款管理是否重要；二是如果采用销售收入计算应收账款周转率将出现何种结果；三是当应收账款小于1时，公司是如何收回应收账款的。

以4000万元销售额为例，以15%的销售净利率计算，公司净利润是600万元，假定应收账款以10%计算坏账准备，即40万元坏账，这属于比较高的坏账率，它对公司利润的影响不太大，仅为6.67%，所以综合评估100万元赊销额不是太重要。但需要注意的是，并非每一个企业都能实现15%的销售净利率，假定公司销售净利率仅为3%，销售额4000万元时净利润仅120万元，则当坏账率高达10%，即40万元，影响公司净利润高达33.33%。因此，我们需要注意公司销售净利率，尤其是销售净利率过低的公司，即使赊销收入占收入比例很低，也需要密切关注其应收账款管理能力。

假定本例中用销售收入替代赊销收入计算应收账款周转率，则意味着公司应收账款周转率高，应收账款回收周期短，应收账款变现能力强。果真如此吗？我们还原真相如下：公司销售收入4000万元，现销3900万元，赊销100万元，这句话原本说明公司话语权很强，基本都是现销。运用销售收入计算的应收账款周转率告诉我们，公司应收账款管理能力强，应收账款变现能力强，而事实是应收账款变现能力很差。但是，我们发现这种移花接木的方法

却间接告诉了我们真相,因为公司应收账款管理能力很强,所以不必太担心应收账款,这与运用销售收入计算的应收账款周转率传递了相似信息,所以在这种情况下运用销售收入计算应收账款周转率是有指导意义的。

运用赊销收入计算的应收账款周转率为 0.25 次,这说明公司应收账款 400 万元,在 4 年内才实现了一次周转,在一年内无法评价平均应收账款总体的变现能力。如果总体评估 400 万元应收账款的变现能力,需要站在更长的时间考虑,周期至少要等于 4 年。当然,以 400 万元应收账款为例,其一年内产生的赊销收入为 100 万元,分析者年末根据年度报告检验公司年度内 100 万元赊销收入是否如期变现,但是这类信息并不是公司硬性披露信息,外部人员无法确定年度内赊销收入是否变现。如此计算,还需要一个前提:公司信用政策不变并且公司是匀速销售的。

4)应收账款周转速度的理解。通常应收账款周转速度越快越好,这意味着应收账款的回收期越短,变现能力越强。但是,这是以诸多合理前提为基础的。例如,至少要考虑赊销比例,也要考虑销售收入是应收账款引起的销售收入、增值税,还有平均应收账款的合理性等。

还有,计算应收账款周转率时公司的信用政策必须处于优化区间。如果公司信用政策处于优化区间,应收账款周转率越快越好,公司应收账款回收期越短,资金占用周期越短,公司资产效率越高。如果应收账款周转速度加快,但是公司信用政策不合理,将给公司带来比较大的利润损失等,这时应收账款周转率就不能简单运用速度来测评,还需要综合权衡其他因素评判才行。

与存货周转率一样,应收账款周转率高不一定对公司有利,而应收账款周转率低不一定对公司不利。并且,分析者需要正确评估应收账款周转率发生异动引起公司应收账款变现能力的变化。

3. 指标分析注意事项

(1)应收账款的质量和流动性。应收账款的质量是指应收账款无法回收的可能性。应收账款的流动性是指应收账款转变为现金的速度。当今社会是建立在信用基础之上的,企业之间存在着大量的赊销行为,公司产生应收账款是正常之事。企业为了避免坏账损失的发生,都会有专人管理应收账款,企业在现销与赊销之间进行评估,力争实现应收账款管理成本最低而收益最高。

在分析应收账款质量与流动性时,要注意坏账准备与应收账款总额的比例关系。如果这一比率提高意味着公司应收账款质量下降,应收账款回收的可能性就会下降。反之,这一比率降低意味着应收账款收回的可能性提升,或者有必要重新评估坏账准备的质量。

(2)应收账款年内发生额的稳定情况。如果公司运行比较稳健,季节性不强,信用政策一致,应收账款发生比较有规律,应收账款余额比较稳定,这时应账款账不需做特殊处理,采用应收账款简单平均数或者期初余额、期末余额差异不大。如果公司的季节性比较强,如房地产企业或机械类企业,应收账款发生具有比较大的波动性,则需要对应收账款做适当处理。

(3)注意应收账款与销售额、现金之间的关系。应收账款是连接销售与现金的桥梁,起点是销售,终点是现金。一般情况下,三者呈高度正相关,即销售增加,应收账款增加,现金也随之增加。这种关系链条在公司进入成熟期之前更容易发生。三者也会出现不一致的情况,比如销售增加,应收账款减少,现金大量增加,这可能是因为公司信用政策的改变而产生的，也可能是公司市场议价能力提升所致。当三者之间的关系出现严重背离时，应引起我们高度关注，探究其中缘由，以正确评价应收账款的流动性质量水平。

（4）应收账款周转率、收现期与行业平均水平及企业提供的信用期的比较。通过公司实际收现期与企业原定的销售信用期的比较分析，从中可以评价顾客付款的及时性及其信用水平。例如，如果企业给客户的销售信用期是 30 天，那么 50 天平均收款期或多或少在一定程度反映了如下情况：企业的收款力度较差、客户的拖欠货款、客户发生财务困难等。针对每一种情况，财务报表使用者都需要谨慎分析才能下定论。

第一种情况公司需要相应地采取应收账款的管理措施，而后两种情况反映了应该账款的质量水平，需要采取明智的管理措施，对公司销售对象信用政策进行再调整。首先要分析公司应收账款是否代表了企业的销售活动。有一种情况是公司的应收账款有可能隐蔽在财务活动受到限制的企业子公司中。在这种情况下，公司的坏账准备也可能与企业账簿上的应收账款无关。其次，要注意分析公司平均应收账款收款期是否具有代表性。例如，公司应收账款平均收款期 50 天并不意味着一定是客户总体上的拖延，有可能是因为个别大客户的严重逾期造成的。此时要运用应收账款账龄分析法对应收账款进行具体分析。应收账款账龄分析表描述了付款拖延是普遍现象还是个别现象。如果是个别现象，这种个别现象在应收账款中的占比及应收账款占流动资产的比重是否会影响公司资产的流动性。如果这个极端现象影响到了公司全局，管理者需要及时采取补救措施。正常来讲，公司需要根据客户资信评估给予对方不同的信用政策，重点对客户进行分类，应收账款应该给予优质客户，而不应该给那些基本不给公司带来利润的客户，不可以为了销售而不惜一切代价，如牺牲公司应收账款的回收期和公司利润等，最终会给公司带来巨大损失。例如，2004 年四川长虹股份有限公司（600839.SH）与美国经销商 Apex Digital Inc.（以下简称 APEX）之间的巨额应收账款，实际上美国 APEX 公司在 2004 年之前与中国几家公司之间的欠款行为发生了多起官司，APEX 公司的资信存在诸多疑点，但是四川长虹公司还是依然允许对方赊欠巨额，这种行为令人费解。2004 年四川长虹公司计提巨额坏账准备就是恶果，为公司当年亏损提前埋下隐患。总体上讲，四川长虹公司应收款的赊欠对象 APEX 公司的巨额欠款应该属于极端现象，四川长虹公司其他类别应收账款比较正常，这不足以判断该公司应收账款管理水平低下。四川长虹公司这种行为甚至有可能是一种洗大澡的行为，一次性处理公司的历史遗留问题。虽然四川长虹公司的这笔应收账款还不足以对公司流动性产生致命威胁，但是它还是威胁到了公司的流动性及当期盈利，甚至影响到了投资者对公司未来发展前景的判断。

还有，公司信用政策有可能会因为一些特殊情况发生较大变动。例如，公司一种新产品刚上市、利用公司闲置生产能力、竞争更为激烈等，这种情况下分析者需要多方核对、综合分析处理。

此外，也要关注公司应收账款与应收票据之间的关系，因为，公司应收账款有可能通过谈判转化为应收票据，尤其要注意公司应收票据是否因为逾期未付的应收账款而产生的情况。

三、OPM 战略计量与运用

（一）现金周转期

当下企业立足于信用社会，与供应商和客户打交道，就会存在彼此之间的赊欠问题。存货和应收账款是公司被免费占用的资金，这是企业不愿意看到的，企业当然希望被他人占资金的金额与时间越少越好。同时，公司与供应商之间的赊欠行为，形成公司应付账款等，这是企业愿意看到的，是公司免费占用他人资金。两个方面综合起来就是现金周转期，它可以更好地反映公司营运资本的管理能力。

现金周转期是指从购买存货支付现金到收回现金这一期间的长度。具体来讲，由企业购买原材料、商品等开始，企业有可能赊欠卖方货款，无息占用他人资金，然后企业使用储备资金进行生产，在生产过程中，必然涉及企业存货占用资金，当企业生产完成后，实现销售，回收现金，企业有可能允许买方赊欠货款，资金被占用，直到最后公司收回应收款项，实现了资金的一次周转过程。

现金周转期比较好地衡量了企业作为买卖双方的议价能力，是衡量公司实施 OPM 战略的最佳计量表达式。

1. 现金周转期理论分析

如果现金周转期只考虑应收账款周转期、存货周转期和应付账款周转期，称为狭义现金周转期；如果现金周转期不仅考虑上述事项，还考虑应收票据、预付账款与应付票据、预收账款等的周转期，称为广义现金周转期。在实践中，现金周转期一般是指广义现金周转期。

（1）狭义现金周转期。

1）狭义现金周转期的理论分析。狭义现金周转周期的计算公式为

$$狭义现金周转期 = 存货周转期 + 应收账款周转期 - 应付账款周转期$$

现金周转期中有关计算公式说明如下：

从计算公式上讲，现金周转期是衡量企业经营过程中几种重要的营运资本项目的周转期，而存货周转期采用销售收入作为计算分子的内涵比较复杂，难以反映存货周转期的本质内涵，所以存货周转期的计算应该采用式（8-1），即采用销售成本作为分子计算存货周转率。但是现金周转期的字面意思是现金周转一次的周期，隐含着变现的意思，而式（8-1）并不反映存货变现能力，与现金周转期的名称产生矛盾。实际上不必太过担心，因为假定运用式（8-1）计算公司存货周转率非常快，即存货周转期非常短，一般隐含着消费者需求旺盛，公司存货变现能力理应比较强，尤其是以快而著称的公司如零售业等更是如此。

应付账款周转期（天数）的计算公式为

$$应付账款周转期 = \frac{年度公历天数}{应付账款周转率}$$

应付账款周转率的公式为

$$应付账款周转率 = \frac{赊购成本}{应付账款平均余额}$$

财务报告一般不会单独列示公司赊购成本的明细，分析者需要借助购货支付惯例、会计报表附注及其他有关说明预估赊购成本。一般而言，购货成本可以用"购货成本 ≈ 销货成本 + 期末存货 - 期初存货"进行估算。如果销售成本中包含了大量的现金支出，以近似的购货成本为基础的计算结果的可靠性就会降低。若近似数据仍无法求解，可以用主营业务成本或营业成本替代计算。

分析应付账款周转率时，要考虑同行业平均水平和公司历史平均水平。如果公司应付账款周转率低于行业平均水平，说明公司比同行可以占用更多的供应商货款，即占用了他人更多的无息资金，说明公司处于市场主导地位，但同时公司也要承担更多的还款压力，需要保

持充足的现金流；反之，则说明公司处于弱势地位，无法有效地利用他人的资金；当应付账款周转率出现异动时，需要甄别其中原因。例如，公司应付账款周转率大增，说明公司占用供应商货款能力降低，有可能是上游供应商自身实力增强，也有可能是原材料供应紧俏甚至供不应求等。

计算应付账款周转率时，需要正确处理赊购成本。赊购成本一定会引起应付账款吗？不一定！赊销也可以引起应付票据。这意味着，即使比较准确计算了赊购成本，仍然不太准确，还需要确认赊销成本引起的应付账款。由于外部利益相关者无法准确地确定赊购成本，而公司赊销或者支付习惯不会发生比较大的改变，一般计算应付账款周转率时直接运用销售成本或者主营业务成本替代赊购成本。

2) 现金周转期的本质。现金周转期可以透视公司的市场议价能力，也可以看到公司免费占用他人资金的能力。如果现金周转期为正数，说明公司被他人免费占用资金，通常意味着公司市场话语权比较弱；如果现金周转期为负数，说明公司可以免费净占用他人资金，通常意味着公司市场话语权比较强。从这个角度上讲，现金周转期就是公司话语权的直观表达式，是公司 OPM 战略实施效果的直接计算式。

(2) 广义现金周转期。在公司经营的过程中，公司资金被占用不仅体现在应收账款方面，也体现在应收票据、预付账款等方面。公司占用他人资金不仅体现在应付账款方面，也体现在应付票据、预收账款等方面。因此，为使计算出的现金周转期更为准确，应该将这些应收款项和应付款项考虑在内，将这些因素也考虑在内的现金周转期称为广义现金周转期，也就是通常所说的现金周转期。

广义现金周转期可以更恰当地反映公司 OPM 战略的运用效果。广义现金周转期的计算公式为

$$广义现金周转期 = 存货周转期 + 应收款项周转期 - 应付款项周转期$$

公式中应收款项一般包括应收账款、应收票据和预付账款，而应付款项一般包括应付账款、应付票据和预收账款。

如果从衡量 OPM 战略效果上讲，需要注意商业汇票的分类，是带息商业汇票还是不带息商业汇票，计算现金周转期时严格来讲应该只需考虑无息商业汇票，参阅财务报表附注将商业汇票进行区分，否则计算时会存在一些偏差，尤其是公司商业汇票均为带息商业汇票时偏差最大。以我国实践惯例来说，无论是商业承兑汇票还是银行承兑汇票，除非双方有单独约定，否则商业汇票基本都是无息的。

企业在无息占用他人资金时，尤其无息经营性负债与流动负债之比过高时，需要考虑公司偿还债务风险是否可控，需要评估公司现金流是否充足，而财务弹性指标是衡量现金流充足程度的重要工具。若一家企业始终面临巨大的短期偿债压力，一旦现金链断裂，它就会陷入财务困境。因此，当现金周转期越短时，企业就必须在流动性风险和免费占用他人资金之间做出权衡，需要充足的现金流作为保障条件，因而计算公司财务弹性指标是十分必要的。

为了更好地了解公司 OPM 战略运用的效果，读者可以进一步分析公司流动资产与流动负债的内部结构，尤其是货币资金、应收票据、应收账款、预付账款及短期借款、应付票据、应付账款和预收账款等内部结构的趋势变化。

2. 现金周转期的运用

中国证监会 2001 年 4 月 4 日公布的《上市公司行业分类指引》将行业分为 12 大类。中

国证监会 2012 年 10 月 26 日对行业分类进行了修订，重新颁布《上市公司行业分类指引》（〔2012〕31 号），它将行业分为 19 大类。本《指引》自公布之日起施行。2001 年中国证监会公布的《上市公司行业分类指引》同时废止。

根据中国证监会对行业的划分，以及对我国不同行业的 OPM 战略进行统计发现，我国上市公司的不同行业中，只有零售业和采掘服务业两个行业运用 OPM 战略的能力比较强，尤其是日常生活零售业更胜一筹。零售业的财务弹性指标具有良好保障，而采掘服务业的财务弹性指标没有那么充沛。从逻辑上讲，零售业实施 OPM 战略比较具有优势是因为该行业中大多数公司一般事先约定只有货物销售完成时再结算货款，即公司事先赊欠供应商货款，而销售对象大都是没有话语权的普通消费者，公司几乎都是现销，因此公司在供与销两端均明显占优，进一步增强了公司实施 OPM 战略的能力。例如苏宁易购（曾用名为苏宁电器、苏宁云商，以下分析中简称为"苏宁"）、国美零售、京东集团、永辉超市等都具有很强的 OPM 战略运用能力。

苏宁（002024.SZ）2004—2017 年的狭义现金周转期和广义现金周转期见表 8-1 和表 8-2。

表 8-1　苏宁 2004—2017 年的狭义现金周转期　　　　　　　　（单位：天）

年度 财务指标	2004	2005	2006	2007	2008	2009	2010
存货周转期	24	35	44	42	41	42	46
加：应收账款周转期	2	3	2	1	1	1	3
减：应付账款周转期	22	31	30	26	30	32	34
狭义现金周转期	4	7	16	17	12	11	15
年度 财务指标	2011	2012	2013	2014	2015	2016	2017
存货周转期	54	68	72	67	47	40	37
加：应收账款周转期	6	6	3	2	2	2	3
减：应付账款周转期	36	42	42	37	27	30	29
狭义现金周转期	24	32	33	32	22	12	11

表 8-2　苏宁 2004—2017 年的广义现金周转期　　　　　　　　（单位：天）

年度 财务指标	2004	2005	2006	2007	2008	2009	2010
存货周转期	24	35	44	42	41	42	46
加：应收款项周转期	13	16	14	10	8	8	12
减：应付款项周转期	36	58	83	98	93	139	119
广义现金周转期	1	-7	-25	-46	-44	-89	-61
年度 财务指标	2011	2012	2013	2014	2015	2016	2017
存货周转期	54	68	72	67	47	40	37
加：应收款项周转期	18	18	16	15	16	22	21
减：应付款项周转期	136	152	146	128	105	107	93
广义现金周转期	-64	-66	-58	-46	-42	-45	-35

通过表 8-1 和表 8-2 苏宁狭义现金周转期与广义现金周转期的变化,可以进一步评估苏宁 OPM 战略运用能力。

(二) 财务弹性

财务弹性是指企业适应经济环境变化和利用投资机会的能力。这种适应能力来源于企业现金流的充足程度。财务弹性是通过一系列以现金流量为中心的财务指标来显现的。公司现金流量越充足,财务弹性越强;反之亦然。

公司实施 OPM 战略的能力与其财务弹性能力密切相关,公司财务弹性能力是公司实施 OPM 战略的前提条件,或者说公司运用 OPM 战略与财务弹性是相得益彰的关系,两者高度正相关。公司运用 OPM 战略时,假定现金周转期是很小的负数,则意味着它无息净占用他人时间较长,也意味着公司将自身置于无时无刻不在偿还应付类款项的境地,一方面说明公司的市场议价能力比较强,但是另一方面也说明一旦公司现金流不足,公司就会陷入财务困境或者损失信誉,甚至陷入破产边缘,这就要求公司的现金流充足。因此,如果公司 OPM 战略运用得当,一般都隐含着公司的财务弹性能力比较强;如果公司财务弹性能力一般,公司运用 OPM 战略时,就很容易陷入财务困境。

财务弹性指标主要包括现金流量充裕率、现金满足投资率、现金比率。其计算公式分别为

$$现金流量充裕率 = \frac{经营活动现金净流量}{固定资产现金支出 + 还款现金支出 + 现金股利}$$

$$现金满足投资率 = \frac{经营活动现金净流量}{资本支出 + 现金股利}$$

$$现金比率 = \frac{经营活动现金净流量}{流动负债}$$

一般认为,财务弹性指标越高,表明企业的财务弹性越好,公司应对财务困境的能力越强。需要提及的是,现金满足投资率和现金流量充裕率公式有多种表达方式,不同教材中的界定略有差异。

现金流量充裕率大于或接近 1,说明企业的收益质量比较高,持续经营能力比较强;如果该指标低于 1,说明企业的收益质量比较低。但是该指标并非越高越好,如果该指标显著大于 1,说明企业有大量的闲置资金,有可能是找不到合适的投资方向,这将影响到企业未来的获利能力。如果重资产工业企业处在扩张阶段,现金流量充裕率会明显偏低,这时需要借助其他财务指标辅助判断。如果企业属于高负债类企业,并且处在扩张阶段,现金流量充裕率有可能偏低,这时更需要综合其他财务指标与非财务信息谨慎判断。

在计算现金满足投资率时,为了剔除企业经营周期性和随机性的影响,有时需要选择 5 年的现金净流入和 5 年的资本支出、现金股利之和的算术平均数。

在运用现金满足投资率时,要注意以下情况:当现金满足投资率大于 1 时,说明企业不需要外部融资,仅利用经营活动中形成的现金流量就可以满足企业日常增量投资现金需求,而且还有剩余,公司现金流的充裕程度是不言而喻的。在这种情况下,企业需要考虑是否充分利用了负债的税盾优势,使其资本成本进一步得到优化。当现金满足投资率等于 1 时,说明企业经营活动中形成的现金净流入刚好满足日常增量投资现金需要,企业现金流量也是比较充足的。即使公司现金流量不足,企业也比较容易进行外部融资。当现金满足投资率小于

1时，说明企业经营活动中形成的现金净流入不足以满足日常增量投资现金需要，企业现金流量的不足部分，可以通过以前年度现金余额或外部融资弥补。这种情况下，应引起投资者高度关注，需要结合其他信息综合判断公司现金流情况。总体来讲，如果公司的现金满足投资率大于1，一般认为公司的现金流量比较充沛，但是如果公司的现金满足投资率小于1，也并不意味着公司现金流不足，需借助其他信息谨慎判断。

现金比率的相关知识详见第七章　流动性能力分析，一般认为现金比率达到20%以上时，企业偿还短期债务能力比较强。

由于这三个指标很难找到合理的比较值，不同企业难以界定它是否反映公司财务弹性充足，只能结合公司具体情况具体分析，也很难与行业均值做比较分析，只能从逻辑上做一般推定。如果三个财务弹性指标过低，分析者需要特别关注公司应对财务困境的能力。

为了进一步了解公司OPM战略的风险，分析者最好将公司流动资产与流动负债内部结构进一步分解，详细了解每一项流动资产的具体变现能力和流动负债的偿还时间及偿还债务的硬性要求。

承前，苏宁（002024.SZ）2004—2017年的财务弹性指标见表8-3。根据这些数据和公开信息评估公司OPM战略运用的风险。

表8-3　苏宁2004—2017年的财务弹性指标

年　度 财务指标	2004	2005	2006	2007	2008	2009	2010
现金流量充裕率	1.44	0.27	0.19	1.80	1.32	4.11	0.81
现金满足投资率	0.91	0.46	0.35	2.57	1.56	4.65	0.83
现金比率	0.10	0.04	0.03	0.31	0.31	0.27	0.16
年　度 财务指标	2011	2012	2013	2014	2015	2016	2017
现金流量充裕率	0.96	0.58	0.35	-0.22	0.18	0.26	-0.35
现金满足投资率	0.97	0.74	0.42	-0.32	0.24	1.09	-0.48
现金比率	0.05	0.09	0.05	-0.03	0.04	0.06	-0.10

根据表8-3观察苏宁财务弹性能力变化，与苏宁现金周转期分析相结合，综合评价公司OPM战略运用能力。

第三节　其他计量资产管理能力的指标

一、流动资产周转率

（一）指标原理分析

流动资产周转率是衡量流动资产管理效率的一个指标。流动资产周转率的计算公式为

$$流动资产周转率 = \frac{销售收入}{平均流动资产}$$

与之对应，流动资产周转期（天数）的计算公式为

$$流动资产周转天数 = \frac{年度公历天数}{流动资产周转率}$$

流动资产周转率是从流动资产总体上衡量它与销售收入的关系，反映流动资产的变现能力。

一般来讲，流动资产周转率越高，意味着企业流动资产效益越高。正常情况下，流动资产的管理能力越强，公司就可以运用更少的流动资产达到同样的效益，这在一定程度上提升了企业的盈利能力，公司的短期债务偿还能力也就越强。因此，公司短期债务偿还能力越强，公司的流动资产周转率通常越高。而当流动资产周转率出现异动，突然上升或者突然下降时，需要评估具体原因，并诊断该因素的持续性。

需要补充的是，由于流动资产的综合性远高于存货、应收账款，所以评估流动资产周转率时需要更加谨慎，需要评估企业流动资产的一些项目的优化持有区间，如现金、应收账款、存货等，只有流动资产的各个部分都处于优化状态，并且总体处于最优状态时，流动资产周转率才越高越好。

（二）流动资产周转率的理解

更为合理的理解是，流动资产周转率反映的是流动资产管理效益，而不是反映流动资产管理效率。一般认为流动资产周转率反映流动资产的变现能力，如前所述，这种观点有一定的合理性。流动资产周转率从本质上反映流动资产周转的效益。假定成本不变，流动资产周转率越高，意味着它产生的收入越多，效益越好。假定公司都是现金销售或者现金销售在总收入中占绝对主导地位，流动资产周转率高低可以反映公司流动资产的变现能力强弱。如果进一步基于现金销售假设，在同等条件下，现金销售金额越多，应该说它反映公司销售效益质量越高，即现金含量越高。这可以引导出一个结论：市场话语权越强的企业，其流动资产周转率反映公司流动资产的变现能力越强；而市场话语权越弱的企业，其流动资产周转率反映流动资产的变现能力越弱。

（三）指标运用要注意的问题

在计算流动资产总体周转率时，应该注意各个不同项目流动资产的利用水平，不能抹杀流动资产内部的个性差异，它可以反映公司的融资倾向、信用政策等。或者将流动资产周转率按照因素分析法进行分解，将其分解为以乘积方式或者混合运算方式存在的几个子因素，进一步分析各子因素对流动资产周转率的贡献，为提升流动资产周转率提供解决对策。

二、营运资本周转率

营运资本是计量资产流动性的一个重要指标。营运资本是流动资产与流动负债之差，是企业流动资产变现能力的实力体现，其变现能力的强弱可以用营运资本周转率来表达。其计算公式为

$$营运资本周转率 = \frac{销售收入}{平均营运资本}$$

与之对应的，营运资本周转期（天数）的计算公式为

$$营运资本周转期 = \frac{年度公历天数}{营运资本周转率}$$

营运资本周转率是营运资本的深化，它从资金周转速度角度分析了营运资本的风险与

收益。

在正常情况下,营运资本周转率越高,反映营运资本利用效益越高,说明企业为每单位销售收入使用的营运资本越少,若营运资本总额固定,则营运资本可以支撑的销售收入越多。

营运资本对企业来说是一把双刃剑。如果营运资本水平过高,资源有可能闲置,将削弱公司的盈利能力;反之,营运资本水平过低,公司流动性不足,则会增加公司经营失败的风险。从这一角度上看,存在一个如何优化控制营运资本的问题,营运资本周转率也不是越高越好。如果营运资本周转一味求快,在销售收入不变的情况下,营运资本占用过少,需要评估公司盈利能力的变化,公司投融资策略可能发生改变;如果公司融资策略发生改变,需要关注公司风险控制能力的变化。

同样,行业属性、商业模式、竞争战略、经济周期都会影响公司营运资本的周转水平,尤其是当公司发生技术变革时,营运资本周转水平将出现明显变化。

三、非流动资产周转率

与流动资产相比,非流动资产最典型的特征是期限长、变现力差,其价值是通过多年逐步转移实现的。理解这一点尤其重要,对以配置非流动资产为主的企业来讲,非流动资产管理能力可以给利益相关者传递更多的有关企业可持续发展方面的信息,而可持续性信息有助于预测企业未来的盈利能力。

这只是一般性结论,在移动互联网时代这一结论需要适度修正。当下无论哪种类型的企业都要尽可能做到轻资产化。以重资产企业为例,它的典型特征就是经营风险过高,回收周期过长,而当下企业之间的竞争如此激烈,信息更为对称,消费者个性更为鲜明,消费者忠诚度更低,消费者转移成本也比较低,这都进一步加大了重资产企业的风险,同时也为企业提供了轻资产化的动力。这就意味着,即使是重工业企业,也需要逐步调整资产配置比例,尽可能轻资产化,即减少非流动资产配置,降低企业经营风险。这并不意味着非流动资产不重要,而是在同等盈利条件下,要尽量降低非流动资产的比例,不断优化企业资产配置。当然,不同的企业类型、不同的经营模式、不同的经济周期等也会影响企业资产配置。

非流动资产价值实现或转移速度的快慢是通过非流动资产周转率来衡量的。非流动资产周转率的计算公式为

$$非流动资产周转率 = \frac{销售收入}{平均非流动资产}$$

非流动资产周转期(天数)的计算公式为

$$非流动资产周转期 = \frac{年度公历天数}{非流动资产周转率}$$

非流动资产周转率反映了公司使用非流动资产的强度。非流动资产周转速度越快,说明非流动资产利用效益越高,正常情况下非流动资产的效益越高,越有利于企业扩大再生产。由于非流动资产周转率一般较低,非流动资产周转期比较长,风险比较大,可以在比较长的时间内发挥作用,因此,企业应该在非流动资产的收益与风险之间做出抉择,将资产的利用效能发挥到极致。

既然非流动资产如此重要，在正常情况下，大型重工业企业都会拥有比较高比例的非流动资产，但是在移动互联网、大数据时代，乃至人工智能时代，非流动资产在总资产中所占的比例至少应该是有所下降的。在非流动资产既定的条件下，非流动资产周转速度越快，资产的利用程度就越高，<u>企业生产效益越好</u>。但是，这种观点在当下未必正确，它取决于公司流动资产与非流动资产的配置比例，公司两类资产贡献单位利润的能力，以及公司技术变革的能力等多种因素之间的均衡。

运用非流动资产周转率分析时，除了要考察资产周转速度外，还要分析公司投资规模是否合理，投资是否有效，与公司竞争战略是否一致，公司并购和资产剥离政策是否合理等。

非流动资产包括长期股权投资、固定资产、无形资产等，分析者根据需要可以计算各类非流动资产项目的周转率。例如，计算固定资产周转速度时，将公式的分母由非流动资产改为固定资产即可，一般采用固定资产原值平均余额，而不采用固定资产净值平均余额。这是因为固定资产净值受到固定资产的折旧政策和减值准备的影响。尤其是在进行趋势分析时要注意这些问题。随着时间的推移，固定资产净值因折旧和减值准备的计提而减少，固定资产平均余额随之减少，即营业收入不变，固定资产周转率上升，这显然是不合理的。管理者完全可以利用这一点操纵固定资产周转率。因此，采用"固定资产原值平均余额"替代"固定资产净值平均余额"更为合理。由于各行业固定资产配置具有显著差异，意味着固定资产周转率具有明显的行业特征。

四、总资产周转率

总资产由流动资产和非流动资产组成，总资产周转率是流动资产和非流动资产周转状况的总评价，可以通过各单项资产周转状况预测总资产周转状况，但是，总资产周转率并不等于各单项资产周转率的加总。

总资产周转率反映了公司使用所有资产的强度。在正常情况下，总资产周转率越快，资产的利用程度越高；总资产周转率越慢，资产利用效率越低。其计算公式为

$$总资产周转率 = \frac{销售收入}{平均总资产}$$

与之对应的，总资产周转期（天数）的计算公式为

$$总资产周转期 = \frac{年度公历天数}{总资产周转率}$$

虽然总资产周转率不能分解为各单项资产周转率，但是总资产周转率的倒数却等于各单项资产周转率倒数之和，将其与年度公历天数相乘，其表达式为

$$\frac{360}{总资产周转率} = \sum \frac{360}{各单项资产周转率}$$

总资产周转天数应该等于各单项资产周转天数之和。通过本式我们可以粗略地估算一下在总资产周转天数既定的条件下，其内部资产周转是否得以优化，也可以找到实现总资产周转天数时，其内部资产周转实现的路径，并与前面各项资产周转率分析相互比对分析，为改进资产管理水平提供方向。

由于总资产内部的一些资产，如货币资金、存货、应收账款等都存在最优控制存量，这就注定了总资产周转率并不是高就一定好，需视具体情况综合权衡而定。

第四节　资产管理能力与其他类别财务能力的关系

管理的职能主要包括计划、组织、领导、控制和创新。其中，组织是指"确定所要完成的任务以使他们为实现组织目标做贡献"（Lewis, Goodman and Fandt, 1998）。管理者必须具备领导其工作小组成员朝着组织目标努力的能力。在各类财务能力评价中，资产管理能力充当了管理职能中的组织职能，企业债务偿还能力、盈利能力、现金流量能力及成长能力都是建立在企业资产管理能力的基础之上的，脱离了这一基石，公司其他几个方面的财务能力都是空中楼阁。

克莱顿·克里斯坦森（Clayton M. Christensen）在《创新者的窘境》中已经提醒过人们："一个机构的能力体现在其流程和价值观中，而且正是构成当前业务模式核心能力的流程和价值观，决定了它们无力应对市场的破坏性变化。"其中，资产管理能力正是公司核心流程管理能力的直观体现，其重要性不言而喻。

总体来讲，资产管理能力评价属于投资事中评价和投资事后评价，它更像是一个桥梁，把筹资结果与投资效果有机连接起来。而这个桥梁质量的高低，直接决定了公司配置资产的效率和效益的高低，也决定了公司财务目标的实现。因此，资产管理能力是企业事中的过程管理，其重要性不言而喻。

资产管理能力与公司其他类别财务能力密切相关。流动资产管理能力与短期债务偿还能力密切相关，假定其他条件不变，存货周转率上升，尤其是原本变现能力较差的存货的周转率也开始上升，则公司的资产管理能力明显上升，存货转变为效益的时间缩短，公司现金流能力随之提升，公司必然提高短期债务偿还能力。资产管理能力的高低也与企业未来盈利能力和现金流能力息息相关，过程决定了结果；效率与效益更多时候是统一的。同样，资产管理能力也在很大程度上决定了公司的成长能力。

思 考 题

1. 存货周转率公式中的两个分子分别是什么？如何评价两个公式下存货周转率的内涵？
2. 如何处理存货周转率异动？它有可能传递什么信息？
3. 计算应收账款周转率时如何处理坏账准备？
4. 如何评估公司出现信用期与平均收款期不一致的情况？
5. 如何理解存货周转率与应收账款周转率的高低？
6. 存货周转率和应收账款周转率在何种情况下将失效？
7. 现金周转期的基本内涵是什么？狭义现金周转期与广义现金周转期的区别是什么？需要注意什么问题？
8. 公司 OPM 战略与财务弹性的内涵是什么？二者的关系是什么？
9. 以中国证监会 2012 年公布的《上市公司行业分类指引》为标准，行业分为 19 大类。我国哪些行业运用 OPM 战略比较强，这些行业具有哪些特征？我国企业在运用 OPM 战略时，与世界一流企业的差距是什么？

10. 资产管理能力与债务偿还能力、盈利能力、现金流能力的关系如何？

判　断　题

1. 资产管理能力评估通常是资产管理效率的评价，并不侧重资产管理效益的评价。（　　）
2. 资产管理效率与资产管理效益是完全一致的。（　　）
3. 存货周转率计算公式的分子通常有两种选择：销售收入和销售成本，其中，采用销售收入反映的是公司存货管理的效率。（　　）
4. 计算存货周转率时一般假定公司存货比较稳定，不会出现大幅度波动。（　　）
5. 从存货周转率本质上讲，存货周转率计算公式的分子只能选择销售成本，采用销售收入是没有经济内涵的。（　　）
6. 假定公司期初购置存货 100 万元，在存货周转期内，公司均匀使用存货时，期末存货归零，然后再次购置存货 100 万元，存货即刻送达，在存货周转期内，公司均匀使用存货，期末再次存货归零，以此类推。在这种情况下，存货周转率计算失效。（　　）
7. 存货周转率骤升对公司并非必定是一大利好，而存货周转率骤降也不一定对公司是一大利空。（　　）
8. 当公司接到大额订单时，通常引起公司存货周转率大降，这对公司一定是重大利好。（　　）
9. 现实生活中公司无法做到零存货，在存货最佳持有区间内，通常公司存货周转率越高越好。（　　）
10. 计算应收账款周转率时，其计算公式的分母是报表中的"应收款项"。（　　）
11. 严格来讲，应收账款周转率应该考虑增值税销项税额，但是一般它并不太影响应收账款周转率的使用价值。（　　）
12. 准确起见，应收账款周转率计算公式的分子最好采用赊销收入，并且最好是由应收账款产生的赊销收入。（　　）
13. 当应收账款周转率采用公式：$\dfrac{销售收入（赊销收入）}{平均应收账款}$ 时，这一公式存在诸多缺陷，导致应收账款周转率完全无法反映公司应收账款管理能力。（　　）
14. 当应收账款周转率小于 1 时，应收账款周转率通常无法反映公司应收账款总体的变现能力。（　　）
15. OPM 战略可以衡量公司净占用他人资金的能力。（　　）
16. OPM 战略计量表达式通常是指狭义现金周转期。（　　）
17. 运用 OPM 战略需要公司具有比较强的财务弹性能力。（　　）
18. OPM 战略是任何企业都可以采用的战略。（　　）
19. 运用 OPM 战略比较成功的公司通常是那些占据市场主导权的公司。（　　）

Chapter 9 第九章

盈利能力与公司估值

■ 回顾

第八章描述了资产管理能力与财务弹性,其中 OPM 战略是资产管理能力的重要体现,而财务弹性是 OPM 战略运用的必要条件。首先探究了与 OPM 战略和财务弹性有关的财务指标的计量、原理、指标缺陷及其运用注意事项,其次介绍了非流动资产周转率的计量以及运用注意事项,最后以苏宁为例探讨了 OPM 战略运用与财务弹性的关系。

■ 本章提要

本章是财务能力评价的核心,分析了公司盈利能力的常用计量指标以及财务指标所反映的持续盈利能力,统计了这些计量指标在不同行业之间的差异性。描述了盈利能力现金类指标,现金类指标是保障公司持续盈利的必要条件。探讨了以盈利为基础的指标,重点介绍了 PE 和 PB 的公司估值原理及其运用,以及我国沪深股票市场、我国香港股票市场与美国股票市场中 PE 和 PB 的估值差异及其原因。描述了不同使用者对财务指标认知的差异性。

■ 展望

第十章将讲述财务报表综合分析方法,是各类财务能力评价的有机延伸,将各类财务能力指标有机组合起来,构成综合财务评价指标体系。

◆ 章首案例

电子商务企业大多以亏损开启艰辛之旅,而其中的大多数企业无法等到盈利就失败了。电商企业进入持续盈利之前,风险资本是孤独的等待者,风险资本需要持续追加投资,帮助公司度过漫长的亏损期,希望有机会等到公司盈利拐点来临。京东集团(NASDAQ:JD)就是一例,直到 2016 年,企业上市两年后才实现在美国通用会计准则下的扭亏为盈,而企业是否已经进入利润收割期仍有待时间检验。

当下企业竞争更为激烈而充分，企业步入盈利拐点比以前耗时更长，不仅电子商务和互联网企业如此，其他类型的企业也有此迹象。当然，一旦电子商务和互联网企业进入盈利拐点，由于垄断壁垒更强，顾客黏性更强，将有可能实现更长时间的持续盈利。但是如何评估电子商务以及互联网企业是否存在盈利拐点是无比困难的。

由于电子商务企业以及一些互联网企业的盈利通常是遥不可期的，现金流经常不足，这些企业估值更加难以确定。基于这类企业给投资者的想象空间，这些企业的估值动辄数百亿元，甚至数千亿元，这是传统企业难以企及的。当然，这些企业的高估值具有极大的不确定性，很有可能在短时间内灰飞烟灭，我国股票市场上此类企业并不少见，投资者需谨慎而全面地评估企业价值，尤其是要正确评估企业核心竞争能力。

根据以上信息，分析以下问题：
1. 为什么评估电子商务企业的盈利拐点更为复杂？
2. 为何电子商务和互联网企业一旦步入利润收割期，持续盈利能力有可能比传统企业更强？
3. 为何电子商务企业和互联网企业的估值更为困难？

第一节　盈利能力与公司估值概述

盈利能力是指公司在可预期的未来能够保持的预期盈利水平。盈利能力分析是财务能力评价的核心，更是投资者关注的中心。

持续盈利能力是盈利能力分析的核心，预测公司持续盈利能力是个难题。持续盈利能力有多种描述与界定，公司当前盈利能力和未来盈利能力是否具有持续性，需要甄别与持续盈利相关的关键因素，这些与盈利相关项目发生频率的高低又是其趋势性的简单描述。具体参见**第五章　财务报表与持续盈利能力**。

盈利能力通常被认为是公司价值评估的最重要的一个因素，公司持续盈利能力在很大程度上决定了公司估值的高低。公司持续盈利能力越强，公司估值通常越高；反之亦然。一旦公司持续盈利能力出现变化，公司估值也将出现巨大变化。

公司持续盈利能力出现变化通常是持续盈利能力的关键因素出现变化所致。盈利增速是公司持续盈利能力中最直观的关键变量。一旦公司盈利增速出现变化，公司估值便会随之调整。最受投资者青睐的是那些高盈利增长的公司，而寻求高盈利增速的投资标的对投资者来说是一个巨大挑战。投资者需要密切关注投资对象盈利增速的变化，尤其当公司出现对盈利能力不利的因素时，需更为谨慎评估。

公司持续盈利能力通常在公司环境评估中更容易被提前发现，但正确的公司环境评估对绝大多数投资者来说都非易事。而财务数据也是甄别公司持续盈利能力的重要工具，并且是所有投资者都可以免费、随时获取的资料，通过挖掘财务数据甄别公司持续盈利能力变得更为可行。

第二节　应计制下盈利能力指标分析

盈利能力指标计算公式中，分子都是各种利润类指标。一般而言，利润类指标的综合性与其所反映的持续盈利能力成反比,即利润类指标越单一,其所反映的持续盈利能力越强,利润类指标越综合,其所反映的持续盈利能力越弱。

一、以利润表项目为基础的盈利能力指标分析

我国会计准则要求企业利润表按分步法编制,分步法下利润表被划分为不同层次的利润。应计制下盈利能力指标是以利润表各个不同层次的利润为中心而构建的。最常使用的盈利能力指标是销售毛利率、营业利润率和销售净利率,常用的财务指标有主营业务利润率、其他业务利润率和销售利润率。

(一) 最常用盈利能力财务指标

1. 销售毛利率

销售毛利率的计算公式为

$$销售毛利率 = \frac{销售收入 - 销售成本}{销售收入} \times 100\%$$

计算销售毛利率时,简化处理方法是不考虑税金及附加,但是从严谨角度上讲,应该考虑税金及附加。一般情况下,销售毛利率采取简化处理方法,主营业务利润率和其他业务利润率也是如此。如果不特别交代,这些财务指标均采用简化计算方法。

销售毛利是企业盈利的基础,是企业形成净利润的最主要来源。如果企业持续保持高销售毛利率,并且明显高于行业均值,则企业越有可能具有持续盈利能力。

一般来说,营业周期与销售毛利率成正比。营业周期短、固定成本低的行业,销售毛利率水平比较低;营业周期长、固定成本比较高的行业,毛利率相对较高。这是一种经验描述,也符合财务学原理。现实生活中营业周期与销售毛利率之间的关系也有可能出现例外,比如营业周期短而销售毛利率高,营业周期长而销售毛利率低。

企业销售毛利率与其所处的生命周期、行业发展阶段、企业的竞争战略密切相关。行业发展阶段、企业所处的生命周期和竞争战略的不同在很大程度上决定了企业的销售毛利率的变化趋势。假定一个行业处于初期而且比较具有发展前景,企业之间竞争不太激烈,企业生存状况良好,无论是行业领导者还是追随者都有可能保持高毛利率。随即行业吸引大量资本流入,企业之间的竞争加剧,使行业平均销售毛利率逐步下降。当行业处于成熟期时,企业之间的竞争达到白热化,行业的销售毛利率处于稳定水平,形成行业长期均衡点,行业内资金供求基本处于均衡状态。当行业处于衰退期时,行业销售毛利率进一步下降,整个行业中大部分企业面临生存危机,不少企业破产、清算,资本大量退出,最终行业毛利率逐步回升,形成新的市场均衡。

公司竞争战略的选择与行业属性密切相关,同一行业企业之间的竞争战略通常高度相似,不同行业企业之间的竞争战略可能存在明显差异。根据迈克尔·波特(Michael Porter)对竞争战略的划分,他提供了三种卓有成效的竞争战略:成本领先战略、差异化战略(又称差别化战略、别具一格战略)和专一化战略(又称聚焦战略)。而每一种竞争战略都具有不同的适用条件。如果企业决定实施成本领先战略,一般要求企业具有规模经济优势、产品富有弹性和产品趋于同质化等条件,这意味着企业以低成本制胜,企业的销售毛利率比较低,这就要求企业提升资产周转率,在低销售毛利率和高资产周转率之间博取均衡,实现企业利润最大化。"薄利多销"战略就是成本领先战略的典型运用。若企业实施差异化战略,

要求企业产品或者服务具有差异化，可以是品质差异也可以是外观差异，企业通常实施撇脂定价策略，与之对应的，企业销售毛利率比较高，公司力争在高毛利率和低资产周转率之间博取均衡，实现企业价值最大化。而在专一化战略下，公司的销售毛利率和资产周转率有可能呈现成本领先战略下的特征，也有可能呈现差异化战略下的特征。

通常只要企业成功实施一种竞争战略，无论是成本领先战略、差异化战略还是专一化战略，企业就可能成为行业领导者或者行业细分领域中的佼佼者。如果公司能够兼顾多种竞争战略优势，比如兼顾成本领先战略与差异化战略双重优势，将成本领先战略与差异化战略做到极致，即成本极低而价格极高，公司就会呈现高毛利率和高资产周转率，则几乎可以断定公司是一个标杆企业，乃至一个时代的伟大企业。

阅读材料 9-1

iPhone 是如何卖到天价的？

世界上很少有公司能兼顾成本领先战略与差异化战略的优势，而能兼顾成本领先战略、差异化战略和专一化战略（这里的专一化战略仅指目标群体小而定价极高的战略，世界顶级奢侈品牌即是如此）优势的公司更是凤毛麟角。

若能兼顾各种竞争战略之优势，公司将具有超强的持续盈利能力。美国苹果股份有限公司（NASDAQ：AAPL）就是如此。苹果公司以颠覆者示人，公司依靠强大的研发能力，不断推出创造性产品，将差异化战略做到了极致：定价极高，形成了强大的市场控制权，供应商只能以低成本提供给苹果公司一流的手机零部件，且消费者完全没有话语权，最终公司实现了两种战略兼而有之，也兼顾聚焦战略（专一化战略）的优势，公司具有强劲的持续盈利能力再正常不过。

手机本是大众快消品，一般智能手机售价很难超过 600 美元，功能手机更难超过 300 美元，而苹果公司竟然把 iPhone 产品定于 1000 美元左右，最终苹果公司垄断了手机行业 80% 以上的利润，有些年度苹果公司垄断了手机行业高达 90% 以上的利润，与韩国三星电子（KRX：005935）一起经常垄断手机行业 90% 以上的利润，有时两家公司垄断手机行业 100% 以上的利润。近年来由于我国手机厂商华为、小米（HK：01810）、OPPO 等公司逐渐崛起，苹果和三星垄断行业利润的占比微幅下滑，但是仍高达 85% 左右净利润。苹果公司成为近 10 年世界 500 强最赚钱的公司，长期把持 500 强净利润的第一名。从全球来讲，只有当石油价格较高时，沙特阿拉伯的阿美公司净利润才高于苹果公司，而世界 500 强中也仅有中国工商银行、中国建设银行等少数几家公司能够与苹果公司匹敌。

公司竞争战略的选择不同，其利润率指标可能存在比较大的差异。而行业属性注定了行业内公司竞争战略大部分趋同，其利润率指标也具有趋同性。以销售毛利率为例，该指标的行业差异性应该不会太大，而行业之间的销售毛利率可能存在比较大的差异。当然，行业内异动个体有可能影响到行业销售毛利率，导致不同行业的平均销售毛利率的差异性并不明显。

我国部分行业 2017 年度销售毛利率见表 9-1。

表 9-1　我国部分行业 2017 年度销售毛利率

行　　业	公司数量（家）	销售毛利率（%）	
		简单平均数	中　位　数
饮料制造业	43	50.49	47.73
电子元器件制造业	162	25.58	24.00
医药制造业	164	54.71	56.12
计算机及相关设备制造业	32	32.00	31.23
零售业	89	26.07	21.60
银行业①	26	—	—
房地产开发与经营业	121	30.53	34.68

注：行业分类以证监会颁布《上市公司行业分类指引》（〔2012〕31 号）为依据；统计数据截止日为 2018 年 5 月 24 日；数据来源于广发证券金融终端数据库。

① 由于银行业的营业成本和管理成本经常混杂在一起，无法精确计算营业成本，以"—"列示。

表 9-1 体现了三个特点：①销售毛利率具有鲜明的行业特性，不同行业的销售毛利率体现了比较明显的差异。②各行业销售毛利率的平均数与中位数趋同，基本无差异。③各行业上市公司的数量不同没有影响到各行业样本分布的均衡性。

2. 营业利润率

营业利润率的计算公式为

$$营业利润率 = \frac{营业利润}{销售收入} \times 100\%$$

营业利润率与销售毛利率比较，其综合性进一步加强，其所反映的持续盈利能力进一步下降，远不及主营业务利润率和销售毛利率所反映的持续性。营业利润的构成中包含了一些持续性不及主营业务利润的项目，这些项目更加难以清晰界定、也更难控制，如销售费用、管理费用、研发费用、资产减值损失、信用减值损失、其他收益、投资收益、净敞口套期收益、公允价值变动收益和资产处置收益等项目。

我国部分行业 2017 年度营业利润率见表 9-2。

表 9-2　我国部分行业 2017 年度营业利润率

行　　业	公司数量（家）	营业利润率（%）	
		简单平均数	中　位　数
饮料制造业	43	8.02	12.39
电子元器件制造业	162	8.47	9.05
医药制造业	164	16.59	14.62
计算机及相关设备制造业	32	0.54	8.33
零售业	89	7.85	4.98
银行业	26	41.05	41.93
房地产开发与经营业	121	-15.63	10.15

由表 9-2 可知，与销售毛利率相比，营业利润率呈现以下四个特点：①以中位数统计为参照，营业利润率的行业排序与销售毛利率的行业排序基本相同；②各行业的营业利润率开

始趋同，趋于10%的多达5个行业，零售行业最低为4.98%，银行业最高达41.93%；③营业利润率与销售毛利率相比，下滑迹象十分明显，并且各行业两者之比基本一致；④与销售毛利率明显不同的是，各行业营业利润率的中位数与平均数出现明显分化，其中有四个行业出现了明显偏离，分别是房地产开发与经营业、计算机及相关设备制造业、饮料制造业和零售业，而银行业、电子元器件制造业和医药制造业的两个数据仍然比较接近。

3. 销售净利率

销售净利率具有更大的综合性，可反映企业经营的最终成果。其计算公式为

$$销售净利率 = \frac{净利润}{销售收入} \times 100\%$$

对上市公司而言，净利润是指合并报表中归属于母公司股东的净利润，而不是合并报表中的净利润，也不是合并报表中的综合收益。当然，销售毛利率和营业利润率也是合并报表中的数据。此外，如果公司有发行优先股，则归属于母公司股东的净利润需扣除优先股股利。

销售净利率是营业利润率的进一步延伸，综合性更强，其所反映的持续盈利能力进一步下降。企业销售净利率越高，反映企业的综合盈利能力越强；销售净利率越低，反映企业的综合盈利能力越弱。

我国部分行业2017年度销售净利率见表9-3。

表9-3 我国部分行业2017年度销售净利率

行　业	公司数量（家）	销售净利率（%）	
		简单平均数	中　位　数
饮料制造业	43	2.03	10.0
电子元器件制造业	162	7.10	7.82
医药制造业	164	14.84	13.00
计算机及相关设备制造业	32	-0.49	7.10
零售业	89	5.84	3.49
银行业	26	43.04	35.28
房地产开发与经营业	121	-23.24	6.80

由表9-3可知，各行业销售净利率呈现以下三个特点：①与营业利润率的中位数排序相比，各行业销售净利率排序进一步发生改变，但基本维持着原有排序；②与营业利润率相比，销售净利率进一步下滑，各行业的销售净利率均低于营业利润率；③与营业利润率相比，各行业销售净利率的中位数与平均数呈现进一步分化态势，房地产开发与经营业、饮料制造业、计算机及相关设备制造业、零售业和银行业都呈现了明显差异，只有医药制造业和电子元器件制造业比较趋同，两者的偏差率在10%左右。

如果进一步比较各行业销售净利率的平均数与营业利润率的平均数的差异，其与营业利润率与销售毛利率类似，再次说明了我国各行业中个体差异比较大的特点。

通过我国各行业销售毛利率、营业利润率和销售净利率的综合比较分析，我们发现以下特征：

（1）利润率指标越单一，行业的中位数与平均数越趋同，而利润率指标越复杂，行业的中位数与平均数越分化。

（2）以行业中位数计算，我们统计的各行业销售毛利率、营业利润率和销售净利率的关系比较确定，并且其数值比较具有规律。各利润率指标的关系基本为：销售毛利率＞营业利润率＞销售净利率，营业利润率占销售毛利率的30%左右，销售净利率占销售毛利率的20%左右，并且各行业销售净利率基本低于10%。

（二）常用盈利性财务指标

销售毛利率、营业利润率和销售净利率是衡量盈利能力的最常用指标，但是它们并不代表全部盈利能力指标，还有一些重要的财务指标：主营业务利润率、其他业务利润率和销售利润率。以财务指标所反映的持续盈利能力作为划分标准时，销售毛利率并不是持续性最强的指标，主营业务利润率是反映公司持续盈利能力最强的指标。在实践分析中，由于主营业务利润与其他业务利润都是反映公司持续盈利能力比较强的指标，两者综合是销售毛利，销售毛利更为综合地反映了公司狭义上经营利润的持续性，所以，销售毛利率是投资者最关心的，也是持续性强且更为综合的财务指标。销售利润率一般不单独提及，有一些教材将销售利润率与销售净利率等同，都采用净利润作为分子。

1. 主营业务利润率

顾名思义，主营业务利润率是衡量主营业务创造利润率的指标，其计算公式为

$$主营业务利润率 = \frac{主营业务收入 - 主营业务成本}{主营业务收入} \times 100\%$$

计算主营业务利润率时，如为简化起见，可不考虑主营业务税金及附加，如为严谨起见，需要考虑主营业务税金及附加。如果考虑主营业务税金及附加，由于会计报表附注没有披露主营业务税金及附加和其他业务税金及附加，可以根据主营业务收入和其他业务收入的比例近似估算主营业务税金及附加与其他业务税金及附加。

对于一个健康的企业而言，主营业务利润是企业最重要的、最核心的利润来源，持续性最强，有利于预测公司未来盈利能力。在很大程度上讲，主营业务利润的持续性决定了企业未来盈利能力的持续性。如果一个企业主营业务利润占净利润比重偏低，则其利润质量水平比较低，企业未来盈利能力将大打折扣，企业持续盈利能力不会太强。

主营业务利润率与行业垄断程度、行业竞争结构密切相关，也与公司竞争战略、生产流程、营销策略、管理层的执行能力等密切相关。公司竞争战略决定了公司定价策略，生产流程决定了公司产品、劳务成本，营销策略和管理层的执行能力则直接影响了公司主营利润质量。

当公司主营业务利润出现异动时，它会极大影响到公司的估值水平，需要密切关注其中的原因，并判断其对公司持续盈利能力的影响。

2. 其他业务利润率

其他业务利润率是衡量其他业务创造利润率的指标，其计算公式为

$$其他业务利润率 = \frac{其他业务收入 - 其他业务成本}{其他业务收入} \times 100\%$$

计算其他业务利润率时，如为简化起见，可不考虑其他业务税金及附加，如为严谨起见，需要考虑其他业务税金及附加。

虽然其他业务不及主营业务重要，但是与主营业务一样，它也是公司经营过程中发生的，具有日常属性，持续性也比较强，有助于预测公司持续盈利能力。当公司其他业务利润

率出现异动时，需要重点关注，并甄别其中原因，并判断是否具有持续盈利能力。如果公司其他业务收入高于主营业务收入，需要判断这种现象是否具有持续性，需要甄别公司营业性质是否有可能变更，其他业务是否有可能转为主营业务，以及这种转变对公司未来前景的影响。

3. 销售利润率

有些教材将销售利润率与销售净利润率等同，均采用净利润作为分子，这可能是考虑净利润与利润总额相比并无增量信息，二者之差为所得税费用，是资本市场已知的确定性信息。我们将二者加以区分，可以从更多层级上探究利润率指标的差异。

销售利润率的计算公式为

$$销售利润率 = \frac{利润总额}{销售收入} \times 100\%$$

营业利润和营业外利润构成利润总额，利润总额比营业利润更具有综合性，持续性进一步降低。营业外利润是偶发性因素，营业外利润占利润总额的比例通常应该比较低，一般不应该超过20%。与营业利润相比，利润总额并没有包含重要的增量信息。

二、以资产负债表项目为基础的盈利能力指标分析

实证会计表明，股票价格能够比较充分地反映利润表信息，而资产负债表信息在资本市场中还无法得到充分有效的检验，或者是当前学术界还没有找到有效挖掘资产负债表的方法。如何挖掘资产负债表成为一大难题，有待学术界同仁共同努力。

在现实世界中，我们无法洞察资产负债表的全部内涵，看不透其中更多的隐藏价值。正因为如此，尽力挖掘资产负债表中那些与持续盈利能力相关的信息显得更重要。这意味着，投资者可以通过不断地挖掘资产负债表信息，不断地调整投资组合，从而增加获取超额收益的机会。

（一）资产报酬率

1. 资产报酬率的内涵

资产报酬率，又称资产净利率，它反映了企业在一定时期内创造的净利润所占用的平均资产总额。其计算公式为

$$资产报酬率 = \frac{净利润}{平均资产总额} \times 100\%$$

资产报酬率计算公式中的分子一般采用净利润，也可以采用息税前利润，还可以采用净利润加利息。该指标计算公式中的分母一般采用期初资产与期末资产的简单平均数。如果公司在不同时点资产波动过大，比如公司首次公开募股、重大资产重组，可以考虑按照时间权重进行加权平均。

资产报酬率是评估企业盈利能力的关键所在，说明了企业在一定会计期间内形成的净利润平均需要多少资产给予支撑。虽然总资产中有一部分是由无法分享净利润的债权人提供的，但是通过资产报酬率与债务融资成本进行比较，公司就可获知财务杠杆是否为正效应，外部利益相关者也可据此做出正确决策。

2. 资产报酬率的因素分解式

为了更好地理解资产报酬率的驱动因素，有必要对资产报酬率进行分解，将资产报酬率

分解为销售净利率和资产周转率。资产报酬率的分解过程如下：

$$资产报酬率 = \frac{净利润}{总资产}$$

$$= \frac{净利润}{销售收入} \times \frac{销售收入}{总资产}$$

$$= 销售净利率 \times 总资产周转率$$

资产周转率反映单位资产创造的销售收入，销售净利率反映单位销售收入创造的净利润，二者共同决定了资产报酬率，即平均每一元资产创造的净利润。

通过资产报酬率的分解过程，可找出资产报酬率变化的驱动因素：销售净利率与资产周转率，二者的组合关系比较充分地体现了公司的竞争战略，从而有助于找出问题与差距，提升资产报酬率。为了进一步分析资产报酬率的驱动因素，可以对资产报酬率进一步分解，比如分析收入、成本项目的具体构成，资产的分类及其具体构成等。

资产报酬率的分解式实质是因素分析法的运用，与杜邦财务分析法的原理相同。关于资产报酬率分解式的计算原理，将在杜邦财务分析体系一节详细说明。

3. 资产报酬率的缺陷

一般认为，资产报酬率的计算公式中净利润与总资产是不匹配的，净利润的所有权属于股东，而总资产资金提供者却包括股东和债权人。若仅从匹配角度上讲，将净利润加上利息费用即可达到资产报酬率计算公式的完全匹配。资产报酬率这一形式上的"缺陷"却从本质上道出了净利润的资金来源，它并非仅仅由所有者提供资金，还包括债权人的资金支持。所以，资产净利率的这一缺陷并不是它的真正缺陷，从某种程度上讲恰好是资产报酬率的优势所在。

4. 运用资产报酬率的注意事项

具体分析资产报酬率时，要与资产管理能力联系起来，比如需要注意收入与现金比率、收入与应收账款比率、收入与存货比率、收入与负债比率。还要考虑到特殊事件对资产报酬率的影响与评估。

通过对资产报酬率的因素分析，通常可以解释公司报酬的各种来源及其贡献。销售净利率和资产周转率都不可能无限增长下去，总会趋于行业长期均衡点，公司也会形成自身的长期均衡点。公司通过融资不断优化资本结构、优化资产配置，在当行业达到长期均衡时，使公司利润率远高于行业均值。

资产报酬率与行业属性密切相关。不同行业的资产规模配置要求有所不同，有的行业是重资产行业，如汽车行业，有的行业是轻资产行业，如高科技企业，这些行业的资产报酬率通常具有一定的差异性。

（二）股东权益报酬率

股东权益报酬率也称净资产报酬率，又称所有者权益报酬率。其计算公式为

$$股东权益报酬率 = \frac{净利润 - 优先股股利}{平均股东权益} \times 100\%$$

净资产报酬率反映了资本的增值能力和所有者投资报酬的实现程度，通常被认为是最具有综合性的财务指标。

股东权益报酬率只衡量了股东获取报酬率的高低，从而解决了资产报酬率的"形式缺

陷"。

股东权益报酬率也可以分解为多个因素，从而探究股东权益报酬率变化的具体原因，找出问题，寻求对策。股东权益报酬率的分解过程参阅**第十章　财务报表综合分析方法**。

股东权益报酬率受到了股东的高度关注，它与公司股价高度相关。以我国股票市场的中小股东为例，2000年之前，他们大多不看财务报告，如果阅读财务报告，也只是象征性地关注股东权益报酬率，而无视其他财务信息。除所有者外，其他利益相关者也高度关注净资产报酬率。例如，净资产报酬率越高，债权人的利益受保障程度越高；净资产报酬率越高，管理者越有可能实现自身利益最大化。

（三）资本金净利率

资本金净利率进一步缩小净资产范围，其计算公式为

$$资本金净利率 = \frac{净利润}{平均资本} \times 100\%$$

在计算公式中，所有者投入的资本金不仅是由所有者投入的资本形成的，而是由两部分构成的：一部分是所有者投入的资本金，另一部分是由公积金转增的资本。由于公积金转增资本也是由企业以后年度留存收益增加和不断扩大再生产的结果，公积金转增资本后，投资者所占股权比例并不会发生改变，所以，可以将公积金转增资本的部分理解为所有者投入资本在股本中的自发增值。这样，资本净利率就可以理解为是所有者投入企业资本金的盈利能力。

资本金净利率直观地反映了所有者投入企业资本金的盈利能力，也反映了所有者投入资本金的保值和增值能力。该指标越高，说明所有者投入资本金的获利能力越强，对投资者越具有吸引力。

第三节　现金制下盈利现金流量指标分析

在当下竞争更为激烈的社会中，顾客忠诚度不高，顾客黏性更差，顾客转移成本更低，产品更新换代更快，企业生命周期更短，企业生存变得更加艰难，并且大多企业的风险控制能力比较薄弱，破产是一件容易的事，现金流的重要性更加凸显。我国企业平均寿命很短，只有不到10%的企业寿命超过10年。即使是未来具有持续盈利能力的公司，前期亏损期也可能更长，保持充足的现金流显得无比重要，所以有必要掌握一些现金流指标。

一、每股经营现金流量

每股收益与上市公司业绩高度相关，受到投资者的高度关注。每股经营现金流量更直观地反映了每股收益的现金含量的高低。其计算公式为

$$每股经营现金流量 = \frac{经营现金净流量}{流通在外的普通股股数}$$

该指标越高，说明每股收益的现金含量越高，企业进行资本支出和支付股利的能力越强。同时，每股经营现金流量也说明了企业最大的分派现金股利的能力，超过此限度企业就要透支分红。

我国权威媒体经常采用每股收益和每股经营现金流量对我国上市公司进行价值排行，前

者反映的是谁创造了财富,后者反映的是谁创造了可靠的财富。

二、销售现金比率

若企业销售收入如期转换为现金流,企业资金周转流畅,企业才具备持续盈利的可能性。衡量这一转换过程可以通过销售现金比率进行计算,其计算公式为

$$销售现金比率 = \frac{经营现金净流量}{销售收入}$$

该指标反映企业每元销售收入获取单位经营现金流的能力。一般来说,销售现金比率越高,说明企业销售收入转换为现金流的能力越强;销售现金比率越低,说明这种转换能力越弱。需要注意销售现金比率的单期与多期的区别。如果销售现金比率是单期指标,则很难判定公司现金流的充裕程度。如果多期销售现金比率越高,则企业销售收入转换为现金的持续能力越强,公司持续盈利能力越强。

销售现金比率的合理值没有统一标准,对于不同公司需要综合权衡各种因素评判其合理性。销售现金比率过高是否影响公司持续盈利能力也需要综合判定。对顶级公司而言,销售现金比率必定很高,完全有可能大于1,甚至远高于1,但是这类公司的持续盈利能力超强,并不能得出公司流动性过于充分、公司资金闲置过多和需要优化资本结构的定论,而这种结论对一般企业是成立的。

运用这一指标时,分析者需要谨慎分析公司的信用政策。如果公司信用政策发生改变,比如信用期收缩,这时公司本期经营活动现金流量大都是以前年度销售本期回收的,本期销售收入大幅度降低,此时,销售现金比率还是有可能远大于1,但是这并不能说明企业当期销售收入现金含量较高。同样,如果这一比率较低,也并不能说明当期企业销售收入一定存在问题。还有,如果企业以前年度应收账款管理能力较差,本年度企业开始重视应收账款管理,以前年度应收账款将大量收回,公司销售现金比率将出现明显上升,但这并不意味着当期销售能力明显改善。如果公司改变信用政策,比如企业原来只有赊销政策,现在增加现金折扣政策,这时发现公司销售现金比率几乎不变,但这并不能得出公司信用政策改变是无效的,而是需要通过多期数据评估公司现金折扣政策是否正确。

三、盈利现金保障倍数

盈利现金保障倍数是企业在某一会计期间的经营现金净流量与净利润之比。其计算公式为

$$盈利现金保障倍数 = \frac{经营现金净流量}{净利润}$$

盈利现金保障倍数没有采用与净利润匹配的现金净流量,而采用经营活动现金净流量,这是因为经营活动现金净流量更具有持续性,更有助于衡量利润质量,也有助于利益相关者预测企业未来盈利能力的持续性。

盈利现金保障倍数是从现金收付制角度反映企业当期净利润的可靠程度,反映当期净利润有多少是具有现金保障的。同样,这并不是说盈利现金保障倍数越高越好,该指标越高说明企业现金持有量越多,若超过最佳现金持有量或者最佳现金持有优化区间,持有现金总成本过高,有可能影响企业未来盈利能力。

第四节 以盈利为基础的公司估值指标分析

公司估值对财务报告使用者来说,尤其对投资者来说,是一项重要任务。正确的公司价值评估有助于投资者选择好的投资标的,有助于资金提供者在信贷决策中确定信贷价格,有助于收购方估计被收购企业的价格。

一般来说,公司价值评估以现金流贴现法为主。在现金流估值模型中,公司权益的价值评估是以公司现金流量预测为基础的,然后使用公司权益资本成本对预测现金流量计算折现值。这种模型最大的优点是它给投资者提供了一种公司估值思路或者一种估值思维模式,但是实用性并不强,不太适合中小投资者,更适合机构投资者。

本节我们将讨论以会计为基础的权益估值模型,如果运用得当,此方法与现金流贴现模型将得到相同的评估结果,并且会计估值模型更直观,实用性更强。这种以盈利为基础的估值指标不仅可以评估上市公司估值,而且可以为非上市公司估值提供若干方法与思路。

一、市盈率(Price Earnings Ratio,即 P/E,简称 PE)

(一)每股收益

1. 基本每股收益的计算原理

每股收益(Earnings Per Share,EPS)又称每股净利润,是本年净利润与流通在外的加权平均普通股股数的比值。其计算公式为

$$每股收益 = \frac{净利润}{流通在外的加权平均普通股股数} \quad (9\text{-}1)$$

其中,流通在外的加权平均普通股股数的计算公式为

流通在外的加权平均普通股股数 = 期初流通在外的普通股股数 + 当期新发行的普通股股数 × 已发行时间/报告期时间 − 当期回购的普通股股数 × 已回购时间/报告期时间

式(9-1)称为基本每股收益,它是在不考虑稀释因素前提下的普通股股东的每股收益。基本每股收益计算时需要注意以下问题:

(1)式(9-1)中净利润是指合并报表中归属于母公司普通股股东的净利润。

(2)已发行时间、报告期时间和已回购时间一般按照天数计算,在不影响计算结果合理性的前提下,也可以采用按月计算的简化计算方法。

(3)新发行普通股股数,应当根据发行合同的具体条款,从应收对价之日(一般为股票发行日)起计算确定。通常包括下列情况:

1)为收取现金而发行的普通股股数,从应收现金之日起计算。

2)因债务转资本而发行的普通股股数,从停计债务利息之日或结算日起计算。

3)非同一控制下的企业合并,作为对价发行的普通股股数,从购买日起计算;同一控制下的企业合并,作为对价发行的普通股股数,应当计入各列报期间普通股的加权平均数。

4)为收购非现金资产而发行的普通股股数,从确认收购之日起计算。

(4)如果公司发行优先股,无论是可转换优先股还是不可转换优先股,都需要在净利润中扣除优先股股利。这时基本每股收益的计算公式为

$$每股收益 = \frac{净利润 - 优先股股利}{流通在外的加权平均普通股股数}$$

如果公司优先股进一步划分为累积优先股和非累积优先股,则在优先股是非累积优先股的情况下,应从公司当期净利润中扣除当期已支付或宣告的优先股股利;在优先股是累积优先股的情况下,公司净利润中应扣除至本期止应支付的股利。

需要强调的是,计算基本每股收益时,无论是不可转换优先股股利还是可转换优先股股利,都需要在当期归属于母公司普通股股东的净利润中扣除。前者扣除是因为不可转换优先股没有稀释性,而后者之所以应该扣除,是因为基本每股收益是不考虑稀释因素条件下的普通股股东的每股收益,即分母是不存在稀释因素的流通在外加权平均普通股股数,分子也应该是归属于母公司普通股股东的净利润。

2. 稀释每股收益的计算原理

在现实生活中,公司可能存在一些稀释股权的因素,如认股权证、股票期权、可转换债券、可转换优先股等,根据这些稀释性因素计算的每股收益称为稀释每股收益。

稀释每股收益是以基本每股收益为基础,假设企业所有发行在外的稀释性潜在普通股均已转换为普通股,从而分别调整归属于普通股股东的当期净利润以及发行在外普通股的加权平均数计算而求得的每股收益。其中,潜在普通股,是指赋予其持有者在报告期或以后期间享有取得普通股权利的一种金融工具或其他合同,包括可转换公司债券、认股权证、股份期权等。

当期被转换或行权的稀释性潜在普通股,应当从当期期初至转换日计入稀释每股收益中,从转换日(或行权日)起所转换的普通股则计入基本每股收益中。假定稀释性潜在普通股转换为已发行普通股而增加的普通股股数,应当根据潜在普通股的条件确定。当存在不止一种转换基础时,应当假定会采取从潜在普通股持有者角度看最有利的转换率或执行价格。其计算公式为

$$稀释每股收益 = \frac{净利润 + 转为普通股的净利}{流通在外加权平均普通股股数 + 转换为普通股加权平均股数} \quad (9\text{-}2)$$

其中,转换为普通股的净利润是假定当期可转换债券、可转换优先股等稀释性因素发生而导致净利润的增加额。例如,可转换债券发生转换将引起公司支付利息费用的减少而导致净利润增加,可转换优先股因转换将导致股利支付的减少而增加净利润。当期发行在外普通股的加权平均数,应当等于计算基本每股收益时普通股的加权平均数与假定稀释性潜在普通股转换为已发行普通股而增加的普通股股数的加权平均数之和。

正确理解这些稀释因素是有必要的。首先这些稀释因素的计算原理并不完全相同。其次仅从理论上讲,这些稀释因素并非必定降低每股收益。只要稀释性因素的潜在普通股每股收益大于基本每股收益,稀释因素将提高每股收益,即稀释每股收益大于基本每股收益,达到反稀释作用;只要稀释性因素的潜在普通股每股收益小于基本每股收益,稀释因素会降低每股收益,即稀释每股收益小于基本每股收益,达到稀释效果。

【例1】 假定W公司第1年年末流通在外的普通股为12 000股,第2年无变动。该公司另发行利率为10%的可转换债券200 000元,可转换2000股普通股;股息率为12%的可转换优先股500 000元,可转换5000股普通股。第2年净利润为80 000元,所得税税率为25%。请计算公司基本每股收益与稀释每股收益。

【计算过程】

基本每股收益不需要考虑稀释股权因素，但需要扣除优先股股利，因此，基本每股收益计算如下：

基本每股收益 = (80 000 - 500 000 × 12%)/12 000 = 1.67(元)

稀释每股收益计算时需要确定：净利润和普通股股数。净利润是在公司净利润80 000元基础上加上可转换债券的净利息费用。而普通股股数除了原来流通在外的普通股股数外，还应该包括可转换债券和可转换优先股可以转换的普通股股数。其计算过程如下：

本期净利润 = 20 000 + 500 000 × 12% + 200 000 × 10%(1 - 25%) = 95 000(元)，普通股股数 = 12 000 + 2000 + 5000 = 19 000(股)，则稀释每股收益 = 95 000/19 000 = 5(元)

由此可见，本例中稀释因素大幅提高了基本每股收益，导致稀释每股收益远高于基本每股收益。

根据我国《企业会计准则第34号——每股收益》中第三章的要求，稀释性潜在普通股是指假设当期转换为普通股会减少每股收益的潜在普通股。这意味着如果这些稀释性因素起到了反稀释效果，即提高了每股收益，则它们不属于稀释性每股收益的计算范畴，而本例正是一个典型的错误范例。

我们认为，企业会计准则之所以如此要求，是因为这些稀释性因素假定发生时起到了反稀释性效果，从逻辑上讲是不合理的。以可转换债券为例，假定公司原来转换价格比较高，现在公司股价下降，比如低于转换价，并假定债券持有人认为公司目前困境只是暂时的，公司股价将逐步回升，于是债券持有人决定实施债转股，这时可转换债券很可能达到反稀释效果，但是债券持有人完全没有必要如此行事，而是通过二级市场不断购入公司股票更为划算。其他稀释因素起到反稀释效果的情况和原理也与此大体类似。

接下来，简要讲述一下认股权证和股份期权产生的稀释性计算原理。这两种稀释性因素在计算每股收益时无须调整净利润，只要按照下列步骤对普通股加权平均数进行调整即可，其调整的计算过程如下：

1) 假设这些认股权证、股份期权在当期期初已经行权，计算按行权价格发行普通股将取得的股款金额。

2) 假设按当期普通股平均市价发行股票，计算需发行多少普通股能带来上述相同的股款金额。

3) 比较上述二者股数差额，相当于无对价发行的普通股，作为发行在外普通股数的净增加额。

【例2】 已知20××年 Angel Corporate 的净利润为15 000 000元，普通股股数3 000 000股，当年每股普通股的平均市场价格为20元，股票期权为500 000股，股票期权行权价格为15元。试计算公司20××年基本每股收益和稀释每股收益。

【计算过程】

根据基本每股收益计算公式知，公司基本每股收益 = 15 000 000/3 000 000 = 5(元)。

当认股权证和股票期权等的行权价格低于当期普通股平均市场价格时，假定投资者行权，公司就会出现无对价的流通股，导致总股数增加，这样就会对每股收益产生稀释性。

根据行权时可能增加的普通股股数的计算公式知：

$$行权时可能增加的普通股股数 = 拟行权时转换的普通股股数 - 行权价格 \times 拟行权时转换的普通股股数/当期普通股平均市场价格$$

则增加的股数 $= 500\,000 - 15 \times 500\,000/20 = 125\,000$（股）

因此，根据每股收益的计算公式知，稀释每股收益 $= 15\,000\,000/3\,125\,000 = 4.8$（元）。

当公司稀释因素为可转换债券和可转换优先股时，其计算原理与认股权证等是不同的。【例1】中可转换债权与可转换优先股的稀释性因素的计算原理是正确的。一是因为当可转换债券转为普通股时，公司不需要再支付利息费用，考虑到利息费用的抵税效应，则税后利息费用为本年净利润增加额。同理，凡是被视为潜在稀释的可转换优先股，其股利不得从当期净利润中扣除，即在原来净利润中扣除后需要在计算稀释每股收益时将其再加回。

3. EPS 的作用

每股收益是评价上市公司盈利能力最基本、最核心和最直观的指标，具有很强的综合性，因此受到投资者的高度关注。每股收益反映了企业的盈利能力，决定了股东投资每股的收益水平。如果每股投资成本不变，每股收益越高，说明企业盈利能力越强，投资者收益水平越高。即使每股投资成本发生变化，若每股收益的增长速度高于每股投资成本的增长速度，这意味着投资者仍将具有良好的投资回报。因此，每股收益是确定公司股票价格的主要参考指标，并且实证会计也表明每股收益与公司股票价格高度正相关。

为了更好地反映每股收益的驱动因素，可以将其进行分解，找出关键影响因子。每股收益的分解式为

$$每股收益 = (年末股东权益 \div 年末普通股股数) \times (净利润 \div 年末股东权益)$$
$$= 每股净资产 \times 股东权益报酬率$$

通过每股收益的分解式更有利于分析公司每股收益的具体变化原因，找出公司问题所在及应对不利因素的对策。每股收益的分解过程参阅**第十章　财务报表综合分析方法**。

4. EPS 运用注意事项

分析者运用 EPS 应该注意以下问题：

1）一般认为，每股收益并不反映股票所含有的风险，它是一个利润类指标，无法很好地反映货币时间价值与风险价值。从估值上讲，虽然每股收益是利润类指标，的确无法体现货币时间价值与风险价值，但是一般情况下每股收益越高，公司股价通常越高，从这个角度上讲，每股收益可以在一定程度上反映公司股票价格的风险。

2）每股收益不仅不能用于公司之间的横向比较分析，而且也不太能用于公司自身的比较分析。股票是一个份额概念，不同股票的每一股在经济上是不等量的，它们含有的净资产和市价不同，即换取每股收益的投入量不同，这就限制了每股收益在公司之间的横向比较分析。而公司股利分配政策在不同时期有可能不同，尤其股票股利政策直接影响了公司股票数量，这就限制了每股收益在公司自身的比较分析。如果将每股收益用于公司自身的比较分析，需要符合若干条件，比如公司股本不变，或者将不同年度的每股收益运用适当的方法将其折算为具有可比性的每股收益。

在现实生活中，上市公司增发股份、送股、转股等情况时有发生，这将导致公司股本发生变化。而上市公司年度报告披露比较利润表时只会根据本年度每股收益调整上年度每股收益，并不会同步调整以前年度每股收益，这导致公司以前各年度的每股收益不具有可比性。

为了让公司不同年度的每股收益具有可比性，需要对公司每年流通在外的股份数做出正

确处理。

【例3】 假设 Z 公司只有普通股,没有优先股、可转换债券、认股权证等因素,公司第 1 年到第 3 年归属于上市公司股东的净利润分别为 800 万元、1200 万元和 1500 万元,Z 公司第 1 年至第 3 年普通股变动情况见表 9-4。立足于第 3 年,请计算 Z 公司每年度的每股收益。

表 9-4　Z 公司第 1 年至第 3 年普通股变动情况　　　　　（单位:万股）

年度 股份变动情况	第 1 年	第 2 年	第 3 年
期初流通在外普通股	400		
7 月 1 日现金增资发行新股	200		
4 月 1 日现金增资发行新股		80	
6 月 1 日将股票 1 股分割为 2 股		680	
5 月 15 日发放股票股利 10%			136
期末流通在外股数	600	1360	1496

【计算过程】

根据上述资料,Z 公司第 1 年、第 2 年和第 3 年流通在外加权平均股数计算如下:

第 1 年流通在外加权平均股数 = 期初流通在外股数(400) + 7 月 1 日现金增资发行新股(200×6/12) + 第 2 年 1 对 2 股票分割(600×100%) + 第 3 年发行股票股利 10%(1200×10%) = 1220(万股)。

第 2 年流通在外加权平均股数 = 期初流通在外股数(600) + 4 月 1 日现金增资发行新股(80×9/12) + 6 月 1 日将股票 1 分割 2 股票(660×100%) + 第 3 年发行股票股利 10%(1320×10%) = 1452(万股)。

第 3 年流通在外加权平均股数 = 期初流通在外股数(1360) + 5 月 15 日发行股票股利 10%(1360×10%) = 1496(万股)。

则公司第 1 年到第 3 年每股收益分别为:

第 1 年每股收益 = 800/1220 = 0.66(元)。

第 2 年每股收益 = 1200/1452 = 0.83(元)。

第 3 年每股收益 = 1500/1496 = 1.00(元)。

由此可知,经由处理增资发行、拆股和发放股票股利等因素后,公司各年的每股收益具有了可比性。本例中公司每股收益每年仍然保持了适度上涨,股东财富在不断增加。

3) 每股收益多不一定意味着公司分红多,公司分红多少视公司股利分配政策而定。公司股利分配政策与公司发展阶段、现金充裕度等密切相关。在公司处于导入期和成长期时,即使公司每股收益比较高,公司也一般很少进行现金分红,而更多地采用发放股票股利方式。当公司进入成熟期之后,假定公司每股收益高,公司现金分红通常比较高,此时公司比较少采用发放股票股利方式。

(二) 市盈率分析

1. PE 理论分析

市盈率是一个重要的反映上市公司估值的相对估值指标,这一指标受到了投资者的高度追捧。

市盈率计算公式为

$$\text{市盈率} = \frac{\text{市值}}{\text{净利润}} = \frac{\text{每股市价}}{\text{每股收益}} = P/E$$

市盈率是反映公司盈利能力的重要指标，它反映了投资者对每股收益愿意支付的市场价格。

市盈率的一般判定规则是这样的：一般认为，市盈率越高，其隐含条件是公司的未来成长潜力比较大，该股票的投资风险比较高，取得同样的盈利额所需投资额越大，相对来说其投资价值更难判定，一旦公司盈利高增速破灭，公司的投资风险陡增；市盈率较低，意味着公司的成长性不高，该股票的投资风险比较小，取得同样的盈利额所需投资额比较小，相对来说投资比较稳健。但也不可一概而论，特别是当股票市场本身不健全、交易失常或有操纵市场行为的情况下，股票市场价格可能与它的每股收益严重脱节，在这种情况下不可盲目根据市盈率判断股票风险，投资者需要根据股票市场、公司自身情况等综合判断市盈率估值的合理性。

2. PE 的特征

总体上讲，PE 具有以下一些特征：

（1）由于 PE 所需数据比较容易获取，计算简单，易为投资者使用。但是，如果净利润极低或公司发生亏损时，市盈率将失去意义，无法评价企业风险大小。

（2）PE 可以直观地反映投资者投入与产出的关系。基于公司盈利不变的前提下，市盈率实际是投资回收期，市盈率的倒数是投资者的市场回报率。例如，某公司 2017 年年底每股市价为 10 元，期末每股收益为 1 元，则该公司的静态市盈率为 10 倍，这意味着如果投资者购买公司股票，假如公司的盈利保持不变，投资者将需要用 10 年才能回本，投资回报率为 10%。同样，假定某公司 2017 年年底每股市价为 25 元，期末每股收益为 1 元，则该公司的静态市盈率为 25 倍，这意味着如果投资者购买公司股票，假如公司的盈利保持不变，投资者将需要用 25 年才能回本，投资回报率为 4%。正因为如此，一般来说，PE 越低，表明该股票的投资风险越小，取得同样的盈利额所需投资额越小，相对来说投资价值也越高。在成熟的股票市场中，大多数公司不太可能享有高估值，即使以 PE 为 25 倍为例，现实生活中很少投资者愿意投资一个耗时 25 年才能回本的项目，因此，高 PE 通常隐含着公司具有持续高增长盈利能力，而不是盈利保持不变。

（3）PE 涵盖了风险补偿率、股利增长率、股利支付率的影响因素，具有很高的综合性。这一特征通过市盈率的推导过程即知。*

1）根据现金流折现模型，PE 决定因素分析。根据股利折现模型，假定公司股利是按照固定增速 g 发放的，则静态 PE 计算过程如下：

$$P_0/EPS_0 = [D_0(1+g)/(K_s - g)] / EPS_0$$
$$= (D_0/EPS_0)(1+g)/(K_s - g)$$
$$= DPR \times (1+g)/(K_s - g)$$

式中，P_0、EPS_0、D_0 分别代表公司当前股价、基期每股收益和基期股利；DPR（Dividend Payout Ratio）表示股利支付率；K_s 表示股权成本。

股利支付率与股票支付率不同，股票支付率又称股息率，或者股利收益率，其计算公式为

$$股票支付率 = \frac{股利}{总市值} = \frac{每股股利}{每股股价} \times 100\%$$

股票支付率是投资者选择收益型股票的重要参考标准，如果股票支付率持续多年高于1年期银行定期存款利率，则这只股票就是收益型股票，股票收益率越高，对稳健型投资者越具有吸引力。美国标准普尔500指数成分股大多数公司就是收益型股票，其平均股票支付率在3%左右，而我国股票支付率过低，大多数行业股票收益率都低于1%，只有少数若干个行业高于1%，以银行业为首，其股票支付率在3%左右。

股票支付率、股利支付率（又称股利发放率）和市盈率存在如下关系：

$$股利支付率 = \frac{股利}{净收益} = \frac{每股股利}{每股收益} \times 100\%$$

$$= \frac{每股股利}{每股股价} \times \frac{每股股价}{每股收益} \times 100\%$$

$$= 股票支付率 \times 市盈率$$

由此知，决定股票支付率的不仅仅是股利与股价，还取决于股利支付率。假定A公司股价为100元，而B公司股价为25元，两家公司均实施每10股派10元，则A公司的股利支付率仅为1%，而B公司的股票支付率高达4%，其诱惑力远高于A公司。

承接静态PE计算分解公式。假定公司股利支付率不变，预期PE或者动态PE计算过程如下：

$$P_0/EPS_1 = [D_0(1+g)/(K_s-g)]/EPS_1$$
$$= (D_1/EPS_1)/(K_s-g)$$
$$= DPR/(K_s-g)$$

式中，$DPR = D_0/EPS_0 = D_1/EPS_1$，假定DPR保持不变。

由静态PE和动态PE的推导过程可知，PE的决定因素是K_s、g和DPR。其中，K_s与PE成反比，而g、DPR与PE成正比。一般来说，股利增速从根源上取决于公司盈利增速，即盈利增速在PE定价模型中处于决定性地位。在静态PE决定因素中，g处于决定性地位；在动态PE的决定因素中，g也处于决定性地位，这是因为如果公司盈利增速长期较快，公司现金流必然是充沛的，公司股权成本K_s呈下降趋势，股利支付率DPR有可能逐步提高，这将有利于提高公司估值。

投资者通过考察K_s、g和DPR三个因素的不同，有利于理解不同公司在资本市场中估值的差异。

阅读材料9-2

贵州茅台为何总比华夏银行贵？

长期以来，华夏银行（600015.SH）公司估值远低于贵州茅台（600519.SH），在2016年也不例外。2016年两家公司盈利分别为196亿元和167亿元，EPS分别为1.84元和13.31元，以两家上市公司财务报告披露日为基准，华夏银行于2017年4月29日披露年报，5月2日公司股价报收于10.36元，而贵州茅台于2017年4月15日披露财务报告，4月17日股价报收395.79元，两家公司静态PE分别为5.63倍和29.74倍，两家公司股票市值分别为 1107 亿元和 4986 亿元。由此可见，两家公司盈利相差无几，并且华夏银行净利润更高，但是华夏银行的公司估值却远低于贵州茅台的公司估值。

从长期来看，在 PE 模型的 K_s、g 和 DPR 三个因素中，贵州茅台明显占优的只有股权成本 K_s，两者 DPR 相差无几，两者 g 在很长时间内也比较接近。

由于在酿酒行业处于绝对垄断地位，拥有定价权，贵州茅台的股权成本明显低于华夏银行的股权成本，市场给贵州茅台估值几乎是按照无风险利率进行估值，而银行业，由于存在竞争加剧、利率市场化、互联网金融等诸多不利因素，加上银行本来就是高杠杆、高风险企业，所以银行业的股权成本远高于贵州茅台。在股利支付率方面，贵州茅台股利支付率与华夏银行相差不大，每年基本将净利润的 30%~40% 进行分配。两家公司的 g（如前所述，g 实际上可以转化为盈利增速）在长期内也相差不大，2011 年之前银行业处于中高增速态势，酿酒行业也是如此，但总体上银行业更胜一筹，尤其是 2012 年塑化剂风波之后，酿酒行业开始了深幅调整，这一阶段华夏银行更为占优，只是到了 2016 年，酿酒行业处于复苏阶段，贵州茅台再次进入快增速轨道，盈利增速明显高于华夏银行。从中长期来看，银行业与酿酒行业仍然难言乐观，都充满了挑战，当前银行业遭遇挑战更大，银行业躺着赚钱的时代一去不复返了，金融创新手段不断增多进一步加剧了银行业的竞争，银行业自身的创新能力都有待提升。

步入 2017 年，两家公司估值差距进一步拉大，贵州茅台股价进一步创出历史新高，而华夏银行股价则在低位徘徊。两家公司 2017 年静态 PE 估值悬殊的主要原因是 2017 年度贵州茅台盈利增速 g 和股权成本 K_s 处于明显优势，尤其是 g 出现了明显增加，而股利支付率仍然与华夏银行相差无几。

酿酒行业与银行业的未来都充满了挑战。一方面，随着生活水平的提高，人们的健康意识逐步提升，我国酒文化有可能出现变化；另一方面，贵州茅台作为高端酒企的代表，产品品质一流，加之人们骨子里都有追求高端品质的本性，因此，酿酒行业未来充满了不确定性。同样，基于移动互联网、大数据时代，以及人工智能在金融业的运用即将爆发，金融业变革必将更为猛烈，银行业依靠息差躺着赚钱的时代正在成为历史，银行业的未来充满了挑战与不确定性。

由 PE 推导过程可知，只有企业增长潜力、股利支付率和股权成本这三个因素比较类似的企业之间，才具有类似的市盈率，它们也是导致同一类型公司或者不同类型公司估值出现明显差异的重要原因。PE 计算公式中增长率不仅是指具有相同的增长率，还包括增长模式的类似性。例如，同为永续增长，还是同为由高增长转为永续低增长。这在一定程度上说明，在实践过程中投资者很难找到几乎完全一致的比较对象，只能找到相似或者比较相似的对象，因此，企业之间进行比较分析时一定要慎之又慎，不经意间选错比较对象是常有之事，即使同行业企业之间也不一定都具有相似性，所以在公司估值时，更要谨慎评估选择对象，并需要根据公司之间的差异对公司估值进行调整。

2）根据会计收益估值模型以及 PE 的决定因素分析。以会计为基础的权益估值模型为

$$V_t = BV_t + [(ROE_{t+1} - k) \times BV_t]/(1+k) + [(ROE_{t+2} - k) \times BV_{t+1}]/(1+k)^2 + \cdots + [(ROE_{t+n} - k) \times BV_{t+n-1}]/(1+k)^n + \cdots$$

V_t 也可表示为

$$V_t = BV_t + (NI_{t+1} - k \times BV_t)/(1+k) + (NI_{t+2} - k \times BV_{t+1})/(1+k)^2 + \cdots +$$
$$(NI_{t+n} - k \times BV_{t+n-1})/(1+k)^n + \cdots$$

式中，BV（Book Value）、ROE、k 和 NI（Net Income）分别表示公司账面价值、股东权益净利率、股权资本成本和净收益。

由此模型可知，在 t 时点公司股东权益价值（V_t）等于它在 t 时点的账面价值（BV_t）加上未来非正常收益的现值。非正常收益等于公司普通股权益报酬率（ROE_t）与权益资本成本（k）的差额乘以期初账面价值（BV_{t-1}）。非正常收益（NI_t^a）也可以用净收益（NI_t）减期初账面价值（BV_{t-1}）乘以权益资本成本（k）。

该模型揭示了未来盈利能力在公司估值中的重要性。以此模型为基础，PE 可以用下式表示为股权市场价值/净收益。

如果将以会计为基础的权益估值模型代入 PE，并假定会计上的净盈余关系是：$BV_t = BV_{t-1} + NI_t - D_t$，经过复杂整理后，PE 可表示为

$$V_t/NI_t = (k+1)/k + [(k+1)/k]/NI_t \times [\Delta NI_{t+1}^a/(1+k) + \Delta NI_{t+2}^a/(1+k)^2 + \cdots] - D_t/NI_t$$

式中，$(k+1)/k$ 称为"标准"PE（假定公司收益率为 k，并且保持不变），ΔNI_{t+1}^a（等于 $NI_{t+1}^a - NI_t^a$）是第 $t+1$ 年非正常收益的预期变动值。

当权益资本成本 k 提高时，PE 将下降。只要投资者预期未来会产生非正常收益，PE 就会偏离标准 PE。如果这一预期值增强，PE 就会比标准 PE 高；反之亦然。不考虑预期的影响，那么 PE 偏离标准 PE 的程度就取决于当期收益水平。当预期收益水平增加时会导致 PE 下降；反之亦然。

（4）PE 与经济的景气度、行业的基本面都密切相关。一般情况下，发达国家股票市场平均 PE 为 10～20 倍。发展中国家股票市场 PE 相对偏高一些，平均 PE 一般高达 20 倍，甚至可能更高。与世界主流市场隔离，并且上市公司数量极少的市场，市场平均 PE 估值更高。例如，我国股票市场在 2010 年之前，其平均 PE 一般都高达 30 倍以上，PE 估值经常为 20～40 倍，甚至高达 50 倍以上。

市盈率的高低与经济景气度密切相关。在经济周期的繁荣阶段，即使是发达国家，其市场平均 PE 也有可能高达 30 倍，而在经济周期的萧条阶段，即使是发展中国家，其市场平均 PE 也有可能低至 10 倍。以我国为例，在 2007 年经济繁荣的阶段，与之对应的是超级牛市周期，市场平均 PE 高达 50 多倍，然而，伴随着 2008 年全球金融危机爆发，到 2008 年 10 月市场平均 PE 一度降至约 10 倍。步入 2010 年之后，随着我国股票市场逐步成熟，以及随着沪港通、深港通等逐步推进，我国股票市场更趋理性，市场估值重心不断下移，市场平均 PE 开始与国际接轨。

根据 PE 估值原理，决定市场、行业和公司 PE 高低的最核心因素分别是市场、行业和公司的盈利增速。行业基本面的前景是决定行业估值的核心因素。公司估值会受到市场估值的影响，当市场处于牛市时，公司估值比较高，当市场处于熊市时，公司估值比较低。公司估值也会受到行业估值的影响，行业景气度比较高，公司估值将得到更高溢价。而决定公司估值的最核心因素是公司的基本面，如垄断能力、盈利能力、盈利增速等。

3. 盈利增速在公司估值 PE 中的运用

盈利增速在公司价值评估中十分重要，其重要性是如何高估也不为过的。

第九章　盈利能力与公司估值

现简要分析西方发达国家股票市场公司股票定价与我国股票市场公司股票定价的动态演绎过程。

（1）西方发达国家上市公司 PE 变化过程。我们分析四个阶段公司估值的动态调整过程，假定第一阶段是超高盈利增速，第二阶段是中高盈利增速，第三阶段为中低盈利增速，第四阶段盈利增速趋于零。

第一阶段公司估值演变过程是这样的：

假定 1：一家公司的盈利持续 4 年增速 100%，即盈利 4 年间增至 16 倍，然后盈利增速降至 50%，持续 4 年。

假定 2：公司市值以上市第一天收盘价计不高于 100 亿元。

有关假定 2 的说明：虽然公司股价最终的决定因素是公司业绩，但是公司市值、业绩、股票价格等的不同，公司股价的表现会有细微差别。下面以公司市值为例说明。假定 A、B、C 和 D 是同一行业的不同细分领域的领导者，当 A 公司市值高于 1000 亿元时，在同等盈利增速的条件下，一般来讲 A 公司股票价格表现逊于市值 1000 亿元的 B 公司股票价格走势，更逊于市值小于 500 亿元的 C 公司股票价格走势，更劣于市值 100 亿元的 D 公司股票价格走势。这是因为，当公司市值越高时，公司规模越大，发展空间越受限，给市场留下的想象空间越小；反之亦然。假定 2 的主要目的是让公司股票与业绩之间有比较充分的反映，当公司市值小于 100 亿元时，公司给市场留下更大的想象空间，在同等条件下公司股票价格表现更优。

西方发达国家股票市场是有效市场，股价通常没有涨跌幅限制，公司 IPO 股票定价比较合理，公司上市第一天收盘价与 IPO 定价总体趋同，公司上市初期 PE 估值也比较合理。在公司基本面比较好的前提下，公司 PE 基本为 20～30 倍，如果公司十分被市场看好，公司 PE 有可能高达 50 倍，甚至更高。在这种背景下，公司业绩前 4 年每年以 100% 速度增长，即业绩增到 16 倍，公司股票价格在这 4 年间总涨幅一般高于 16 倍。在这一期间，公司静态 PE 估值有可能快速提高至 50 倍以上，但是，公司动态 PE 很有可能是逐步下降的。

为了更好地分析公司动态 PE 调整过程，我们首先以第一个盈利增速阶段说明，并将假定 1 和假定 2 进一步细化为：

假定 3：公司第 0 年盈利总额 2000 万元，第 1 年到第 4 年公司盈利分别是 4000 万元、8000 万元、16 000 万元和 32 000 万元。

假定 4：公司于年初上市，第 1 天收盘价为 1 元，市值 10 亿元。

假定 5：公司股本数量不变并且公司没有实施股利分配政策。

基于假定 3、假定 4 和假定 5，公司 PE 估值动态变化过程大概如下：

根据上市第 1 天收盘价计算，公司静态 PE 为 50 倍。如果分析动态 PE 调整过程，需要将每年净利润改为预期净利润，假定真实业绩与预期相同，则年初动态 PE 为 25 倍，如果真实业绩与预期业绩不同，公司年报披露日公司股价做出相应调整，公司静态 PE 和动态 PE 随之调整。总体上讲，静态 PE 与动态 PE 分析原理相同，各自演变趋势总体也相同。简单起见，我们分析公司静态 PE 的变化过程。

假定第 1 年年末、第 2 年年初公司股票收盘价 6 元，公司盈利是 4000 万元，因此公司 PE 为 150 倍。假定第 2 年年末、第 3 年年初公司股票收盘价为 9 元，公司盈利 8000 万元，因此公司 PE 为 113 倍。假定第 3 年年末、第 4 年年初公司股票收盘价为 14 元，公司盈利 16 000 万元，因此公司 PE 为 88 倍。假定第 4 年年末、第 5 年年初公司股价收盘价为 20 元，公司盈利 32 000 万元，因此公司 PE 为 63 倍，公司市值 200 亿元。在这一阶段，总体上讲公司期初估值 PE 有可能更高或者更低，高达 100 倍，或者低至 20 倍，但是公司估值必将开始动态调整，并且动态 PE 很可能是逐步下降的。

第二阶段公司估值演变过程是这样的：

当公司经历了前 4 年高增速之后，假定公司盈利增速开始下滑，这时公司估值需要按照新的增速进行重估。承前第 4 年年末公司股价为 20 元，市值为 200 亿元。假定第 5 年盈利增速为 50%，公司净利增至 48 000 万元，则到第 5 年年末公司股价很有可能跌到 20 元以下，假定为 18 元，这时公司估值 180 亿元，公司 PE 进一步下降到 38 倍。然后，假定公司盈利增速持续 3 年为 50%，公司 PE 经过重新调整后，公司股票价格将重拾升势，公司股票市值随之上升，但是公司股价在这一阶段的上涨幅度将远不及第一阶段的上涨幅度，很有可能出现公司股价涨幅低于公司盈利增速的情况，从而促使公司 PE 进一步下降。

第三阶段公司估值演变过程是这样的：

假定公司盈利增速为 20%，公司 PE 总体估值为 20~30 倍。公司 PE 调整过程与第二阶段基本相同。

第四阶段公司估值演变过程是这样的：

当公司盈利增速趋于零时，公司 PE 估值总体趋于 10 倍左右。PE 调整过程与第二阶段基本相同。

(2) 我国股票市场公司 PE 变化过程。我国股票市场有效性不高，股票定价存在诸多变数，虽然管理层多次变革股票定价方式，但是，我国股票的发行价还是难以合理定价，并且上市第一天的收盘价与发行价通常相去甚远。即使如此，从长期看，我国股票价格还是能够对公司业绩进行良好反映的。以业绩为支撑的公司为例，我国上市公司 PE 变化过程与西方发达国家上市公司 PE 变化过程总体上是比较类似的，明显不同的是我国上市公司首日 PE 过高。这给人的印象是公司股价对公司业绩的反应滞后，但实际上这是对公司上市首日 PE 过高的一种事后修正，一旦 PE 回归正常，公司 PE 的运行轨迹与西方发达国家并无二样。

我国不同上市公司的股票价格第一天收盘比较难以定价，有一个客观原因是我国股票市场存在涨跌停机制，虽然其初衷是为了保护中小投资者的利益，但是这却为操纵公司股价留下了巨大空间。

以 2017 年我国中小市值公司为例，这些公司上市之后公司股价基本都上演了如下运动轨迹：

虽然新股上市首日没有涨跌幅限制，但是新股首日最高涨幅为发行价的 44%，而我国中小盘股票在上市首日大都以上涨 44% 收盘，接下来 N 天，公司股价大都以 10% 涨停收盘，中间偶尔可能打开涨停，稍做调整然后继续上涨，也有可能经过 N 天涨停后直接达到公司股票的阶段性最高价，这时公司股价基本是第一天收盘价的 5 倍以上，甚至高达 10 倍以上。然而一旦公司股价打开涨停，接下来就是公司股价连续几天大跌或者 N 天跌停，甚至有可能是在长达几年的时间里逐步阴跌，与前期高点相比，最终公司股价跌幅一般高达 60% 以上。

将这种股价运行轨迹演绎到极致的是 2015 年 3 月 4 日上市的暴风集团（300431.SZ），公司股票发行价是 7.14 元，上市第一天由 9.43 元开盘瞬间涨至 10.28 元收盘，当日仅成交 7100 股，成交额 72 988 元，接着是 N 个一字涨停板到 148.27 元才打开涨停，然后又是 N 个涨停，中间仅调整两天，又是一路狂涨，一直涨到 2015 年 5 月 24 日创出历史最高价 327.01 元，整整经历 41 个交易日，涨幅达 30.81 倍。2015 年 5 月 24 日当天公司股价几乎是以涨停开盘，收盘接近跌停，接下来是熊途漫漫，公司股价几乎没有比较像样的反弹，一直到2018年8月6日，股价经过长达三年多深幅调整，按照后复权计价，股价报收27.50元，股价累计跌幅91.59%。在公司股票价格暴涨阶段，庄家成本基本是10.28元，在公司股价长期逐步下跌的过程中，这些庄家可以轻易抛出手中筹码，赚得盆满钵满，而处于信息劣势的中小股民作为接盘者则成为最大的受害者。

我国不少上市公司上市首日开始都演绎着类似的故事，虽然中间情节略有不同，但是开头与结局总是那么相似。这种现象一直到2018年年初开始才有所改观。

这类股票的定价演绎过程大多是以没有良好业绩支撑为背景的，更多的是靠概念、讲故事支撑公司的短期股价，最终泡沫破灭，中小股民遭受严重损失。我国股票市场并不尽是这类公司，也有一些给予股民巨大回报的公司，这些公司的股价以业绩为支撑。这些公司PE变化过程可能与西方发达国家股票的演绎过程略有差异，但是总体上讲基本符合PE估值逐步下滑的态势。

如果以假定3、假定4和假定5为基础，根据我国股票市场实际情况，需要修正假定4。我国上市公司股票价格第一天收盘价有可能远高于1元，比如4元，到第1年年末、第2年年初公司股价可能为10元，就是说公司股价在上市初期被炒得更高，然后根据公司业绩变动，股价与之对应进行调整，公司PE也是逐步下滑的过程，最终当公司盈利增速趋于零时，公司PE也趋于10倍左右。

与假定3和假定4对应，我国股票市场中也不乏这样的公司，比如2004—2007年的苏宁电器（2013年更名为"苏宁云商"，2018年又更名为"苏宁易购"）、2012—2016年的网宿科技。这些公司的盈利在一定时间内基本以100%速度增长，公司股价在这一时期表现惊人，股价增幅远高于20倍。总体上讲，无论是西方发达国家的股票市场，还是我国的股票市场，当公司处于成熟期，公司盈利增速小于10%开始趋于盈利零增长阶段时，公司估值逐步回落到PE为10倍左右。

4. 公司PE估值时EPS的正态化处理

每年初始，投资分析师都会对一些知名公司进行估值，形成市场对公司的基本预期。公司也受到市场预期的影响，有强烈的动机夸大公司预期盈利，并与市场预期相一致，促使公司市盈率的估值不断得到提高。因此投资者应该对市盈率的估值保持合理的怀疑。除了因质疑盈利质量而提高折现率外，分析者还应该在每股收益的可持续性受到质疑时将其趋势进行正态化处理。

【例4】 假设A公司过去5年的EPS如表9-5所示。在通常情况下，该公司PE理应与市场整体保持一致，即目前PE为12倍。基于这个估值，A公司股票价格大概为32元，该价格对A公司而言似乎比较合理。

表9-5 A公司的历史每股收益 （单位：元）

年　　度	每 股 收 益
2013	1.52
2014	1.63
2015	1.86
2016	2.04
2017	2.67（预计）

根据以上资料分析 A 公司 2017 年 EPS 的预计值和公司股价 32 元估值是否合理。

【分析过程】

通过观察图 9-1 可知，A 公司 EPS 本年预计值在历史趋势线之上，使得当前 EPS 水平的可持续性受到质疑。这就需要评估 2017 年的 EPS 是否能够持续，否则就需要修正公司估值。

假定 A 公司 2017 年预计每股收益受到了特殊事件的影响，而且该事项近期内不会再发生。比如，公司预期全行业将会发生罢工，刺激消费者增加了对 A 公司主要产品的购买。A 公司产品出现短期缺货，并由此带来了产品价格的提高。随着公司全速运转及价格上涨，A 公司获得了前所未有的高利润率，并且可以确认未来很难再次出现这种事件。

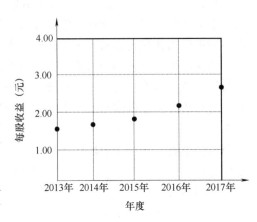

图 9-1 A 公司历史每股收益

这样，每股收益本年估计值未反映公司长期持续盈利能力，仅是暂时性上涨，A 公司股价便从 24.56 元升至 32 元，即大涨 31%，这是不合理的。因此，分析者应该通过建立以前年度的趋势线将 A 公司的 EPS 进行正态化处理。我们利用最小二乘法进行拟合，具体推导过程略，最终拟合的线性方程为

$$y = 1.7625 + 0.179(x - 1.5)$$

当 $x = 4$ 时，趋势线上本年度的 EPS 拟合值为 2.21 元。利用 PE = 12 倍，求得公司股票价格为 26.52 元。从该点适度向上调整是允许的，因为如果公司没有其他好的投资机会，也可以将这笔意外之财再投资到其现有业务中，以获得小额增长的盈利。适度的偏离是可以接受的。但是无论如何，公司也不能基于不可持续的盈利水平来进行价值评估。

5. PE 估值分析与公司经营杠杆效应和财务杠杆效应*

企业经济活动中存在经营杠杆（Degree of Operating Leverage，DOL）与财务杠杆（Degree of Financial Leverage，DFL），经营杠杆体现了经营风险，财务杠杆体现了财务风险，企业一般同时存在经营风险与财务风险。由于经营杠杆是衡量销售量（额）的变动率引起的税前利润的变动率，而财务杠杆是衡量税前利润变动率引起的税后利润变动率，两者的综合效应称为综合杠杆，即销售量（额）的变动率引起的税后利润变化的变动率。公司经营杠杆与财务杠杆组合如图 9-2 所示。

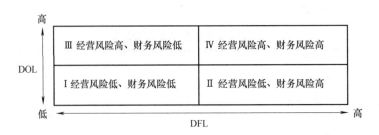

图 9-2 经营风险与财务风险组合图

由图9-2可知，第Ⅰ组合属于双低组合，即经营风险低、财务风险低。这一组合的企业每股收益波动性最小，一般轻资产型、低负债企业属于这种组合。例如，日常生活必需品行业就属于第Ⅰ组合，餐饮业是其典型代表。第Ⅳ组合属于双高组合，即经营风险高、财务风险高。这一组合的企业每股收益波动性最大，一般重资产型、高负债企业属于这种组合，比如房地产行业就是如此。我国房地产行业属于资本密集型行业，经营风险大，财务风险更大，极容易受到国家货币政策和国家有关房地产政策调整的影响，并且我国房地产业的资产负债率一般远高于50%，不少房地产上市公司的资产负债率也高达70%以上，甚至高达80%。第Ⅱ组合和第Ⅲ组合属于两种风险的高低组合。如果从逻辑上推定，这两个组合都比较符合理财学的观点，通常来讲，经营风险低的企业比较具有条件实施高负债率，而经营风险高的企业不太适合实施高负债率。第Ⅰ组合和第Ⅳ组合与财务学原理不太相符。尤其是第Ⅳ组合的双高组合，正常来讲，如果公司经营风险高，管理者应该会有意识地降低财务风险。而第Ⅰ组合的企业属于双低组合，如果公司经营风险低，它可以适度提升财务杠杆。当然，企业到底如何在两种风险中博取均衡与公司的发展阶段、垄断能力等密切相关。例如，如果公司经营风险比较高，并且公司处于发展初期，公司应该尽量减少负债，降低财务风险，使企业平稳度过初始期、成长期，到成熟期后公司可以适度提升财务杠杆，进一步提升公司每股收益。

6. 公司PE、市场平均PE、行业平均PE和投资回收期

（1）公司PE、市场平均PE、行业平均PE和风险。一家公司的PE是该公司自身特性的定价，是特有风险的体现，而行业平均PE是行业特性的定价，更多地体现了行业的特有风险，而行业平均特有风险肯定不如同行业一家公司的特有风险高。市场平均PE只含有系统风险，并不包含特有风险。

（2）公司PE、市场平均PE、行业平均PE和投资回收期。无论是一家公司的PE、某个行业的PE还是市场平均PE，PE要代表其投资回收期，是基于其盈利增速趋于零，并且公司盈利处于正常状态的。从概率上讲，市场平均PE最有可能代表市场的平均投资回收期。

一家公司的PE取决于P和EPS两个因素。正常情况下P远大于零，不可能小于等于零，也不太可能长期趋于零，假定EPS为正数，则有以下两种情况：

其一，如果一家公司的PE为10~20倍，尤其是经常在10倍左右，它通常基于这一前提：公司盈利增速接近个位数或者趋于零，此时公司的PE是其投资回收期。

其二，如果公司PE长期不处于十几倍的正常区间，而是远高于50倍，或者远低于10倍，这大多是特殊因素所致。例如，公司EPS趋于零，PE一定是个大数，如几百倍，甚至是个无穷大量，但此时的PE只是异动值而已，没有意义，更不是投资回收期。如果公司估值长期低于10倍，这一般隐含着公司前景充满不确定性，公司盈利长期负增长。如果一家公司PE高达100倍之多，而公司EPS又不是一个很小的数，比如EPS＝1元，公司股票价格P为120元，公司PE等于120倍，这种情况经常预示着：公司前景被市场看好，公司孕育着高成长机会，比如公司盈利增速大于100%，该公司虽然静态PE比较高，但是随着时间流逝，公司的高PE会被公司的高盈利增速所稀释。

行业平均PE是否能代表其投资回收期，与公司PE分析原理相同。只有当行业内各企业趋同性高，并且个体盈利增速均趋于零时，行业平均PE才代表其投资回收期。现实生活中，这些条件很难兼备，不同行业PE具有明显的差异性。以我国股票市场为例，酿酒行业、医药行业估值一般高于银行、保险、地产等行业估值，代表新兴经济发展方向的电子信息行业的 PE 估值更高，一般都高达 30 倍以上，这些参差不齐的行业平均 PE 很难代表其行业的投资回收期。

再论市场平均 PE 内涵。市场平均 PE 只包含系统风险，投资组合中的特有风险被完全剔除。

一般来说，市场平均 PE 为 10～20 倍，并且经常低于 15 倍，甚至有时低于 10 倍，这意味着正常条件下市场平均盈利增速趋于个位数，这与现实也是比较符合的，因此市场平均 PE 通常可以代表市场的投资回收期。

因此，无论是发达国家股票市场还是发展中国家股票市场，市场平均 PE 都不可能长期过高，在极端情况下，一个国家股票市场估值在一年之内有可能高达 30～50 倍，长期如此绝无可能。而西方发达国家股票市场的平均 PE 一般都为 10～20 倍，如果市场平均 PE 超过 20 倍，基本属于大牛市。自 2009 年后金融危机以来，欧美发达国家股票市场开启了长达近 10 年的超级牛市，以 2017 年为例，2017 年欧美发达国家股票市场的平均 PE 大都超过了 20 倍，基本为 20～30 倍。美联储主席耶伦提醒当前股票市场价格过高，其他不少投资名家也警示当前股票市场风险过大。而我国股票市场仍不太成熟，2017 年上海证券交易所平均 PE 大概为 15～20 倍，深圳证券交易所平均 PE 比较高，大概为 30～40 倍。总体上看上交所 PE 不太高，但是这与其指数编制密切相关，上证指数编制金融股权重过高，银行股 PE 只有 5～10 倍，直接拉低了上交所上市公司平均 PE，实际上我国上交所平均 PE 远高于 20 倍。深交所平均 PE 更高是因为深交所上市公司以中小企业和创业型公司为主，它们属于具有高成长、高风险类型的企业，这些公司估值一般比较高。

7. 我国上市公司平均 PE 估值变迁

（1）我国股票市场的制度变迁。我国现代股票市场始于 20 世纪 90 年代，时至今日已走过了近 30 个年头，取得了长足进步，但是距离成熟市场仍有很长一段路要走。

（2）中国股票市场 2007—2016 年的 PE 估值分析[*]。通过对我国沪深两地 2007—2016 年的平均 PE、PE 的分布区间及 PE 的中位数的全面分析，可以更好地了解我国股票市场的估值变化。

2007—2016 年沪深两市平均 PE 见表 9-6。

表 9-6　2007—2016 年沪深两市平均 PE　　　　　　　（单位：倍）

年度	2007	2008	2009	2010	2011	2012	2013	2014	2015	2016
沪市	59.24	14.85	28.73	21.61	13.4	12.3	10.99	15.99	17.63	15.06
深市	69.75	16.73	46.01	44.69	23.11	22.02	27.76	34.05	52.75	41.21

（资料来源：上海证券交易所统计年鉴和深圳证券交易所统计年鉴。）

2007—2016 年我国股票市场指数简要运行情况如下：

2007 年 10 月是我国股票市场 21 世纪初超级大牛市的终点，上证指数创出至今最高点 6124 点，深证成指也创出至今最高点 19 600 点。2008 年爆发全球金融危机，两市股指一泻千里，到 2008 年 10 月暴跌幅度均高达 70% 以上，然后开始强劲反弹，到 2009 年 8 月上证指数反弹到 3478 点，到 2009 年 12 月深证成指反弹到 14 096 点，然后两市经历了近 5 年的阴跌过程，总体上股指不断调整且不断走低，2014 年 11 月到 2015 年 6 月出现了短暂牛市，上证指数反弹到5178点，深证成指反弹到18 211点，然后又开始大幅下跌，到2016年年底我国上证指数和深证成指仅有2007年指数高点的50%左右。

与我国股票市场指数调整相对应，我国股市近10年上市公司平均PE估值是这样变化的：

2007年我国股票估值水平达到了近10年最大值，深交所平均PE竟然高达70倍，上交所平均PE也高达近60倍，股市泡沫之大让人咋舌。由于表9-6统计的是年度末的数据，而2007年10月才是股指最高点，2007年年底距离股指高点已下跌15%左右，这意味着沪深两市平均PE最大值分别高达80倍和70倍。

由于沪深两市估值与市场指数走势基本趋同，这里仅重点分析上证指数及其市场表现。

上证指数于2007年10月16日达到6124点历史高点，随后我国股市在小幅调整后，2007年11月28日下跌至4778点，然后微幅反弹到2008年1月14日的5522点，随后股指一泻千里。我国2008年2月春节遭遇雪灾，5月汶川发生地震，而美国银行不断破产是2008年全球股指不断下行的催化剂，2008年10月雷曼兄弟破产引爆全球金融危机，上证指数在这些灾难中一路狂泻，其间只有几次超短期小反弹，到2008年10月28日上证指数暴跌至1664点，跌幅高达72.83%（如果将上证指数精确到百分位，上证指数跌幅为72.81%）。深证成指也演绎了同样的故事，从19 600点暴跌至5577点，跌幅高达71.55%，两市跌幅相差无几。

在两市股指跌宕起伏的2008年，上海证券交易所平均PE从59倍跌至14倍，虽然不是近10年最低估值，但也逼近最低估值，而深圳证券交易所平均PE由69倍跌至16倍，这是深圳证券交易所近10年的最低估值。事后证明，2008年年底是我国股票市场近10年的最佳投机时机，深交所上市公司的投资机会更胜一筹，再次印证了巴菲特所说的"他人恐惧而我贪婪的美丽时刻"。

2008年年底全球各主要国家开始大规模救市，救市行为以美国为首，欧洲各主要国家迅速跟进，我国也不例外。我国在2008年11月实施了4万亿刺激计划，与之配套的是宽松的货币政策和积极的财政政策。全球各国股市逐渐复苏，我国上证指数由2008年股市低点一直反弹到2009年8月涨幅近110%，至2009年年底涨幅近100%。我国上交所平均PE达到了后金融危机时代的最大值28.73倍，而深交所平均PE也达到了后金融危机时代的次高值，PE仅次于2015年大牛市的52.75倍。美、欧、日等国家股市也出现了大幅度上涨，并且2009年只是这些国家后金融危机时代的超级长期牛市的起点，涨势一直延续到2018年，远超投资者想象，并且当前似乎仍没有牛市终止的明显迹象。

2010年6月到2011年年底，我国货币政策转为中性偏紧，政府多次上调存款准备金率和借贷基准利率，几乎每个月货币政策调整一次，上证指数与深证成指开始深幅调整。2012年6月和7月我国分别实施了降息，之后货币政策逐步平稳，一直延续到2014年11月。在这一期间，沪深两市处于窄幅震荡阶段，并且波动区间逐步收窄。上交所平均PE逐步走低，在2013年更是创出近10年最低值，PE仅10.99倍，深交所平均PE在2012年达到近10年次低值22.02倍。2012—2014年，我国上市公司盈利平均增速基本处于个位数，2015年盈利平均增速趋近于零。

尽管我国经济基本面并无明显改善，但是我国股票市场却从2014年11月正式开启牛市，一直持续到2015年6月。2014年11月21日下午央行降息，上证指数由2014年11月

21日的2486点涨到2015年6月12日股市见顶，上证指数高达5178点，随后大幅下挫，2015年8月跌至2850点，2016年年初股市进一步探底，上证指数最低跌到2638点，几乎重回2014年牛市起点。我国宏观经济并不支撑这次牛市，牛市的催化剂主要包括国有垄断行业的混合制改革、房地产信托刚性兑付破灭、货币政策宽松。这些因素促使市场预期我国经济将进一步向好，股市提前反映经济基本面，股市随之走牛。但事实是2015年我国经济并没有明显向好，场外资金违规配资导致杠杆过高是支撑2015年股市泡沫过大的重要原因，我国经济仍然在不断寻底，企业战略转型仍在艰辛之路上。

进一步观察表9-6，我们发现，除2007年以外，上交所平均PE均远低于深交所平均PE，前者基本为10~20倍，后者基本远高于20倍，后者几乎高出前者1倍之多，2015年深交所平均PE更是上交所平均PE的3倍之多。之所以如此，其主要原因与两地上市公司主要类型有关。上交所上市公司大多为大型、成熟、成长性不高的蓝筹股，如银行、石油、化工等类型，这些公司估值比较低，风险比较低；深交所上市公司主要是中小企业，它们大多是规模不大、成长预期较高的公司，如电子信息、消费、医疗和科技等，这些上市公司估值过高，风险比较大。

如果进一步比较我国上市公司估值与国际主流市场估值，从PE数值看，上交所公司估值与之比较接近，尤其是沪深300权重股更是如此，而深交所公司估值仍远高于国际主流市场估值。但这并不意味着我国上交所上市公司估值更为便宜，这是因为我国上证指数中大型金融股权重占比高达40%左右，其中，上市银行PE为5~10倍，保险行业估值也不高，这些公司拉低了市场平均估值。也就是说，我国上证指数平均估值水平不太能代表我国在上海证券交易所上市公司的平均估值水平，深证成指更是如此，而我们上述分析的上交所与深交所平均PE实际上是上证指数和深证成指的平均PE，这意味着沪深两地上市公司实际估值水平远高于各自平均PE代表的水平，尤其是2016年之后，我国上交所平均估值低于欧美主流市场平均估值水平，但实际上上交所上市公司平均估值未必占优，并不比欧美股票市场估值便宜。

我们通过阅读材料9-3粗略了解美国股市的一些基本估值指标，除PE外，还包括市净率（Price to Book Value，PB）、市销率（Price to Sales，PS），这从侧面验证了西方主流市场公司估值分布的均衡性，从而市场估值的平均值与中位数趋同，平均数具有代表性。

阅读材料9-3

美国上市公司常用股票比率

表9-7列示了1963—2003年美国上市公司的各种比率数值。由表9-7可知，美国上市公司各百分比区间的公司占比分布比较均衡。我们仅以标准PE和PB为例说明。

美国位于表中5%位置的公司PE为5.9，即美国占比5%的公司的PE低于5.9，(0，5.9) 属于超低PE区间；位于25%位置的公司PE为10.3，即美国占比25%的公司的PE低于10.3，[5.9，10.3) 属于低PE区间，本区间公司占比20%；位于50%位置的公司PE为15.2，即美国占比50%的公司的PE低于15.2，[10.3，15.2) 属于中等PE区间，本区间公司占比25%，15.2是样本总体PE的中位数，并且由于样本分布如此均匀，样本

PE 平均数必定趋于 15.2；位于 75% 位置的公司 PE 为 23.5，即美国占比 75% 的公司的 PE 低于 23.5，[15.2,23.5) 属于 PE 中高区间，本区间公司占比 25%；位于 95% 位置的公司 PE 为亏损，无法计算 PE。注意，美国占比 75% 的公司的 PE 均小于 23.5，占比 50% 的公司的 PE 仅为 15.2 倍，这意味着绝大多数公司 PE 估值仅 20 倍，一半公司估值仅十几倍，而美国公司估值平均数长期为 10~20 倍，与这些统计数据基本一致，这也证明了欧美股市估值长期远低于我国公司 PE 估值。

美国位于表中 5% 位置的公司 PB 为 0.5，即美国占比 5% 的公司的 PB 低于 0.5，(0,0.5) 属于超低 PB 区间；位于 25% 位置的公司 PB 为 1.0，即美国占比 25% 的公司的 PB 低于 1，[0.5,1.0) 属于低 PB 区间，本区间公司占比 20%；位于 50% 位置的公司 PB 为 1.7，即美国占比 50% 的公司的 PB 低于 1.7 倍，[1.0,1.7) 属于中等 PB 区间，本区间公司占比 25%，1.7 是样本总体的中位数，并且由于样本分布如此均匀，样本平均数必定趋于中位数 1.7；位于 75% 位置的公司 PB 为 2.9，即美国占比 75% 的公司的 PB 低于 2.9 倍，[1.7,2.9) 属于 PB 中高区间，本区间公司占比 25%；位于 95% 位置的公司 PB 为 7.9，即美国占比 95% 的公司的 PB 低于 7.9 倍，[2.9,7.9) 属于低 PB 高区间，本区间公司占比 20%。注意，美国占比 75% 的公司的 PB 小于 2.9 倍，占比 50% 的公司的 PB 仅为 1.7 倍，与我国 PB 估值（见 PB 有关数据）比较，也远低于我国上市公司 PB 估值。

此外，PS 中位数为 0.8，调整 PS 的中位数为 0.9。从总体上讲，美国在 20 世纪 70 年代之前，上述比率都要更低一些。另一方面，20 世纪 90 年代的各项比率与历史数据相比显著偏高。

表 9-7 美国 1963—2003 年上市公司常用股票比率

百分比（%）	PB	标准 PE	动态 PE	PS	调整 PS
95	7.9	亏损	49.2	8.9	8.1
75	2.9	23.5	19.1	1.7	2.0
50	1.7	15.2	13.1	0.8	0.9
25	1.0	10.3	9.2	0.3	0.5
5	0.5	5.9	5.9	0.1	0.2

注：调整市销率 PS =（股权市值 + 净负债）/销售额。

（资料来源：根据标准普尔的 COMPUSTAT 数据计算。动态 PE 的数据是基于 Thomson Financial I/B/E/S 数据库的 consensus analyst 的一年收益预测。）

表 9-8 统计了上海证券交易所的上市公司 2007—2016 年 PE 的不同估值分布区间的公司数量及其占比。深圳证券交易所的上市公司 2007—2016 年 PE 分布与上交所基本趋同，只是估值更高一些，个体差异更大，此不赘述。

表 9-8 上海证券交易所上市公司 2007—2016 年的 PE 分布

年度	公司数量与占比	PE（倍）					
		(0,10)	[10,30)	[30,50)	[50,100)	[100,+∞)	亏损
2007	公司数量（家）	0	30	94	274	399	97
	比例（%）	0	3.36	10.51	30.65	44.64	10.85

(续)

年度	公司数量与占比	PE（倍）					
		(0,10)	[10,30)	[30,50)	[50,100)	[100,+∞)	亏损
2008	公司数量（家）	68	160	393	146	104	96
	比例（%）	8.18	19.25	47.29	17.57	12.52	11.55
2009	公司数量（家）	136	7	115	192	201	254
	比例（%）	15.03	0.77	12.71	21.22	22.21	28.07
2010	公司数量（家）	118	4	186	191	195	232
	比例（%）	12.74	0.43	20.09	20.63	21.06	25.05
2011	公司数量（家）	57	68	395	166	143	140
	比例（%）	5.88	7.02	40.76	17.13	14.76	14.45
2012	公司数量（家）	74	434	134	132	141	79
	比例（%）	7.44	43.66	13.48	13.28	14.19	7.95
2013	公司数量（家）	78	315	162	148	175	117
	比例（%）	7.84	31.66	16.28	14.87	17.59	11.76
2014	公司数量（家）	92	26	296	185	183	256
	比例（%）	8.86	2.5	28.52	17.82	17.63	24.66
2015	公司数量（家）	27	173	184	260	366	14
	比例（%）	2.41	15.39	16.37	23.13	32.56	10.14
2016	公司数量（家）	34	232	205	280	326	147
	比例（%）	2.78	18.95	16.75	22.88	26.63	12.01

（资料来源：上海证券交易所2007—2016年的统计年鉴。）

由表9-8可知，我国上海证券交易所公司PE低于10倍的公司数量占比，除了2009年和2010年外，基本都低于10%；公司PE为10～30倍的公司占比，除了2012年和2013年，也低于20%。如前所述，上海证券交易所平均PE长期仅10多倍，而上交所上市公司PE小于市场平均PE的数量比例基本仅在10%左右，即90%左右的公司估值都高于市场均值。

根据表9-8基本可以推算出我国上交所2007—2016年PE的中位数，应该远高于表9-6统计的PE的平均数，沪深两市PE准确中位数见表9-9。

表9-8统计数据在一定程度上说明了我国上海证券交易所指数样本上市公司的平均PE无法代表上市公司总体估值水平，我国股票市场比较真实的平均PE应该是PE的中位数而不是指数样本的平均PE。

2007—2016年的沪深两地PE的中位数见表9-9。

表9-9　2007—2016年的沪深两市PE的中位数　　　　　　（单位：倍）

PE \ 年度	2007	2008	2009	2010	2011	2012	2013	2014	2015	2016
沪市	55.67	19.71	37.42	35.98	22.06	21.89	23.04	31.21	45.42	39.54
深市	58.78	21.05	47.77	54.44	30.90	29.50	37.32	46.19	73.00	57.81

（资料来源：锐思金融数据库。）

根据表9-6和表9-9整理知，深交所与上交所两市PE平均数之比与中位数之比有关数据见表9-10。

表 9-10　2007—2016 年的深沪两市 PE 的平均数之比与中位数之比　（单位：倍）

比例＼年度	2007	2008	2009	2010	2011	2012	2013	2014	2015	2016
平均数之比	1.18	1.13	1.60	2.07	1.72	1.79	2.53	2.13	2.99	2.74
中位数之比	1.06	1.07	1.28	1.51	1.40	1.35	1.62	1.48	1.61	1.46
沪平均/中位	1.06	0.75	0.77	0.60	0.61	0.56	0.48	0.51	0.39	0.38
深平均/中位	1.19	0.79	0.96	0.82	0.75	0.75	0.74	0.74	0.72	0.71

注：平均数之比是指深交所 PE 平均数与上交所 PE 平均数之比，中位数之比是指深交所 PE 中位数与上交所 PE 中位数之比，沪平均/中位是指上交所 PE 平均数与上交所 PE 中位数之比，深平均/中位是指深交所 PE 平均数与深交所 PE 中位数之比。

由表 9-9 和表 9-10 可知，2007 年和 2008 年两市估值比较接近，除此之外，深交所 PE 中位数远高于上交所 PE 中位数，前者基本是后者的 1.5 倍，其中，2013 年两市估值比达到最大值，前者高于后者达 61.98%，2015 年两市估值差距与之近似，前者高于后者 60.72%。而同期两市平均数之比更为悬殊，除 2007 年和 2008 年外，深交所平均 PE 是上交所平均 PE 的 2~3 倍，其中，2015 年两市平均数之比达到最大值 2.99 倍，2016 为次高值 2.74 倍。这在一定程度上进一步说明了两市平均 PE 的失真性。

同样，根据沪深两市 PE 平均数与其中位数之比发现，两市这两组数据并不趋于 1，而是远偏离 1，尤其是沪市 PE 平均数远低于其中位数，大多数年份在 0.5 倍，而深市 PE 平均数与其中位数之比大概在 0.7 倍，这意味着上交所统计的 PE 平均数更为失真，而深交所统计的 PE 平均数失真度低一些，这进一步说明了两市根据指数样本统计的平均 PE 无法代表总体的 PE 均值。这在一定程度上印证了我国股市长期以来并不便宜，很难判断我国股市何时被低估，估值高低更多的只是相对自身而言，与欧美股票市场相比基本无估值优势可言。

根据表 9-10 中汇总各种平均数与中位数发现，2007 年和 2008 年是个例外，这两年不仅上交所 PE 平均数和深交所 PE 平均数都与各自的中位数比较接近，而且这两年上交所与深交所平均 PE 与各自 PE 中位数也基本相当。

我国股市 PE 的平均数与中位数之所以 2007 年和 2008 年是个例外，是因为 2007 年是我国股票市场历史上第二大超级牛市的终点，在两年半时间内，上证指数由 2005 年 6 月 6 日 998 点暴涨到 2007 年 10 月 16 日 6124 点，几乎所有上市公司股价都被炒到了天价，也就是说几乎所有公司估值都达到了极限，这种完全非理性的人为因素导致我国上市公司 PE 平均数与中位数接近一致。2008 年爆发全球金融危机，当年全球各主要股指暴跌，我国股市跌幅更大，几乎没有股票可以一枝独秀，即使是贵州茅台公司股价跌幅也高达 63.48%，这种非理性因素导致股市过度暴跌促使样本指数 PE 平均数与总体 PE 中位数趋同。

与我国股票市场相比，欧美各国股票市场治理制度更为完善，市场退市机制更加健全，投资者更为理性，欧美股票市场 PE 平均数与 PE 中位数趋同。而我国股票市场虽然经历了近 30 年发展，并取得了长足进步，但从中长期来看，股市仍有诸多方面亟须改革，我国上市公司总体估值水平仍然高于世界主流资本市场的估值水平。这与我国资本市场特有国情密切相关。20 世纪 90 年代我国股票市场与世隔绝，上市公司极少，大多数公司的大多数股票无法流通，股票属于稀缺物品，从而我国资本市场估值水平较高。2005 年我国股权分置改革完成，基本解决了限售股一大难题。2010 年我国股市基本实现了全流通，但是仍然与世界主流市场隔绝，估值仍与世界脱轨，自成一体。由于我国上市公司数量逐步增加，并且上市公司股票基本实现了全流通，我国市场总体估值逐步下行，尤其是上交所上市公司的指数样本公司的平均 PE，与世界估值水平逐步接近，但上市公司总体估值水平仍远高于世界主流市场 PE 的平均水平。2010 年开始，我国加大了股票市场改革步伐，加大了与世界主流市场对接，资本市场对外开放步伐会越来越快。2017 年 6 月 21 日，摩根士丹利宣布将中国股票纳入 MSCI 明晟的全球基准股指（新兴市场指数），这是中国股票连续 3 次闯关失败后终于"通关"。明晟指数一旦纳入 A 股，则标志着国际资本开始承认中国股市已成熟，并做好接纳国际大型、长期投资者入市的准备。因此，可以预期的是我国股市估值与世界主流市场估值水平将逐步趋同。2018 年证监会系统全面从严治党会议召开，资本市场监管下一阶段的重点也随之出炉。按照"宜早不宜迟、宜快不宜慢"的原则，全面加快资本市场对外开放。证监会将抓紧推进沪伦通各项准备工作，争取年内推出。积极支持 A 股纳入富时罗素国际指数，提升 A 股在 MSCI 指数中的比重。修订 QFII、RQFII 制度规则，统一准入标准，放宽准入条件，扩大境外资金投资范围。

二、市净率计算分析

（一）每股净资产

1. 理论分析

每股净资产（Booking Value Per Share，BVPS）也称每股账面价值，其计算公式为

$$每股净资产 = \frac{年度末股东权益}{年度末普通股总数}$$

每股净资产是公司净资产的历史成本计量，每股市价是公司股权的市价计量。从静态计量结果来看，每股净资产是公司股价的理论底限价格。当公司每股股价低于每股净资产时，意味着公司重置成本更低，有利于鼓励公司扩大投资。

2. 注意事项

在分析每股净资产时，应注意以下问题：

（1）每股净资产反映发行在外的每股普通股所代表的账面价值。在投资分析时，只能有限地使用这个指标，因为它是用历史成本计量的，既不反映净资产的变现价值，也不反映净资产的产出能力，不太有利于预测公司的未来股价。

（2）每股净资产提供了股票在理论上的最低价值。如果公司股票价格低于其每股净资产，净资产又接近变现价值，从短期讲公司已无存在价值，清算是股东的最好选择。但是，在现实生活中，管理者不太可能做出清算决策，投资者要密切关注公司管理决策意愿以及公司未来发展动态。

（3）每股净资产到底有多大价值，取决于它在多大程度上反映了企业的内在价值或市场价值。从一定程度上讲，每股净资产可以作为评价公司估值是否合理的一个指示器。

（二）市净率计量分析

1. PB 理论分析

市净率是股票市场价格与股权账面净值的比例关系。其计算公式为

$$PB = \frac{股权的市场价值}{股权的账面价值} = \frac{P}{B}$$

式中，P 和 B 一般是指每股的 P 和 B，也可以是总股数的 P 和 B。

由于每股净资产是公司股价的理论下限，PB 通常大于 1。通过评估公司 PB 的高低，有利于投资者判断公司估值是否合理，但是要注意一些特殊事项的正确处理，尤其是那些不利于运用 PB 进行估值的事项。

PB 的优势主要体现以下方面：首先，净利为负值时的企业不能用 PE 进行估价，而净资产极少为负数，PB 可适用于绝大多数企业。其次，净资产账面价值比净利稳定，容易获取，更容易理解。最后，如果会计政策、会计估计合理并且各企业会计政策一致，PB 变化可以反映企业价值变化。

PB 的缺陷主要体现以下方面：首先，账面价值容易受会计政策选择的影响。其次，固定资产很少的服务性企业和高科技企业，这些企业的 PB 通常比较高，但这并不意味着公司估值过高。换言之，不同行业之间的 PB 相差甚远，比如重工业企业，它的净资产较大，而高科技企业，它的净资产较小，两类企业的 PB 相差比较大。PB 更适合那些经营风险较大，净值较高的企业，而不太适合轻资产企业。最后，少数企业的净资产是负值，PB 也没有意义。

2. PB 决定因素分析

（1）根据现金流折现模型，PB 决定因素分析。根据股利折现模型，假定公司股利按照固定增速 g 发放，则静态 PB 的分解计算过程如下：

$$P_0/BVPS_0 = [D_0(1+g)/(K_s-g)]/BVPS_0$$
$$= (D_0/EPS_0)(EPS_0/BVPS_0)(1+g)/(K_s-g)$$
$$= DPR \times ROE_0(1+g)/(K_s-g)$$

式中，$BVPS_0$、ROE_0 分别代表公司基期每股净资产和股东权益报酬率。

假定公司股利支付率不变，预期 PB 或者动态 PB 的分解计算过程如下：

$$P_0/BVPS_1 = [D_0(1+g)/(K_s-g)]/BVPS_1$$
$$= (D_1/EPS_1)(EPS_1/BVPS_1)/(K_s-g)$$
$$= DPR \times ROE_1/(K_s-g)$$

由此可见，除了股东权益报酬率外，PB 的决定因素与 PE 的决定因素相同，盈利增速（股利增速）对 PB 也处于决定性地位。

通过 PB 因素分解式，投资者可以洞察不同公司 PB 估值之间差异的原因，有利于寻找更优的投资组合。

（2）根据会计收益估值模型，PB 决定因素分析[*]。将会计收益估值模型代入市净率模型，市净率表示如下：

$$V_t/BV_t = 1 + (ROE_{t+1}-k)/(1+k) + [(ROE_{t+2}-k) \times (BV_{t+1}/BV_t)]/(1+k)^2 +$$
$$[(ROE_{t+3}-k) \times (BV_{t+2}/BV_t)]/(1+k)^3 + \cdots$$

通过会计收益估值模型，将 PB 进行分解，有利于进一步理解 PB 的内涵及决定 PB 的决定性因素。当公司未来股东权益报酬率和账面价值的增长率提高时，PB 将增加；当权益资本成本提高时，PB 将降低。当市场预期未来有非正常收益时，PB 将偏离。如果未来非正常收益的现值为正，PB 将大于 1；如果未来非正常收益的现值为负，PB 将小于 1。

3. PB 投资价值的逻辑推定[*]

一般而言，PB 作为衡量一家公司估值的重要指标，运用 PB 时有两个标准供分析者参考。

（1）PB = 1 不是判断一家公司是否具有投资价值的绝对标准。

1）如果公司 $P<B$ 并不意味着是好的投资机会，需要甄别具体原因。如果公司长期 $P<B$ 通常预示着公司前景堪忧，公司基本面不断恶化，公司估值越来越低。一般来说，公司 P 远大于 B 时，通常意味着市场预期公司具有良好前景，公司获得高估值。

以我国钢铁行业为例进行说明。2010年以来，行业内上市公司的股票价格大都低于公司净值，并且股价逐步走低，行业内的亏损公司不断增加，行业内的投资机会渐行渐远。在淘汰钢铁落后产能、"一带一路"以及房地产行业景气得到提升等背景下，我国钢铁行业通过剥离劣质资产、重组等手段，部分钢铁企业实现了盈利，股票价格才开始触底回升。2016年开始钢铁行业上市公司股票走势稳健，股价明显回升。即使如此，到2017年6月底，只有一些小型钢铁行业上市公司股票价格略高于其账面净值，而一些大型行业龙头公司股票价格仍低于其账面净值，比如鞍钢公司股票价格5.66元，每股账面净值是6.35元，而行业龙头宝钢公司股价6.71元，每股账面净值是6.96元。到2017年8月，钢铁行业估值才出现明显改观，行业内上市公司的股票价格基本都高于其账面净值。但好景不长，随着我国股票市场调整，不少钢铁行业上市公司股价又跌破净值。

假定公司股票价格长期低于每股净资产，则其内在逻辑演变过程是这样的：

假定某公司2011年财务报告日公司股价为8元，公司每股净资产为10元；2012年财务报告公布日，当年每股收益为 -2元，公司每股净资产为8元，当日公司股价以7元报收；2013年财务报告公布日，当年每股收益为 -1.5元，公司每股净资产为6.5元，当日公司股价为5.2元。以此类推，如果持续如此，这家公司最终将以退市收场。由此可见，从每个时点静态来看，公司股价都低于净值，看似安全，实则并非如此。由于这类公司前景堪忧，并且未来基本没有逆转的机会，所以，尽管这类公司 P 长期小于 B，但是基本不具有投资价值。

2）如果公司短期 $P<B$，假定短期是2年或者3年以内，并且公司至少在未来几年内都可以维持持续盈利，甚至盈利还略有增长，则这家公司具有比较好的投资机会。

以我国银行股为例，2012年开始，银行股PB基本围绕1波动，PE基本为 5~10倍，并且银行股的股票分红率高于同年期银行定期存款利率，位于各行业榜首，更为重要的是银行类上市公司不仅每年盈利都可持续而且还有微幅增长。基于这些条件，银行股是具有投资价值的。到2014年，银行股开始爆发，给投资者带来了巨额回报。即使从2007年牛市最高点上证指数6124点开始计算，到2017年6月份上证指数是3100点左右，市场跌幅仍近50%，而大多数银行股股价基本收复了金融危机前的最高价或者收复了金融危机前的最高价90%以上，行业回报远远超过了市场指数回报，银行业回报轻松战胜了市场。

（2）当上市公司总体平均PB越趋近1时，市场的投资机会越多。当市场总体平均 PB <1时，投资绝佳机会出现，但是这几乎是不可能的，在我国股票市场更不可能出现这种投资机会。

这一规律在现实生活中更多的可能是某一个或者几个行业平均PB小于1，并且与之对应的时点大都是金融危机接近谷底之时。我国上海证券交易所的上市公司以大盘蓝筹股为主，PB通常比较低，但是上交所绝大多数上市公司的PB都大于1，上交所市场平均PB更是远大于1，从来没有出现趋于1的机会。深交所几乎所有上市公司PB都远大于1。在实践中，市场平均 PB 几乎没有可能小于 1，这从一个侧面说明，无论哪一个国家的股票市场的平均 PB 接近 1 时，几乎都可以认定是好的投资机会。

以 2008—2018 年为例，我国股票市场在 2008 年估值处于最优区间，当年全球金融危机爆发，当时银行股逼近账面净值，总体还是略高于 1；钢铁行业有一些公司股票价格跌破了净值。2008 年 12 月 26 日，沪深两市一共 1573 家上市公司，上海证券交易所上市公司总数为 846 家，深圳证券交易所上市公司总数为 727 家，共有 76 只股票的价格跌破了净资产，仅占 4.83%。其中，破净率 20% 以上共 22 只股票，破净率介于〔10%，20%）共 22 只股票，破净率介于〔5%，10%）共 13 只股票，破净率介于〔0，5%）共 19 只股票。我国股票市场公司股价破净比较少见，可以说这是我国股票史上大面积的破净，也出现了绝佳的投资机会。虽然 2012 年和 2013 年从公司估值上讲也出现了好的投资机会，但是由于经历前几年市场上涨与下跌，进行了充分调整，好的公司股价远高于金融危机谷底的价格，不少都在金融危机时最低价的 2 倍以上，市场总体的投资机会远不及 2008 年全球金融危机谷底的市场投资机会。

4. PE 与 PB 的组合分析*

同时研究以会计为基础权益估值模型对 PE 和 PB 计量模型的分解因素，有利于洞察市场对公司未来盈利能力的预期。PB 是公司未来盈利能力相对于账面价值及其增长率的函数，而 PE 则是未来盈利能力相对于当期盈利水平的函数。PE 和 PB 两者所代表组合如图 9-3 所示。

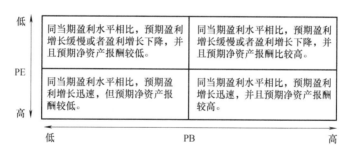

图 9-3　PE 与 PB 投资组合图

图 9-3 给出了正常状态下 PE 与 PB 的四种组合，比较清晰地解释了公司 PE 与 PB 估值水平差异的原因。

这个投资组合图给投资者一个提示：如果按照理论分析，公司 PE 与 PB 估值的象限与实际相背离，这有可能是投资机会也可能是投机陷阱。例如，一家公司同当期盈利水平相比，预期盈利增长快速，并且预期净资产报酬比较高，但是公司的 PE 与 PB 比较低，尤其还低于行业均值，这很可能是投资机会，也可能是个投资陷阱，因为市场还没有反映公司其他的一些风险信息。例如，2010—2012 年，银行业各项数据都比较符合 PE 低和 PB 高的情形，但是这一期间银行业上市公司的股价表现并不好，导致 PE 和 PB 双低，这是因为银行业还有诸多其他不利风险因素，比如利率市场化的预期、地方债务危机等。这些风险因素对银行业的影响，以及银行业 PE 和 PB 的低估值有多少反映了这些风险因素，到底这一期间是投资机遇还是投资陷阱，有赖于投资者的判断。

5. PB、PE 和 ROE 的关系*

PB 是 PE 和 ROE 的函数，其表达式为

$$PB = PE \times ROE$$

PB 取决于 PE 和 ROE 两个变量，ROE 是决定公司估值水平的重要变量之一。根据 PB、PE 和 ROE 的关系可以勾稽一个九宫格图形。x 轴为 PE，y 轴为 PB，按照数值高、中和低进行组合，形成九宫格图形，然后九宫格图形的不同颜色通过 ROE 高、中和低界定，分别为绿色、黄色和红色。

具体数值界定如下：

ROE 的高、中和低的标准难以界定，因为 ROE = PB/PE，通过 PE 和 PB 两个因素界定比较可行。一般而言，股票市场的 PE 估值中等界限区间为 10～20 倍，PB 估值中等界限区间为 1.5～3 倍，各取 PE 和 PB 是中等界限的中间值，即 15 倍和 2.25 倍，则 ROE 中等值的中间值为 15%，这个数值与我国股票市场 ROE 平均水平相当。我们将 ROE 的中等值区间界定为 10%～20%。高于各个指标的中等值的上限，即是高等区间；低于各个指标下限值，即为低等区间。

以五粮液为例，它属于高 PB、中 PE 和高 ROE。公司拥有比较多无形资产，垄断实力较强，行业具有良好的前景，有较宽的护城河，有利于形成超额收益。因为 ROE 比较高，支付较低股票支付率的前提下，如果未来股票价格不涨，PB 和 PE 必然下降，公司风险逐步释放。但是超高的 ROE 必然吸引资本进入，在酿酒行业黄金时期，我国一些非酿酒行业的龙头，开始布局酒类行业。另外，宏观政策、人们消费偏好、国家反腐等也会导致酿酒行业利润下滑。它有可能演化为高 PB、高 PE 和中 ROE，公司风险上升。

6. 我国 2007—2016 年的沪深两地上市公司的市净率分析*

下面通过我国 2007—2016 年股票市场的平均 PB 相关数据统计，进一步了解我国股票市场的估值变化趋势。

2007—2016 年的沪深两市平均 PB 见表 9-11。根据数据评估我国资本市场的估值趋势。

表 9-11　2007—2016 年的沪深两市平均 PB　　　（单位：倍）

年度	2007	2008	2009	2010	2011	2012	2013	2014	2015	2016
PB	5.48	3.63	3.14	3.08	1.91	1.78	1.66	2.57	3.11	2.21

注：由于港交所与美国证券交易所的数据是市场指数平均的 PB 和 PE，因此，这里不再区分沪市与深市的平均 PE 和 PB，只计算我国沪深两市的平均 PB 和 PE。

（资料来源：中国证券期货统计年鉴。）

从总体上看，我国 2007—2016 年的沪深两地上市公司的平均 PB 呈 U 形，U 形底位于 2012 年和 2013 年，这两年我国股票市场处于窄幅波动，我国近 10 年比较好的投资机会也出现在这两年，到 2014 年开始，投资者就可以收割良好的投资回报。从总体上讲，我国上市公司平均 PB 从 2011 年开始总体上逐步下行，2015 年因为短暂牛市导致市场明显被高估，导致 PB 上行。

由表 9-11 可知，与 PE 估值明显不同的是，2008 年并不是 PB 的最低点，而是排名第二高，仅次于 2007 年牛市的平均 PB。这主要是因为本组数据是沪深两市样本公司的加权平均数，其中占权重最大的银行股在 2010 年之后，公司业绩不断持续增长，而公司股价基本处于弱势整理，公司 PB 进一步下降，并且跌破净值成为常态，以它为代表的低估值行业拉低

了沪深两市平均 PB。还有一个原因是 2010 年后我国股市基本处于全流通时代，以及股市不断加大开放步伐，进一步拉低了我国上市公司样本公司的 PB 估值，与国际主流世界 PB 估值靠近。

如果从 1998 年统计我国上市公司 PB 估值，发现我国上市公司平均 PB 下限值位于 2 倍左右，上限值大概率处于 6 倍左右，更多是 4 倍左右。以我国股市为例，基本可以判断 PB 平均数低于 2 倍，投资机会就会比较多；如果 PB 高于 4 倍，投资机会极少。当然，PB 估值随着我国与世界主流市场接轨，也会随之动态变化，PB 的上限与下限区间必定逐步收窄，估值必将与国际估值水平接轨。

需要提及的是，我国上市公司平均 PB 代表性也不强，实际平均 PB 估值远高于 PB 平均数。这种现象可以通过表 9-12 和表 9-13 再次得以验证。

表 9-12 揭示了我国沪深两市 PB 的中位数，表 9-13 为 2007—2016 年的沪深两市 PB 的平均数（a）与中位数（b）之比。

从总体上讲，除了 2007 年外，PB 的中位数远高于同期 PB 的平均数，后者仅为前者的 0.7 倍左右，也远偏离 1。而 PB 的中位数更真实地揭示了我国上市公司的估值水平。之所以 2007 年 PB 中位数几乎与 PB 平均数几乎一致，也是因为市场当年过于火热，公司估值被炒到极值，在这个极值点上导致二者趋同。

表 9-12　2007—2016 年的沪深两市 PB 的中位数　　（单位：倍）

年度	2007	2008	2009	2010	2011	2012	2013	2014	2015	2016
PB	5.63	2.07	4.44	4.22	2.45	2.26	2.54	3.27	5.12	3.85

（资料来源：锐思金融数据库。）

表 9-13　2007—2016 年的沪深两市 PB 的平均数（a）与中位数（b）之比

（单位：倍）

年度	2007	2008	2009	2010	2011	2012	2013	2014	2015	2016
a/b	0.97	1.75	0.71	0.73	0.78	0.79	0.65	0.79	0.61	0.57

进一步比较研究中国香港股票市场与美国股票市场公司估值的相关数据。

港交所 2007—2016 年的上市公司的平均 PE 与平均 PB 见表 9-14。

表 9-14　港交所 2007—2016 年的上市公司的平均 PE 与平均 PB　　（单位：倍）

年度	2007	2008	2009	2010	2011	2012	2013	2014	2015	2016
PE	22.56	7.27	18.19	16.72	9.71	10.52	11.28	10.94	9.90	10.53
PB	2.81	1.17	1.91	2.00	1.41	1.50	1.45	1.38	1.24	1.20

（资料来源：锐思金融数据库。）

香港股市的估值水平在全球经济发达国家和地区中一直处于低估值水平。香港股市平均市盈率在 2007 年最高达到 22 倍，2008—2016 年市盈率大概为 7~20 倍，2010 年以来，PE 基本围绕 10 倍左右波动，在主流成熟股票市场中也处于较低的估值水平，远低于 A 股，也基本低于欧美主流市场。除消费类行业外，香港股市一般公司市净率到 2 倍以上就属于偏高水平，2007 年高达 2.81 倍，其余年份在 1 倍至 2 倍浮动，2011 年以来 PB 均低于 1.5 倍，好几个年份接近"破净"。因此有观点认为，港股是估值洼地，因为在全球各大证券交易市场比较来看，这几乎是最"便宜"的股票了。而瑞士银行研究报告称港股是估值陷阱，它们给出的理由是港股受到境外资本影响大，中国香港本身GDP的体量太小，一旦外资撤资，对港股的影响非常大，促使港股估值始终处于低估值区间波动，即起点比较低，其估值区间的上限与下限均比较低，但是这并不意味着港股投资回报比其他主流股票市场更优。

比较中国内地股市和中国香港股市，两地在投资者基础、股票市场成熟程度、上市公司行业构成等多个方面都存在不小的差异。如果把港股与沪深股市对比，很明显可以看出港股的平均市盈率、平均市净率都要比沪市和深市低太多，唯一例外的是，在AH两地都上市的公司中，中国香港股市的金融股估值并不明显占优，与内地金融股估值相差无几，而在其他AH两地上市的公司中，H股估值明显低于A股估值，这说明香港投资者更偏好蓝筹股，抛弃垃圾股，比较好地反映了香港股票市场中小股民更为理性，香港股票市场波动也比A股股票市场波动小得多。

2007—2016年的标准普尔500同期的平均PE和平均PB见表9-15。

表9-15　2007—2016年的标准普尔500同期的平均PE和平均PB　　（单位：倍）

年度	2007	2008	2009	2010	2011	2012	2013	2014	2015	2016
PE	17.36	21.46	70.91	20.70	16.30	14.87	17.03	18.15	20.02	22.18
PB	2.77	2.00	2.17	2.17	2.05	2.14	2.58	2.83	2.76	2.75

（资料来源：锐思金融数据库。）

美国股市是世界上最具有代表性的股票市场，无论是市场的成熟性、制度的合理性、契约的完善性，美国股票市场都是标杆性市场，也是具有较高研究价值的股票市场。美国股票市场以标准普尔500指数（S&P500）的PE和PB作为代表进行比较分析。标准普尔500指数是美交所、纳斯达克、纽交所股票市场的样本股指数。包括纽交所的80%、道琼斯工业指数的90%，比较具有代表性。美国股市平均PE在2009年出现异动，竟然高达70倍，其余年份为10~20倍。2009年之所以出现超级异动，与2008年全球金融风暴密切相关。2009年标准普尔500的PB并未出现异动，却是10年间的次低值，而PE却是最大值，并且比正常值高4倍，极不符合常理。细究其原因，主要是当年标准普尔500指数公司盈利大幅度下滑所致，也证明了2008年全球金融风暴的强滞后效应。

从历史角度来看，美国标准普尔500指数的平均PE基本介于10~20倍，若是超过20倍，美国股市处于高风险区。例如，2015年之后的美国股市平均PE高达20倍，遭到不少知名经济学家和美联储主席耶伦的警告。若是平均PE低于10倍，股市整体表现比较低迷，市场估值处于低位区间，风险比较小。而美国标准普尔500的平均PB稳定在2倍左右，与表9-7统计的历史数据基本一致。如果平均PB高于2.5倍，股票市场就基本处于牛市中，投资风险便开始显现；如果趋于2倍，股票市场处于弱势整理中，投资机会便开始显现。

比较美股与沪深两市，沪市的大型权重股的估值水平和标准普尔估值基本相当，深市的估值水平远高于标准普尔的估值水平。处于新兴加转轨阶段的中国股市，过去20年间PE介于15~60倍波动，上证指数的合理估值中枢是静态PE介于24~28倍。美国、中国香港等成熟证券市场PE介于8~22倍波动。随着我国资本市场的不断成熟并逐步与世界主流市场接轨，A股市场上证PE将由原来的15～60倍逐渐下行到10～30倍，这一趋势可以比较20世纪90年代的市场平均PE和21世纪初的平均PE以及2010年以后的平均PE。现在及未来几年，中国股票市场处于与世界市场接轨加速的阶段，可以预期的是，我国股票市场估值水平还将进一步下行，与国际市场逐步接轨，预计我国股票市场平均PE也会降至10～20倍。同样，我国股票市场的平均PB也将与国际主流市场接轨。

第五节　不同视角下财务指标重要性的比较分析

不同的利益相关者的信息诉求迥异，评估财务报告的重点不同，其关注的财务指标必然有差异。

根据吉布森（Gibson）在美国进行的一项调查显示，由于商业银行、公司总会计师、公司目标、注册会计师以及特许金融分析师对财务指标的认知不同，其认为各种财务指标的重要性程度也不一样。表9-16～表9-20分别统计了不同财务报告使用者对各种财务指标的重要性的认知差异的调查数据。

有关财务指标调查说明如下：本书将财务能力类别划分为流动性能力、资产管理能力和盈利能力三大类，也可分为六小类，而本调查中财务能力分类与我们的划分略有差异，其中有些类别财务能力的界定更为宽泛。

商业银行在信贷决策中常用的财务指标见表9-16。

表9-16　商业银行在信贷决策中常用的财务指标

比　率	重要性程度	衡量的主要方面
债务/权益比率	8.71	长期安全性
流动比率	8.25	流动性
现金流量/本期到期长期债务	8.08	长期安全性
固定费用偿付率	7.58	长期安全性
税后净利润率	7.56	获利能力
利息保障倍数	7.50	长期安全性
税前净利润率	7.43	获利能力
财务杠杆系数	7.33	长期安全性
存货周转期	7.25	流动性
应收账款周转期	7.08	流动性

注：重要性等级最高为9分，最低为0分；上述10个比率，是信贷管理人员认为的59个财务比率中最重要的10个。

公司总会计师认为最重要的财务指标见表9-17。

表9-17　公司总会计师认为最重要的财务指标

比　率	重要性程度	衡量的主要方面
每股收益	8.19	获利能力
税后权益收益率	7.83	获利能力
税后净利润率	7.47	获利能力
债务/权益比率	7.46	长期安全性

(续)

比率	重要性程度	衡量的主要方面
税前净利润率	7.41	获利能力
税后总投入资本收益率	7.20	获利能力
税后资产收益率	6.97	获利能力
股利支付率	6.83	其他
价格/收益比率	6.81	其他
流动比率	6.71	流动性

公司目标中常用的主要财务指标见表9-18。

表9-18　公司目标中常用的主要财务指标

比率	公司百分比（%）	衡量的主要方面
每股收益	80.6	获利能力
债务/权益比率	68.8	长期安全性
税后权益利润率	68.5	获利能力
流动比率	62.0	流动性
税后净利润率	60.9	获利能力
股利支付率	54.3	其他
税后总投入资本收益率	53.3	获利能力
税前净利润率	52.2	获利能力
应收账款周转期	47.3	流动性
税后资产收益率	47.3	获利能力

注册会计师认为最重要的财务指标见表9-19。

表9-19　注册会计师认为最重要的财务指标

比率	重要性等级	衡量的主要方面
流动比率	7.1	流动性
应收账款周转期	6.94	流动性
税后权益收益率	6.79	获利能力
债务/权益比率	6.78	长期安全性
速动比率	6.77	流动性
税后净利润率	6.67	获利能力
税前净利润率	6.63	获利能力
税后资产收益率	6.39	获利能力
税后总投入资本收益率	6.3	获利能力
存货周转期	6.09	流动性

特许金融分析师认为最重要的财务指标见表9-20。

表 9-20　特许金融分析师认为最重要的财务指标

比　　率	重要性等级	衡量的主要方面
税后权益收益率	8.21	获利能力
价格/收益比率	7.65	其他
每股收益	7.58	获利能力
税后净利润率	7.52	获利能力
税前净利润率	7.32	获利能力
固定费用偿付率	7.22	长期安全性
速动比率	7.1	流动性
税后资产收益率	7.06	获利能力
利息保障倍数	7.06	长期安全性

纵观表 9-17、表 9-18 和表 9-20，这三张表的统计共性是盈利能力指标占绝对主导，偿还债务能力指标居次要地位，大体符合"二八"定律。而表 9-16 和表 9-19 的统计共性是流动性占据主导地位，兼顾盈利性。这主要是因为公司总会计师、公司和特许金融分析师的分析视角具有共性，他们都希望公司基于持续经营的前提，即公司流动性基本充足的前提，公司具有持续盈利能力。商业银行和注册会计师最重视公司流动性而适度兼顾盈利性，这是因为商业银行要确保借款安全，注册会计师希望公司不要财务造假，而公司通常在流动性充分的前提下是不会财务造假的。

思　考　题

1. 如何理解利润与现金流的关系？
2. 销售毛利率、营业利润率和销售净利率之间是否有确定性关系？
3. 资产报酬率和权益报酬率的关键驱动因素有哪些？
4. 如何理解财务杠杆效应？公司在什么条件下更容易产生财务杠杆正效应？
5. 我国不同行业的利润率可能存在明显差异，不同行业间形成利润率差异的重要原因是什么？
6. 为什么每股收益不能用于公司之间的比较？
7. 加权平均普通股股数计算公式为：流通在外的加权平均普通股股数 = 期初流通在外的普通股股数 + 当期新发行的普通股股数 × 已发行时间 ÷ 报告期时间 − 当期回购的普通股股数 × 已回购时间 ÷ 报告期时间。请评述加权平均普通股股数的计算公式中有关时间权重的合理性。
8. A 公司 20 × × 年度净利润为 750 000 元。A 公司发行在外普通股股数的加权平均数为 690 000 股，此外，A 公司 20 × × 年年初发行可转换债券，面值总额为 50 000 元，利率为 6%，可以转换成普通股 10 000 股。假定公司所得税税率为 25%，计算公司 20 × × 年期末的基本每股收益和稀释每股收益（计算结果保留两位小数）。
9. 每股净资产与公司股价的关系是什么？
10. 市盈率的内涵是什么？一般公司 PE 合理的估值区间是多少？

11. 一家公司的 PE 与一个国家股票市场的平均 PE 有何区别?

12. 当 PB 小于 1 时,它是否意味着投资机会显现?在什么条件下,PB 小于 1 时,公司的投资机会比较好?

13. PE 与 PB 估值的关键驱动因素是什么?

14. PE 和 PB 投资组合的结果是什么?各种不同组合能给投资者什么启示?

15. 我国上市公司 PE 和 PB 估值水平如何?为何我国 PE 和 PB 平均估值水平通常远高于它们的中位数?

16. 根据 PB、PE 和 ROE 的关系,以我国上市公司为例,分析它们实战运用。

17. 为何流动性能力指标与盈利能力指标在各利益相关者眼中是最重要的?

18. B 公司是一家国有工业企业上市公司。表 9-21 是 B 公司 2009—2011 年的比较资产负债表。

表 9-21　B 公司 2009—2011 年的比较资产负债表　　　　（单位:千元）

2009 年 12 月 31 日		2010 年 12 月 31 日		2011 年 12 月 31 日	
资产		资产		资产	
货币资金	25 000	货币资金	20 000	货币资金	25 000
应收账款	10 000	应收账款	7000	应收账款	3000
存货	35 000	存货	20 000	存货	10 000
固定资产	50 000	固定资产	78 000	固定资产	110 000
合　计	120 000	合　计	125 000	合　计	148 000
负债及所有者权益		负债及所有者权益		负债及所有者权益	
短期借款	20 000	短期借款	32 000	短期借款	63 000
应付账款	25 000	应付账款	15 000	应付账款	5000
长期借款	30 000	长期借款	30 000	长期借款	30 000
股本	40 000	股本	40 000	股本	40 000
未分配利润	5000	未分配利润	8000	未分配利润	10 000
合　计	120 000	合　计	125 000	合　计	148 000

公司其他部分有关财务数据如下:①近三年公司的销售毛利率由 30% 提升至 35%,营业利润率由 10% 下降至 6%。公司毛利率高于行业均值,但营业利润率 6% 低于行业均值。②近三年销售费用占销售收入比由 5% 逐步下降到 4.5%,而管理费用占比却逐步由 10% 上升至 15%。③公司近 3 年经营活动现金流量下降,且经营活动产生的现金流量占收入的比值下降;投资活动产生的现金流量都是负数,并且绝对值逐步增大。④公司存货周转率呈逐步上升态势,由 1.33 到 2.89;应收账款周转率逐步上升,由 6.67 上升到 14.81;总资产周转率逐步下降,由 0.56 下降到 0.30,以上数据均在行业均值以上。⑤假设 2009 年净利润为 5 000 000 元,应付账款减少 6 000 000 元,存货减少 12 000 000 元,应收账款减少 5 000 000 元,营业外收入与营业外支出相等。

假定我国资本市场是有效的,2012 年初期有一些投资者考虑购买 B 公司股票,但是限于专业知识有限,无法判断 B 公司基本面,于是向特许金融分析师求教。请问,根据以上信息是否能够评估这家公司的基本面,并给予投资者中肯的投资建议?如果上述信息不足,还需要借助哪些公开信息才能对 B 公司基本面做出比较全面的评估?

判 断 题

1. 销售毛利率、营业利润率和销售净利率之间具有确定性关系。( )
2. 一般条件下营业利润率与资产周转率成正比。( )
3. 公司资产配置效率在很大程度上决定了利润率高低。( )
4. 主营业务利润率与公司竞争战略、生产流程、营销策略、管理层的执行能力等密切相关。( )
5. 成本领先竞争战略与差异化竞争战略之间存在着本质冲突。( )
6. 从表面上看成本领先战略和差异化战略截然不同,实则不然,两种战略只是强调的侧重点不同而已,各自战略中均包含另一方。( )
7. 公司竞争战略的选择与行业属性密切相关,不同行业的公司竞争战略有明显差异,而行业内不同企业的竞争战略也有可能不同。( )
8. 每股经营现金流可以用于公司之间的比较分析。( )
9. 每股收益可以无条件地用于自身纵向分析。( )
10. 每股收益越高,公司现金分红越高。( )
11. 每股经营现金流量越高,公司现金分红有可能越高。( )
12. 基于有效资本市场假定,股东财富最大化等同于股票价格最大化,而股价与每股收益高度相关。( )
13. 公司年初普通股股本为 10 亿股,6 月 1 日发行普通股 2 亿股,10 月 1 日回购 1 亿股普通股,年底计算基本每股收益时的普通股股本是 11.2 亿股。假定下一年度无股本变化,则下一年期末普通股股本是 11 亿股。( )
14. 20×× 年 Angel Corporate 的净利润为 1 500 000 元,股数 300 000 股,20×× 年每股普通股的平均市场价格为 20 元,20×× 年股票期权 50 000 股,股票期权行权价格为 15 元。则该公司 20×× 年稀释每股收益等于 4.29 元。( )
15. 公司股价一般不会跌破每股净资产,一旦击穿净资产,投资机会就会显现。( )
16. 如果公司股票低于每股净资产的成本,成本又接近变现价值,从短期讲公司已无存在价值,清算是股东的最好选择。( )
17. 如果公司股价持续低于净资产,则投资机会越大。( )
18. PE 就是投资回收期。( )
19. 当公司盈利处于高增速态势时,公司 PE 就是投资者投资这家公司的投资回收期。( )
20. 市场平均 PE 不仅包含系统风险还包含特有风险。( )
21. 正常情况下一家公司 PE 有可能持续几年高达 50 倍以上,但是市场平均 PE 不

可能长期如此。   (   )

22. 股权成本、股利支付率和盈利增速是决定 PE 的关键因素。   (   )

23. 股票支付率与股利支付率是同一个概念。   (   )

24. 我国股票市场平均股票支付率过低主要是因为我国上市公司现金分红意愿不强。   (   )

25. 公司股价等于 PB 与资产报酬率的乘积。   (   )

26. PB 等于 PE 与 ROE 的乘积。   (   )

27. 市盈率的高低与经济的景气度、行业的基本面没有关系。   (   )

28. 公司每股收益与经营杠杆、财务杠杆有关。   (   )

29. 2010 年后我国上交所平均 PE 估值并不太高，这主要是因为保险、房地产行业在指数权重占比过高，并且这些行业的 PE 估值过低。   (   )

30. 我国股票市场平均 PE 一般远高于中位数 PE，只有在 2007 年牛市高点时两者相差无几，这主要是因为当时公司估值几乎都逼近极限，导致总样本比较符合正态分布。 (   )

31. 如果公司短期 P＜B，假定公司至少在未来几年内都可以维持持续盈利，甚至盈利还略有增长，则这家公司具有比较好的投资机会，但是也不可过于乐观。 (   )

32. 注册会计师最在乎公司盈利能力，然后是公司流动性能力。   (   )

33. 特许金融分析师最在乎公司流动性能力，然后是公司盈利能力。   (   )

Chapter 10 第十章

财务报表综合分析方法

■ **回顾**

第九章讲述了盈利能力与公司估值,描述了各种盈利能力指标的内涵和运用,重点分析了 PE 和 PB 在公司估值中的运用。至此,本书对各类财务能力的评价讲述完毕,基本涵盖了财务分析所需的通用财务指标。

■ **本章提要**

本章重点分析了两类财务报表综合分析方法:一类是综合评分法,以沃尔评分法为代表;另一类是因素分析法,以杜邦财务分析法为代表。首先简要概述了沃尔评分法的基本原理、运用及其注意事项,然后系统分析了传统杜邦财务分析法的原理、运用、缺陷及改进,并探讨了杜邦财务分析法的两种拓展模型及其优势。

■ **展望**

第十一章开启第四篇 财务预测篇。第十一章描述了财务报表数据的一些特征,有利于分析者进一步理解财务数据的内涵,并有助于分析者做出财务预测。

◆ **章首案例**

不同国家或权威机构每年都会排定最优秀公司的座次。美国《财富》杂志、美国《商业周刊》、美国商业杂志《福布斯》和英国《金融时报》都会排定世界 500 强公司,但各自标准并不相同,有一些机构侧重盈利能力指标,有一些杂志重视市值计量指标,还有一些重点关注收入类指标。

我们通常所说的世界 500 强的排名是指《财富》500 强的榜单。《财富》杂志认为公司规模最重要,一般选取企业每年营业收入作为重要排名依据,因此《财富》世界 500 强其实是指世界上 500 个规模最大的公司,向来被经济界认为是世界各国经济状况的一个晴雨表。《福布斯》则收录了根据营收、利润、资产和市值这四大指标评出的全球规模最大、最有实力的上市公司，榜单使用的是综合评分。在此基础上，《福布斯》赋予四项指标相同的权重，然后计算每家公司的总分数，再得出公司的综合排名，前2000家公司即为《福布斯》2000强。所以，《福布斯》榜单最全面。《商业周刊》和《金融时报》更注重市值计量，我们称之为证券市场晴雨表。《商业周刊》和《金融时报》的排名依据更为相似，都是以市值作为主要依据，不过《金融时报》的榜单只有500家，而《商业周刊》的榜单则有1000家。《金融时报》选取截至每年3月31日的公司市值进行排名，《金融时报》还规定入围的公司要有至少15%的股份在市面上流通，未上市的股份不计入统计范围。

每一种权威刊物或机构都有自己的一套评价体系，现以美国《商业周刊》为例进行说明。它主要用8个财务指标对500强进行了排名。首先考虑的指标是销售及利润增长率和股东收益率。其次是体现公司持续经营能力的指标，公司本年及最近3年的经营情况都在被考虑之列。为了着重强调公司从经营中赚取最大利润的能力，利润率和股东权益报酬率也是分析的指标之一。《商业周刊》将确定的指标划分成各种等级，前20%为A，稍次的20%为B，依次类推，最差的为F。然后，加总各类得分，再用销售数量加权平均得出最终的排名。据此，《商业周刊》排定世界500强。

[资料来源：《财富、福布斯、金融时报，500强榜单到底哪家强？》，2016年07月21日，赵晓明，观察者网（www.guancha.cn/economy/2016_07_21_368362.shtml］。）

根据上述资料，思考以下问题：

1. 为什么《商业周刊》和《金融时报》的世界500强排名被称为证券市场的晴雨表？

2. 各大机构排定500强座次运用的综合评价方法与单独评定各类财务能力方法的区别是什么？

第一节 财务报表综合分析方法概述

我们已经比较系统地介绍了各类财务能力评价，而单一财务能力指标只反映公司某一方面的信息，或多或少都存在一些缺陷，所以人们需要设计并使用较为复杂的评价方法，运用财务报表综合分析方法更为直观、最大限度地综合使用财务报表信息，有效地评价公司业绩。

本章的财务报表综合分析方法与**第七章 流动性能力分析**中提出的动态循环财务能力评估不同，它是指运用财务综合分析方法实现公司财务能力的综合评价，而后者是指将离散的各类财务能力通过不断彼此修正达到各自的最终评价时，自然也形成了分析者对公司的综合财务能力评价。二者最明显的区别是实现的路径不同，前者是采用财务综合分析方法而形成的综合分析能力评估，而后者并没有运用综合分析方法，是根据各类财务能力彼此修正评估而形成的离散式综合能力评估，后者虽然方法更为简单，但是缺乏综合评价方法支撑，对分析者的要求更高。

国内外有多种财务综合评价方法，比较有代表性的方法主要有综合评分法和因素分析法，它们都是由国外专家、学者首先提出并加以运用的方法。20 世纪末期的平衡计分卡及其改进模型也属于综合评分法。国外综合评分法主要有沃尔评分法、综合指数法等；国内综合评分法主要有财政部颁布的企业绩效综合评价法、《中证报》的中诚信证券业绩评价体系、上海新兰德业绩综合评价方法等。国内综合评分方法与沃尔评分法的原理一样，我们重点介绍沃尔评分法。而因素分析法主要分为连环替代法和差额分析法，以杜邦财务分析方法为典型代表。

综合评分法是最简单且最通用的一种财务综合分析方法。它通过评分来反映对评价对象的判断，并把各种因素的评价通过某种形式相结合，最后用一个量化的结果来表达综合评价的结论。其中，对各种因素的评价以一定的分值的形式出现，称之为效应值。

综合评分法通常可以利用函数 $P = f(X_1, X_2, X_3, \cdots, X_n)$ 表达其评价结论。其中 P 为综合得分，X_1，X_2，X_3，$\cdots$，X_n 为单因素的效用值。

综合评分法的表达形式主要有 3 种形式：相加评分法、加权评分法和相乘评分法。在实践中运用比较广泛的是加权评分法和相乘评分法。具体来讲，相加评分法是把单因素的效用值测度以后，进行相加得出总评估得分，它实质上假定效用值是线性的。其优点是简单、直观，局限是相加评分法对每一个评价因素都是平等的，综合评价结果不能反映各因素对总目标贡献的差异。加权评分法是相加评分法的一种变形，在综合评价中，引入权重，对效用值的运算事先进行加权处理，赋予权重后，再进行相加运算。显然，加权评分法中权重值的确定是一个重点也是难点，它直接决定了评分值的有效性。相乘评分法是将单因素的效用值进行相乘运算而得出综合评价的结果。

因素分析法是指将财务比率之间的关系，采用目标管理的方式连接各种财务指标，运用目标管理的思想管理各财务指标，使之更综合地反映企业绩效。

因素分析法的函数表达式取决于各因素之间的关系，各因素之间的关系主要以乘积的方式存在，也可以非乘积方式，即以混合运算的方式存在。其中，以乘积方式存在最为普遍。

因素分析法的优点是将财务指标体系作为一套目标管理体系，将第一级指标：母指标层层细化为不同级别的指标：各级子指标、各级孙指标……使之形成一套有机体系，并运用目标管理方法管理各级指标，从而达到全面评价公司绩效并找出问题所在及其解决对策的目的。

因素分析法的局限在于该方法假设各评价因素相互独立，而财务指标之间通常具有一定的相关性，因此至少要确保这些因素指标之间不能是强相关，否则会影响因素分解的有效性。并且，因素分析法中有一个重要难题是如何界定各因素之间的排序，其排序的不同将直接影响各因素的贡献值及其评价的合理性。

第二节　财务报表综合分析方法介绍

一、沃尔评分法

（一）沃尔评分法概述

沃尔评分法是一种加权平均的综合财务评价方法。沃尔评分法是财务状况综合评价方法的先驱者亚历山大·沃尔提出来的，他在1928年出版的《信用晴雨表研究》和《财务报表比率分析》中提出了信用能力指数的概念，即把若干个财务比率用线性关系结合起来，并分别给定各自在总评价中占的比重，总和为100分。然后确定标准比率，并与实际比率比较，计算各项指标的得分，求得总评分，从而对企业的信用能力水平做出评价。根据采用财务指标的不同，沃尔评分法也可以评价公司财务状况和经营业绩水平。沃尔评分法的指标与权重见表10-1。

表10-1 沃尔评分法

序 号	财务比率（R_i）	标准比率	相关权重系数（W_i）
1	流动比率（流动资产/流动负债）	2.00	0.25
2	净资产/负债	1.50	0.25
3	资产/固定资产	2.50	0.15
4	应收账款周转率（销售收入/应收账款）	8	0.10
5	存货周转率（销售成本/存货）	6	0.10
6	固定资产周转率（销售收入/固定资产）	4	0.10
7	净资产周转率（销售收入/净资产）	3	0.05
合 计			1.00

如果以100分计权重，将表10-1中相关权重系数（W_i）乘以100即可。

国内教材中关于沃尔评分法的计算公式并不统一。经梳理国内教材与公开资料，我们发现沃尔评分法有两种计算公式：

一种比较普遍的计算公式为

$$I = \sum W_i \times \frac{R_i}{Z_i} \tag{10-1}$$

式中，W_i为财务比率i的权重；R_i为某企业的财务比率i的值；Z_i为财务比率i的行业标准或者基准比率。

另一种计算公式为

$$I = \sum W_i \times \left[1 + \left(1 - \frac{R_i}{Z_i}\right)\right] \tag{10-2}$$

从表面上看，式（10-1）更为直观，而式（10-2）无法运用实例直接说明其如何评价公司信用水平及其他方面的情况。如果仅根据式（10-2）运用实例计算，只能得出一种结论：就是公司实际值偏离标准值的相对准确程度，并无法评价公司信用程度、财务状况及经营业绩。例如，假定该体系只有一个指标：流动比率，其标准值为2，该指标权重是100分。当该公司实际流动比率为2时，则运用沃尔评分法计算其得分为100分。但是，如果该公司实际流动比率为1，低于标准值，则运用沃尔评分法计算其得分为150分，远高于公司流动比率为2时的100分。同样，当公司实际流动比率为3时，则该公司沃尔评分值仅为50分。因此，如果根据沃尔评分值越高，公司流动性越高的标准，这时是无法评价公司在三种不同流动比率值的流动能力，并且如果认为沃尔评分越高，公司流动性越强，则这些评分评价公司流动性显然是错误的，这时沃尔评分法的计算值只是显示了公司偏离标准值的相对程度而已。

通过梳理国内相关教材中关于沃尔评分法的计算原理及其实例说明，我们发现式（10-2）

并不是如上描述的内涵，否则就是国内教材描述的沃尔评分法的计算式（10-2）是对沃尔评分法的错误描述。当然，我们假设沃尔评分法的确有描述式（10-2）。

基于式（10-2）正确的前提下，通过比较式（10-1）和式（10-2），我们认为沃尔评分法计算时应根据不同情况选择不同的计算公式。这是因为沃尔评分法中各指标的变动方向与评价目标之间的关系并非完全趋于一致。例如，公司流动性与流动比率成正比，而与资产负债率却成反比。因此，运用式（10-1）衡量流动比率的得分时就是公司实际流动比率越高，它的得分越高，而资产负债率则需要运用式（10-2），这时公司实际资产负债率越高，它的得分越低。

当然，假定所有财务指标与评价目标之间是单向关系，采用式（10-1）即可。以流动性评价为例，当各种财务指标越高时，则运用式（10-1）计算的公司总分越高，其代表公司流动性越强。反之亦然。

（二）沃尔评分法的评价与步骤

1. 沃尔评分法的评价

沃尔评分法的价值在于它相对于原来的单项评估方法而言提出了一种全新的评估公司业绩的思路，它将财务指标综合起来，构成有机体系，更好地评估公司信用能力以及公司业绩。

沃尔评分法最开始使用的是七个财务指标，包括狭义上的流动性能力指标和资产管理能力指标，而这些资产管理能力指标也可以包括在广义的流动性指标中，因此，沃尔评分法侧重于公司信用能力评价。

沃尔评分法不能证明为什么要选择这七个财务指标而不是更多一些或更少一些，或者选择别的财务比率。并且它也不能说明每一个指标权重的重要性及其赋予的权重的合理性。同时，各个指标的标准比率如何界定有待考证。还有，当某一个财务指标发生严重异动时会对整个指标产生不合逻辑的重大影响。这是由比重与相对比率相乘引起的。财务比率提高一倍其评分增加一倍，缩小1/2则其评分却降低一半。这个缺陷通过一定的方法进行修正，可以使其价值得以提升。

这里提供一种修正方法，在确定每个指标权重的同时，规定取值的上限与下限，以减少个别财务指标的异常变动对综合财务指数造成的不合理影响。

这时，沃尔评分综合指数计算修正公式 I_m 的计算公式为

$$I_m = \sum W_i + (R_{实i} - Z_{标i}) / 财务指标_{i每分比率}$$

式中，$R_{实i}$ 为财务比率 i 的实际值；$Z_{标i}$ 为财务比率 i 的标准值或者基准比率；财务指标 $_{i每分比率}$ 表示综合财务指数每增加1分该指标应提高的比率。

具体的计算公式为

$$财务指标_{i每分比率} = \frac{该指标行业最高值 - 该指标行业标准值}{(该指标允许权重最高值 - 该指标允许权重最低值)/2}$$

由此可见，$(R_{实i} - Z_{标i})/财务指标_{i每分比率}$ 就是对沃尔评分法中指标权重的调整。

尽管沃尔评分法的确没有很好地将各项财务指标组成一个有机整体，但是沃尔评分法为综合评价企业的财务状况提供了一种非常重要的思路，即把分散的财务指标通过一个加权体系综合起来，使一个多维度的评价体系变成一个综合得分，这样就可以用综合得分对企业做出评价。这一方法的优点是简单易用，易于操作。虽然存在诸多缺点，但在实践中，它仍被

广泛运用并得到不断发展和改进。基于社会经济的发展，沃尔评分法所选择的财务比率也在不断地发生变化，各个比率的权重也不断地被修正，各个比率的标准值也需要不断地调整，但是无论如何变化，沃尔评分法的核心思想始终没有改变，它的应用步骤基本也没有发生变化。

2. 沃尔评分法的基本步骤

总体来讲，沃尔评分法的综合指数计算过程如下：

（1）选择财务比率。不同的财务报表使用者，其财务分析目的不尽相同，所选择的财务比率也不一样。在选择财务比率时应该注意以下几点：①财务比率尽量全面，避免一股独大；②财务比率具有代表性；③尽量避免同类指标重复；④财务比率变化方向尽可能一致，即当财务比率增大时表示财务状况改善，反之，表示财务状况恶化。例如，选择长期债务偿还能力时，最好选择股权比率（＝股东权益/负债）而不是资产负债率，因为通常在一定范围内，股权比率与企业债务偿还能力成正比，而资产负债率与企业债务偿还能力成反比。

（2）确定各项财务比率的权重。如何将100分总体合理地分配给所选择的各个财务比率，是沃尔评分法中非常重要的一个环节。分配标准的高低与财务比率的重要程度成正比。对各个财务比率的判断，应视企业的经营状况、管理要求、发展趋势以及分析目的等具体情况而定。

（3）确定各项财务比率的标准值。财务比率的标准值是判断财务比率高低的比较标准。比较标准有多个，如预算标准、历史标准、行业标准、经验标准。到底选择哪一个标准，应视企业具体情况而定。一般而言，最常见的选择是行业标准。当然，要注意对行业均值的处理，具体参见第三章　财务报表分析基础。

（4）计算各个财务比率的实际值。利用财务报表计算企业各个财务比率的实际值，要注意各个财务比率计算时需要特别处理的问题。

（5）计算各个财务比率的得分。通过各个财务比率实际值与标准值的比较，判断各个财务比率，再结合各个比率的权重即所分配的分数，计算各个财务比率的得分。计算得分的方法有多种，其中比较常见的是用比率的实际值除以标准值得到一个相对值，再用这个相对值乘以比率的权重得到该财务比率的得分。这种计算得分的前提是各财务指标与评价目标之间均呈单向变动关系。

为了避免个别财务比率异常对总评分造成不合理的影响，可以对每个比率的得分确定一个上限与下限，也就是说每个比率的得分最高不能超过其上限，最低也不能低于其下限。比如，某个财务比率的上限得分不能超过它的权重分数的2倍，下限界定为不能低于其权重分数的0.5倍。

这是因为财务比率大多都有各自的合理区间。比如流动比率不是越高越好，流动比率越高意味着公司资金闲置的可能性越高；同样，存货周转率太高或者太低也可能意味着企业存货管理存在一些问题；股权比率也不能过高等。对于这类比率的计分方法应当进行一定的修正。比如，某行业股权比率的平均值是65%，且通常认为企业的股权比率超过80%就太高了，假定某企业的股权比率超过85%，则就不再采用实际值除以标准值再乘以权重分数的方法计算其得分，而应该改用80%或者60%的数值进行计算。

（6）计算综合得分。将各个财务比率的实际得分加总，就是公司的综合得分。假定以沃尔评分越高越好为标准，根据财务指标与评价目标的关系，如果两者是正向关系，则该指标得分越高越好，运用式（10-1）计算得分，如果两者是负向关系，运用式（10-2）计算该指标得分，最终汇总两类指标总得分。当然，如果所有财务指标与评价目标是单向关系，运用式（10-1）求解即可，评价时根据这些财务指标与评价目标之间的关系决定其评分值代表的评价结果。

以上步骤中最关键也是最难的是各项财务比率的权重和标准值的确定。要给各个财务比率分配合理的权重，并为每个财务比率确定合理的标准值，需要综合考虑多方面的因素，并在长期实践中不断修正与完善。

二、传统杜邦财务分析方法

杜邦财务分析方法是由美国杜邦公司于 20 世纪 20 年代首创的，根据目标管理思想而构建的一种综合财务分析方法。它以净资产报酬率（又称权益净利率）为起点，将财务指标从综合到具体进行层层分解，直到分解为财务报表的原始构成要素。

杜邦财务分析体系如图 10-1 所示。

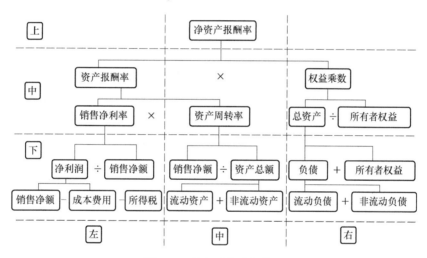

图 10-1　杜邦财务分析体系

杜邦财务分析体系有关计算公式简单推理过程如下：

净资产报酬率 = 净利润/净资产
　　　　　　 =（净利润/总资产）×（总资产/净资产）
　　　　　　 = 总资产报酬率 × 权益乘数
　　　　　　 =（净利润/销售收入）×（销售收入/总资产）× 权益乘数
　　　　　　 = 销售净利率 × 资产周转率 × 权益乘数

如果有优先股股利，在净利润中扣除即可。

（一）传统杜邦财务分析体系的评价

1. 核心指标体系的优越性

首先，净资产报酬率具有很好的可比性，可以用于不同企业之间的比较，它在不同行业的业绩评价体系中都有着举足轻重的地位。其次，净资产报酬率具有特别强的综合性，体现了对所有者权益保值和增值的关注，与股东权益最大化的理财目标相一致。

2. 子因素指标体系的整体性、协调性和层次性

首先，杜邦财务分析体系是一个有机整体。整体性是系统的本质特征，每一个系统都是作为整体而存在的。企业经营活动是以系统方式存在的，每一个环节的变动都会影响企业整体的运作。杜邦财务分析体系利用反映经营管理各方面的基础指标之间的有机联系，对企业的财务状况和经营成果进行综合分析，也使分析者对单个指标的分析更具科学性。

销售净利率反映企业的盈利能力，资产周转率反映企业的资产管理能力，而权益乘数反映企业的资本结构。这3个指标将企业的盈利能力、资产管理能力和流动性能力有机地结合起来，可以更好地观察企业的经营战略与财务战略，进而做出是否需要调整经营与财务战略的决策。销售净利率和资产周转率反映企业的经营战略。企业经营战略不同，这两个财务指标的高低就不同。假定企业实施低成本战略，公司通常销售净利率比较低而资产周转率比较高；如果企业实施差异化战略，企业产品具有较强的差异性，可以实施高价定位，企业通常销售净利率比较高而资产周转率比较低。权益乘数反映了公司财务战略，不同性质的行业，其财务战略不尽相同，需要综合判断其是否合理。

其次，杜邦财务分析体系各指标之间具有高度的协调性。系统具有内部结构优化趋势的特征，即系统的子系统之间的结合也要朝着协调和优化的方向调整。杜邦财务分析体系在综合分析企业财务状况和经营成果时，突出了对基础财务指标之间协调性的分析。一方面是分析各种基础财务指标之间的静态协调。杜邦财务分析方法将净资产报酬率分解为资产报酬率和权益乘数的乘积，再把资产报酬率看作销售净利率和资产周转率之积，这些都是指标之间协调性的表现。另一方面是在静态基础上，通过前后各期之间的对比找出净资产报酬率变动的深层次原因，进一步透视资产报酬率与权益乘数、销售净利率与资产周转率等之间的关系。推而广之，可以对杜邦财务分析体系指标做前后期对比，以分析指标结构的优化状况。

最后，杜邦财务分析系统的又一个显著特征是层次性。杜邦财务分析体系由下至上、由局部到整体的分析，是一种归纳过程。通过这个过程的计算和分析，直接体现了财务比率分析的过程，指标之间的关系一目了然，有利于加深报表分析者对指标之间关系的理解，也提高了财务综合评价的科学性。杜邦财务分析体系自上而下、自整体到局部的分析，是一种演绎过程。通过这种演绎过程，找寻指标体系中的异常点，发现经营管理活动中存在问题的地方，并寻求解决方案。由此可见，这三个子指标不仅在权益净利率一级指标的统领下构成了一个有机整体，而且协调性与层次性又十分明显，使财务分析的逻辑过程更加完整，也使财务分析工作更具科学性，使分析结果更具有说服力。

（二）杜邦财务分析方法的思想精髓[*]

杜邦财务分析方法不仅仅是一种财务分析方法，更是一种综合业绩评价方法。自诞生之日起，杜邦财务分析体系就在业绩评价方法中占据了重要地位，时至今日，它仍然指引着其他业绩评价方法的创新。杜邦财务分析方法具有如此强的生命力，关键之处在于它的目标管理思想。通过母子指标的协调配合，在实现了各级目标之时，也实现了最终目标。

杜邦财务分析方法自身的哲学理论依据也是其生命力之源。具体分析如下：

（1）哲学理论依据之一：对立统一规律。杜邦财务分析体系中体现的效益与效率正是这一规律的印证。资产周转率是反映资金周转速度的效率指标，到底效率能否转化为效益，取决于销售净利率，即效益指标。双方共同作用达到效率与效益的统一。

（2）哲学理论依据之二：量变与质变规律。量变与质变是共同依存而相互转化的。净资产收益率分解的三个指标视为自变量的三个逐次递增阶段,而股东权益报酬率是这三个量变阶段的最终飞跃,即质变。一般地说,在这三个指标中,权益乘数是最为次要的指标,它仅仅反映企业融资行为,没有涉及企业生产效率和效益;资产周转率反映企业资产管理水平,是已将资金投入生产过程中,开始运作,然而这些运作是否能够实现高效益,还取决于销售净利率。销售净利率是三个指标中最为综合性的指标,反映企业资金运动的最终效益,经过最后一个量变阶段,即可达到最终质变:净资产报酬率。这仅是第一个循环,然后又开始一次新的量变到质变的过程,周而复始。

(3) 哲学理论依据之三:整体与局部规律。整体与局部必须有机结合才能实现共赢。整体可以理解为净资产报酬率,而局部分为两个层级:一个层级是权益乘数和资产报酬率,另一个层级是权益乘数、资产周转率和销售净利率。局部相互作用、相互影响,其作用之结果直接决定了整体质量。各个指标必须有机配合,同时必须服从整体指标统领,唯有如此,才可能达到多赢之最终目的。

(三) 杜邦财务分析方法计算原理

根据杜邦财务分析体系,假定净资产报酬率用 A 表示,销售净利率为 B,资产周转率为 C,权益乘数为 D,则 $A = B \times C \times D$。基期这一组数据组合为:$A_0 = B_0 \times C_0 \times D_0$,报告期的数据组合为:$A_1 = B_1 \times C_1 \times D_1$。杜邦财务分析方法的计算原理是这样的:通过报告期与基期数据的比较分析,识别净资产报酬率变动的具体原因,计算三个子因素指标中各自导致净资产报酬率变化的程度,找出关键因素,为提高净资产报酬率找出解决问题的方法。

1. 因素替代原理

杜邦财务分析方法的计算原理实质上是因素分析法。因素分析法又称指数分析法,是指根据指数体系,从数量上分析经济指标变动受各子因素指标变动的影响程度的一种分析方法。经济指标和各子因素指标共同构成指标体系。指标体系又必须符合一定条件:在经济上具有一定联系。在数量上具有对等关系的两个或两个以上指数所构成的整体,且这些因素指标的关系是乘积关系或者混合运算方式的关系。

以杜邦财务分析方法为例,经济指标是指净资产报酬率,各因素指标是指销售净利率、资产周转率和权益乘数。根据杜邦财务分析体系,假定 $A = B \times C \times D$,其中,A、B、C 和 D 分别代表净资产报酬率、销售净利率、资产周转率和权益乘数,而 B、C 和 D 的变化就是 A_1 与 A_0 产生差异的具体原因。而 $A_1 - A_0 = B_1 \times C_1 \times D_1 - B_0 \times C_0 \times D_0$,我们需要运用因素分析法计算 B、C 和 D 导致 A 出现差异的各自贡献值。而计算三个财务指标对净资产报酬率发生变动的各自贡献值,首先需要确定三者之间的替代顺序,然后基于既定替代顺序的基础上求解各自贡献值。也就是说,因素分析法要求各因素指标之间有特定的排列顺序。

纵览各种财务管理或者财务报表分析教材,一般没有对各因素指标的替代顺序做出详尽分析,而是默认以下替代顺序:销售净利率、资产周转率和权益乘数。我们认为并非如此简单,各因素指标之间的替代顺序有多种选择,基于不同的标准,各因素指标替代顺序的选择是不同的,而其中哪一种或者哪几种排序是合理的值得商榷。

研究各因素指标替代顺序之前,首先要掌握各子因素指标替代的计算原理。以 $A = B \times C \times D$ 为例,现 A 发生变动,由 A_0 变化为 A_1,假定求解 $(A_1 - A_0)$ 变动差异中 B、C 和 D 的贡献值,根据 B、C 和 D 的替代顺序计算,则计算原理如下:

(1) 销售净利率导致净资产报酬率的变动程度 $= (B_1 - B_0) \times C_0 \times D_0$。

(2) 资产周转率导致净资产报酬率的变动程度 $= B_1 \times (C_1 - C_0) \times D_0$。

(3) 权益乘数导致净资产报酬率的变动程度 $= B_1 \times C_1 \times (D_1 - D_0)$。

由上述计算原理可知，根据 B、C 和 D 的替代顺序，当 B 首先发生变动时，即（$B_1 - B_0$），C 和 D 不变，保持基期数据，然后 C 发生变动，C 的变动是建立在 B 已发生变动的基础之上，最后 D 发生变动，D 的变动是在 B 和 C 都已变动之后而发生变动的，也就是说，分析 C 对 A 变动的贡献度时，B 已经由 B_0 变为 B_1，分析 D 对 A 变动的贡献度时，B 和 C 已经分别由 B_0 变为 B_1 和由 C_0 变为 C_1。

同理，假定按照 D、C 和 B 的替代顺序计算 B、C 和 D 各自的贡献值，其结果如下：

(1) 销售净利率（B）导致净资产报酬率（A）的变动程度 $= (B_1 - B_0) \times C_1 \times D_1$。

(2) 资产周转率（C）导致净资产报酬率（A）的变动程度 $= B_0 \times (C_1 - C_0) \times D_1$。

(3) 权益乘数（D）导致净资产报酬率（A）的变动程度 $= B_0 \times C_0 \times (D_1 - D_0)$。

由此可见，当各因素指标替代顺序不同时，同一因素指标的贡献值在各种替代顺序中很有可能是不同的。

2. 子因素指标替代顺序的选择*

根据排列组合知识，三个因素指标 B、C 和 D 共有六种排序方法：$B \to C \to D$、$B \to D \to C$、$C \to B \to D$、$C \to D \to B$、$D \to B \to C$ 和 $D \to C \to B$。而这六种排序又可以再分为三大类：$B \to C \to D$ 和 $B \to D \to C$、$C \to B \to D$ 和 $C \to D \to B$、$D \to B \to C$ 和 $D \to C \to B$。

通过六种替代顺序分别计算各子因素指标的贡献，基于各种不同的因素替代顺序，可求得同一子因素指标在不同替代顺序中的贡献值。如前所述，各子因素指标替代顺序的不同，各子因素指标的贡献值有可能不同。实际上，在这六种排序划分的三大类排序中，只有每一大类开始的子因素指标在这两种排序中的贡献值是相同的。比如 $B \to C \to D$ 和 $B \to D \to C$ 这一大类排序中，在这两种排序方法下 B 的贡献值是相同的，而 $C \to B \to D$ 和 $C \to D \to B$ 中 C 的贡献值是相同的，同理 $D \to B \to C$ 和 $D \to C \to B$ 的两种排序下 D 的贡献值是相同的。

探究因素分析法替代顺序时，以杜邦财务分析体系中三个子因素指标为例，我们需要考虑以下问题：

(1) 通常因素指标替代顺序的标准有几种？

(2) 三个因素指标的各种替代顺序都合理吗？

(3) 当前教科书中各因素指标的替代顺序是什么？

(4) 当前教科书中的替代顺序合理吗？

(5) 如果当前教材通用的替代顺序不合理，哪一种或者哪几种替代顺序更合乎逻辑？

(6) 在合乎逻辑的排序中，有没有一种更合理的替代顺序？

因素分析法的指标排序通常有两种标准：一种是传统方法，它依据数量指标在前、质量指标在后的原则进行排列；另一种可以称之为现代方法，它主要是根据重要性原则排列，即主要的影响因素排在前面，次要因素排在后面，即质量因素指标在前，数量因素指标在后。这两种标准从逻辑上讲都是成立的。

排序之前首先要了解各分解指标的经济含义。权益乘数是反映所有者权益与总资产之间的关系，并不直接反映资产利润率的高低。但是在总资产既定的前提下，企业进行适度的负债经营，减少所有者权益的份额以提高权益乘数，可以给企业带来较大的财务杠杆效应。这种财务杠杆效应给企业带来的是收益还是损失，取决于企业资产周转率和销售净利率的高低。显然，权益乘数影响企业的盈利能力，但不是根本因素。资产周转率反映了企业在资产管理方面的效率。资产周转速度越快，相同的资产实现的销售收入越多，说明企业的盈利能力越高。销售净利率反映了企业净利润与销售收入之间的关系，它直接体现了企业综合盈利能力的大小，是影响净资产报酬率的最直接因素。因此，这三个指标中权益乘数是数量指标，资产周转率和销售净利率是质量指标，其中销售净利率是更为重要的质量指标，资产周转率也可以理解为更为重要的数量指标，或者与销售净利率相比是次要的质量指标。

在指标内涵分析的基础上，根据各因素指标排序的两种标准，意味着在六种因素指标的替代顺序中只有两种替代顺序是合理的，而剩下的四种替代顺序是不合理的。以杜邦财务分析体系为例，只有"权益乘数→资产周转率→销售净利率"和"销售净利率→资产周转率→权益乘数"的替代顺序是合理的。

当前几乎所有理财学教科书中都采用现代方法对因素指标进行替代。但是我们认为，这种方法缺乏科学性，按传统方法对因素指标进行替代更容易找到理论依据。

首先，资金运动理论为传统因素指标替代法提供了理论支撑。权益乘数形成于企业生产阶段之前，为生产做准备而筹备资金，而总资产周转率是企业资金运转过程的直接显示，终结于产品的完工阶段，销售净利率是利润形成阶段的结果。由此可见，权益乘数、资产周转率和销售净利率在资金运动过程中是依次发生的，它们是企业资金运动过程中每一个时点（时期）必定产生的财务指标，也就是说从公司经营过程中来讲，这些财务指标必定是依次出现的。

其次，唯物辩证法告诉我们，事物的发展总是由量变到质变再到新的量变和质变，由此不断前进。量变是质变的必要准备，质变是量变的必然结果。假定将量变的过程划分为若干阶段，前一阶段量变为后一阶段量变的发生做准备，后一阶段的量变是前一阶段量变的结果，整个过程的量变都是为最终质变的发生做准备，发生质变后又形成一个新的量变到质变的过程，由此不断前进。假定将净资产报酬率的各分解指标视为由量变到质变的三个过程。权益乘数作为量变的第一阶段，资产周转率是第二个量变阶段，销售净利率是第三个量变阶段，权益乘数是第二阶段量变资产周转率的基础，而资产周转率是第三阶段量变为销售净利率发生的必要前提。在整个过程中，3个因素对净资产报酬率的质变做出各自的贡献，当第三个阶段完成后也就形成了质变，之后再形成新的量变到质变的过程。第一个量变到质变的过程作为基期，第二个量变到质变的过程视为报告期，之后又形成新的循环。量变到质变的过程可以较恰当地说明各分解指标的变动顺序。

实际上，关于因素分析法的替代顺序的标准争论的焦点，是重要的因素与次要的因素到底谁先变动的问题。如量变与质变原理一样，我们认为次要的因素先变动比较合适。日常生活中的一些例子也可以解释这一问题，比如两军对垒时，一般都是士卒先行，将帅押后，这些士卒犹如次要因素率先行动，将帅作为重要因素，后而动之。当然有人会提出质疑，认为两军对垒时，一般重要人物先对垒，比如大将对垒，而不是小兵先打，但要注意这并没有违背我们所论述的命题，大将对垒没错，但是一般不可能是指挥统帅先打，如果一对一单打，统帅一般也应该是最后一个出场的人物，即最重要的人在最后出场。

由此可知，传统指标排序不仅可以根据各分解指标在企业资金运动过程中生成的先后顺序来说明，而且还有哲学依据，所以，按权益乘数、资产周转率和销售净利率的变动顺序进行替代更科学，更具有说服力，能够更真实、客观地揭示各子因素分解指标对净资产报酬率的影响程度。

为了更好地理解因素排序标准,我们通过一个例子来说明两种因素指标替代方法的差异。

【例1】 假定 M 公司 2016 年的销售净利率、资产周转率和权益乘数分别为 23%、0.75 和 1.8,2017 年的销售净利率、资产周转率和权益乘数分别为 27%、0.8 和 1.9。请分别通过"权益乘数→资产周转率→销售净利率"(Ⅰ)和"销售净利率→资产周转率→权益乘数"(Ⅱ)两种替代顺序分别计算各子因素指标对净资产报酬率的贡献程度。

【计算过程】

第 Ⅰ 种替代顺序各因素的贡献见表 10-2。

表 10-2 第 Ⅰ 种替代顺序各因素的贡献

因 素	变动幅度	对 ROCE 的影响值	对 ROCE 的影响率
权益乘数	1.9 − 1.8	(1.9 − 1.8) × 0.75 × 23% = 1.73%	1.73/31.05 = 5.56%
资产周转率	0.8 − 0.75	1.9 × (0.8 − 0.75) × 23% = 2.19%	2.19/31.05 = 7.05%
销售净利率	27% − 23%	1.9 × 0.8 × (27% − 23%) = 6.08%	6.08/31.05 = 19.58%

根据第 Ⅱ 种替代顺序,同理可求得表 10-3。

表 10-3 第 Ⅱ 种替代顺序各因素的贡献

因 素	变动幅度	对 ROCE 的影响值	对 ROCE 的影响率
销售净利率	27% − 23%	1.8 × 0.75 × (27% − 23%) = 5.4%	5.4/31.05 = 17.39%
资产周转率	0.8 − 0.75	1.8 × (0.8 − 0.75) × 27% = 2.43%	2.43/31.05 = 7.83%
权益乘数	1.9 − 1.8	(1.9 − 1.8) × 0.8 × 27% = 2.16%	2.16/31.05 = 6.96%

由表 10-2 和表 10-3 可知,两种替代顺序下各分解指标对净资产报酬率的影响程度产生了较大变化,无论是各因素对净资产收益率的影响值还是影响率,按第 Ⅱ 种指标替代顺序夸大了权益乘数和资产周转率对净资产报酬率的影响,而掩盖了销售净利率这一实质因素对净资产报酬率的影响程度。

3. 因素分析法下既定替代顺序下的缺陷与修正

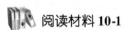

阅读材料 10-1

选手是如何完成接力棒比赛的?

假定三个人 B、C 和 D 合作完成 3×100 米的接力比赛 A,假定按照 B、C 和 D 的顺序参加比赛。其中 B 跑完第一棒后,他的交棒能力与 C 的接棒能力共同影响 C 跑第二棒的成绩,当然跑动过程是由 C 独自完成的,同样 C 交接给 D 也是一样。在跑动过程中,如果 B 交棒给 C 时交接能力一般,比如棒掉在地上,或者 B 交棒时给 C 一个很好的助跑位置,则 C 的成绩必定会受到影响,也会自然影响到 C 在与 D 交接时的心态,这样越往后面比赛,后跑者对比赛的贡献越复杂,很难准确界定接力比赛中的各自贡献。虽然计时器将准确记录每个接棒跑者的速度与时间,但是这只是表面的速度与时间,需要细分才可以准确计算各自的贡献。

因素分析法要求各因素指标在既定的排序下进行因素替代，后一个替代因素是在前一个替代因素已发生变动的基础上进行的，这样越靠后的因素指标的贡献值越复杂，越靠后的替代因素的贡献值中包括自身因素贡献以及与其他因素共同的贡献值。以 $B \to C \to D$ 替代顺序为例，B 的贡献 $= (B_1 - B_0) \times C_0 \times D_0$，$C$ 的贡献 $= B_1 \times (C_1 - C_0) \times D_0$，$D$ 的贡献 $= B_1 \times C_1 \times (D_1 - D_0)$，由此看来，$B$ 的贡献是最单纯的，C 和 D 都没有发生变化，只有自身的贡献。但是 C 的贡献是在 B 发生变化的基础上的贡献，此时 C 的贡献不仅包括 C 自身的贡献，而且还包括 B 与 C 的共同贡献。同样 D 的贡献更为复杂，它包括 D 自身的贡献，还有 B、D 联合贡献，C、D 联合贡献，以及 B、C 和 D 联合贡献。因此，因素分析法各因素指标要求既定的替代顺序是它的优点，同时也是它的软肋。

如果要解决这一缺陷，积分求解法可以剔除各因素指标之间的协同贡献，求解各自单纯的贡献值。积分求解法的计算原理如下：

积分求解法的主要目的是剔除各子因素指标之间的相互影响，以求出子因素指标对母指标的贡献度。假定函数 $f = xyz$，其主要思想如下：

将经济指标 f 视为多变量函数，而将子因素指标视为自变量。为便于理解，首先分析两个因素之间的替代关系，将经济指标 f 与子因素指标之间的关系视为其与子因素 x、y 两指标之间的关系。即 $f(x,y) = xy$，对其进行全微分可得

$$\Delta f' = f'_x \Delta x + f'_y \Delta y + \varepsilon$$

式中，$f'_x \Delta x$ 为 x 对 f 的单独贡献；$f'_y \Delta y$ 是 y 对 f 的单独贡献；ε 是 x 和 y 共同变动作用的结果。

为了提高分析结果的准确性，需要对 ε 做进一步分解。通过对其分解，可求得 x 对 f 的贡献程度为 $A_x = \Delta x y_0 + \Delta x \Delta y / 2$，$y$ 对 f 的贡献程度为 $A_y = x_0 \Delta y + \Delta x \Delta y / 2$。$A_x$、$A_y$ 表明各因素的基本影响额由各因素自己负担：A_x 中包含 $\Delta x y_0$，A_y 中包含 $x_0 \Delta y$；而共同影响额根据参与的因素平均分摊，$\Delta x \Delta y$ 是由 x、y 共同变动形成的，各因素分别承担 $1/2$。也可以通俗地理解为：$A_x = \Delta x (y_0 + y_1)/2$，$A_y = \Delta y (x_0 + x_1)/2$。同理可知，3 个子因素指标对母指标的贡献程度分别是 $A_x = \Delta x (y_0 z_1 + z_0 y_1)/2 + \Delta x \Delta y \Delta z / 3$，$A_y = \Delta y (x_0 z_1 + z_0 x_1)/2 + \Delta x \Delta y \Delta z / 3$，$A_z = \Delta z (x_0 y_1 + y_0 x_1)/2 + \Delta x \Delta y \Delta z / 3$。

如果以三个因素指标为例，比如将杜邦财务分析体系的三个因素指标，按照六种不同的替代顺序，分别计算 6 种替代顺序下各个子因素指标的贡献值，即每一个子因素指标都有六个贡献值，如果将每一个子因素指标的六个贡献值做简单平均，我们就会发现它的计算结果与积分求解法下的每个子因素指标的计算结果是相同的。

以【例1】为例，根据这种方法计算的结果为：权益乘数、资产周转率、销售净利率对净资产报酬率的影响依次是 1.94%、2.31%、5.74%，而不是上述两种情况下的计算结果，无论是哪一种子因素排序，其计算结果都与这组精确数据存在差异。

到此为止，这意味着我们之前讨论的主题：因素分析法各替代顺序的优化选择只不过是在既定假设前提下的优化选择，即根据因素分析法的内在假定下的优化选择，但是它会导致各因素贡献值不单纯，这一缺陷可以通过积分求解方法得以解决。

4. 杜邦财务分析方法在公司之间的比较分析的运用

杜邦财务分析方法除了分析公司自身净资产报酬率变化的具体原因外，也可以用于比较公司之间净资产报酬率形成差异的影响因素分析。

【例2】 某公司A是一家汽车销售公司，2017年度相关资料如下：①资产负债表项目如下：货币资金1050万元，应收账款1750万元，预付账款300万元，存货1200万元，固定资产3700万元，流动负债3500万元，非流动负债500万元，股东权益4000万元。②利润类项目如下：营业收入10 000万元，营业成本6500万元，税金及附加300万元，销售费用1400万元，管理费用160万元，财务费用40万元，所得税费用400万元。假定资产负债表年末与全年平均水平相当。另一家同行业公司B相关财务比率如下：销售净利率24%，总资产周转率0.6，权益乘数1.5。

要求如下：

运用因素分析法，按照"销售净利率→资产周转率→权益乘数"和"权益乘数→资产周转率→销售净利率"两种替代顺序分别计算，对A公司相对B公司ROE差异进行定量分析，说明三个因素指标各自的经济内涵并指出两家公司经营战略与财务战略的差别。

【计算过程】

（1）按照"销售净利率→资产周转率→权益乘数"的子因素替代顺序计算两家公司ROE之间的差异计算过程如下：

2017年A公司销售净利率=12%，总资产周转率=1.25次，权益乘数=2，则A公司净资产报酬率=12%×1.25×2=30%，而B公司净资产报酬率=24%×0.6×1.5=21.6%，A公司相对B公司ROE变化率=30%-21.6%=8.4%，则三个子因素各自贡献差异度是：

销售净利率变动对ROE的影响=（12%-24%）×0.6×1.5=-10.8%

总资产周转率变动对ROE的影响=12%×（1.25-0.6）×1.5=11.7%

权益乘数变动对ROE的影响=12%×1.25×（2-1.5）=7.5%

虽然A公司的销售净利率比B公司低，但是A公司的资产周转率高，导致A公司的经营效益总体上高于B公司（A公司总资产报酬率15%高于B公司总资产报酬率14.4%）；从财务政策来看A公司权益乘数明显高于B公司，说明A公司利用了较高的财务杠杆，并且产生了正财务杠杆效应。

通过A公司与B公司比较发现，A公司属于高资产周转率、高财务杠杆而低收益率的公司，并且从总体上讲，A公司净资产报酬率远高于B公司净资产报酬率，这说明A公司的竞争战略与财务战略运用得比较成功，公司通过高资产周转率弥补了销售毛利率的缺陷，并且公司报酬率高于企业融资成本，产生了正财务杠杆效应。

（2）按照"权益乘数→资产周转率→销售净利率"进行子因素替代顺序，三个子因素各自贡献度计算如下：

权益乘数变动对ROE的影响=（2-1.5）×0.6×24%=7.2%

总资产周转率变动对ROE的影响=2×（1.25-0.6）×24%=31.2%

销售净利率变动对ROE的影响=2×1.25×（12%-24%）=-30%

根据"销售净利率→资产周转率→权益乘数"替代顺序与"权益乘数→资产周转率→销售净利率"替代顺序相比，各子因素指标的贡献度产生了巨大差异，尤其是总资产周转率与销售净利率的贡献度，第一种替代顺序中总资产周转率对ROE的贡献度是11.7%，而后一种替代顺序竟然是31.2%，第一种替代顺序中销售净利率对ROE的贡献度是-10.8%，而后一种替代顺序竟然是-30%。由此可见，替代顺序的不同，导致因素指标的贡献度出现了十分明显的差异，影响到分析结果。基于前面分析，我们认定"权益乘数→资产周转率→销售净利率"替代顺序更为合理。

从分析结果看，第二种替代顺序与第一种替代顺序的分析结论是基本一致的，但是各因素的贡献度出现了明显差异。A公司属于典型的高资产周转率、低毛利和高杠杆类公司，A公司成功地执行了公司的竞争战略和财务战略，尤其是双高策略即高资产周转率和高杠杆运用得十分得当，使A公司与B公司相比而言，比较轻易弥补了相对低的销售净利率带来的损失。

三、传统杜邦财务分析体系的扩展*

由于净资产报酬率不能直观反映上市公司的核心指标——每股收益，所以，我们采用每股收益为核心重新构建杜邦财务分析体系，使杜邦财务分析体系在评估上市公司业绩时更具有实用价值。

(一) 传统杜邦财务分析体系的缺陷

(1) 对上市公司而言，现有杜邦财务分析体系不能反映上市公司的评估指标，如每股收益、每股净资产等。

(2) 现有杜邦财务分析体系中，以净资产报酬率为核心指标存在一些问题，它不利于直接评价公司股价的合理性。基于有效资本市场假定，股东财富最大化等同于股票价格最大化，而股票价格与每股收益高度正相关。

(3) 现有杜邦财务分析体系所采用的数据都来自资产负债表和利润表，完全没有反映企业的现金流量。利润指标在财务分析体系中至关重要，但前提是公司现金流充足，尤其是经营活动现金流量充沛，否则公司有可能陷入财务困境。

(4) 现有杜邦财务分析体系主要是面向外部，以提供综合信息为主的一种财务综合分析方法。但是它并不能满足企业加强内部管理的需要，有必要将管理会计信息融入杜邦财务分析体系中。虽然管理会计信息不对外界披露，但是利益相关者也可以根据财务报告大体估算管理会计信息，进一步提升其决策的有效性。

(二) 基于上市公司的杜邦财务分析体系

1. 构建思路

为了弥补以上缺陷，杜邦财务分析体系以每股收益作为核心指标，将每股收益分解为股东权益报酬率和每股净资产，并对股东权益报酬率的影响因素指标：销售净利率从管理会计角度进一步分解；资产周转率则从企业获取现金能力的角度进一步分解，而在每股净资产下引入现金流量指标，从而将资产负债表、利润表和现金流量表及管理会计的信息融入体系之中，为不同利益相关者提供更加完善的分析方法，以有助于其做出更为准确的判断。

2. 基于上市公司的杜邦财务分析体系的内容

基于上市公司的杜邦财务分析体系如图10-2所示。

本体系有关财务指标的计算公式说明如下：

销售净利率的分解因素涉及成本性态分析，即根据成本与产量的关系将成本按照性态划分为固定成本与变动成本。凡是与产量是正比例关系的成本称为变动成本，凡是与产量完全无关的成本称为固定成本。还有一类是介于固定成本与变动成本之间的混合成本，可以将混合成本运用专业的方法进一步近似分解为固定成本和变动成本。

其中，贡献毛益率又称边际贡献率，它等于边际贡献与销售收入之比或者单位边际贡献与单价之比，而边际贡献等于销售收入与总变动成本之差，单位边际贡献等于单价与单位变

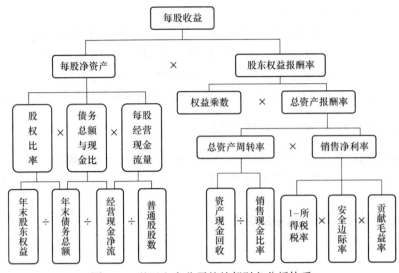

图 10-2 基于上市公司的杜邦财务分析体系

动成本之差；安全边际率有两种计算方法，一个是采用安全边际量，另一个是采取安全边际额计算。安全边际率等于安全边际量（额）除以实际或者预计销售量（额）。

下面将销净利率的分解过程列示如下：

销售净利率＝净利润/销售收入
　　　　　＝［边际贡献(毛益)/销售收入］×［(实际销售量/额－盈亏平衡点销量/额)/实际销量/额］×(1－所得税税率)

其中，盈亏平衡点销量＝固定成本/(单价－单位变动成本)，盈亏平衡点销额＝［固定成本/(单价－单位变动成本)］×单价。

3. 基于上市公司的杜邦财务分析体系的评价

（1）基于上市公司的杜邦财务分析体系不仅保持了原杜邦财务分析体系的优点与核心思想，还使其核心指标每股收益具有了现金流量保障，有利于衡量利润的风险。同时，每股净资产反映了上市公司每股股票的最低理论价格，更加充分地体现了上市公司的特色，并对每股净资产从财务杠杆与现金流量角度进一步分解。

（2）将管理会计信息融入杜邦财务分析体系，将财务会计信息与管理会计信息有机地联系起来，有利于为利益相关者，尤其是为内部利益相关者，提供更为全面的信息，更有利于内部利益相关者评估公司业绩，也为外部利益相关者提供了新的评估视角。

四、管理用杜邦体系

除了以每股收益为核心构建杜邦财务分析体系外，为了更好地反映公司创造价值的活动，有必要根据管理用报表重构杜邦财务分析体系，我们称之为管理用报表下杜邦财务分析体系，简称管理用杜邦体系。

（一）管理用杜邦体系的内容

基于股东与管理者视角，将企业活动分为经营活动与金融活动，与之对应，将企业损益分为经营活动损益与金融活动损益，编制管理用会计报表，即管理用资产负债表、管理用利润表和管理用现金流量表。

在管理用报表下对权益净利率重新进行分解，通过净经营资产回报率和净金融资产回报率分别计算企业的经营活动与金融活动的回报率，衡量两类活动的盈利能力。

假定企业金融活动是净金融负债，则管理用报表下杜邦财务分析体系分解过程如下：

股东权益报酬率 = 经营利润/股东权益 − 净利息/股东权益

$\qquad$ = (经营净利润/净经营资产) × (净经营资产/股东权益) − (净利息/净金融负债) × (净金融负债/股东权益)

$\qquad$ = (经营净利润/净经营资产) × (1 + 净金融负债/股东权益) − (净利息/净金融负债) × (净金融负债/股东权益)

$\qquad$ = 净经营资产利润率 + (净经营资产利润率 − 净利息率) × 净财务杠杆

$\qquad$ = 净经营资产利润率 + 经营差异率 × 净财务杠杆

$\qquad$ = 净经营资产利润率 + 杠杆贡献率

管理用报表下杜邦财务分析体系也是因素分析法的运用，其各因素的组合形式与传统杜邦财务分析体系的各因素组合形式不同，前者的各因素指标是以混合运算方式存在，而后者的各因素指标是以乘积方式存在。基于因素指标替代排序的假定，我们认为管理用报表下杜邦财务分析体系各因素指标的排序按照数量指标在前、质量指标在后的原则更为合理，原因如前所述，而大多数教材采用质量指标在前、数量指标在后的原则。

为了寻求净资产报酬率的驱动因素，可以对净经营资产利润率进一步分解。它可以被分解为销售经营利润率与经营资产周转率的乘积。其中，销售经营利润率 = 经营净利润/销售收入，净经营资产周转率 = 销售收入/净经营资产。因此，本体系可以进一步分解为

股东权益报酬率 = 销售经营净利率 × 经营资产周转率 + 经营差异率 × 净财务杠杆

$\qquad$ = 销售经营净利率 × 净经营资产周转率 + 杠杆贡献率

（二）管理用报表下的有关会计等式

1. 与资产负债表有关的概念

资产 = 经营资产 + 金融资产

$\qquad$ = (经营性流动资产 + 经营性非流动资产) + (短期金融资产 + 长期金融资产)

负债 = 经营负债 + 金融负债

$\qquad$ = (经营性流动负债 + 经营性非流动负债) + (短期金融负债 + 长期金融负债)

净经营资产 = 经营资产 − 经营负债

$\qquad$ = (经营性流动资产 − 经营性流动负债) + (经营性长期资产 − 经营性长期负债)

$\qquad$ = 经营营运资本 − 净经营性长期资产

净金融负债 = 金融负债 − 金融资产 = 净负债

净经营资产 = 净金融负债 + 股东权益 = 净投资资本

其中，有一些金融资产、金融负债与经营资产、经营负债的界限不太明显，可以通过它们是否含息判定，如果两者划分结果并不太影响财务报告列示及财务分析，将其划为一类也是可以的，这时通常是将经营资产、经营负债列入金融资产和金融负债，比如货币资金中一部分是经营资产一部分是金融资产，但是如果很难将其细分，将货币资金全部列入金融资产亦可。

2. 与利润表有关的概念

与资产负债表划分经营资产和金融资产相对应，管理用利润表的净利润可划分为经营损

益和金融损益。其中经营损益是指经营过程中产生的损益；金融损益是指金融负债利息与金融资产收益之差，即扣除利息收入、金融资产公允价值变动收益等利息费用。考虑到所得税因素，它应该是税后利息费用，称为净金融损益。假定净金融活动是净金融资产，则净金融损益代表净利息收入。

$$净利润 = 经营损益 + 金融损益$$
$$= 经营净利润 - 净利息费用$$
$$= 税前经营利润 \times (1 - 所得税税率) - 利息费用 \times (1 - 所得税税率)$$

（三）管理用杜邦财务分析体系的解析

1. 财务杠杆效应

通过管理用报表下杜邦财务分析体系的分解式知，最终净资产报酬率被分解为三个驱动因素：净经营资产报酬率、经营差异率和净财务杠杆。当公司没有负债时，股东权益报酬率等于净经营资产报酬率。如果公司有负债，两者差额取决于财务杠杆效应。当公司净经营资产报酬率大于借款成本时，则净资产报酬率大于净经营资产报酬率。换言之，当净经营资产报酬率大于债务成本时，通过净债务融资购买净经营资产，它产生了财务杠杆正效应，提升了股东权益报酬率。因此，财务杠杆是一把双刃剑，它既是公司盈利的驱动因素，也是增加公司股东权益风险的因素。

当然，如果公司是净金融资产而非净金融负债，即金融收益大于金融费用，于是公司就会产生净金融回报而非净借款成本。上述计算公式可以重新列示，也可以不重新列示，只是净金融费用是负数，表示净金融资产报酬率。当净金融资产报酬率低于净经营资产报酬率时，净资产报酬率就会低于净经营资产报酬率。

2. 经营负债杠杆效应[*]

实际上，公司除了金融负债产生财务杠杆效应外，公司的经营负债也会产生杠杆效应。公司的经营负债主要依赖于公司市场话语权。我们用经营负债杠杆表示净经营资产在多大程度上由经营负债构成。经营负债杠杆也称为净经营资产负债率，其计算公式为

$$经营负债杠杆 = \frac{经营负债}{净经营资产}$$

经营负债通过减少净经营资产投资来提高公司的净经营资产报酬率。一个公司在多大程度上获得无息资本用于经营活动，它就能在多大程度上减少在净经营资产上的投资，从而提高净经营资产报酬率。当公司经营负债不断增加并且经营负债杠杆不断提高时，公司支付经营负债的压力就会不断增加，一旦无法按时支付这些无息资金，势必给公司带来一些负面效应，甚至有可能会导致公司陷入流动性危机。因此经营负债也是一把"双刃剑"，同时具有正效应与负效应。

评估经营负债杠杆，需要利用公司短期融资借款利息估计经营负债的隐性利息。其计算公式为

$$经营负债的隐性利息 = 短期借款利率(税后) \times 经营负债$$

进而计算经营资产报酬率，假定它是在没有经营负债的情况下公司所能取得的报酬率。于是

$$经营资产报酬率 = \frac{经营净利润 + 税后隐性利息}{经营资产}$$

所以净经营资产报酬率可以表示为

净经营资产报酬率 = 经营资产报酬率 + 净经营资产负债率 ×（经营资产报酬率 − 税后短期借款利率）
= 经营资产报酬率 + 经营负债杠杆 × 经营负债杠杆差异率

这一形式与净资产报酬率的表达式类似。这里（经营资产报酬率 − 税后短期借款利率）是经营负债杠杆差异率。如果无经营负债杠杆，公司净资产报酬率与经营资产报酬率相等；如果存在经营负债杠杆，净资产报酬率等于经营资产报酬率加上经营负债杠杆效应。当经营资产回报率大于短期借款利率时，产生一个正经营负债杠杆效应；反之，产生一个负经营负债杠杆效应。

（四）管理用杜邦财务分析体系的评价

管理用杜邦财务分析体系将经营活动与金融活动的功用直观地体现出来，这种划分有以下优点：

（1）能够更直观地体现价值创造。只有经营活动的净收益才更具有持续性，才更有利于报表分析者更加准确地预测企业的未来盈利能力。

（2）能够更加清晰地反映财务杠杆的效用。只有净经营资产报酬率大于净利息率时，财务杠杆才为正效应，否则，增加负债将加剧企业陷入财务困境的可能性。

五、管理用杜邦财务分析体系的扩展*

为了更好地评估上市公司绩效，有必要重构管理用杜邦财务分析体系，我们称之为基于上市公司的管理用杜邦财务分析体系。

（一）构建思路

总体上仍将每股收益分解为每股净资产和股东权益报酬率。其中股东权益报酬率的分解思路沿用管理用杜邦财务分析体系的总体分解思路，同时融入管理会计信息，进一步对财务指标进行分解；每股净资产的分解方式沿袭上市公司杜邦财务分析体系的分解思路；为了更好地研究杠杆效应，图10-3中有箭头标示的部分单独提供了净经营资产报酬率的另一种分

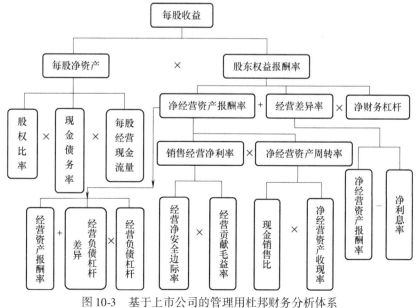

图10-3 基于上市公司的管理用杜邦财务分析体系

解方法，它研究了经营负债杠杆效应。

(二) 基于上市公司的管理用杜邦财务分析体系的内容

本杜邦财务分析体系如图 10-3 所示。

本体系中有关计算公式的说明：

经营净利润也可以运用下列公式：（销售收入－变动成本－固定成本）×（1－所得税税率），计算公式中剔除净金融负债，仅指经营活动创造的净利润；经营贡献毛益率＝经营贡献毛益/销售收入，其中贡献毛益等于销售收入与变动成本总额之差，变动成本不包括金融负债成本中的变动成本。安全边际率的计算公式也一样，计算盈亏平衡点时只考虑经营活动净利的平衡点，剔除金融活动的杠杆效应；净经营安全边际率＝安全边际率×（1－所得税税率）；净经营资产收现率＝经营现金流/净经营资产；现金销售比＝销售收入/经营现金流。

与管理用报表对应，沿袭原管理用报表下的杜邦财务分析体系，这里涉及现金流量表的有关概念如下：

管理用现金流量表可分为经营活动现金流量和金融活动现金流量。其中经营活动现金流量是指因销售产品或者提供劳务等营业活动以及与此有关的生产性资产投资活动产生的现金流量；金融活动现金流量是指企业因筹资活动和金融市场投资活动而产生的现金流量。前者代表了企业经营活动的全部成果，是企业经营活动产生的现金，又称为实体现金流。企业价值决定于未来预期的实体现金流量，管理者要提升企业价值，就必须增加企业的实体现金流量。

这里有关关系表达式如下：

营业现金毛流量（营业现金流量）＝经营净利润＋非付现成本

营业现金净流量＝营业现金毛流量－经营营运资本变动额（增加为正数，减少为负数）

实体现金流量＝营业现金净流量－资本支出（＝净经营长期资产增加＋非付现成本）

从实体现金流量的来源分析，它是营业现金毛流量超出经营营运资本增加和资本支出的部分，即来自经营活动；从实体现金流的运用来看，它被用于债务融资活动和权益融资活动，即被用于金融活动。所以：

营业现金毛流量－经营营运资本增加－资本支出＝债务现金流量＋股权现金流量

实体现金流量＝融资现金流量

在图 10-3 所示的财务指标体系中，凡是涉及现金的均指营业现金流量，而不是指实体现金流量。

(三) 基于上市公司的管理用杜邦财务分析体系的评价

基于上市公司的管理用杜邦财务分析体系更适用于上市公司绩效评估，其优点主要体现在以下方面：

(1) 以每股收益为核心，更有利于评价上市公司的绩效和预测公司的股票价格。

(2) 原有体系的所有分解式在这一体系中均得到了保留，也就是说，原有管理用杜邦财务分析体系只不过是本体系的一个子集而已。

(3) 维持了原管理用杜邦财务分析体系的所有优点，例如，它可以体现经营活动与金融活动对公司的贡献度，更有利于管理者直接找出公司经营活动的不足，以及金融活动的缺陷。

（4）对净经营资产报酬率进行分解时，考虑了经营负债杠杆效应，与原有体系的财务杠杆效应呼应，有利于进一步揭示杠杆效应对公司业绩的影响。

（5）充分体现了公司经营现金流，有效地衡量了公司经营活动的风险高低，从而有效地评价公司在创造价值过程中的风险是否可控。

（6）融入了管理会计信息，有效地体现了与决策相关的信息，提升了决策的相关性。

由此可知，本体系以每股收益为核心，进行了四个层次分解，兼顾了利润类指标与现金流指标，同时融入了管理会计信息，从而有助于利益相关者找出更有针对性的驱动因素，并寻求解决对策。

思 考 题

1. 通用财务报表综合分析方法有哪些？
2. 沃尔评分法的步骤与难点是什么？
3. 杜邦财务分析方法的核心指标是什么？它的分解指标体系是如何体现公司经营战略与财务战略的？
4. 请评析"因素分析法中子因素排序的不同，该子因素指标的贡献值必然不同。"这一观点。
5. 从逻辑上讲，杜邦财务分析体系的六种不同的因素指标排序中有哪一些排序是合理的？哪种排序更占优？
6. 上市公司杜邦财务分析体系的核心指标是什么？如何构建基于上市公司基础上的杜邦财务分析体系？
7. 管理用杜邦财务分析体系的分解公式是什么？它具有哪些优势？
8. 管理用杜邦财务分析体系下经营负债的杠杆效应是如何体现的？其分解过程的关键是什么？
9. 基于上市公司的管理用杜邦财务分析体系是如何构建的？

判 断 题

1. 综合评价方法都是将各类财务能力的不同财务指标进行有机结合的方法，实用价值不高，因为各类财务能力已评价，属重复评价。（ ）
2. 综合评分法是一种简单且通用的财务综合分析方法。（ ）
3. 沃尔评分法是早期财务综合分析法的典型代表。（ ）
4. 因素分析法是根据目标管理思想而构建的一种综合分析方法，杜邦财务分析方法是因素分析法在财务综合分析方法中运用的典范。（ ）
5. 杜邦财务分析方法是20世纪20年代首创的一种综合财务分析方法，开启了综合财务分析方法的新纪元，但是由于时代变迁，杜邦财务分析方法到今天已基本没有实用价值。（ ）
6. 杜邦财务分析体系的核心指标是总资产报酬率。（ ）
7. 因素分析法的最大难题是各子因素指标的排序。（ ）
8. 因素分析法各子因素指标排序的不同，同一个子因素指标在各种不同排序下的

贡献值必定不同。   (   )

9. 杜邦财务分析方法的三个子因素指标是：销售净利率、存货周转率和权益乘数。

(   )

10. 杜邦财务分析方法比较好地体现了公司的财务战略与经营战略。   (   )

11. 从排列组合知识上讲，杜邦财务分析体系的三个子因素指标有六种排序，从逻辑上讲有四种排序都是合理的。   (   )

12. 传统杜邦财务分析体系不利于直接衡量上市公司股价的合理性。   (   )

13. 每股收益等于每股净资产与净资产报酬率的乘积，以每股收益为核心的杜邦财务分析体系更有利于直接评价上市公司股价的合理性。   (   )

14. 一般来讲，采用差异化战略的公司的销售净利率比较高，资产周转率比较快。

(   )

15. 净资产报酬率可以分解为：净资产报酬率＝净经营资产利润率＋经营差异率×净财务杠杆。   (   )

16. 一个公司在多大程度上获得无息资本用于经营活动，它就能在多大程度上减少其在净经营资产上的投资，从而提高净经营资产报酬率。   (   )

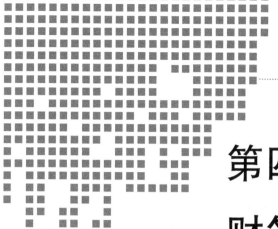

第四篇
财务预测篇

第十一章　财务报表的数据特征*
第十二章　财务报表之间的逻辑关系*
第十三章　财务预测

Chapter 11 第十一章

财务报表的数据特征*

■ 回顾

到第十章为止,我们讲述了财务能力评价的两个层次:一个层次是企业各类财务能力评价,另一个层次是财务综合能力评价。前者是后者的基础,后者是前者的综合。前者重点描述了流动性能力评价、资产管理能力评价和盈利能力评价,后者重点讲述了沃尔评分法和杜邦财务分析方法。

■ 本章提要

本章进入第四篇 财务预测篇。本章概述了财务会计数据的"正确性",描述了会计数据的若干特征:财务数据与经营特征的关系、财务指标的相关性、财务比率的假设、极端值的处理、会计数据进行横向与纵向分析的影响因素。这将有助于分析者更为全面地理解财务数据,提升对特殊事件的分析处理能力。

■ 展望

第十二章将介绍财务报表之间的逻辑关系,主要讲述财务报表之间的诸多会计科目和财务指标之间的逻辑关系,这将有助于读者理解财务数据的内在逻辑,找出分析重点,做出合理假设,提高财务预测的准确性。

◆ 章首案例

绝对值指标通常无法进行公司之间的比较分析,即使是用于公司自身的比较分析也受到诸多限制,而财务比率剔除了公司规模影响,使不同公司之间的财务数据有了可比性。

然而,事实并非如此简单。根据前面各类财务比率的学习就会发现,即使这些比率在同一行业公司之间也不太具有很强的可比性。这是因为不少财务比率都有其运用的前提条件，而不同公司的具体情况又不尽相同。在各种财务能力比率中，盈利能力财务比率是最具有可比性的，如销售毛利率、销售净利率，但也不可盲目乐观，比如根据销售净利率预测不同公司盈利能力时，就会发现不同公司净利润的预测值与真实数据的偏差相去甚远。

公司自身财务比率的可比性比较强，但也并非总是如此，比如公司会计方法、会计估计、税收政策等变化会使这些指标在公司自身的可比性变差。例如，公司销售收入只是微幅变动，而公司利润出现了巨大变化，这可能是因为公司的会计处理方法或者适用税率等出现了改变。例如，伯克希尔·哈撒韦公司2017年度报告披露，公司2017年净值增长653亿美元，远超往年。不过巴菲特在致股东信里也提到，其中只有360亿美元来自公司的日常运营，剩下的来自12月国会修订美国税法的影响。财报中说："由于在2017年12月22日通过的减税和就业法案获得了一次性收益的好处，减少了递延所得税，使得企业所得税税率从35%减少到21%，由税改带来290多亿美元效益。"因此伯克希尔·哈撒韦公司2017年的业绩并没有数据显示得那么亮丽。

这里无法逐一列示妨碍财务数据可比性的因素，而这些因素可以统称为财务数据的内在特征。不懂得财务数据的内在特征，就很难透视财务数据的真相，更难以利用财务数据做出正确决策。

根据以上分析，思考以下问题：
1. 这是否意味着财务数据无法用于不同公司之间和公司自身的比较分析？
2. 如何使财务数据更具有可比性？
3. 请分析"不懂得财务数据的内在特征，就很难透视财务数据的真相。"这句话的合理性。

第一节 会计数据的"正确性"

财务报告是会计人员根据会计准则、证监会相关规定，基于会计人员的职业素养判断，运用会计专业工具，经历会计循环加工而成的信息产品。因此，财务报告在加工过程中，必定涉及会计人员的职业判断，其个人经验、专业理解能力等都会影响到会计信息产品的结果。从这种意义上讲，会计数据没有严格的"正确性"，只有相对的"正确性"。从长期来看，会计数据要保持其处理方法与技巧的趋势性与可比性，这是财务数据有用性的必要条件。

我们通过一个日常生活的小例子来探究同一交易事项运用不同的会计处理方法与技巧对财务数据的影响。

这个故事发生在一个经济欠发达地区，移动支付并不是一种通用支付手段。老王服饰店刚装修完工，立刻投入运营。一位顾客用100元假币购买了本店一件售价30元的衣服，店主老王无法找零，去邻居家换成零钱后，顾客拿走70元和一件衣服，不一会儿，邻居发现那100元是假币，并向老王换回真币。假定衣服的成本是20元，请问店主损失了多少钱？

老王店铺的资产负债表（0期期末）见表11-1。老王销售衣服收取假币交易事项，有以下三种可能的会计处理方法。

表11-1　老王店铺的资产负债表（0期期末）　　　　　　　（单位：元）

资　产		负债和所有者权益	
货币资金	300	负债	0
存货	200	所有者权益	500
资产总计	500	负债及所有者权益合计	500

本例会计处理方法如下：

第一种会计处理方法：

假定假币的价值为零。首先确认销售收入，并结转成本，即做如下会计处理：

借：假币　　　　　　　　　　　　　　　　　　　　　　　　100
　　贷：主营业务收入　　　　　　　　　　　　　　　　　　　　30
　　　　库存现金　　　　　　　　　　　　　　　　　　　　　　70
借：主营业务成本　　　　　　　　　　　　　　　　　　　　　20
　　贷：库存商品　　　　　　　　　　　　　　　　　　　　　　20

由于收到假币100元，作为偶发性事件，计入营业外支出。

借：营业外支出　　　　　　　　　　　　　　　　　　　　　100
　　贷：假币　　　　　　　　　　　　　　　　　　　　　　　100

第二种会计处理方法：

假定假币的实际价值为零。由于店主销售衣服没有带来任何经济利益流入，因而不能确认收入，即做如下会计处理：

借：营业外支出　　　　　　　　　　　　　　　　　　　　　　90
　　贷：库存商品　　　　　　　　　　　　　　　　　　　　　　20
　　　　库存现金　　　　　　　　　　　　　　　　　　　　　　70

第三种会计处理方法：

会计人员根据当地业内惯例，假币可以像真币一样使用，但是假币100元只能按20元使用，则将收到的100元假币计提减值准备80元，即做如下会计处理：

借：假币　　　　　　　　　　　　　　　　　　　　　　　　100
　　贷：主营业务收入　　　　　　　　　　　　　　　　　　　　30
　　　　库存现金　　　　　　　　　　　　　　　　　　　　　　70
借：主营业务成本　　　　　　　　　　　　　　　　　　　　　20
　　贷：库存商品　　　　　　　　　　　　　　　　　　　　　　20

对100元假币计提80元的资产减值准备。

借：资产减值损失　　　　　　　　　　　　　　　　　　　　　80
　　贷：假币　　　　　　　　　　　　　　　　　　　　　　　　80

经由上述分析，本交易事项在上述三种会计处理方法下的资产负债表（1期期末）和利润表（1期期末）见表11-2和表11-3。

表 11-2　老王店铺的资产负债表（1 期期末）　　　　　　　　（单位：元）

会计处理一		会计处理二		会计处理三	
货币资金	230	货币资金	230	货币资金	230
存货	180	存货	180	假币	20
资产合计	410	资产合计	410	存货	180
				资产合计	430
负债		负债		负债	
所有者权益	410	所有者权益	410	所有者权益	430
负债及所有者合计	410	负债及所有者合计	410	负债及所有者合计	430

表 11-3　老王店铺的利润表（1 期期末）　　　　　　　　　（单位：元）

会计处理一		会计处理二		会计处理三	
营业收入	30	营业收入	0	营业收入	30
减：营业成本	20	减：营业成本	0	减：营业成本	20
资产减值损失	0	资产减值损失	0	资产减值损失	80
营业利润	10	营业利润	0	营业利润	-70
减：营业外支出	100	减：营业外支出	90	减：营业外支出	0
净利润	-90	净利润	-90	净利润	-70

　　上述三种处理方法是会计人员对"老王销售、收取假币"交易事项的职业判断，在一定程度上体现了会计人员的创造性劳动。

　　比较前两种会计处理方法发现，这两种会计处理方法下资产负债表是完全一样的，仅货币资金减少了 70 元，存货减少了 20 元，资产总计减少了 90 元，而这两种方法下虽然利润表中的净利润均为亏损 90 元，但是两者的利润表的项目构成是不一样的，其中第一种方法下确认了收入和成本形成了营业利润，并发生了营业外支出，而第二种会计处理方法下只有一项营业外支出。第三种会计处理方法与前两种会计处理方法差异较大，与前两种处理方法相比，资产负债表中总资产多计了 20 元假币价值，其他项目皆同，而利润表中净利润比前两种方法下少亏损 20 元，是因 100 元假币的价值为 20 元所致。

　　上述三种会计处理方法的差异主要体现在两个问题的判断上：

　　第一，假币如何进行会计处理。

　　假币会计处理具体包括对假币如何计价以及对假币所造成的损失应记入哪一个会计账户，是记入"营业外支出"还是记入"资产减值损失"。

　　第二，老王销售衣服这一行为是否可以确认收入。

　　在本次交易事项中，会计人员基于不同的职业素养判断，既可以确认收入，也可以不确认收入。会计人员可以认定老王销售衣服没有产生经济利益流入，因而不确定销售收入。但是，导致经济利益不能流入店铺的原因是老王收取假币，如果老王能识别假币，或者店铺配备验钞机，抑或是配有能识别假币的收银员，"老王销售衣服没有产生经济利益流入"将不成立。基于这种认定，会计人员可以判定店铺应该确认销售收入。

　　这笔业务不确认营业收入的理由也是充分的，如果对这一交易事项确认收入，可能虚增店铺收入，因为与该业务有关的经济利益并没有流入店铺。上述分析中对该销售业务确认收入的理由是老王能识别假币，或者具有识别假币的其他手段，老王就能销售衣服并且收到真币。但是，如果该顾客购买衣服的主要目的是脱手假币，一旦假币被识破，该顾客就不会用真币购买该衣服。因此，会计人员不能对该销售确认营业收入。

会计人员经常处于两难窘境，将会计工作视为一门艺术也不为过。会计人员在处理事务时，依据个人专业知识、经验和天赋，通过个人对经济规律和会计政策的理解，在解决特定问题时表现出来的创造性和专业素养等，就体现了会计艺术性的一面。如果过于强调会计的艺术性，则必然降低会计确认、计量与报告的可比性。在强调艺术性的同时，应该增加会计的科学属性。会计的科学属性要求会计要尽可能地遵循公认会计准则，减少确认、计量与报告程序的个人判断的抉择范围，以增进会计确认、计量与报告的可比性。进一步说，增强会计的科学性，最为关键的还在于增强会计标准的通用性，使之适用尽可能多的业务。根据葛家澍、林志军的考证，20世纪70年代以前，"艺术论"在西方实务界占主导地位，实务中允许较大的"职业判断空间"。20世纪70年代以后，"科学属性论"逐渐占支配地位。自20世纪80年代以来，西方各国普通制定会计准则，有关财务会计概念框架研究的目的在于增进会计准则制定的内在逻辑性。

无论如何，会计数据在加工过程中，即使会计科学论完全占主导地位，因为我们生活在一个不确定的世界中，这必然会出现不确定的交易事项，它必然需要会计人员的职业判断，这样会计数据的结果或者其内部结构就会出现不同。这有可能影响到会计数据的趋势性与可比性，以及运用会计数据进行评价与预测时，其结果有可能不同。

第二节　会计数据的若干特征

一、企业的经营特征与财务数据的关系

如果不了解企业的经营特征，就难以理解财务数据的经济含义。例如，100万元存货对不同的企业的经济内涵有可能不同，在传统经济时代，100万元存货对一家中小企业可能是属于基本安全范畴，但是在移动支付时代，100万元存货对这家企业很可能意味着存货过多。

这里经营特征属于广义上的界定范畴，企业的经营特征一般包括企业所处的行业、行业周期、营销战略、竞争战略、商业模式等，这些都会对财务报表数据产生影响。企业经营特征的不同，公司财务数据通常会出现较大差异。这意味着虽然财务比率可以有效地剔除公司规模的影响，但是这也并不意味着财务比率可以无条件地进行公司之间的横向比较。同样，公司自身经营特征发生变化时，原来财务数据的趋势性也有可能遭到破坏，财务比率也会发生较大变化，这时分析者无法根据财务数据的趋势做出判断，财务数据自身的解释能力就会下降。

当下步入移动互联网、大数据时代，公司的经营特征发生了巨大变化，公司的财务数据特征也会发生一些变化，分析者需要更深入地研究企业的经营特征等非财务方面的信息，这将有利于其对公司财务数据做出准确评估。

二、财务比率之间的相关性

只要两个财务数据之比具有经济内涵，都可以称为财务指标或者财务比率。根据财务数

据可以计算的财务比率非常多，财务比率的划分方法也有许多种。例如，我们将财务比率划分为六类：短期债务偿还能力、长期债务偿还能力、资产管理能力、盈利能力、现金流能力和成长能力。也可以将这六类划分法分为三类，即流动性能力、资产管理能力和盈利能力。而这些类别中的财务指标具有诸多共性，不同类别财务指标之间存在更大差异，换句话说，每一类别财务比率中所包括的财务比率所提供的信息很可能是相互重叠的，而类别之间的财务指标提供的信息的差异性比较大，其重叠性信息不太多。

验证这一问题的一个有效的办法就是计算每一类别中不同比率之间的相关性以及不同类别中不同财务比率之间的相关性。在短期债务偿还能力类内指标中，以我国上市公司为统计样本，流动比率与速动比率的相关系数高达0.9以上，有些年份竟高达0.98以上。

国内外不少学者对这一问题进行了大量实证研究。这里仅以美国学者乔治·福斯特（George Foster）根据1983年的Compustat tape数据的研究为例说明。乔治·福斯特将财务指标划分为九类，分别计算了类内财务指标的相关性和不同类别财务指标的相关性。相关数据以1983年的数据为基础，每一对相关计算时的样本规模从536到2165不等。

各类内财务指标之间的相关系数的计算结果见表11-4。不同类别财务指标的相关系数见表11-5。"◆"符号以下的数字是1983年的相关系数。

表11-4　各类内财务指标之间的相关系数的计算结果

现金状况	$(C+MS)/CL$	$(C+MS)/S$	$(C+MS)/TA$		
$(C+MS)/CL$	◆				
$(C+MS)/S$	0.869	◆			
$(C+MS)/TA$	0.908	0.836	◆		
流动性	QA/CL	CA/CL			
QA/CL	◆				
CA/CL	0.790	◆			
营运资本/现金流	WCO/S	WCO/TA	CFO/S	CFO/TA	
WCO/S	◆				
WCO/TA	0.660	◆			
CFO/S	0.716	0.436	◆		
CFO/TA	0.545	0.631	0.820	◆	
资本结构	LTL/SE	(CL+LTL)/SE			
LTL/SE	◆				
(CL+LTL)/SE	0.803	◆			
利息保障倍数	OI/INT	CFO/INT			
OI/INT	◆				
CFO/INT	0.682	◆			
盈利能力	NI	EPS	NI/S	NI/SE	NI/TA
NI	◆				
EPS	0.820	◆			
NI/S	0.598	0.597	◆		
NI/SE	0.570	0.617	0.694	◆	
NI/TA	0.491	0.486	0.678	0.869	◆

(续)

现金状况	(C+MS)/CL	(C+MS)/S	(C+MS)/TA		
资产周转状况	S/TA	S/AR	COGS/INV		
S/TA	◆				
S/AR	0.486	◆			
COGS/INV	0.204	0.370	◆		
资本市场	PE	DIV. PAY-OUT			
PE	◆				
DIV. PAY-OUT	0.275	◆			
公司规模	TA	S	MKT. CAP.		
TA	◆				
S	0.891	◆			
MKT. CAP.	0.864	0.869	◆		

注:C+MS—现金及有价证券;CL—流动负债;S—销售收入;TA—总资产;QA—速动资产;CA—流动资产;WCO—营业所得营运资本;CFO—营业所得现金流;LTL—长期负债;SE—股东权益;OI—营业收益;INT—利息支付额;NI—净收益;EPS—每股收益;AR—应收账款;COGS—销货成本;INV—存货;PE—市盈率;DIV. PAY-OUT—股利支付率;MKT. CAP.—资本市值。

由表11-4可知,各类内指标的相关性基本属于极强正相关或者强正相关,只有资产周转状况类别和资本市场类别的财务指标的相关性略低,属于弱正相关,相关系数为0.2~0.5。

类内指标的相关性的具体情况如下:①现金状况类内指标之间的相关系数都在0.8以上,属于极强正相关,各指标之间的相关系数差别不大;②流动性类内指标只检验了流动比率与速动比率的相关性,两者之间的相关系数为0.790,也基本属于极强正相关;③营运资本/现金流的类内指标之间的相关系数中,有一对相关系数在0.7以上,其他财务指标之间相关系数基本都为0.5~0.6,CFO/S与WCO/TA的相关系数最小,仅为0.436,本类指标的相关性差异比较大,比营运资本/现金流类别和流动性类别财务指标的差异大一些;④资本结构类内指标只考察了(CL+LTL)/SE和LTL/SE,两者的相关系数为0.803;⑤利息保障倍数类内指标也只考察了OI/INT与CFO/INT,两者的相关系数为0.682,远不及流动性类内指标,也低于资本结构类内指标,属于强相关。这说明经营现金流与经营收益之间的相关性不太强,公司经营现金流量更多的与其市场定价权、垄断势力有关,是现金制下计量的产物,而经营收益是权责制下计量的结果;⑥盈利能力类内指标的相关系数大都为0.5~0.8,属于强相关,大部分在0.6以上,各指标之间的相关系数差异比较大。这与盈利能力类内指标的差异性比较大有关。例如,EPS与NI之间很有可能没有太强的关系,因为公司股利分配政策是影响两者的重要因素,又如总资产报酬率与股东权益报酬率之间的相关性与公司资本结构密切相关;⑦资产周转状况类内指标之间的相关系数为0.2~0.5,属于弱正相关;⑧资本市场类内指标只考察了PE和DIV. PAYOUT,两者相关系数仅为0.275,这可能是由于股票市场PE与更多因素相关,并且DIV. PAYOUT在当时美国资本市场有可能不是影响PE最为核心的决定因素;⑨公司规模类内指标之间的相关系数都为0.8~0.9,属于极强正相关,并且各指标之间的相关性集中度最强。

表 11-5　不同类别财务指标之间的相关系数

相关系数 \ 互动关系	$(C+MS)/TA$	CA/CL	CFO/S	LTL/SE	OI/INT	NI/SE	S/TA	PE
$(C+MS)/TA$	◆							
CA/CL	0.423	◆						
CFO/S	0.206	-0.016	◆					
LTL/SE	-0.337	-0.446	-0.132	◆				
OI/INT	0.256	0.339	0.241	-0.591	◆			
NI/SE	0.257	0.110	0.186	-0.154	0.700	◆		
S/TA	0.013	0.209	-0.450	-0.219	0.369	0.239	◆	
PE	0.111	0.281	0.162	-0.226	0.432	0.201	0.221	◆

表 11-5 描述的是不同类别财务指标之间的相关系数。与表 11-4 比较发现，从总体上讲不同类别财务指标之间的相关系数远低于类内指标之间的相关系数，并且在 28 个相关系数中有 19 个属于弱正相关，9 个为弱负相关。例如，类内指标速动比率与流动比率的相关系数为 0.790，而不同类别指标流动比率与股东权益净利率之间的相关系数仅为 0.111。又如资金周转效率与资本市场类内各财务比率之间的相关系数是正相关系数中的最小值，S/TA 和 $(C+MS)/TA$ 的相关系数仅为 0.013，基本完全无关。总计八个不同类别之间的财务比率的相关性呈负相关的主要集中在两个财务指标：LTL/SE 和 CFO/S，其中，LTL/SE 和其他 7 个不同类别财务指标之间皆为负相关，而 CFO/S 与 CA/CL、S/TA、LTL/SE 也为负相关，这些负相关系数基本为 -0.5~-0.2。此外，$(C+MS)/TA$ 和 LTL/SE 的相关系数为 -0.337，即现金类资产在总资产中占比越高，长期负债与股东权益很有可能越低，这也比较合乎逻辑，因为公司现金类资产越充足，公司负债率可能越低。

三、财务数据的若干假定

(一) 财务比率的假定与异动处理

1. 财务比率的假定

运用财务比率分析的最主要动机是控制公司规模差异造成的影响。使用财务比率控制公司规模差异影响的一个重要假定是分子与分母之间要保持严格的对应比例关系，但实际上许多企业的财务比率通常不太符合这一假定。

因此，在进行公司财务预测时，至少涉及的若干财务比率要符合比例假定，而实际上不同公司的这些财务比率总是或多或少不太符合比例假定，更多的还有一些非人为因素，这意味着预测总是与实际存在偏离，这是正常现象。只有分析者考虑的因素越多，或者对财务比率做出适当处理，财务预测才越有可能逼近未来真实的财务数据。

2. 财务比率计算的特殊事项的处理

财务比率计算时通常会遇到一些特殊事项，大体包括两种情况：一种情况是财务比率的分母为负，另一种情况是财务比率出现极端值。

(1) "负的分母"的处理。假设在分析某一公司某一年的盈利能力或某一公司连续若干年的盈利能力的过程中，遇到某公司在某一年度的股东权益为"负"值，则股东权益报酬率显然是一个没有解释意义的比率。当财务比率的分母为负时，它的计算结果仍有可能出现正常的财务比率数值,这是因为"计算机"计算"错误"所致,比如运用计算机计算的A公司的股东权益报酬率为18%,B公司的股东权益报酬率为15%。但是,A公司的净利润和股东权益都是负数,B公司的相应数据均是正数。显然,在这种情况下要增加对计算机程序的必要检查。又如,2008年全球金融危机爆发,当年我国航空业发生巨额亏损,国内航空巨头无一幸免。以中国东方航空(600115.SH)为例,当年归属于上市公司股东的净利润为-139亿元,直接导致当年所有者权益为负,其净资产由2007年25亿元降至-114亿元。因此,计算东方航空当年股东权益净利率不仅是正数,而且会出现一个极漂亮的数值。对此,需要做出正确处理。

我们通常采用以下几种方法解决财务比率分母为负的情况:

1)从样本中剔除该期的财务比率。
2)考察分母为"负"的原因,并做适当调整。
3)更换能反映公司盈利能力的其他财务比率。
4)保留该比率,不做数据调整,并解释说明。

至于哪一种解决方法更合适,需要根据公司的具体情况而定。

(2)"极端观察值"的处理。极端观察值是指一个与整个数据系列中的其余数据出现明显不一致的观察值。这是观察者的一种主观判断行为,不同的分析者判断同一财务指标的极端值的标准不会完全一致。

极端观察值应该属于财务指标的较大异动值,一般可以考虑以下几个方面:

1)财务变量绝对值与相对值的极端值的判定标准是不一致的。例如,总资产的极端值与净资产报酬率的极端值的判定规则是不一样的。

2)财务变量的总值与某个财务变量的分值的极端值的判定标准是不一致的。例如,总资产的极端值与存货的极端值的判定标准是不一样的。

3)企业发展阶段、宏观经济周期等不同,企业财务变量绝对值与相对值的极端值也不一样。例如,企业在初创时期,诸多财务变量的绝对值与相对值的极端值的判定标准与企业在成熟期的判定标准是不一样的,需要根据这些变化动态调整财务指标极端值的判定标准。

财务比率极端值的处理主要是考察其具体原因,不同的原因决定了不同的财务分析处理方法。

大体上讲,财务比率极端值是由两类因素导致的:一类是计算原因,另一类是会计处理方法,如会计分类、会计方法及经济或结构的变化等。

以第一类原因为例,假定某年度公司财务比率异动是因记录错误所致,或者是由于该比率的分母在某一特定年份趋于零所致,则在这种情况下,可以更正错误记录,或者剔除这一年的财务数据。

如果是第二类原因,分析者需要对第二类的具体原因进行分析,然后才能找出合适的处理方法。这种情况下有可能出现以下情况:

1)会计分类。例如,一笔巨大的非常利得包含于净收益中,就可能会引起销售净利率的"极端"变化。检查这种问题的一个有效的办法是比较不同计算口径的销售利润率,将这些不同比率进行比较,如果只有销售净利率比较"极端",那么这种"极端"很可能源于会计分类。

2)会计方法。会计处理方法的不同,原本正常的财务数据就有可能出现极端值。例如,一个极端的利息保障倍数可能是因为表外融资,或者可能是因为巨额的汇兑损益等原因。

3）公司经济类型的原因。所有被比较的公司中，可能有的公司是资本密集型的，而有"极端"比率的公司则是劳动密集型的，因为该公司所在地区劳动力价格相对比较便宜。这种差别就可能导致公司之间的边际利润率出现显著差异。

4）结构变化。例如，公司间的兼并有可能会引起"极端"值。因为被兼并方的财务状况有可能比较特殊，如被兼并方的资产负债率超过100%。

针对上述具体原因，分析者有以下方法可供选择：

1）如果极端观察值只是一个超级异动值，并且没有代表意义，那么将该极端值删除即可。

2）如果是由会计分类、会计方法、结构变化等原因导致的，需要对引起该极端观察值的经济或会计因素做出调整，如通过加入与表外融资有关的利息费用。

3）如果极端观察值代表着某一种特殊背景特征的信息，如不同行业的差异、公司进行IPO、本行业员工长期罢工等，则应该保留。

4）为了避免样本统计数据失真，可消除最大值和最小值，或者消除一些极端大值或者一些极端小值。比如在总样本100家公司中，有3家公司资产负债率为负，并且这3家公司的资产负债率出现异动不是因为会计分类等原因，也不代表行业背景，这时直接剔除这3家公司即可。

（二）财务报表的数字正态分布假定

财务报表的数字分布有助于分析者形成对公司或者行业的初始预期，有助其找出分析异动点，做出正确决策。

1. 财务报表数字分布应用的领域

通常下列决策领域非常有必要了解财务报表数字的分布。

（1）银行信贷决策。在此决策过程中，分析者希望确定贷款申请人的财务比率在该行业分布中所处的位置，进而判断银行是否应该发放贷款及其信贷风险。

（2）公司战略决策。这种决策关注的是使一个企业的销售利润率从该产业的最末10%上升到最高10%的可能性。

（3）在审计约定中关于预测总体财务特征的抽样方法设计的决策。例如，要抽取的观察值数量以及随机抽样法或分层抽样法的采用等。

（4）财务报表数字的分布特征，可能有助于促进相关的学术研究。例如，假如人们不止一次地发现，低集中度产业部门的获利能力比率比高集中度产业部门具有更大的离中趋势，那么，就可能促进旨在解释这种经验规律的产业组织问题的研究。

2. 财务数据行业分布的正态分布假设

行业分布数字并非都具有代表意义，我们经常发现公司所处行业均值指标通常不能代表本行业的平均水平。这是因为这些行业的样本数据不符合正态分布，并且这种情况是普遍存在的。

如果财务数据样本为正态分布，则只要观察样本均值和样本标准差，就足以描绘整个行业财务数据的特点。然而，许多财务比率预期为非正态分布的情况也广泛存在。例如，流动比率从技术上讲最低只能为零，而正态分布则包括负值；资产负债率在技术上的上限为"100%"，下限为"0"，但实际却并非如此。

许多研究表明，财务比率的实际分布特征之所以经常背离正态分布假设，其原因主要是行业或者公司自身极端值的存在。如果剔除相对少量的极端值，就可以相当显著地减小非对称性和峰态值，从而能够使样本财务比率的分布符合或基本符合正态分布。

因此，做样本统计时，运用合适的方法处理样本的异动值，需要针对不同样本界定异动值的范畴，并进行剔除，使样本尽量符合正态分布。切记不可单纯地追求样本正态分布，因为有些样本原本就不具备正态分布的条件，比如样本数量过小，样本分布异动处过多，或者说异动原本就是这一样本的特征，需要用其他变量描述这一样本。

四、财务报表数据与会计方法

（一）财务数据与会计方法的关系

财务报表中所报告的数字是公司所选择的会计方法的函数。公司会计方法选择的不同，其财务数据结果就会出现差异，而且会计方法的选择又受到诸多因素的影响，不仅包括会计准则要求与证监会相关要求，还要受限于不同管理当局的利益诉求约束。

公司管理层在选择会计方法时都会给出若干解释，最常用的理由是因为会计方法的改变，使财务报告更加公允、公正地反映了公司的财务状况、经营成果与现金流量等会计信息。分析者需要评估这是管理者粉饰报表的借口还是正当的理由。公司管理当局在进行会计方法选择时，需要考虑多方面的利益诉求，在各种利益诉求之间达到均衡，尽量使各方实现效用最大化。具体因素通常包括以下方面：

1. 符合会计准则、相关法规要求

许多公司在解释会计方法变化时，通常的说法是为了遵守有关法规和会计准则。例如，本公司根据《企业会计准则第17号——借款费用》规定将"本期利息成本资本化"，其结果是利息成本被包括在固定资产或者存货的成本之中，从而作为费用处理的借款利息就减少了。这就需要评估公司这种会计处理方法是否妥当。

2. 与会计基本概念相符合

会计方法的选择应基于可靠性、相关性、可比性、明晰性等会计信息质量要求。许多公司管理当局在调整会计方法时，在年度财务报告中的解释经常参照这些基本概念。例如，公司由移动平均法到先进先出法这一变化，是因为技术对存货成本的影响导致采用先进先出法更能使现行成本与当前收入相配比，使公司财务数据更具有可比性，与决策也更相关。

3. 揭示经济事实

诸如"经济事实"和"真情"等术语，经常为管理当局在解释公司会计方法变化时所采用。例如，"公司业已采纳了新的标准，是因为它能够更适当地反映跨国公司的经济事实"。这种说辞是公司更改会计方法的常用手法，也是最佳答案，最为隐蔽。分析者要注意这一说辞的合理性，可以通过比较同行业不同公司之间同一交易事项的会计处理方法的异同进行判定。假定给予这家公司最有利的假设，我们仍发现这家公司变更会计方法是不合理的，那么就可以断定这种说辞是有问题的。2002年长安汽车的预提费用的会计方法的处理就是如此，当年引起业界哗然，而公司此举的最终目的是通过粉饰利润，提高公司股价，达到公司配股价格的最大化。

4. 与同一产业的其他公司的可比性

为了实现与同一行业内的其他公司的可比性，也经常被引证为会计方法选择的一个重要的影响因素。例如，2017年某公司计提折旧方法发生变化，由双倍余额递减法改为直线折旧法，主要是为了与本行业内其他公司采用的主导的折旧方法相符合。

5. 公司的经济后果

公司会计方法的选择至少在以下列五种途径影响公司权益或债务证券的市场价值：

(1) 税收支出影响。公司出于税收筹划的目的，有可能使存货计价方法、计提折旧、摊销方法等发生变化，最终导致公司当期税收支出的变化。这属于税收筹划范畴，虽然没有太多实质意义，但是可以在一定条件下适度改变当期公司应交所得税税额，从而适度改变公司不同年度的现金流分布。

(2) 数据收集与经营成本的影响。不同会计方法的数据收集成本与经营成本不尽相同。例如，按历史成本报告土地与建筑物的成本比按现行成本予以报告的成本低。类似地，用分类折旧率计提厂房和设备折旧比用单项折旧率计提折旧的数据收集成本低。另外，经营成本问题也可能是会计方法选择的一个重要影响因素。公司经营成本的调整最终会引起当期利润发生变化。公司基于利润调整的目的，决定了公司经营成本的调整，比如公司将当期经营成本调高或者调低决定了会计方法的调整。

(3) 融资成本影响。融资成本也可能受到会计方法选择的影响。例如，假定公司向一家银行借款，并在借款协议中写入了流动比率、利息保障倍数的最低条款。如果借款协议没有专门规定据以解释协议条款的会计方法，管理当局就可以变更会计方法，以避免违背合同条款。这一决策的融资成本影响，表现为一旦违约行为发生时银行所将采取的行动带来的影响。例如，银行可能要求重新谈判，索取更高的利率。

(4) 政治与法规成本影响。当前我国有关部门反垄断意识不太强，民众也没有很强的反垄断意识。我国垄断实力比较强的企业大都是国有企业和极个别高科技企业如腾讯、阿里巴巴、百度、华为等民营企业，而无论是大型国有企业还是大型民营企业，鲜有企业会计方法选择受到政治与法规成本的困扰。而西方各国一般具有比较严格的反垄断法，并且企业与民众都具有反垄断的法律意识。一旦公司盈利能力过强，并且有触犯《反垄断法》的嫌疑，政府和法规当局通过合理的途径，有权力将公司财富转移给别的团体，实施财富再分配。这时公司可通过会计方法变更达到影响这种财富再分配。企业为了避免此类成本的发生，就会尽量选择少反映收益和资产价值的会计方法，以石油天然气等自然资源开发企业为例，它们就会倾向于选择历史成本计量，以避免采用现行市价反映出拥有更多的自然资源，避免因此而招致《反垄断法》制裁或者承担更多社会责任成本等。

(5) 不同利益者之间的财富再分配。财务报表数字通常是在不同利益相关者之间进行财富分配的基础。例如，在工人的雇佣合同和管理者的薪酬契约中都会涉及与公司绩效相关的财务指标，它势必影响到不同群体财富的再分配。从这一角度讲，公司会计方法选择会影响各方利益者所得到的数额，它是不同利益相关者博弈的结果。

(二) 公司之间会计方法差异化下财务数据的比较

会计方法选择的差异化通常被认为是妨碍不同公司的财务报表数字进行比较的重要障碍。事实上，在面临公司之间会计方法多样化选择时，财务报告使用者通常可以考虑采取下列三种方法：

(1) 不对公司报告的财务数字做调整。分析者采取这种方法有可能基于以下情形：公司已经理性地选择了最能表达它们内在经济特征的会计方法；或者财务报告的可信的调整所能获得的信息是有限而且不充分的，或者是财务数据的调整成本过高或者是财务数据调整与不做调整的效果基本一致，甚至调整还不如不调整。

（2）利用公司提供的信息进行调整，从而使比较公司都基于统一的会计方法。分析者调整所需要的信息已经披露在财务报表的附注中，或者在管理当局对经营成果的讨论中。这些补充揭示有助于减少仅仅使用基本财务报表时所面临的公司之间会计方法差异化所带来的问题。例如，有些采用移动平均法的公司通常在附注中揭示如果公司存货按先进先出法计价与按移动平均法计价的差异数。

（3）利用近似技术进行调整，从而使所有公司都基于统一的会计方法。例如，按照现行价格水平对相应的财务数据进行近似调整。

(三) 不同会计方法对财务变量的影响

1. "统一"与财务变量

"统一"是指所有公司都采用相同的会计方法，要么都采用会计方法 A，要么都采用会计方法 B，要么都采用会计方法 C 等。问题的关键是要计算统一采用方法 A、统一采用方法 B 和统一采用会计方法 C 等对不同公司财务变量的影响差异。

以物价变动会计给予说明。有关历史成本基础的收益数字与现行成本/不变美元（一般价格水平）基础的收益数字之间相关性的研究较多。

比弗（Beaver）与兰兹曼（Landsman）（1983）通过使用美国财务会计准则 FASB 第 33 号公告：通货膨胀会计要求的补充揭示，报告了下面这些收益表数字之间的相关性，具体见表 11-6。

表 11-6　不同公司收益数字之间在不同计量属性下的相关系数

不同计量属性下的盈余	1980 年	1981 年
HC 与 CC	0.71	0.70
HC 与 CD	0.69	0.63
HC 与 CC-PP	0.73	0.71
HC 与 CD-PP	0.73	0.64
CC 与 CC-PP	0.82	0.84
CD 与 CD-PP	0.83	0.87

统计说明：1980 年和 1981 年的样本量分别为 323 家和 297 家公司；有关符号的含义如下：HC——历史成本盈余；CC——现行成本盈余；CD——不变美元（一般价格水准）盈余；CC-PP——现行成本购买力盈余（现行成本盈余加上或减去货币性项目购买力利得或损失）；CD-PP——不变美元购买力盈余（不变美元盈余加上或减去货币性项目购买力利得或损失）。

总体上讲，在不同会计计量属性下样本公司盈余之间的相关系数都比较高，除极个别年度外，基本都在 0.7 以上，这说明它们之间呈高度正相关，同时也从一个侧面说明会计计量属性的不同并不能给公司盈余带来太多差额性信息，不同的会计方法对公司的影响并不是太重要。在这些不同的会计计量属性中，统一采用 HC 与统一采用 CD 两种计量属性给公司盈余带来差异性信息最多，而 CD 与 CD-PP 给盈余带来差异性信息最少。

这些不同计量属性下收益数字之间的相关性出现差异的原因有赖于学术界深入研究。例如，有关研究表明：历史成本基础收益与不变美元基础收益之间的相关性，受到通货膨胀率及诸如资本有机构成、财务杠杆等公司特定因素的影响。例如，通货膨胀率较低的年份，两者相关性较强；通货膨胀率较高的年份，两者相关性较弱。

2. "多样化"与财务变量

"多样化"是指一部分企业采用方法 A，而同期另一部分企业采用方法 B，或者同期一部分企业采用方法 C 等。

如果分析者只对按某一财务比率对公司进行排序感兴趣，那么，只要公司多样化会计规则的使用并没有改变公司的排序，那么会计规则多样化就不是问题。

但是，如果财务分析的目的不仅限于此，则会计规则多样化导致的影响就是重要的。这时，欲了解多样化会计方法导致的影响，就必须获得据以调整会计方法差异影响的公司财务报告中的补充性揭示，或者财务报告的竞争性信息来源。

道森（Dawson），纽珀特（Neupert）及斯蒂克尼（Stickney）（1980）做的一项研究对会计方法多样化问题进行了一些考察。其关注的是下列变量间的相关系数：基于报告的财务报表数字的变量与在将报告的数字转化成基于统一的会计方法的数字后得到的变量，见表 11-7。

表 11-7　报告数字与调整后数字的相关系数

方法 比率	先进先出	加速折旧	合并	养老金负债	养老金利益	递延税	综合
流动比率	0.944		0.911			0.944	0.815
负债权益比	0.993	0.997	0.848	0.832	0.925	0.981	0.743
利息保障倍数	0.999	0.999	0.995			0.999	0.994
净收益	0.996	0.994				0.987	0.995
销售净利率	0.994	0.989	0.986			0.982	0.975
权益净利率	0.994	0.987		0.955	0.986	0.916	0.896
资产报酬率	0.995	0.993	0.929			0.976	0.909
资产周转率	0.998	0.997	0.891			0.999	0.877
应收账款周转率			0.431				0.431
存货周转率	0.944						0.944

考察的样本是从美国最大的 250 家工业企业中随机抽出 6 家公司。他们对下列五种会计方法进行了调整：①将所有公司的存货领用方法转化成先进先出法；②将所有公司的折旧转化为加速折旧法；③只局限于完全拥有的子公司的合并；④将养老金负债确认为负债（包括两种情形：未形成基金的先前服务养老金负债和超过养老基金资产的既得养老金利益）；⑤将递延所得税会计影响从所有公司的财务报表中消除。

表 11-7 提供的就是财务报告数字与重新表述数字之间的相关系数。除了应收账款周转率在合并方法与综合法下计算的相关系数比较低为 0.431 外，其他的财务比率的调整前与调整后的相关系数极高，基本都在 0.9 以上。所以，道森，纽珀特和斯蒂克尼得出结论："除了钢铁及石油行业等一些资本密集的公司之外，进行会计方法调整的利益似乎小于成本。"然而，与养老金负债尤其是子公司合并有关的调整，则导致了报告数与重新表述数之间的较低的相关系数。所以，道森，纽珀特及斯蒂克尼认为，"来自不合并的潜在的数据偏差可能是大的，尤其是当母公司销售的相当大的比例是通过该子公司汇集的时候——这种情形常常发生于汽车、农用设备及工业设备制造业企业"。

五、财务报表信息的比较分析

（一）财务数据的横向分析

财务数据的横向分析，是指企业与企业之间在同一时点或时期上的比较分析。财务分析的目的不同，财务数据横向分析的侧重点也不同。在企业兼并与收购中所做的目标公司估价、管理当局的业绩评估与报酬计划、财务危机预测，以及超额利润税的公共政策制定等领域，通过企业之间的横向分析更容易比较优劣，发现公司在这些领域是否合理、是否需要纠偏。

在企业之间财务信息进行比较分析时，分析者需要处理以下三个问题：选择可比对象的标准、横向分析中的统计方法的选择和横向分析中资料的可得性问题。

1. 选择可比对象的标准

比较对象的相似点越多越好，尤其是比较对象的核心因素方面的相似点越多越好。现实生活中，我们经常想当然地选择比较对象，殊不知它们根本就不具有可比性，而从表象看不太相似的企业，它们却是真正的可比对象。

一般来说，比较对象至少在下列几个方面中的某一方面是"相似"的：

（1）供给方面的相似性。供给的相似性是指具有相似的原材料、相似的生产过程或相似的分销网络等。产业分类一般就是基于供给的相似性所做的分类。

（2）需求方面的相似性。需求的相似性主要强调最终产品的相似性，以及消费者所认为的产品的可替代性。例如，贵州茅台和五粮液是我国白酒行业的双寡头，但是实际上多年来两家企业之间竞争并无太多交集。前者是典型的差异化战略，定位于高端人群；后者虽然可以定位为差异化战略，但是后者定位群体更广泛，顾客除了高端人群外，中、低端人群均有涉及。并且贵州茅台定位于酱香型白酒偏好者，而五粮液定位于浓香型白酒偏好者。虽然两家企业自2010年开始渗透对方市场，但在对方的市场中两者均没有威胁到彼此。因此，两家公司从表面上看是竞争对手，但实际上两者并不是好的比较对象。

（3）资本市场特征的相似性。从资本市场角度讲，比较对象要在诸如风险、市盈率、资本市值等方面具有相似的特征。即使是同一行业，企业之间也不一定具有可比性。例如，我们需要选择工商银行的比较对象，假定有两个可供选择的比较对象：招商银行与建设银行。工商银行与招商银行之间不太具有可比性，无论是两家公司的资本市场市值，还是两家公司的战略定位都有明显差异，而建设银行与工商银行具有更多的相似点，比如两者的盈利水平、市值、股本数量、市盈率、战略定位等，因此将两者作为比较对象更合理。

（4）法定所有权的相似性。它是指公司之间在供给或需求方面或许十分多样化，但它们被同样的股东所拥有。

2. 横向分析中的统计方法的选择

在将公司的财务比率与那些可比公司的财务比率进行比较时，分析者通常可以采取以下两种方法"汇总"那些可比公司的财务比率：

（1）使用单一的、概括的集中趋势度量，如简单平均值、加权平均值、中位数、众数等。使用这些单一的集中趋势度量时需要注意这些指标的行业代表性，如果行业平均数代表性不强，需要更换度量指标或者对其进行修正。

（2）使用集中趋势度量和离中趋势度量，如平均值和标准差等。

当然，如果样本中有极端观察值，就应将各极端观察值描述清楚，或予以剔除。

3. 横向分析中资料的可得性问题

（1）数据不充分，即横向分析中可能得不到分析者所关注的实体的数据，可能是以下因素所致：

1）该实体隶属于一个从事多元化经营的公司，而该公司只披露有限的关于该实体的财务数据。

2）该实体是私人持有的，因而并不公开披露财务信息。虽然产业协会经常公布基于其成员提供的财务报表的汇总数据，并保证不公开这些私人公司的财务比率。

3）该实体是为某外国公司所拥有的，而外国公司只提供有限的财务信息，或者国外会计准则与国内会计准则披露要求不同。

4）可比对象的缺乏，比如某航空公司是该国唯一的航空公司，因而没有国内竞争者。在这种情况下，就只能在国际上进行比较，这导致比较对象差异较大。

（2）报告期不一致，即年度财务报告期在公司之间存在差异，尤其是在进行不同国家企业之间比较时更是如此。

我国财务报告年度结束日统一规定为12月31日，对应月份12月为年度财务报告结束月，即年度财务报告从1月1日开始到12月31日终止。但是，世界各主要国家的财务报告截止日并非皆如此，西方发达国家一般都可以选择任意月份作为年度财务报告的结束月。

表11-8列示了6个国家公司年度报告不同结束月的统计百分比。

表11-8 世界不同国家不同公司年度报告不同结束月的统计百分比 （%）

结束月	美国	澳大利亚	比利时	日本	新西兰	英国
1月	4.4	0.5	0.8	2.2	1.1	4.4
2月	2.0	1.0	0.4	3.7	1.1	2.4
3月	3.5	4.2	2.6	54.9	44.7	20.4
4月	2.0	1.3	0.5	4.9	2.8	4.3
5月	1.7	1.6	0.3	4.5	1.6	1.5
6月	7.6	71.3	4.5	1.6	20.6	6.4
7月	2.8	3.7	0.4	0.9	5.6	2.8
8月	2.3	1.2	0.4	1.1	2.2	1.7
9月	6.6	3.7	2.8	6.8	6.1	8.8
10月	2.8	0.9	0.6	2.8	5.9	3.5
11月	2.2	1.0	0.9	7.9	1.1	2.8
12月	62.1	9.6	85.8	8.7	7.2	41.1

从统计结果来看，世界各国财务报告年度结束月多集中于某一个月份或者某两个月份，有的国家是以某一个月作为主要结束月，并且集中趋势高达50%以上，有的国家是以某两个月作为主要结束月，这两个月集中度累计占比达60%左右。

从总体上讲，12月是比利时、美国和英国最普遍的财务报告年度结束月，3月是日本和新西兰最普遍的结束月，6月是澳大利亚最普遍的结束月。其中，比利时财务报告年度终止时间最为集中，有85.8%的企业选择在12月，6月占比为4.5%，是第二集中的月份，3月和9月占比分别为2.6%和2.8%，其他月份占比均低于1%，且有6个月占比约0.5%；美国最为集中的月份为12月，占比62.1%，另外两个比较高的占比月份是6月和9月，分别占比7.6%和6.6%，其他月份集中占比为2%~3%；英国占比最为集中的月份为12月和3月，分别占比41.1%和20.4%，另外两个比较集中的月份为6月和9月，分别占比6.4%和8.8%，其他月份占比为2%~4%；日本3月占比为54.9%，是全年中占比最为集中的月份，9月、11月和12月是三个比较集中的月份，分别占比为6.8%、7.9%和8.7%，其他月份占比均低于 5%；新西兰以 3 月和 6 月最为集中，分别占比为 44.7% 和 20.6%，7 月、9 月、10 月和 12 月也是四个比较集中的月份，占比分别为 5.6%、6.1%、5.9% 和 7.2%，其他月份占比为 1.1%~2.8%；澳大利亚以 6 月占比 71.3% 最为集中，另一个比较集中的月份是 12 月，占比 9.6%，其他月份占比均低于 5%，并且有 6 个月占比在 1% 左右。

因此，西方发达国家企业选择年度报告结束月集中于 3 月、6 月、9 月、12 月，以 3 月、6 月和 12 月更为集中，9 月处于明显劣势，即财务报告开始的月份大都以某一季度的起点计算，比较少采取其他月份作为财务报告的开始月。6 月和 12 月分别是公历年度的年度正中间和年末，将其作为企业首选月份比较符合一般惯例，尤其是 12 月本来就是公历年度结束月，而 3 月对一些国家来说更像是一年的开始，即春季开始的日期，比如日本。

当样本中的所有公司并不具有可比的财务年度结束日时，在做公司之间的横向比较分析时就可能存在问题。例如，以 12 月 31 日为终止日的 A 公司可能较以 9 月 30 日为终止日的 B 公司显示出更强的盈利能力。假定 B 公司最近三个月处于经济上升阶段，而上年同期则处于经济衰退阶段。在这种情况下，可以考虑通过调整使本不具有可比报告期的公司变得具有可比报告期。就上例而言，B 公司的公历年度收益可以通过加上当年第四季度收益并减去上年同期的收益计算而得。

（3）会计方法不统一，即当分析者所面临的样本公司所采取的会计方法不统一时，可以考虑采取下列办法：

1）将样本公司限制在那些采用统一会计方法的公司范围之内。
2）利用公司提供的信息，将报告数字调整为按统一会计方法取得的数据。
3）利用近似技术，将报告数字调整为按统一会计方法取得的数据。

必须指出的是，在有些决策问题中，会计方法选择的不统一并不会造成真正的问题。例如，如果分析者关心的仅限于解释公司之间存货周转率的差异，那么，诸如租赁会计方法的差异就不是一个问题。

（二）财务报表分析的纵向分析

财务数据的纵向分析，是指企业自身在不同时点或时期上的比较分析。财务报表纵向分析不仅有助于发现公司财务数据的趋势，还有利于评价管理当局业绩，也有利于进行财务预测。

进行财务报告纵向分析时通常会遇到以下问题：公司结构发生变化、会计方法变更、会计分类变化以及极端值的处理。

1. 结构变化

结构变化是指由于技术进步及并购等引起的企业经济结构的改变，如技术进步会改变企业产品的本、量、利关系，也会影响公司产品成本构成，公司的绩效也会发生变动。

针对结构变化，有许多方法可以选择，比如只关注结构变化以后的数据，或者忽略结构变化，也可以将结构变化以前的数据与结构变化时点的数据做适度平均。孤立地看以上各种方法，几乎没有一种方法是令人满意的。然而，纵向分析面临的问题就是要在这些不尽完美的方法之间做出权衡，从中选择一种比较适合的财务分析方法，以利于揭示公司未来的财务数据。

2. 会计方法变更

财务数据的纵向分析所要求的期间数，严格来讲应该在 10 年以上，至少 5 年，否则很难观察其趋势。在纵向分析期间，会计方法很可能发生了变化。当会计方法变更时，纵向分析中可以采取的办法主要包括以下几种：

(1) 不做任何调整。其隐含的假设是，这种变更不是重大的变更，或者这种变更是管理者对商业环境变化的一种适当的适应。

(2) 保留所有观察值，但进行调整，以使整个时间序列中所采用的会计方法保持一致。

(3) 只考察该纵向数据中那些按同样的会计规则得出的观察值。如果会计变更太频繁，这种方法显然就不可行。

3. 会计分类变化

许多交易事项的记录时间和在财务报表中揭示这些交易事项的会计分类方法的选择，公司具有相当大的弹性。假如能够获得比较明细的数据，从而了解到报告数字及所采用的分类方法的"内情"，就可以根据分析的需要调整报表中所描述事件的记录时间和会计分类方法。假设分析者希望利用 A 公司 2007—2017 年的非常项目前净收益进行纵向分析，但是 A 公司与 2009 年、2013 年及 2015 年分厂关闭有关的损失没有采取同样的归类方法：2009 年将其归为非常项目，而 2013 年和 2015 年则没有将其归于非常项目。这时，就有必要进行会计分类的调整。同样，以我国为例，上市公司 2007 年以前执行旧会计准则时，投资收益属于营业外利润项目，而 2007 年执行新会计准则时，将投资收益划入营业利润，则比较公司 2007 年和 2007 年以前年度营业利润时就需要对投资收益做出调整。

阅读材料 11-1

为何要披露 GAAP 外的 Non-GAAP 业绩指标？

网络上的文章和评论显示，投资者对小米公司的财务报告充满困惑：小米到底是严重亏损还是高额盈利？到底是资不抵债还是实力雄厚？按照国际财务报告准则（International Financial Reporting Standards，IFRS），小米 2017 年亏损 439 亿元，若不按 IFRS 计量，则盈利 54 亿元，两者相差高达 493 亿元，其中仅可转换可赎回优先股调增的利润就高达 541 亿元。按照 IFRS 编制的资产负债表，小米 2017 年年末的股东权益为 -1272 亿元，但若剔除可转换可赎回优先股的影响，其股东权益则高达 343 亿元，两者相差 1615 亿元。孰对孰错，见仁见智，众说纷纭，莫衷一是。

我们以小米发布的招股说明书为基础进行分析，导致小米利润产生重大区别的原因是可转换可赎回优先股会计处理方法的不同。

对金融工具而言，负债与权益之间的界限并非总是泾渭分明，有时甚至是错综复杂、相互交织的。与普通股不同，优先股既可以是"像股的债"，也可以是"像债的股"，具体是债是股，取决于合同条款的约定。小米发行的可转换可赎回优先股，到底应划分为金融负债还是权益工具？对于小米的可转换可赎回优先股，IFRS 将它称为复合金融工具，而美国的公认会计原则（Generally Accepted Accounting Principles，GAAP）则将其称为混合金融工具，意思是这类金融工具同时包含负债和权益的成分。

问题是，若按 GAAP 的规定，小米的可转换可赎回优先股，能否划分为权益工具？与 IFRS 采用的"固定对固定"认定标准不同，GAAP 采用"两步法"将混合金融工具区分为金融负债和权益工具。第一步应考虑是否存在权变性的行权条款，若存在，这些条款只能与发行人自己的股票挂钩。第二步应考虑履行现金或股票转移义务的金额，当该金额等于所发行股份公允价值与一个固定的货币金额或所发行债务工具的一个固定金额之间的差额，可将混合金融工具视为权益而不是负债。即使预定价格不符合上述条件，混合金融工具也有可能划分为权益，如可能影响履约金额包含了"固定对固定"的远期合约或期权。可见，GAAP对权益工具的认定标准不像 IFRS 那么严苛。在很多情况下，即使履行转移现金或股票的义务所需要的对价不是固定的，也可以认定为权益工具。小米发行的优先股存在权变性行权条款，符合第一步的规定，其转换对价虽然不是固定的，但赎回对价是在一个固定金额与公允价值之间抉择，看似符合第二步的规定。依笔者的判断，按照 GAAP 的要求，小米发行的优先股可以划分为权益工具。

IFRS 和 GAAP 对这一交易事项的会计处理方法不同，极有可能导致财务报告体现的业绩与公司真实情况产生严重背离。

既然按照 IFRS 或 GAAP 编制的财务报告所体现的经营业绩有时会严重背离企业的实际经营情况，企业只好诉诸非公认会计原则业绩指标（Non-GAAP Measures，以下简称 Non-GAAP 业绩指标），也就是将按 IFRS 或 GAAP 编制的净利润调节为 Non-GAAP 业绩指标，并随同审计的财务报告一并披露，以正视听。引入并披露 Non-GAAP 业绩指标，剔除与经营无关影响因素的做法，近年来日趋流行，在 TMT（电信、媒体和科技）行业尤为盛行。小米披露的招股说明书也不例外。小米 2017 年利润表上的净利润为 -438.89 亿元，剔除四个调整项目的影响后，Non-GAAP 的净利润为 53.62 亿元。这四个调整项目分别是：①可转换可赎回优先股公允价值变动损失 540.72 亿元，调增净利润；②以股份为基础的薪酬 9.09 亿元，调增净利润；③投资公允价值增益净值 57.32 亿元，调减净利润；④收购导致的无形资产摊销 0.02 亿元，调增净利润。这四个调整项目有两个共同特点：一是都与小米的经营业务无关，二是都不涉及现金的流入或流出。

披露 Non-GAAP 业绩指标的做法，与上市公司按照中国证监会的要求，披露归属于母公司股东的扣除非经常性损益的净利润有点类似，但其使用范围更广，且呈扩大趋势。张为国教授的课件显示，金融时报 100 指数公司中，81 家在年度报告中披露了 Non-GAAP 业绩指标，标普 500 公司中，88% 的公司披露了 Non-GAAP 业绩指标，道琼斯指数公司中，按照 GAAP 和 Non-GAAP 业绩指标之间的差异从 2014 年的 12% 上升到了 2015 年的 30%。Non-GAAP 日益盛行，引发了不少争议。一方面，投资者特别是机构投资者和编制者普遍对此持欢迎和支持态度，认为 Non-GAAP 业绩指标在很多情况下可以纠偏，即纠正 IFRS 或 GAAP 不合时宜的规定所造成的对企业经营业绩的扭曲甚至歪曲。另一方面，准则制定者、监管部门和审计师则持谨慎态度，担心过多地披露 Non-GAAP 业绩指标，不仅会降低 IFRS 和 GAAP 的权威性，而且会给财务报告使用者造成混乱，带来困惑，给企业管理层操纵业绩提供机会。此外，不受 IFRS 或 GAAP 约束的 Non-GAAP 业绩指标，往往未经审计，质量无法保证，也缺乏可比性和一致性。

笔者认为，Non-GAAP 业绩指标大行其道，表明资本市场对此有强烈的信息需求，这在一定程度上说明了 IFRS 和 GAAP 正在日益丧失权威性和相关性。与其对 Non-GAAP 业绩指标防堵打压，不如疏导规范。一是引入 Non-GAAP 业绩指标的审计机制，以提高这些指标的信息质量；二是修改不合时宜的规定，如放松将优先股确认为权益工具的标准，或者允许将优先股划分为金融负债的企业，将金融负债公允价值的变动计入其他综合收益，以缓解公允价值计量对经营业绩报告的影响；三是加强对 Non-GAAP 业绩指标的监管，只允许企业调整与经营无关且没有现金流量含义的项目，以提高 Non-GAAP 业绩指标的可比性和一致性；四是加强投资者教育，让他们了解基于 IFRS 和 GAAP 的业绩指标与 Non-GAAP 业绩指标的联系与区别，避免被少数别有用心的企业所误导。

[资料来源：《评小米令人困惑的财务报告：横看成岭侧成峰》，2018年06月18日，黄世忠，新浪财经（finance.sina.com.cn//chanjing/gsnews/2018-06-18/doc-iheauxvy8540465.shtml）。]

4. 极端值的处理

在纵向分析中，常遇到的极端值从经验上看更多的是负值或者极端的异动值。当遇到极端观察值时，分析者有以下可供选择的办法：

（1）不做任何处理，即认为极端值代表一种现象，这种现象可能会在预测期内再次发生。

（2）将所报告的损失调整到一个绝对值较小的极端值。做此调整的动机之一是引发极端值的类似极端现象如工人罢工等可能会再次发生，但其严重性不会有极端值发生的那个期间大；动机之二是极端值出现的原因如火灾等在随后的期间预期不会再次发生。

思 考 题

1. 如何理解会计数据的正确性？
2. 财务数据与企业经营特征的关系是什么？分别以不同行业的不同企业和同一行业的不同企业的若干财务比率为例说明。
3. 为什么许多财务比率的均值经常没有代表性？
4. 财务指标类内与类别之间的相关系数与互动度量呈现什么特征？
5. 如何理解财务报表是会计方法的函数？
6. 分析者在进行公司横向比较分析时，有哪些特殊事项需要处理？
7. 分析者在进行公司纵向财务分析时，有哪些特殊事项需要处理？

判 断 题

1. 由于企业经营特征的不同，企业财务数据有可能会体现明显的差异性。（　　）
2. 类别指标之间的相关系数远高于类内指标之间的相关系数。（　　）
3. 平均值通常没有代表性的主要原因是样本不太符合正态分布。（　　）
4. 世界各国上市公司年度报告的截止日都是 12 月 31 日。（　　）
5. 比率分析的运用通常需要一些强假定条件。（　　）
6. 当财务数据发生异动时，直接删除异动数据即可。（　　）
7. 分析者进行公司横向比较分析时，无须关注会计方法、会计估计的影响。（　　）
8. 分析者在进行公司纵向分析时，需要正确评估会计方法变更对公司的影响。（　　）

Chapter 12 第十二章

财务报表之间的逻辑关系*

■ 回顾

第十一章描述了财务报表的一些基本数据特征,这些特征包括比率的基本假定、极端值的处理、平均值有用的假设、财务数据的横向分析与纵向分析的数据特征等。了解这些财务数据的特征,有利于报表使用者加深对财务数据的理解。

■ 本章提要

本章主要围绕财务报表之间的逻辑关系展开分析。理解财务报表之间的逻辑关系有利于报表使用者甄别财务数据的合理性,提高财务预测的准确性。它包括两个层面的逻辑关系:财务报表科目之间的逻辑关系和财务指标之间的逻辑关系。前者主要是指研究财务报表的某些会计科目之间的逻辑关系;后者主要是指财务指标之间的逻辑关系,它可分为类内指标、类别指标以及类内与类别指标之间的逻辑关系。由于财务报表两个层面的逻辑关系经常交织在一起,并且从狭义上讲财务报表之间存在的逻辑关系并不太多,尤其是企业所处的发展阶段不同,不少财务报表之间的逻辑关系将随之改变,所以本章将两个层级的逻辑关系融为一体讲述,并且有时也将企业发展阶段融入其中。

■ 展望

第十三章将描述各种预测方法,以我国本土上市公司为例,基于若干假设,运用专业的方法预测公司未来若干年的财务报表。

◆ 章首案例

造假是一个人类永远都无法回避的主题,有利益的地方就有造假的可能,无论是在发达国家,还是在发展中国家,财务造假永远都是资本市场中的热门话题。

财务造假在一些公司谋求上市时体现得更为明显。中国证监会稽查队2016年12月于《中国注册会计师》中揭秘了一些公司进行IPO的通用造假手法。这些发行人的目的一般都很明确，或使公司的财务指标，如利润、营业收入、资产规模等达到发行要求；或使公司的主营业务突出、业绩保持增长态势，谋求一个好的发行价格。在此目的下，一些不符合条件的发行人采取虚构经济业务的方式进行财务造假，可以同时解决多个问题：一是公司的主营业务将变得十分突出；二是保持利润、收入、资产的同步增长态势；三是考虑了财务指标之间的关系，能保持各项财务指标的稳健性，不易引起审计师和监管部门的注意。

在实际造假过程中，造假公司首先会根据发行条件设定年度目标利润金额，计算出当年需要虚增利润的金额，再根据销售净利率等指标计算出需要虚增收入的金额，然后根据毛利率计算出虚增生产成本的金额，进而推导出虚假采购的金额，接着通过虚增资产的方式消化虚假毛利占用的资金，最后造假公司会将造假金额分解到每个月份，安排人员具体实施。

由此可见，公司财务造假是公司管理者蓄谋已久的计划，财务人员会十分注意财务报表之间的逻辑关系，使之看上去十分完美。那么这是否意味着公司财务造假无懈可击？事实并非如此！

追溯历史，早在2001年10月，中央财经大学的刘姝威研究员的600字短文《应立即停止对蓝田股份发放贷款》及相关事件引起了轰动，也预示着"蓝田神话"被一步步揭穿。

刘姝威并没有使用深奥的、难懂的数学方法，而仅仅是根据公司历年公开披露的财务报表，利用最基本的财务分析方法，主要是静态分析、趋势分析和同业比较。财务分析也只使用了20个财务比率，并且大都是通用的财务比率，如流动比率、速动比率、应收账款周转率、存货周转率、固定资产周转率等。最后她得出的结论是"蓝田股份的偿债能力越来越恶化；扣除各项成本和费用之后，蓝田股份没有净收入来源；蓝田股份不能创造足够的现金流量以维持正常的经营活动和保证按时偿还银行贷款的本金和利息，银行应立即停止对蓝田股份发放贷款"。

由此可见，虽然公司财务造假是一个缜密的系统工程，但是它并非无懈可击，总是或多或少留有痕迹，而且识别公司财务造假并非一定需要无比复杂的数学模型。

[资料来源：《证监会是这样稽查IPO财务造假的！看一遍，胜做10年投行》，《中国注册会计师》，2016年12月，中国证监会稽查总队（节选）；《应立即停止对蓝田股份发放贷款》，《金融内参》，2001年10月26日，刘姝威（节选）。]

根据以上资料，回答下列问题：

1. 公司财务造假是基于造假目标而构建的一系列合理的财务数据，这意味着识别公司财务造假必定困难重重，但是为何传统财务分析方法仍然可以识别公司财务造假？

2. 为什么在实际生活中利益相关者运用财务分析方法很难识别公司财务造假？

第一节　财务报表之间的逻辑关系概述

一、再论财务报表难读

财务报告是由会计人员编制而成，由管理者向外界提供的，满足不同利益相关者信息诉求的一种专业化程度极高的信息产品。具体来讲，财务报告需要会计人员运用专门的会计方法，按照会计准则有关要求和证监会有关制度要求，按照会计循环流程的各环节具体要求，会计循环流程过程中涉及会计方法的选择、会计估计、会计政策选择等会计人员的职业素养判断，编制而成的一种高度专业化的产品。

与外部利益相关者相比，会计人员作为编制者是内部人，参与了财务报告制作的整个流程，从理论上讲，会计人员更容易理解财务报告，但实际上会计人员作为专业人士要识别财务报告描述的企业基本面也不是一件易事。虽然会计人员编制财务报告，但他们并不是很清楚公司管理决策的过程；公司高层管理者更加清楚本公司经营状况，但他们不编制财务报告，两者合作才更为容易读懂本公司的财务报告，注意两者一起合作阅读财务报告只是更为容易读懂本公司而不是任何一家其他公司的财务报告。这是因为对其他公司而言，管理者和会计人员也是局外人，管理者只对本行业公司经营过程比较熟悉，会计人员只有专业上的优势，但是阅读财务报告不仅需要运用专业技术方法，还需要甄别更多的非财务信息，尤其是要熟悉行业，所以，他们也只能进行大概率还原财务报告背后的故事。悲观地说，当会计人员经历了复杂的报表编制过程后，他都不一定能够清晰还原本公司原貌，一方面是因为财务报告反映的信息太复杂，不是由一个人加工而成的，而是会计团队协作完成的，另一方面，会计人员即使作为公司内部人员，他不太可能完全清楚了解公司营销战略、竞争战略等信息，这注定了会计人员也不太可能完全理解自身财务报告的内涵。也就是说，即使会计人员参与了公司财务报告编制的全部活动，经历了超级复杂的制造过程之后，他也未必能够进行全方位复盘。当然，这并不是说会计人员阅读财务报告没有任何优势，会计人员通过分析财务数据，找出问题所在，通过与其他部门人员进行有效沟通，可以快速找出解决方案。由此可见，不同利益相关者，包括财务专业人士，解读财务数据都不是一件简单的事，也只能大概率还原公司基本面。但这并不意味着我们对财务报告无能为力，只要正确理解企业经营环境，全面评估财务数据的合理性，就有可能还原公司财务报告。

二、财务报表之间的逻辑关系的内容

财务报表之间的逻辑关系是指财务报表的各种会计科目或者财务指标等在概率上的逻辑推定关系。财务报表之间的逻辑关系并不是财务报表的勾稽关系，而是基于概率推定的财务报表各科目、财务比率等之间的逻辑关系，并不是科学而严谨的，在现实生活中并非每一家企业财务报表都符合我们推定的逻辑关系，而财务报表的勾稽关系是指财务报表之间的严密的账户关系，是科学而严密的。

财务报表的逻辑关系主要表现为两个层面：一个层面是财务报表中各会计科目之间的逻辑关系，另一个层面是财务指标之间的逻辑关系。前者主要研究财务报表某两个会计科目或

者多个会计科目之间的逻辑关系，后者是指通过对财务报表若干科目组合形成的财务指标之间的逻辑关系，它又分为类内指标与类别指标之间的逻辑关系。财务报表两个层面的逻辑关系经常交织在一起，所以我们将其融为一体讲述。

三、正视财务报表之间的逻辑关系

财务报告符合财务报表之间的逻辑关系，并不意味着财务报告没有问题；财务报告不符合财务报表之间的逻辑关系，也不意味着财务报告一定有问题。如果是前一种情况，分析者要注意其分析逻辑是否存在缺陷，尤其是要注意财务信息与非财务信息之间的互应关系；而后一种情况，分析者需要挖掘财务报告背离财务关系逻辑的原因，判断公司是否涉嫌造假。

具体来说，财务报表之间的逻辑关系的重要性主要体现在以下方面：

其一，有利于不同利益相关者更高效地挖掘财务数据真相，剔除一些无用的干扰信息。

其二，有利于财务报告使用者更快捷地寻找财务报表异动数据，甄别这些异动数据的合理性。

其三，为利益相关者提供了不同的财务报表分析视角，有利于其更高效地达到分析目的。

财务报表之间的逻辑关系应引起不同利益相关者的关注。外部中小股东通过财务数据逻辑关系分析，能够更高效地找出异动数据，从而更有助于评估这些异动数据对公司持续盈利能力的影响；债权人通过关键财务数据之间的逻辑关系分析能够更有效地评价公司财务风险，而无须关注过多无用信息；管理者通过财务数据逻辑关系解析，有助于了解财务数据的内涵，提高与会计人员的沟通效率，从而实施更有效的管理决策；供应商通过判定财务报表之间的逻辑关系的合理性，来决定对企业的信用政策是否需要调整；监管部门通过了解财务报表之间的逻辑关系，判定公司财务数据的合理性，并制定有效的监管对策；审计师通过财务报表之间的逻辑关系，找出审计重点，制订审计计划，并完成审计工作；财务分析师通过分析财务数据之间的逻辑关系，有助于其判断公司基本面，为投资者提供更有价值的投资决策参考。

正因如此，会计人员深知财务报表之间的逻辑关系的重要性，这一方面帮助会计人员检验编制财务报表过程中是否存在错账，现在大型公司基本可以规避这类错误，因为公司的账务基本通过具有AI属性的财务专业软件完成；另一方面它有可能帮助管理者进行会计造假，使外界利益相关者更难甄别公司财务造假。一般来讲，专业素养越高的会计人员进行财务造假时外部人员越难识别财务造假，但这并不意味着造假滴水不漏，造假者水平越高只是留下造假痕迹越小而已。即使公司财务数据做到完美无瑕，当利益相关者有机会参与到公司内部活动时，或者他们有机会到公司进行调查时，很容易甄别公司是否参与财务造假。因此，单纯从财务数据来讲，即使顶尖会计专家也无法勾稽出财务报表之间的完美逻辑，总会留下造假痕迹，即使公司财务造假看似完美，公司非财务信息也会留下线索。

这给我们一个启示：财务报表之间的逻辑关系有利于读者提高阅读效率，重点找出异动信息，但正因如此，它有可能被有关人士利用，这就要求利益相关者进行财务信息处理时，需要更仔细地甄别财务报表之间的逻辑关系，尤其注意财务信息与非财务信息的互应关系，通过非财务信息推理财务数据之间的逻辑关系真伪，通过财务数据预知公司经营过程。

第二节　财务报表之间的逻辑关系分析

一、货币资金、应收款项、应付款项、销售收入、存货、销售成本、短期借款、长期借款、财务费用和资产负债率

通过本链条分析可以观察公司的市场竞争力、现金流的充沛度、债务偿还能力以及资本结构的优化等。

如果公司货币资金充沛，并且拥有大量定期存款，尤其是定期存款占流动资产的比例都比较高，说明公司存在大量闲置资金。假定这些闲置资金主要来自经营活动和投资活动，是公司在市场中具有更强的主导权、更强的顾客黏性所致。与之对应，公司的应收账款、应收票据、预付账款的金额不大，尤其是应收款项占流动资产的比例较小。更为明显的是，应收款项占销售收入之比应该逐步降低，抑或是短期微幅提升然后逐步下降，至少不应该长期逐步提升。一些顶级公司的应收款项无论是从绝对额还是相对额几乎都可以忽略不计。同时，公司的应付票据、应付账款和预收账款金额比较大，应付款项占流动负债比例比较高。同样更为明显的是，公司应付款项与销售成本之比或者应付款项与存货之比较高，虽然随着公司规模逐步扩张，存货绝对额有可能上升，但是应付款项/销售成本或者应付款项/存货应该与公司扩张阶段对应，这一比例应该逐步提升，或者至少不应该大幅下降，或者可以微幅下降然后逐步提高。

同样，如果公司充足现金储备的主要来源是经营活动和投资活动，则这类公司的有息负债一般占总负债的比例比较低，比如公司的短期借款与长期借款占流动负债或者总负债比例不高。假定公司是行业领导者，在进入成熟期之前就具有主动调整资本结构的能力，公司管理者融资偏好在很大程度上决定了短期借款与长期借款的比例，以及短期借款占流动负债的比例。当公司货币资金充沛，且应收款项很少和应付款项很多时，即使公司在扩张阶段，也能够保持相对较低的负债率。这时，财务费用通常为负数，表示净利息收入。以我国酿酒行业为例，在2012年之前，酿酒业多年处于高景气周期，贵州茅台与五粮液作为酿酒类公司的领导者，在市场中明显占据主导权，两家公司拥有巨额预收账款，货币资金充足，资产负债率比较低，公司财务费用高达负几亿，为公司带来了巨额"非经营性"收益。因为公司垄断性极强，使这种"非经营性"收益竟然具有强持续性，具有了经营活动性质，从而公司具有主动优化资本结构的能力。根据全球顶级公司有关统计数据发现，这些公司的资产负债率大都处于极低水平，基本都为20%~30%，有的企业甚至低于15%，公司财务费用大都是负数，并且这个负数有可能越来越小，而公司似乎没有利用闲置资金的动力，而是任由闲置资金"恶性"自由发展。由此可见，具有主动调整资本结构能力的公司并没有太大调整资本结构的意愿，而没有主动调整能力的公司却只能被动接受调整资本结构的命运。

我们以青岛啤酒股份有限公司（600600.SH）为例对部分会计科目之间的关系进行数据验证。公司1999—2016年的部分会计科目之间的数据见表12-1。

表 12-1　青岛啤酒股份有限公司历年部分会计科目的数据　　（单位：万元）

年度	1999	2000	2001	2002	2003	2004
销售收入	244 544	376 626	527 672	693 673	750 796	862 069
应收账款	59 488	60 909	15 165	16 772	17 009	15 942
应收票据	478	1581	2585	6590	5088	9859
预收账款	4717	5994	9120	14 798	12 907	15 057
年度	2005	2006	2007	2008	2009	2010
销售收入	1 001 986	1 167 716	1 370 922	1 602 344	1 802 611	1 989 783
应收账款	10 507	11 337	9420	8145	9259	8981
应收票据	7521	4498	3729	905	1075	1261
预收账款	21 900	19 166	48 288	34 076	27 102	77 541
年度	2011	2012	2013	2014	2015	2016
销售收入	2 315 805	2 578 154	2 829 098	2 904 932	2 763 469	2 610 634
应收账款	8810	8269	15 229	12 542	11 799	12 465
应收票据	9835	6180	8476	4160	2277	2640
预收账款	75 113	65 641	98 050	78 792	100 031	132 088

（数据来源：青岛啤酒历年财务报告。）

这里重点观察公司财务数据之间的逻辑关系。由表 12-1 可知，公司 1999 年销售收入为 24.45 亿元，到 2014 年到达峰值 290.49 亿元，然后微幅下降到 2016 年的 261.06 亿元。青岛啤酒 1999 年的应收账款与 2000 年的应收账款几乎一样，分别为 5.95 亿元和 6.09 亿元，其与销售收入之比分别高达 24.33% 和 16.17%，前者为两者之比的最大值。2001 年公司应收账款骤降到 1.52 亿元，然后长期维持在 1 亿多元，而当年公司应收账款与收入之比降低到 2.87%，到 2005 年大幅下降到 1% 左右，以后各年度均在 1% 以内，更多年度在 0.5% 左右，几乎可以忽略不计。公司应收账款占收入之比如此之低，也有可能与公司的结算方式变化有关，比如采用商业汇票结算。但是，表 12-1 显示，商业票据始终不是公司的主要结算手段，虽然 2002 年之后公司的应收票据有大幅度上升，但是与销售收入之比，基本都在 1% 以内，可以忽略不计。通过进一步观察预收账款发现，公司 1999—2016 年预收账款总体上逐步增加，由 4717 万元增加到 13.21 亿元，只有个别年度微幅下降，这说明公司议价能力明显上升。其中，2002 年后公司预收账款攀升到 1 亿元以上，尤其是 2010 年以后，预收账款基本保持在 5 亿元以上，2015 年更是攀升到 10 亿元以上，2016 年到达最大值 13 亿元。这些数据中，唯一让外部利益相关者担心的是，公司从 2015 年开始营业收入连续两个年度微幅下滑，但是公司预收账款仍保持了 20% 以上的增长，应收账款与应收票据进一步下降，进一步显示了公司强劲的市场议价能力。

有兴趣的读者，可以进一步扩展表 12-1 的有关会计科目或者财务指标，也可以将表 12-1 的有关数据进行更详细的比对，获取更多信息。

二、经营活动现金流量、投资活动现金流量、货币资金、净利润与经营现金流之比、销售收入增长率、利润增长率、股利支付率和股票支付率

经营活动现金流量、投资活动现金流量与公司的发展阶段密切相关。在公司处于初创期和发展期时，公司有可能处于快速扩张阶段，首先要判断公司扩张成功的可行性。公司是

通过扩张走向成功、平庸还是死亡，取决于公司的经营活动现金流量和投资活动现金流量在企业扩张期的特征。首先要明确一点，公司通过快速扩张走向成功的可能性是一种小概率，如果公司能成功通过快速扩张阶段，很有可能成为行业领导者。这类公司在快速扩张期，至少到成熟期之前，公司的经营活动现金流量日益充沛，投资活动现金流量为负数，货币资金占流动资产的比例至少应该是逐步改善的，而净利润/经营现金流也是逐步降低的，至少不应逐步上升。在公司扩张期结束之前，公司销售收入与利润均保持双高增长，公司很少进行现金分红，现金股利支付率非常低，甚至现金股利长期为零，股票支付率更低。例如，伯克希尔·哈撒韦（NYSE：BRK）公司在长达几十年的过程中一直充当着"铁公鸡"的角色，却深受投资者爱戴，公司将每年赚取的利润用来帮助股东再投资，并长期保持盈利20%的复合增长率，公司股票价格不断创出历史新高。如果从1967年到2017年年底计算，在长达50年的时间里，公司股价累计涨幅高达约2.6万倍，即20世纪60年代购入伯克希尔·哈撒韦A股股票1万美元，当下市值约2.6亿美元。当公司步入成熟期时，公司经营现金流量应该比较充沛，投资现金流趋于正值或者逐步变大，公司货币资金储备相当充足，货币资金在流动资产中的比例逐步增加。此时，公司净利润与经营活动现金流量之比趋于稳定，公司具有更强的市场议价权。同时，公司的销售增长率和利润增长率逐步接近个位数，一般是销售微幅增长而利润几乎不增长，甚至是微幅负增长。与之对应，公司现金股利支付率极高，甚至有可能将公司当年赚取利润全部进行分红，极个别年度公司分红完全有可能超过当年净利，股票支付率逐步上升，有可能超过同期银行定期存款利率（以我国为例）。

我国上市公司中除银行业外其他行业都不太符合上述规律，银行业估值比较接近西方主流股票市场的估值水平，它在我国当前资本市场中属于一个异类。当前银行业处于成熟期，利润增速明显趋缓，四大国有银行利润增速趋零，股份制银行利润增速大多为个位数，行业粗放式扩张接近尾声。当前我国银行业总体盈利能力极强，全球最赚钱的银行中前十位大多数来自中国，全球最赚钱的前十名企业中，四大国有银行也是常客，我国银行业大多数上市公司的股利支付率比较高，并且股票分红利率相当惊人，以2012—2014年为例，其股票分红利率远高于银行一年期定期存款，并且投资者还可以获取一定的资本利得。当然，银行业未来将迎来巨大变革，充满着不确定性，至少我国银行业当前的基本面没有表象看到的那么差，并且2012年以来都是如此，这在一定程度上限制了银行业的估值。还有，格力电器、美的集团、青岛海尔等这些国内知名企业早已步入成熟期，这些公司现金流充裕，公司股票分红率也比较高，也符合上述规律。

三、经营活动现金流量、投资活动现金流量、筹资活动现金流量、长期资产、现金净流量、货币资金和净利润

在正常情况下，一个经历高成长期、开始步入成熟期或者步入成长中后期的公司的经营活动现金流量应该十分充沛，而且投资活动现金流量呈现为负数增大或者逐步趋正。经营活动现金流量与投资活动现金流量在很大程度上决定了公司自由现金流量的充裕程度，也决定了筹资能力和筹资现金净流量。

当一家工业公司处于扩张阶段时，非流动资产应该处于逐步增加的态势，增加幅度视投资扩张速度而定。一个具有良好成长性的公司的现金流量是逐步增加的，现金储备也应该逐步增加，货币资金呈稳健上涨态势。当步入成熟期后，公司增加股票分红率，公司货币资金

储备有可能微幅下降，但总体上公司现金储备应该比较充裕。通常一家能够成功度过高成长阶段的公司，与投资现金流量逐步"恶化"阶段对应，公司净利润应该处于高增长状态。

我国中小板上市公司的典型代表苏宁电器（现更名为"苏宁易购"）的发展轨迹就是例证，美国沃尔玛也是如此。苏宁电器2004年于深圳证券交易所上市，2004—2007年公司处于快速扩张阶段，公司经营活动现金流量日益充沛，投资逐步扩张，利润每年翻倍，融资成本逐步降低，公司货币资金储备更为充足。同样，1972年沃尔玛在纽约上市，到1989年，其股价在17年里翻了100倍，这一期间公司处于高速扩张阶段，公司经营活动现金流量比较充沛，投资趋于快速扩张态势。因为公司净利大幅增加，良好的经营活动现金流量为公司扩张提供了基础，公司股价表现惊人，进一步为公司赢取了更为主动的融资机会，公司通过不断地优化公司资本结构，降低资本成本，从而实现公司价值最大化。

这种逻辑关系也有可能呈现这种规律：一家公司步入成熟期之前，公司经营活动现金流量并没有逐步增加，而是微幅增加或者基本不变，甚至小幅恶化，但是投资仍处于持续扩张，公司总体风险可控，现金流量没有明显改善迹象，公司利润却逐步增加。这种现象在我国比较常见于环保类公司，尤其是与承担固体废物处理业务有关的公司。这些公司大都通过BOT（Build-Operate-Transfer）模式运营，由公司垫资，回收期比较长，公司获得多年运营权，一般高达二三十年。这类公司的经营活动现金流量总让人感觉有点担心，现金净流量更让人担忧，但公司一直持续经营着。以我国固废处理龙头上市公司启迪桑德股份有限公司为例，公司每年都拿到许多订单，需要分批逐步开始执行这些项目，基本可以确定公司将持续多年处于扩张阶段，与之对应，公司现金流量多年来都不充裕，每过一段时间就需要定增、债券募资等补充资金需求，但公司净利润持续不断增加，扩张一直持续，募资总可以成功。这类公司每年逐步分批通过BOT模式运作不同的项目，假定公司拥有这些投资项目25年运营期，比如，公司第1年实施1年项目，它会给公司带来25年的持续收入，到第2年假定公司运作2个项目，这样第2年公司获取收入的来源不仅包括第2年运作的2个项目，而且还包括第1年运作的第1个项目带来的收入，以此类推。只要公司能够持续运作，扩张不用太激进，只要公司现金流量处于可控范畴，这类公司的利润将持续增加，而现金流未必如此"优秀"，这类公司也很有可能成功通过扩张期，成为行业领导者。

有兴趣的读者可以将这几个会计科目之间的逻辑链条进一步扩展，比如加入资产负债率、财务费用等，使之更为完善。

四、资产周转率、销售净利率、权益乘数

资产周转率与销售净利率之积等于总资产报酬率。这一分解式可以清晰地反映企业经营战略或者竞争战略，基本确定公司是成本领先战略还是差异化战略。一般情况下，资产周转率与销售净利率（或者是其他利润率指标，如销售毛利率等）是负相关关系。资产周转率与销售净利率的关系如图12-1所示。

总体上讲，大多数公司处于第Ⅱ象限和第Ⅲ象限；一类是资产周转率高而销售净利率低；一类是资产周转率低而销售净利率高。

图12-1 资产周转率与销售净利率的关系图

在正常条件下，资产周转率与销售净利率成反比，这比较符合财务学原理，即资产周转期越长，公司经营风险越大，公司需要更高的销售净利率来弥补其经营风险。从公司实践角度上讲，公司为了提高销售毛利率或者销售净利率，需要增加产品附加值，通常需要增加投资，容易引起资产周转率下降。与此相反，为了加快资产周转，快速回款，需要降低价格，容易引起利润率下降。通常，销售净利率较高的重工业企业，其资产周转率较低；资产周转速率较高的零售企业，其利润率比较低。

我们将处于两个象限的企业称为问号类企业，处于第Ⅱ象限和第Ⅲ象限中的企业有可能向另外两个象限延伸。

问号类企业的生存处境取决于资产周转率和销售净利率之间最后综合权衡的结果：总体盈利还是总体亏损。具体来说，如果公司销售净利率高带来的优势远优于资产周转率慢的劣势，或者是如果公司销售净利率低带来的劣势远不及资产周转率快带来的优势，则企业的生存处境占优；反之亦反。只要处于第Ⅱ象限和第Ⅲ象限的企业把财务指标做到极致，即资产周转率极快，而销售净利率并不低，或者资产周转率并不慢，而销售净利率极高，则公司竞争力在行业中逐步占优，它有可能成为行业领导者，即成功过渡到第Ⅳ象限。这就要求处于第Ⅱ象限和第Ⅲ象限的公司分别把自身的短板补齐，则它们就有可能成功延伸到第Ⅳ象限，这时它不仅是行业领导者，甚至有可能成为伟大的公司，乃至世界一流公司。在实践中，处于第Ⅱ象限和第Ⅲ象限的公司中很少有企业能做到极致，也就是说大多数企业只能将资产周转率与销售净利率的矛盾进行有效缓冲，不太可能延伸到第Ⅳ象限。这两个象限的大多数公司经过市场洗礼后，很有可能延伸到第Ⅰ象限。

假定公司处于第Ⅳ象限，两类指标处于双高位置，我们称为"巨星类"公司或者"超级明星类"公司。这类公司打破了财务学原理，不仅实现了资产高周转，而且公司利润率极高。世界顶级公司大多如此，如快时尚企业的ZARA、H&M等，典型特点是"快速、平价与时尚"，这类公司原本以"快"著称。在正常条件下，公司销售净利率比较低，然而这些公司将供应链管理做到了极致，促使公司利润率并不低于普通服装企业，最终实现了高资产周转和高盈利的完美组合，也成了行业内盈利能力最强的一类企业。如果大家细心观察各行业的话，就会发现每一个行业的领导者大都处于"双高"的最佳局面，其盈利能力极强。

假定公司处于第Ⅰ象限，资产周转率与销售净利率均处于"双低"位置，我们称之为"瘦狗类"企业。这类企业生存处境艰辛，很少企业能在两类指标出现双低时还能长期生存下来，这就要求这类企业快速进入其他象限，否则几乎可以断定公司处于破产或者财务困境边缘。如果企业一开始就处于第Ⅰ象限，它可以寻求过渡到其他象限的对策，但是若企业是经历市场洗礼之后由其他象限滑入第Ⅰ象限，则如有可能，清算和收割才是上策。

基于资产周转率和销售净利率的组合分析，再融入权益乘数这一财务指标，其体现了公司财务战略，需要衡量公司资本结构的合理性。这时综合财务指标由资产报酬率转为权益净利率。财务杠杆能否取得正效应，取决于公司总资产报酬率是否超过负债资本成本。如果公司总资产报酬率超过公司负债资本成本，公司增加举债经营，通常可以取得正财务杠杆效应，增加股东权益。一般来讲，当公司处于第Ⅳ象限时，通常可以加大财务杠杆，但在现实生活中，这类企业现金流量极其充裕，资产负债率比较低，通常不喜欢利用财务杠杆。当公司处于第Ⅱ象限和第Ⅲ象限时，公司根据自身发展战略、发展阶段等有可能增加财务杠杆。当公司处于第Ⅰ象限时，公司处于危险边缘，尽量减少负债。

在实践中，销售净利率、资产周转率和权益乘数的关系更为复杂。总资产报酬率与公司的权益乘数一般成反比，这种结论看似与我们通常分析的逻辑相矛盾，实则有一些道理。公司为了提高净资产报酬率，会倾向于提高财务杠杆。但是，资金提供方不会同意这种做法。因为贷款者只能分享固定收益，它更倾向于将资金提供给未来经营现金流量稳定的公司。而公司也知道贷款提供者的这种倾向，于是为了获取贷款会主动迎合贷款者的意愿，要么公司降低价格减少竞争，要么增加营运资本，提升公司流动性，这都会导致总资产净利率下降。换句话说，公司为了提高流动性，必须牺牲公司的盈利能力。因此，经营风险低的公司可以获得更多的贷款，其财务杠杆较高；经营风险高的企业，只能得到较少的贷款，其财务杠杆较低。这与企业实践相一致，重工业企业总资产较大，资产净值也比较高，经营风险比较低，这类企业是银行业优先贷款的对象；一些高科技企业，净资产较小，经营风险较高，这类企业不是银行重点贷款的对象。

如果是净资产回报率发生变化时，资产周转率、销售净利率和权益乘数的逻辑关系更为多样。例如，公司净资产回报率下降，分析销售净利率、资产周转率和权益净利率各自贡献时，计算结果表明：资产周转率贡献值为正数，销售净利率贡献值为负数，而权益乘数贡献值为负数，并且资产周转率贡献值上升比较明显，只是三个因素总体上导致净资产回报率下降。从统计数据看，公司资产周转明显上升了，但权益净利率却下降了，从表面上看，这不太合乎逻辑。因为资产周转率是公司管理过程的一个指标，正常情况下资产周转率上升通常导致净资产回报率上升。但也不尽然，这是因为总资产周转率采用收入作为计量分子，可以单独运用销售成本重新计算总资产周转率，验证公司资产管理能力是否得到提升。如果验证公司资产周转率上升，结合公司销售净利率下降，这可能是公司信用政策放宽导致公司收入上升，也有可能是竞争激烈导致产品售价下降。由于公司激烈竞争，有可能引起管理费用、销售费用等明显上升，同时公司存货存在贬值压力，鉴于市场竞争不利局面，公司主动采取了降低财务杠杆，导致权益乘数效应下降，最终导致公司资产周转效率上升而净资产回报率下降。当然，也还有其他不同的可能性分析，每一种逻辑分析过程都需要运用相关公开信息进行证伪。

五、现金比率、资产负债率、资产周转率、净资产报酬率

这一组逻辑关系式是流动性能力、资产管理能力与盈利能力之间的逻辑关系。一般来讲，资产的流动性与其盈利性成反比，这既是公司资产配置的重点，也是难点。大多数公司要追求高盈利性，必须采取更为冒险的激进式投融资策略，但是这势必会引起公司资产的流动性下降；如果公司要求资产流动性过强，必定采取保守的投融资策略，这势必影响到公司的盈利性。因此，公司需要权衡两者的矛盾。这一矛盾是大多数公司的难题，而顶级企业经常打破这种束缚，实现"双高"策略，即高盈利性与资产高流动性并存。在移动互联网时代，世界一流企业的巨大优势更有可能促使其实现资产的高流动性与高盈利性并存，大有赢家通吃的趋势。随着信息逐步对称、共享资源逐步增加，顾客转移成本逐步降低，顾客的忠诚度逐步变差，大多数公司生存变得更为艰难，而顶级企业生活得更为轻松，如果顶级企业时刻保持警觉，它们的生存很可能变得更加容易。例如，世界级企业苹果、亚马逊、微软和中国的一流企业华为、腾讯、阿里巴巴和百度，它们都具有超强的天然垄断性，形成了自身闭环系统，无论是开放式闭环还是封闭式闭环，公司顾客黏性更强，

公司市场议价能力更强，占用他人资金能力更强，这类企业的现金储备更是富可敌国，最终为其形成公司持续稳健盈利能力奠定基石，也使其能维持超强的资产流动性，从而实现"双高"格局。

在正常情况下，企业流动性越充足，比如流动比率、速动比率越高，尤其是当公司现金类比率越高时，公司资产负债率越低，公司依靠自身充足现金流量基本就可满足公司持续增长需求。资产周转率是公司融资与盈利能力之间的一个桥梁，尤其是存货周转率和应收账款（款项）周转率。如果公司决定采取激进的投融资策略，资产负债率比较高，而现金类比率在短期内有可能并不是那么安全，在这种条件下，公司资产管理能力的高低在很大程度上决定了净资产报酬率的高低，并决定了公司盈利是否快速增长以及总体风险是否可控。如果公司资产管理能力一流，比如我国的批发零售业、快时尚服装行业的一些优质企业等，它们具有超强的资产管理能力，并且公司具有较大的市场话语权。当公司采取激进的投融资策略时，通过不断提升公司资产管理水平，不断优化供应链管理水平，适度提升财务杠杆，使企业产生更高的盈利能力，博取更高的净资产回报率。反之，如果公司资产管理能力一般，公司采取激进的投融资策略时，尤其是公司出现负财务杠杆效应时，大幅度降低股东回报率，很可能给公司带来灾难性后果。

六、存货周转率、应收款项周转率、应付款项周转率、销售毛利率、现金满足投资率、资产负债率

一般来说，公司存货周转率与应收款项周转率成正比（采用销售收入计算的应收账款周转率）：公司存货周转率越快，公司存货管理能力越强，公司市场话语权越高，公司应收款项越少，应收款项周转速度越快；反之亦反。通过存货周转率与应收款项周转率可以计算存货周转期与应收款项周转期，即公司被占用资金的时间；通过应付款项周转率可以计算应付款项周转期，即公司占用他人资金的时间。通过两方面比较求得公司现金周转期，即广义现金周转期，即公司被他人占用资金的时间或者净占用他人资金的时间。如果现金周转期为负数，就意味着公司净占有其他公司资金；如果现金周转期为正，则说明公司被他人净占用资金。公司现金周转期越短，表明公司的市场话语权越大。通常现金周转期为负的公司，其竞争战略定位一般是"高周转、低利润率"，通过资产快速周转，减少自身资金占用，提高资金效率，实现利润最大化。

以资产周转快著称的公司，其现金满足投资率与资产负债率的高低，主要取决于公司所处的发展阶段。如果处于导入期，绝大多数公司的资产负债率都比较低，公司尽可以使用股权融资。处于导入期的公司，它的现金满足投资率比较低。如果公司处于扩张过程中，这类公司的资产负债率的高低取决于公司扩张速度快慢，以及公司管理者的融资偏好。如果公司扩张过快，而且管理者偏好债务融资，那么公司必然面临比较高的资产负债率，这时公司要注意现金流是否充足，避免陷入财务困境。如果公司处于成熟期，公司扩张趋于平稳或者接近尾声，公司的资产负债率通常应该比较低。即使公司原来资产负债率比较高，公司也应该开始大规模偿还借款，主动降低资产负债率。

至此，我们列示了一些财务报表之间的逻辑关系，它并不能穷尽财务报表的一切逻辑关系，并且也很难说我们论述得有多么完美。我们的目的是让读者掌握一些财务报表之间的逻辑关系，有助于提升其财务分析能力，达到抛砖引玉之功效。

思 考 题

1. 财务报表之间的逻辑关系包括几个层面？
2. 如何理解财务报表之间的逻辑关系的重要性？
3. 根据本章列示的财务报表之间的逻辑关系，将其中一些逻辑关系进行拓展。
4. 基于分析者特定的财务分析目的，列示本章之外的一些财务报表之间的逻辑关系。
5. 假定一家公司要实现各子公司之间生态化反，并且各子公司属于跨行业不同的子公司，请分析合并财务报表之间哪些逻辑关系至关重要？【提示：不妨以乐视生态为例，分析乐视七个子生态实现生态化反的路径。】

判 断 题

1. 财务报表之间的逻辑关系有利于分析者更快捷地评估财务报表异动数据的合理性。（ ）
2. 只要掌握财务报表之间的内在逻辑，必定可以识别公司财务造假。（ ）
3. 资产负债率过高的企业不太可能具有大量银行定期存款。（ ）
4. 应付款项通常与财务费用成反比。（ ）
5. 应收账款占销售收入比例越高，公司资产流动性越强。（ ）
6. 资产周转率与利润率通常是正相关关系。（ ）
7. 经营现金流与投资现金流成正比的公司有可能扩张成功。（ ）
8. 公司应付款项越小，公司银行存款中定期存款占比可能越小。（ ）

Chapter 13 第十三章

财 务 预 测

■ 回顾

第十二章主要描述了财务报表之间的逻辑关系。理解这些逻辑关系有助于报表分析者检验财务预测假设的合理性，提高财务预测的准确性。

■ 本章提要

本章主要描述了财务预测的方法，将财务预测的方法按其是否量化的性质分为定性预测和定量预测，简要分析了可持续增长能力理论。然后，以我国上市公司为例，运用财务预测方法，模拟公司未来若干年的财务数据，预测公司未来若干年度的财务报表，并且对公司未来持续盈利能力做出评估。

■ 展望

到此为止，本书理论框架讲述完毕，第十三章既是财务分析理论的收尾，也是预测篇的收尾。第十四章是第五篇　案例分析篇的唯一章节，是对本书基本分析框架的运用。

◆ 章首案例

下面是一场有关财务预测的辩论会中正反双方队员的论点摘录，请评述正方与反方观点。

反方：财务报告计量属性以历史成本为主，这注定了财务报告在预测方面是无用的。

正方：财务报告虽然以历史成本为主，但是它也包含了其他会计计量属性，这决定了财务报告在预测方面并非无用，并且我们很难证明历史成本不能用于预测。

反方：虽然财务报告包括其他会计计量属性，但是这些计量属性在现实世界中的运用存在太多局限，导致这些信息在财务预测时基本无用。

> 正方：诸如现值、公允价值计量属性，虽然存在比较大的不确定性，其应用条件比较苛刻，但是它们给财务报告使用者提供了相关信息。何况财务报告也包括公司非财务信息，比如管理层讨论与分析等，这些信息从另一个侧面印证公司财务数据的真伪的同时，也为预测未来提供了可能性。
>
> 反方：虽然财务报告中的其他非财务信息的确为财务预测提供了一个新视角，但是基于当下竞争更为充分的环境，公司没有太强意愿披露过多与公司未来相关的信息。因此，财务报告很难帮助投资者预测公司持续盈利能力，预测持续高增长盈利能力的公司更是天方夜谭。
>
> 正方：原本具有持续高增长盈利能力的公司就很难被发现，当财务报告显示公司盈利强劲增长时，的确绝大多数投资者丧失了最佳投资时机，但是这与投资者的素养更为密切，并且公司持续高增长盈利通常并不是一年，而是发生在一段时间内，在一段时间内恰好证明了财务数据可以预测公司未来持续盈利能力，只是当事人财务分析能力不足而已。何况，分析者选择的预测方法及其假设的合理性的信息处理水平不同，也会导致预测的准确性不同，但是这并不能否认财务报告在预测方面的价值。
>
> 反方：的确具有持续高增长盈利能力的公司通常都会持续一段时间，但关键是投资者总是无法在盈利高增长的前一时期内大量买入公司股票，从而错过最佳投资机会，说明财务报告在这方面没有实用价值。并且各种财务预测方法以历史成本数据为基础，运用专业的预测方法对未来进行预测，相当于用无关的过去预测有关的未来，所以，如果运用财务报告能准确预测公司未来是一件比较奇怪的事。
>
> 正方：预测本来就不准，通过现实数据与预测数据的比较分析，不断修正预测偏差，运用合适的预测方法，使未来预测更为准确，这才是预测的重要目的。还有，与历史成本计量属性并非完全无关，只要会计方法、会计估计等运用得当，历史成本计量的会计信息将有可能具有较高的相关性。所以，运用历史成本计量的数据，兼顾其他数据信息及非财务信息，运用合理的预测方法，至少可以预测公司未来发展的大趋势。

第一节 预测方法概述

财务预测可能不准确，但是人们可通过财务报告以及其他公开信息，运用专门的预测方法，对公司未来前景做出趋势判断，尤其是对公司未来多种生存状态进行模拟，测算不同状态下公司的生存处境，最终当真实状态出现重大不利差异时，分析者能够对这种预测负差异做出快速而有效的反应。

由于人类认知能力的局限，做到趋势预测正确实属不易，预测错误无可厚非，关键取决于预测者的努力过程。要想预测越准确或者预测错误越小，对预测者的要求就越高，除了要求预测者比较理性外，他的逻辑推理、思辨能力也是至关重要的，以及预测方法的选择、数据的选取、数据的处理与甄别、预测对象的了解等都要比较得当。显然，财务报告是预测公司未来盈利能力的重要信息源，这就要求分析者具有较强的财务报告分析能力。

预测必然涉及预测方法的合理选择，而预测方法有多种，主要包括定量预测法和定性预测法，将预测方法运用到财务数据预测时就成为财务预测方法。

第二节　财务预测与可持续增长能力理论

一、财务预测概述

从广义上讲，凡是关于公司财务方面的预测都可以称为财务预测。一般，财务预测又称财务预算，是指用货币计量的方式将决策目标所涉及的经济资源进行配置，以计划的形式具体地、系统地反映出来。财务预算是由一系列预算构成的体系，各项预算之间相互联系，关系比较复杂，很难用一个简单方法准确描述。财务预测也可以表述为根据企业过去多年财务报告及其公开信息，依据现实条件并考虑企业发展趋势，运用定量分析法及预测人员的主观判断，对企业未来一定时期的财务状况、经营成果、现金流量等所进行的分析、测算或者估计。因为未来的财务活动存在很多的不确定性，所以财务预测需要在分析过去、把握现在的基础上，掌握财务活动发展的一般规律，以便对未来的财务活动进行较为准确的预测分析。

财务预测分析的作用包括：①预测企业生产经营方案的经济效益，为经营决策提供科学的依据；②预测各项措施的效果，为计划管理提供可靠的信息；③预测生产经营中各种有利因素和不利因素，为改善经营管理提供线索；④预测分析是企业进行价值评估的基础。

一般来讲，财务预测是对企业未来业绩情况的全面预测，一般以销售收入预测为起点，然后是各项费用、成本、税费等预测，以及资本支出预算，最终是利润表预测、资产负债表预测和现金流量表预测。本书只简要进行财务报表预测，至于销售收入、各项费用、成本等预测参看预算管理相关知识，此不赘述。

（一）利润表预测

利润表预测通常是进行全面预测的起点，是对企业未来年度经营成果的估计。利润表主要由收入和费用两大类项目构成，利润表预测是通过对收入和费用进行分项预测而求得的。其中对收入项目的预测通常是公司内部分析人员从营销经理处得到销售预测的资料，外部人员无法直接获取销售资料，只能通过公开信息估计销售数据，并把它作为基本变量来预测商品成本、经营费用等项目。在进行销售预测时，分析人员应注意评估企业的战略地位，考虑行业特点、企业的竞争优势、产品的竞争优势等，这样有助于评价企业的增长能力，提高销售预测的准确性。进行费用预测时，要注意不同的费用有不同的"驱动因素"，所以对费用预测应采用适当的方法，分项预测。

（二）资产负债表预测

资产负债表预测是对企业未来年度的资产、负债和所有者权益的预测，因为不同的资产负债表项目受到不同的"驱动因素"影响，所以对资产负债表的预测通常是对报表中各项目的预测。资产中的经营资产项目在资产周转率不变的情况下将随销售的增加而增加，而固定资产只有在企业没有生产剩余的前提下，才会随销售而增加，负债中的经营负债项目及权益项目中的留存收益也会随着销售的增加而增加，这些项目可以采用销售百分比来预测。通过资产负债表预测可以反映企业未来资产的占用情况，融通资金和权益的变化情况，有助于分析人员判断企业的变现能力、偿债能力及财务状况的发展趋势。

(三) 现金流量表预测

现金流量表预测是进行企业价值评估的关键，它的预测依赖于前几个步骤所预测出的利润表和资产负债表，通过对预测的利润表中的净利润进行非现金项目的调整就可得出经营活动现金流量，再根据企业未来的资本支出计划和财务计划确定投资活动和筹资活动现金流量。现金流量表预测提供企业未来的现金和现金等价物流入和流出的信息，它可以使分析者了解和评价企业未来获取现金和现金等价物的能力。

二、财务预测方法

编制预测性财务报表的方法有多种，按其是否可量化的性质可分为定性预测和定量预测。

(一) 定性预测

定性预测，也称直观预测法，是指预测者根据调查研究，结合自己的实践经验、专业水平及有关领域专家的判断能力，不用或仅用少量的计算，从预测对象中找出规律进行分析并求得结果的一种方法。这种方法主要有专家预测法、经理人员意见征集法等。这种预测方法的主要优点是企业在缺乏足够的统计数据和原始资料的情况下，也可做出比较定量的估价。由于这种预测需要的数据不多，综合性较强，甚至也能把无法定量的因素考虑进去。定性预测的精确度只依赖于预测者的经验水平，要求不是很高，使用比较广泛。同时，定性预测单凭组织者和专家等个人积累的经验判断，主观性较强，选择人员的经验不同，预测结果也不同。又因数据资料不完整，使预测结果与实际情况偏差增大，容易降低预测质量，只有再结合定量预测才能提高预测的精确度。

常用的定性预测法一般有经理人员意见征集法、德尔菲法、访问法、现场观察法、座谈法等，下面简要介绍一下前两种方法。

1. 经理人员意见征集法

这是一种比较原始、简单的定性预测法。它是指由企业经理人员邀请和召集相关部门主管人员，征询和交换意见，加以综合，进行财务预测的一种方法。它的优点是集思广益，简单易行，预测速度快。其缺点是过分依赖主管人员，在预测过程中往往会受到预测者的乐观或者悲观情绪的影响，预测精确度不高，存在一定的风险，如果能够与定量预测方法结合起来效果会较为理想。

2. 德尔菲法

德尔菲法，又称专家预测法，是美国兰德公司在20世纪40年代末创立的一种定性预测法。它由企业外部的专家进行预测，与经理人员意见征集法类似或运用专家调查法个别征求意见，或者召开专家会议讨论，由主持部门加以预测。德尔菲法的主要步骤是确定预测目标，选择专家，多次反馈专家意见，对各专家最后一次征询的意见进行统计处理并预测结果。

这种方法采用"背靠背"的函询方式。德尔菲法使专家能够独立思考，各抒己见，集中并发挥专家们的集体智慧，避免了个人的主观判断，预测可靠性较高，速度较快，特别在长期预测中享有较高的声誉，已成为近20年来一种被广泛应用的预测方法。但是这种方法由于"背靠背"，缺乏直接的交流，预测工作不够集中，反馈次数较多，会浪费大量的时间和资金。另外，专家总体素质高低决定了德尔菲法预测的准确性。因此，德尔菲法适用于没有足够的信息和历史资料的经济现象的预测，在新产品与新技术开发、工作项目投资、有限资源与无限资源的合理配置、商品市场需求、销售及产品普及时间等方面得到了普遍的应用。

(二) 定量预测

定量预测，也称统计预测，主要是指利用企业已掌握的历史资料，运用数理统计、信息运筹处理等定量的数学手段，并建立数学模型进行数据分析，得出预测结果的一种方法。定量预测大致分为两类：一类是利用经济发展的数据资料来预测发展的趋势，即所谓的外推法，如时间序列分析法；另一类是利用各种经济现象发展的因果关系资料来预测经济发展的前景，即因素法，如回归分析法、经济计量法等。

定量预测通常不能把非定量的因素综合进去，所以对于经济运转过程中的突发事件估计不足，而在预测对象发生偶然性变化时，容易产生滞后的偏差，应变能力比较差；另一方面，定量预测的结果虽然精确度很高，但数学模型的建立过程比较烦琐，耗费人力、财力过多，难以达到既经济又准确的预测目的。

下面主要介绍销售百分比法、财务预算法、线性回归分析法和计算机预测法。时间序列预测法放到下一节专门介绍。

1. 销售百分比法

销售百分比法是根据财务报表各变量与销售收入之间的比例关系，按照预测期销售收入的增长情况，预测企业未来财务报表的一种方法。该方法简单明了，易于操作，是预测分析中常用的一种方法。

销售百分比法的操作程序一般如下：

(1) 通过对历史数据的审核，判断财务报表中与销售成比例变化的项目有哪些，即敏感性项目有哪些。一般来说，资产负债表中的资产类项目，如货币资金、正常的应收账款和存货等项目，都会随着销售额的增长而相应增长。固定资产一般不属于敏感性资产，但是当固定资产项目的利用率已经达到饱和状态，则要随着销售额的增长而增添设备，也属于敏感性资产。负债类项目，如应付账款、应付票据、其他应付款等项目，一般会随着销售额的增长而增长，而长期负债等项目，则一般不随销售额的增长而增长。所有者权益类项目，如股本、资本公积等一般不随着销售额的变化而变化，若利润率保持不变，留存收益一般会随着销售额的增长而增长。

(2) 预测销售额。由于财务报表中许多项目与销售收入具有高度相关性，所以尽可能准确地估计销售额至关重要。销售额的预测值一般是通过分析人员从营销经理处得到的销售预测资料（外部人员只能通过公开信息获取公司销售数据），运用定性、定量的分析方法进行预测而得出的。比较严谨的方法是对国家宏观环境、行业竞争态势、公司竞争战略、产品竞争优势、研发优势、财务数据等综合分析之后判断公司的销售收入，但是这种方法耗时、费力，一般更适合大型公司，它们具备高度信息化，预算管理能力比较强。

(3) 根据财务报表中各项目与销售额的依存关系，借助预测的销售额估计财务报表的各项目。

(4) 采用其他分析方法分别测定财务报表中与销售额不直接相关，但肯定变动的项目数额。

(5) 编制预测的利润表、资产负债表和现金流量表，保证报表之间的内在联系及表内项目的平衡关系，确定应增加的外部融资需求量。

2. 财务预算法

财务预算法是指通过编制财务预算来编制预测财务报表的方法。财务预算是企业全面预算的一部分，它和企业其他的预算是联系在一起的。对于预算管理能力比较强的企业而言，预测未来的财务报表，只要根据预算管理中的资料库就地取材稍作加工即可；对于外部人员当然没有这么简单，需要按照财务预算步骤，搜集相关资料，运用合适的专业方法，编制财务预算。但是，对于没有完整生产经营计划与相关原始数据的企业来说，财务预算法就显得比销售百分比法费时、费力、复杂得多，并且销售收入预测也不太准确，直接影响财务预算的编制效果。

财务预算具体的操作程序如下：

（1）分析经营环境。财务预算法要求分析人员在进行报表预测之前，首先应对企业所处的内外环境做出认真、综合的研究与分析，包括国家政治经济形势分析、行业未来发展态势、同行业竞争趋势分析、市场价格变动趋势分析、公司研发能力、金融政策趋势分析等。通过环境分析，将这些与环境有关的因素给予量化，结合企业的生产能力拟订企业的预算方案。

（2）拟订预算总方案。预算的总方案是指企业未来的经营方针、各项政策及企业的总目标和分目标。例如，为销售部门制定销售目标，具体包括预算期产品的销售数量、销售价格、销售费用、销售地区、销售战略和战术等。通过拟订预算总方案使企业各部门编制预算有了依据和标准。

（3）编制具体预算。组织各部门按照具体的目标要求编制本部门的预算草案，包括销售预算、生产预算、成本预算、费用预算等。

（4）预测财务报表。基于经营预算的基础，编制预算期的利润表、资产负债表和现金流量表。

总的来讲，对经营环境的评估在预算编制中无比重要，它直接决定了整个财务预算的起点，收入预测的准确性与它直接相关，而其他所有预算都依赖收入预测。因此，经营环境评估得越准确的企业，它的预算水平越高，收入预测越准确。

3. 线性回归分析法

线性回归分析法是指运用直线回归方程，根据自变量的变动来预测因变量发展、变动趋势的方法。运用线性回归分析法进行财务预测分析时，根据过去一段时期的历史资料求得资产负债表各项目与销售额的函数关系。如果各项目与销售额之间在坐标上能大致形成一条直线，则说明这个项目是销售额的函数，它们之间基本上存在线性关系，可以通过建立直线回归方程来预测计划期内的资产、负债，然后预测融资需求。一元直线回归方程的计算公式为

$$y = a + bx$$

其中，$a = \left(\sum x^2 \sum y - \sum x \sum xy\right) / \left[n \sum x^2 - \left(\sum x\right)^2\right]$，$b = \left(n \sum xy - \sum x \sum y\right) / \left[n \sum x^2 - \left(\sum x\right)^2\right]$，$n$ 表示年份。

由于一元直线回归分析只通过一个自变量解释因变量，方程拟合性不太好，解释能力也不太强。在现实生活中，财务预测一般使用多元回归分析，通过多个自变量解释因变量，有利于更准确地进行财务预测。

4. 计算机预测法

随着知识经济时代的到来，高科技技术手段不断增多，企业竞争更为激烈，尤其是对于

大型企业，影响企业财务预测的变量有很多，如产品组合、信用政策、价格政策等，单纯计算简单财务变量的准确性与之前相比会明显下降，如果把这些变量带入预测模型后，计算量会大大增加，所以企业不可避免地要以计算机替代手工操作，使用计算机进行财务仿真预测分析是必然趋势。使用计算机进行财务预测，因加入更多变量，模拟更为逼真，可以随时更新数据，快速生成预计财务报表，从而支持财务决策。从广义上讲，任何财务预测方法都需要用计算机进行预测，之所以称为计算机预测法是为了与过去纯手工计算加以区分。

三、预测报表时间序列预测法

（一）算术平均法

算术平均法是求出一定观察期内预测目标的时间序列的算术平均数作为下期预测值的一种最简单的时序预测法。算术平均法一般包括简单算术平均法和加权平均法。

1. 简单算术平均法

简单算术平均法是算术平均法中比较简单的一种。设：x_1，x_2，x_3，…，x_n 为观察期的 n 个数值，求得 n 个资料的算术平均数的公式为

$$\bar{x} = (x_1 + x_2 + \cdots + x_n)/n$$

式中，n 为资料期数。

2. 加权平均法

加权平均法，就是在求平均数时，根据观察期各数据重要性的不同，分别给予不同的权数加以平均的方法。其特点是所求得的平均数已包含了长期趋势变动。加权平均法的计算公式为

$$\bar{x} = (x_1 f_1 + x_2 f_2 + \cdots + x_n f_n)/n$$

即下一期的预测值是前几期数值的加权平均值，其中 f 表示权重。

（二）移动平均法

1. 简单移动平均法

简单移动平均法的各元素的权重都相等。简单的移动平均的计算公式为

$$F_t = (A_{t-1} + A_{t-2} + \cdots + A_{t-n})/n$$

式中，F_t 是对下一期的预测值；n 是移动平均的时期个数；A_{t-1} 是前期实际值；A_{t-2}、A_{t-3} 和 A_{t-n} 分别表示前两期、前三期、前 n 期的实际值。

2. 加权移动平均法

加权移动平均法给固定跨越期限内的每个变量值以不相等的权重。其原理是：历史各期产品需求的数据信息对预测未来期内的需求量的作用是不一样的。除了以 n 为周期的周期性变化外，远离目标期的变量值的影响力相对较低，故应给予较低的权重。

加权移动平均法的计算公式为

$$F_t = (W_1 A_{t-1} + W_2 A_{t-2} + \cdots + W_n A_{t-n})/u$$

式中，W_1 是第 $t-1$ 期实际值的权重；W_2 是第 $t-2$ 期实际值的权重；W_n 是第 $t-n$ 期实际值的权重；n 是预测的时期数；$W_1 + W_2 + \cdots + W_n = u$。

在运用加权平均法时，权重的选择是一个必须注意的问题。经验法和试算法是选择权重的最简单的方法。一般而言，最近期的数据最能预示未来的情况，因而权重应大些。例如，根据前一个月的利润和生产能力比起根据前几个月能更好地估测下个月的利润和生产能力。

但是，如果数据是季节性的，则权重也应是季节性的。

（三）指数平滑法

指数平滑法，是指利用过去的统计资料及平滑系数来预测的一种方法，它是定量预测法的类别之一，是时间序列法的代表。通常以上期预测值为基础，加上上期实际数与上期预测的差额用平滑系数加权后的调整数作为本期预测的期望值。这一过程又称为修匀，所以指数平滑法也称为指数修匀法。其预测数学模型为

$$Y_{t+1} = aX_t + (1-a)Y_t$$

式中，Y_{t+1} 是未来第 $t+1$ 期的预测值；Y_t 是第 t 期的预测值，即预测前期的预测值；X_t 是第 t 期的实际值，即预测前期的实际值；a 是平滑指数；t 是期数。

指数平滑法的优越性体现在其简单实用上，对当前的数据要比过去的数据更为重视，不必进行数学推导，可来自经验推导，还能及时、自动地用新信息来调整预测值，使预测结果跟上经济现象的变化，消除季节性和随机性的影响，清楚地表明事物发展的趋势。

由于它假设了过去的趋势和图形将持续发展到未来，所以不能预测未来的转折点，当新数据出现显著变化时，应用这种方法容易出现两种极端：一是预测模型对显著变化的反应过于迅速，造成反应过于灵敏的偏差；二是预测模型过于稳定和保守，反应过于谨慎和缓慢，造成滞后的偏差。

因此，这种方法虽然灵活，但其精确度却比其他定量预测方法要低，并且平滑指数 a 决定了指数平滑法的准确性，这注定了指数平滑法适用于具有线性趋势的时间序列的中短期预测，一旦进行长期预测，很难确定平滑指数的持续解释能力。

四、可持续增长能力理论

（一）可持续增长率的概念

可持续增长率用来衡量企业利用经济杠杆能够获取的持续增长效果。可持续增长率是指在不增发新股并且保持目前的经营效率和财务政策的条件下，企业能够实现的增长速度。可持续增长率可以用可持续资产增长率、可持续净资产增长率、可持续销售增长率和可持续股利增长率等指标来表示。

（二）可持续增长率指标的计算

预测企业可持续增长率，通常需要做如下假设：①企业以市场条件允许的最快速度发展；②企业经理人不愿意或者不能够筹集新的权益资本；③企业维持目标资本结构和固定的股利政策。在这些假设条件下，企业利润要想以过去的增长速度持续增长，就必须增加营业收入；而在企业资产周转率一定的条件下，增加营业收入必须依赖资产的相应增加。而要增加资产，在不对外进行权益资本融资的条件下，其来源渠道不外乎企业内部的资金积累和对外债务融资。在不改变目标资本结构的条件下，债务的增加又取决于其本身的盈利能力和既定的股利政策。根据这些假设条件，可持续增长率的计算公式为

$$可持续增长率(g) = 股东权益增长率 = 净资产收益率 \times (1-股利支付率)$$

上述公式的净资产收益率、股利支付率根据企业当年资产负债表和利润表计算。根据可持续增长率计算公式可以得出结论：企业在保持目前经营战略和财务战略的条件下，公司可持续增长率取决于净资产收益率和股利支付率，它与净资产收益率成正比，与股利支付率成反比。股利支付率越低，基于净资产收益率不变的条件下，公司可持续增长率越高；反之亦

反。在股利支付率既定的条件下，净资产收益率越高，可持续增长率越高；反之亦反。基于若干假设条件下，可持续增长率低于净资产收益率，这也意味着如果公司要追求更高的增长率，需要改变经营战略和财务战略。

可持续增长的思想并不是说企业的增长率不可以高于或者低于可持续增长率，而是说企业现有的销售收入水平可以继续保持，而且整体呈上升趋势。

下面对可持续增长率计算公式进行分解，找出其驱动因素，分别用期初、期末两种方法来计算可持续增长率。

1. 根据期初股东权益计算

$$可持续增长率(g)_1 = 股东权益增长率$$

$$= \frac{股东权益本期增加}{期初股东权益}$$

由于可持续状态下企业所有者权益增加只能靠内部留存，所以

$$股东权益本期增加 = 期末股东权益 - 期初股东权益$$
$$= 本期留存收益增加$$
$$= 本期净利润 \times 本期利润留存率$$

因此

$$可持续增长率(g)_1 = \frac{本期净利润 \times 本期利润留存率}{期初股东权益}$$

$$= 期初股东权益本期净利率 \times 本期利润留存率$$

$$= \frac{本期净利润}{本期销售收入} \times \frac{本期销售收入}{期末总资产} \times \frac{期末总资产}{期初股东权益} \times 本期利润留存率$$

$$= 销售净利率 \times 总资产周转率 \times 权益乘数 \times 本期利润留存率$$

$$= 销售净利率 \times 总资产周转率 \times 权益乘数 \times (1 - 股利支付率)$$

需要注意的是，上述计算公式中"权益乘数"是用"期初股东权益"而非"期末股东权益"，其主要目的是满足计算公式分解因素之间的乘积关系，还有一个原因是基于可持续增长率的若干假设，一般公司期初股东权益与期末股东权益相差不会太多。

2. 根据期末股东权益计算

承上式

$$可持续增长率(g)_2 = \frac{本期净利润 \times 本期利润留存率}{期初股东权益}$$

$$= \frac{本期净利润 \times 本期利润留存率}{期末股东权益 - 本期净利润 \times 本期利润留存率}$$

将分子和分母同时除以期末股东权益可得

$$可持续增长率(g)_2 = \frac{本期净利润/期末股东权益 \times 本期利润留存率}{1 - 本期净利润 \times 本期利润留存率/期末股东权益}$$

$$= \frac{权益报酬率 \times 本期利润留存率}{1 - 销售净利率 \times 资产周转率 \times 权益乘数 \times 本期利润留存率}$$

$$= \frac{权益报酬率 \times (1 - 股利支付率)}{1 - 销售净利率 \times 资产周转率 \times 权益乘数 \times (1 - 股利支付率)}$$

（三）可持续增长率的因素分析

根据两种不同分解视角，可求得两个计算可持续增长率的公式

$$可持续增长率(g)_1 = 销售净利率 \times 资产周转率 \times 权益乘数 \times (1 - 股利支付率)$$

$$可持续增长率(g)_2 = \frac{权益报酬率 \times (1 - 股利支付率)}{1 - 销售净利率 \times 资产周转率 \times 权益乘数 \times (1 - 股利支付率)}$$

由两个不同的计算公式驱动因素分析，销售净利率、资产周转率、权益乘数和股利支付率是两个计算公式的共同驱动因素，第一个计算公式中权益乘数采用期初股东权益，其分子与分母不对应，而第二个计算公式中权益乘数都是采用期末资产与期末股东权益。在可持续增长率$(g)_2$的计算公式中，可持续增长率中还有一个决定因素是股东权益报酬率，并且股利支付率是一个决定性的关键变量，如果股利支付率上升，将严重影响公司的可持续增长率。

可持续增长率的计算结果的驱动因素与杜邦财务分析体系核心指标 ROE 分解的驱动因素中有三个共同因素：销售净利率、资产周转率和权益乘数，三者与可持续增长率呈正向变动关系，具体分析原理参见杜邦财务分析体系。可持续增长率还有一个决定因素，即股利支付率，它与可持续增长率呈反向变动关系，股利分配政策与公司发展阶段、财务限制等密切相关。

第三节 预测财务报表与可持续增长能力

一、预测收入与财务报表的敏感项目

（一）预测收入

预测公司收入及其增长率几乎是一切财务数据预测的起点，无论是外部人员进行投资分析的财务预算，还是内部人员实施的预算管理，以及投资者进行的持续盈利能力估算，都离不开销售收入的估算。公司内部销售预测更为准确，外部利益相关者作为局外人只能借助公开信息，比如公司历年财务报告、投行研究报告等进行销售预测。

销售收入增长率的推断需要考虑下面的问题：

（1）公司战略。公司处于什么行业？行业前景如何？国家是否大力扶持？公司是否有强劲的内生增长机制？产品质量战略如何？公司主要产品处在产品生命周期的哪一个阶段？有什么新产品？公司的收购和兼并战略是什么？

（2）产品市场。消费者行为将如何变化？产品需求弹性是多少？有没有替代品进入？潜在进入者的威胁如何？公司应对消费偏好变化和潜在竞争威胁的能力如何？

（3）公司的营销计划。公司有没有新开发的市场？有什么样的定价计划？有什么样的促销和广告计划？公司是否有能力开发和维持其品牌？

（二）估算报表中敏感性项目

估算报表中与收入有关的敏感性项目主要有以下几个方法：

1. 理论与经验分析

首先根据财务专业相关理论推算基本的敏感性资产、敏感性负债以及利润表中的敏感性项目，然后根据经验进一步修正敏感性项目，比如固定资产是否在预测年度为敏感性项目等。

2. 敏感性分析

按照分析因素变动的数量多少，敏感性分析可以分为单因素敏感性分析和多因素敏感性分析。本处是为了快速找出敏感性报表项目，只需要进行单因素敏感性分析即可。通过敏感性因素分析，可进一步调整敏感性报表项目，以及修正敏感性项目与收入之比。

3. 回归分析法

根据报表项目与收入之间的关系，建立一元或者多元回归分析方程，其中回归分析方程的自变量系数就是通常的报表项目与收入的比例系数。

二、预测财务报表

通过对资产负债表、利润表和现金流量表的相关假设预测下一年或者多年期的财务报表。这种预测能比较好地反映利润表、现金流量表和资产负债表之间的相互关系。

（一）利润表预测

预测利润表需要以下数据资料：销售预测、成本预测、费用预测、税收政策及收入与费用的历史资料等。预测利润表的方法主要采用销售百分比法、财务预算法和线性回归法。下面我们运用销售百分比法对利润表进行预测。

A 公司是一家在我国本土上市的公司，属于电子信息行业，主营新式电子元器件。下面以我国上市公司 A 为例，我们简要预测 A 公司的一年期和多年期财务报表简表。因为**第六章　财务报表结构与趋势分析**已对财务报表进行了详细分析，所以本处只对财务报表数据计算做简要说明，不对预测报表做全面的数据分析。

下面采用销售百分比法对 A 公司的一年期利润表和多年期利润表进行预测。2017 年 A 公司利润预测表见表 13-1。

表 13-1　2017 年 A 公司利润预测表

项　　目	2016 年实际数		2017 年预测数
	金额（万元）	占销售额（%）	金额（万元）
一、营业总收入	173 626	100.00	199 670
营业收入	173 626	100.00	199 670
二、营业总成本	137 400	n	158 269
营业成本	109 374	62.99	125 772
税金及附加	1265	0.73	1458
销售费用	5145	2.96	5910
管理费用	18 918	10.90	21 764
财务费用	2113	n	2810
资产减值损失	585	n	555
加：公允价值变动收益	0	n	0
投资收益	595	n	689
其中：对联营企业和合营企业的投资收益	595	n	689
汇兑收益	0	0.00	0
三、营业利润	36 821	n	42 090
加：营业外收入	2274	n	2320
减：营业外支出	93	n	93
其中：非流动资产处置损失	93	n	93
四、利润总额	39 002	n	44 317
减：所得税费用	3197	n	3633
五、净利润	35 805	n	40 684

注：表中第三列是利润表中各项目与营业收入的比例关系，"n" 表示没有关系，但是该项目并非不变动，其变动情况见文中说明，而百分比表明该项目与营业收入存在比例关系。利润表与收入有关的敏感项目是根据理论与财务数据多年的经验分析所得。

2017年A公司利润预测表有关数据说明如下：

国内证券公司关于A公司的研究报告中有关公司未来3年的盈利增速的预测值大概在20%左右，除非公司新产品孕育市场得到爆发性机会，否则A公司比较难步入高增速轨道，从目前来看这种机会不太大，新产品是一个长期逐步培育的过程。

汇总国内各证券公司关于A公司相关销售预测数据，基于公司产品竞争战略分析，我们综合权衡公司销售预测A公司2017年的营业收入增长为15%，相比2016年公司增速有所放缓的原因如下：①参考了历年公司销售增长率的数据，并考虑了行业发展的一般规律；②智能手机和电视机市场逐渐饱和，整个电子市场增速放缓，消费电子市场增长乏力；③虽然公司积极开发新产品，但是新产品培育需要一段时间，比如汽车电子产品应用有赖于汽车智能系统的大规模普及，但是目前仍没有出现爆发点，需要一段时间孕育。

费用方面的预测：主营业务成本、税金及附加、销售费用和管理费用都与销售收入密切相关，并随预计销售额的增长而相应提高。对于不是直接由销售额引起的费用项目，则根据公司过去披露的相关资料预测。例如，资产减值损失是由于资产增加引起的，财务费用是预计利息支出增加所致，税收费用是假定公司所适用税率和享受的税费优惠不变。其中，财务费用、投资收益、营业外收支都参考2011—2016年的加权比例。具体来讲，财务费用、投资收益、营业外收支都参考往年数据，其中财务费用考虑到以后长期借款及短期借款的大量增加，确定为增幅33%，投资收益全部为对联营企业和合营企业的投资收益，因此预计其增长速率为16%；营业外收支并不具有规律性，且其所占比例在总收支中不高，因此预计营业外收入增幅2%，营业外支出1%，并假定以后各年均保持此增幅。参考历年公司财务报告计算可知，2011—2016年，销售收入/固定资产比率分别为0.95、1.05、0.94、0.93、0.76和0.84，可以判定为重资产企业，并且根据历年年度报告披露资产的情况，企业造成资产减值损失的主要原因是计提坏账准备与存货跌价准备，考虑到近年公司资产减值损失的变化趋势及公司未来经营情况，以及公司市场前景总体向好，公司资产减值计提比例总体是逐步减少的，因此假设资产减值损失增速为-5%。

基于移动互联网、大数据时代，竞争更为激烈，与营业收入无关的因素也有可能发生变化。假定收入出现明显增长时，公司资产减值损失率可能需要进一步向下调整，甚至公司可以考虑不计提资产减值准备。

进一步预测A公司未来5年的利润表，见表13-2。假设A公司未来5年营业收入增速是先增加后稳定的态势，同比增速分别为20%、25%、30%、30%和30%，其余项目的预测参照2017年的标准。我们估算公司盈利增速的核心假设是智能手机市场保持平稳增长和公司进一步开拓新市场。

表13-2 A公司2018—2022年的利润预测表 （单位：万元）

年度 项目	2018	2019	2020	2021	2022
一、营业收入	239 604	299 505	389 356	506 163	658 011
二、营业总成本	190 150	237 828	309 150	401 927	522 610
营业成本	150 926	188 658	245 255	318 832	414 482
税金及附加	1749	2187	2842	3695	4803
销售费用	7092	8865	11 525	14 982	19 477

（续）

年度 项 目	2018	2019	2020	2021	2022
管理费用	26 117	32 646	42 440	55 172	71 723
财务费用	3738	4971	6612	8794	11 695
资产减值损失	528	501	476	452	430
加：投资收益	800	928	1077	1249	1449
三、营业利润	50 254	62 605	81 283	105 485	136 850
加：营业外收入	2366	2414	2462	2511	2562
减：营业外支出	93	94	94	94	94
四、利润总额	52 527	64 925	83 651	107 902	139 318
减：所得税费用	4306	5322	6857	8845	11 421
五、净利润	48 221	59 603	76 794	99 057	127 897

从长期来看，A 公司利润很有可能进一步增加，这是由于公司市场前景相对比较乐观，主要分析如下：

（1）新产品的问世。公司最主要的收入来源仍然是传统产品片式电子元件，其中电感业务占比超过 80%，其中超过 40% 的销售额又是由智能手机产品提供的。消费电子产品最大的特点就是周期性，一个产品从培育消费习惯，到被市场接受度增加进入快速增长期，再到进入平稳增长期，然后又有新的消费电子产品进入新的增长周期。例如，2009 年计算机增速首次下滑到 5% 以下时，智能手机初露端倪。从目前来看，下一个跨时代的产品可能已经面世了，比如已经进入市场培育期的有智能穿戴、智能家居等，而电感、变压器的电子元器件厂商都是确定性受益者，因为无论任何形式的电子终端都离不开电子电路，电子电路离不开电感等基础元器件。并且公司管理层具有前瞻性，仍在不断加大研发力度，不断推出新产品，并且这些新产品很有可能与未来电子产品发展主流相吻合。

（2）电子终端复杂化。电子行业的另一个趋势就是电子终端的复杂度在不断增加。从功能来看，功能机时代，手机的功能比较单一，仅仅有通话、信息等基本功能。进入智能机时代，手机功能不断增加，如触摸功能、Wi-Fi、指纹识别功能、陀螺仪、各种传感器，以及 Force Touch 压力感应触控、增强型语音服务（EVS）编解码器等。从理论上来讲，新增的功能模块会增加设计复杂性，也会增加电子元器件的需求，如滤波电路等。值得一提的是，世界上除了 Murata 以外，A 公司是唯一一家可以量产 01005 电感的公司。不过，这部分业务还处在客户认证推广期，但从电感行业的发展趋势来看，01005 电感产品本身的特性，很有可能会使其在未来成为主流，从而有望成为公司电感业务新的营收增长点。

（3）移动通信技术的发展。从 2G、3G 发展到现在 4G 已经在终端市场普及，通信终端设备支持的模式及频段也越来越多，这意味着电路网络越来越复杂。2019 年 5G 通信时代即将来临，频段的增加会让通信电路的设计更加复杂，滤波电路在支持越来越多的频段下设计复杂性增加速度远大于频段增加数量。根据电感在手机上的使用情况来看，每部功能机的电感数量为 20～30 只，而智能手机电感使用量是功能机的两倍，甚至更多，达到 40～60 只，5G 时代的智能手机使用的电感数量理应更多。

（4）A 公司开拓汽车电子市场领域已有近 10 年的时间，能够为客户提供除电感之外的多种磁性器件、微波器件,目前 A 公司已成为如博世、德尔福等国际一流企业经认证的供应商。但是汽车电子市场仍处于起步阶段,目前汽车电子业务对 A 公司的贡献还未显现,占公司不到 10% 的收入占比,远低于日本以村田为首的 10 家大型电子零部件厂商 37% 的收入占比,而这一业务的盈利势头不容忽视。

基于上面的状况和趋势分析,电感产品的市场仍有不错的成长空间,华为、联想、乐视、小米等品牌的智能手机都是 A 公司产品的主要使用者,已经逐步完成了进口替代,未来的市场空间将得到进一步扩展,因此 A 公司的营业收入仍有可能继续增加。

(二) 资产负债表预测

资产负债表预测所需的数据资料主要有业务预算、投资计划、筹资计划、预测的利润表、股利分配政策等。预测资产负债表的方法主要也是采用销售百分比法、财务预算法和线性回归法。下面我们将采用销售百分比法对资产负债表进行预测。

承前例,根据 A 公司的基本资料,采用销售百分比法对 A 公司 2017 年资产负债表进行预测,具体见表 13-3。

表 13-3 2017 年 A 公司资产负债预测表

项目	2016 年实际结果		2017 年预测数
	金额(万元)	占销售额(%)	金额(万元)
流动资产:			
货币资金	30 287	17.44	34 822
交易性金融资产	0	n	0
衍生金融资产	0	n	0
应收票据	14 947	9	17 970
应收账款	67 537	38.90	77 672
预付账款	741	n	815
应收利息	0	n	0
应收股利	0	n	0
其他应收款	1321	n	1453
买入返售金融资产	0	n	0
存货	26 631	15.34	30 629
划分为持有待售的资产	0	n	0
一年内到期的非流动资产	214	n	236
待处理流动资产损益	0	n	0
其他流动资产	2115	n	2326
流动资产合计	143 793	n	165 923
非流动资产:			
发放贷款及垫款	0	n	0
可供出售金融资产	2000	n	2000
持有至到期投资	0	n	0
长期应收款	0	n	0
长期股权投资	6076	n	6684
投资性房地产	0	n	0
固定资产净额	206 658	n	247 990

(续)

项　　目	2016年实际结果		2017年预测数
	金额（万元）	占销售额（%）	金额（万元）
在建工程	27 511	n	30 262
工程物资	0	n	0
固定资产清理	0	n	0
生产性生物资产	0	n	0
公益性生物资产	0	n	0
油气资产	0	n	0
无形资产	9148	n	10 062
开发支出	0	n	0
商誉	4181	n	28 686
长期待摊费用	1697	n	1867
递延所得税资产	1881	n	2070
其他非流动资产	1187	n	1306
非流动资产合计	260 339	n	330 927
资产总计	404 132	n	496 850
流动负债：			
短期借款	60 130	n	66 143
交易性金融负债	0	n	0
应付票据	8783	5	9983
应付账款	18 068	10	19 967
预收账款	357	0.21	419
应付手续费及佣金	0	n	0
应付职工薪酬	6119	3.52	7029
应交税费	3709	n	4080
应付利息	267	n	294
应付股利	0	n	0
其他应付款	23 626	n	25 989
一年内的递延收益	0	n	0
应付短期债券	0	n	0
一年内到期的非流动负债	1997	n	2196
其他流动负债	0	n	0
流动负债合计	123 056	n	136 100
非流动负债：			0
长期借款	8256	n	9082
应付债券	0	n	0
长期应付款	0	n	0
长期应付职工薪酬	0	n	0
专项应付款	0	n	0

(续)

项　目	2016年实际结果		2017年预测数
	金额（万元）	占销售额（%）	金额（万元）
预计非流动负债	0	n	0
递延所得税负债	872	n	959
长期递延收益	5408	n	5949
其他非流动负债	0	n	0
非流动负债合计	14 536	n	15 990
负债合计	137 592		152 090
所有者权益：			
股本	75 547	n	75 547
资本公积	100 701	n	110 771
减：库存股	13 293	n	13 293
其他综合收益	96	n	105
专项储备	0	n	0
盈余公积	14 620	n	14 620
一般风险准备	0	n	0
未分配利润	89 032	n	117 510
归属于母公司股东权益合计	266 702	n	305 260
少数股东权益	-162	n	-178
股东权益合计	266 540	n	305 082
负债和股东权益总计	404 132	n	457 172
资产、负债与所有者权益差额（对外融资需求）			39 678

注：表中第三列是资产负债表中各项目与营业收入的比例关系，"n"表示没有关系，但是该项目并非不变动，其变动情况见文中说明，而百分比表明该项目与营业收入存在比例关系。

2017年资产负债表预测有关数据计算简要说明如下：①确定资产负债表中与销售额的增长呈正线性相关的项目，如货币资金、应收账款和存货等项目，按照预测期销售额的增长情况，计算其预测值。②根据半年报可知，2017年将有工程结转成固定资产，所以预期2017年全年固定资产增加额大致等于2016年在建工程额度，而在建工程根据往年报告披露的数据可知其增速是缓增的，并且公司2017年度公开信息并未显示未来年度会有巨额工程开建，所以延续往年增幅。③预测2017年商誉增加明显，是因为2017年上半年对信柏结构陶瓷增加投资并纳入合并报表。④考虑到公司以前年度利润分配情况，预计公司的利润分配将采取30%的比例，所以税后净利润的70%加上年初未分配利润就是预测的未分配利润。⑤对于其他不直接与销售相关的项目，则根据相关资料进行分析预测。例如，固定资产的折旧摊销仍然按照公司原有的会计政策执行；预计长期股权投资下降是因为2017年上半年分步交易控股原参股公司；预计无形资产增加主要是公司信息化管理投入增加所致。⑥其他非敏感项目基本保持10%的增长幅度。⑦根据资产和负债及所有者权益的差额计算即是公司对外筹资额。

基于2017年资产负债表预测的相关基础，A公司2018—2022年的资产负债预测表见表13-4。

表 13-4　A 公司 2018—2022 年的资产负债预测表　　　　　（单位：万元）

年度 项目	2018	2019	2020	2021	2022
流动资产：					
货币资金	41 787	52 235	67 904	88 275	114 757
应收票据	21 564	26 955	35 042	45 555	59 222
应收账款	93 206	116 507	151 459	196 897	255 967
预付账款	667	667	667	667	667
其他应收款	1188	1188	1188	1188	1188
存货	36 755	45 944	59 727	77 645	100 939
其他流动资产	2094	2303	2534	2787	3065
流动资产合计	197 261	245 799	318 521	413 014	535 805
非流动资产：					
可供出售金融资产	2000	2000	2000	2000	2000
长期股权投资	3363	3531	3708	3893	4088
固定资产净额	227 841	239 233	251 195	263 755	276 942
在建工程	25 994	27 294	28 659	30 091	31 596
无形资产	10 565	11 094	11 648	12 231	12 842
商誉	28 686	28 686	28 686	28 686	28 686
长期待摊费用	1871	1965	2063	2166	2275
递延所得税资产	1694	1524	1371	1235	1111
其他非流动资产	1069	961	866	779	702
非流动资产合计	303 083	316 288	330 196	344 836	360 242
资产总计	500 344	562 087	648 717	757 850	896 047
流动负债：					
短期借款	69 450	72 923	76 569	80 397	84 417
应付票据	11 980	14 975	19 468	25 308	32 901
应付账款	23 960	29 950	38 936	50 616	65 801
预收账款	503	629	818	1063	1382
应付职工薪酬	8434	10 543	13 705	17 817	23 162
应交税费	3264	3590	3949	4344	4779
应付利息	481	577	635	698	768
其他应付款	23 390	21 051	18 946	17 052	15 346
一年内到期的非流动负债	2368	2339	2310	2283	2255
流动负债合计	143 830	156 577	175 336	199 578	230 811
非流动负债：					
长期借款	13 623	16 348	19 617	23 540	28 249
递延所得税负债	872	872	872	873	872
长期递延收益	8923	9815	10 797	11 876	13 064
非流动负债合计	23 418	27 035	31 286	36 289	42 185
负债合计	167 248	183 612	206 622	235 867	272 996

（续）

年度 项 目	2018	2019	2020	2021	2022
所有者权益：					
股本	75 547	75 547	75 547	75 547	75 547
资本公积	102 145	102 145	102 145	102 145	102 145
减：库存股	13 293	13 293	13 293	13 293	13 293
其他综合收益	158	173	191	210	231
盈余公积	14 620	14 620	14 620	14 620	14 620
未分配利润	151 420	193 271	247 179	316 687	406 391
归属于母公司股东权益	330 597	372 463	426 389	495 916	585 641
少数股东权益	-187	-205	-226	-249	-273
股东权益合计	330 410	372 258	426 163	495 667	585 368
负债和股东权益总计	497 658	555 870	632 785	731 534	858 364
对外融资需求	2686	6217	15 932	26 316	37 681

资产负债未来5年预测表的简要说明如下：①表13-4所列主要科目以2017年预测为基础，各个项目预测方法参考2017年。②货币资金、应收账款、应收票据、存货、应付票据、应付账款、应付票据分别根据其与各年的预测销售额占比进行预测；公司长期股权主要是投资三个企业，其中只有信柏结构陶瓷是正收益，而2017年A公司增加持股比例达到完全控股，因而预计以后年度长期股权投资与往年相比，增加10%。根据2016年报披露情况看，A公司2016年工业园建设投入增长，并且二期基本完工，因此固定资产、在建工程预计每年增长速度与往年持平且增速缓于2016年；短期借款与长期借款呈现上升趋势主要是因为公司处于扩张阶段。③对外筹资额等于资产与权益的差额。

需要补充的是，公司合并报表中少数股东权益都是负数，查阅历年财务报表中少数股东权益都是负数，而且该公司控股的子公司除了东莞信柏外，其他的都是每年亏损。随着公司未来投资能力的提升，如果联营公司和合营公司盈利能力改善，这一数据未来有可能发生改变。

（三）现金流量表预测

基于预测利润表和预测资产负债表，现金流量表的大部分项目将自动生成。现金流量表预测所需的数据材料主要有：业务预算、资本预算、预测利润表、预测资产负债表、筹资计划及现金收支的历史资料等。预测方法主要采用财务预算法和净利润调整法。我们运用净利润调整法预测现金流量表。净利润调整法是以净利润为起点，调整不涉及现金的收入、费用、营业外收支及有关项目的增减变动，据此计算经营活动现金流量，然后根据公司的资本支出计划和财务计划来确定投资活动和筹资活动的现金流量。

承前例，根据A公司的相关资料预测公司2017年现金流量表，见表13-5。

表13-5 2017年A公司现金流量预测表　　　　　　　　（单位：万元）

项　　目	2017年预测数
一、净利润调整为经营活动现金流量	
净利润	40 684
加：计提的资产减值准备	18 241

(续)

项　　目	2017年预测数
固定资产折旧	10 877
无形资产摊销	530
长期待摊费用摊销	94
处置长期资产损失（减：收益）	0
固定资产报废损失	0
财务费用	2810
投资损失（减：投资收益）	−690
递延税款贷项（减：借项）	0
存货的减少（减：增加）	−3998
经营性应收项目减少（减：增加）	−12 952
经营性应付项目增加（减：减少）	1857
其他	0
经营性活动产生的现金流量净额	57 453
二、投资活动产生的现金流量	0
收回投资所受到的现金	0
取得投资收益所受到的现金	0
处理固定资产等长期资产收到的现金	21
收到其他与投资活动有关的现金	0
现金流入小计	21
购建固定资产、无形资产和其他长期资产所支付的现金	70 583
投资所支付的现金	0
支付的其他与投资活动有关的现金	0
投资活动现金流出小计	70 583
投资活动产生的现金流量净额	−70 562
三、筹资活动产生的现金流量	0
吸收投资收到的现金	13 958
取得借款收到的现金	109 129
收到其他与筹资活动有关的现金	1638
筹资活动现金流入小计	124 725
偿还债务支付的现金	59 640
分配股利、利润或偿付利息所支付的现金	15 016
支付其他与筹资活动有关的现金	37
筹资活动现金流出小计	74 693
筹资活动产生的现金流量净额	50 032
四、汇率变动对现金及现金等价物的影响	122
五、现金及现金等价物净增加额	12 132

A公司2017年现金流量预测表简要说明如下：①首先对公司预计的净利润40 684万元进行非现金项目的调整，其中大部分现金流量值可以通过业务预算、预计利润表和资产负债表的数据计算求得；②投资活动现金流中的大部分数值是在2016年的基础上乘以一定的比例得到的，预测的投资活动净额为负数且比2016年绝对值更大，表明公司处于扩张阶段；

③预测资产负债表中资产与负债及所有者权益的差额为6882万元，即为对外筹资需求，本期有一部分短期借款到期，有59 640万元的现金用于偿债，且根据公告知公司在非公开发行股票，所以预测筹资活动净流量为正数。

基于2018—2022年预测利润表和资产负债表，A公司2018—2022年的现金流量预测表见表13-6。

表13-6　A公司2018—2022年的现金流量预测表　　　　　　（单位：万元）

项目 \ 年度	2018	2019	2020	2021	2022
一、净利润调整为经营活动现金流量					
净利润	48 225	59 607	76 800	99 065	127 908
加：计提的资产减值准备	19 886	22 180	25 320	29 226	34 119
固定资产折旧	11 508	11 992	12 591	13 221	13 882
无形资产摊销	556	584	613	644	676
长期待摊费用摊销	98	103	109	114	120
处置长期资产损失（减：收益）	0	0	0	0	0
固定资产报废损失	0	0	0	0	0
财务费用	3738	4971	6612	8794	11 695
投资损失（减：投资收益）	-800	-928	-1077	-1249	-1449
递延税款贷项（减：借项）	0	0	0	0	0
存货的减少（减：增加）	-6126	-9189	-13 783	-17 918	-23 294
经营性应收项目减少（减：增加）	-19 128	-28 692	-43 039	-55 950	-72 736
经营性应付项目增加（减：减少）	9227	9304	15 140	20 440	27 240
其他	0	0	0	0	0
经营活动的现金流量净额	67 184	69 932	79 286	96 387	118 161
二、投资活动产生的现金流量					
收回投资所受到的现金	0	0	0	0	0
取得投资收益所得现金	0	0	0	0	0
处理固定资产等收到的现金	22	23	25	26	27
收到其他与投资活动有关的现金	0	0	0	0	0
现金流入小计	22	23	25	26	27
购建固定资产等支付的现金	74 112	77 817	81 709	85 794	90 084
投资所支付的现金	0	0	0	0	0
支付的其他与投资活动有关的现金	0	0	0	0	0
投资活动现金流出小计	74 112	77 817	81 709	85 794	90 084
投资活动的现金流量净额	-74 090	-77 794	-81 684	-85 768	-90 057
三、筹资活动产生的现金流量					
吸收投资收到的现金	14 656	15 389	16 158	16 966	17 814
取得借款收到的现金	114 586	120 315	126 331	132 648	139 280
收到其他与筹资活动有关的现金	1720	1806	1896	1990	2091
筹资活动现金流入小计	130 962	137 510	144 385	151 604	159 185
偿还债务支付的现金	62 622	65 754	69 041	72 493	76 118
分配股利等支付的现金	18 207	22 854	29 652	38 513	50 068

(续)

项目 \ 年度	2018	2019	2020	2021	2022
支付其他与筹资活动有关的现金	39	41	43	46	48
筹资活动现金流出小计	80 868	88 649	98 736	111 052	126 234
筹资活动的现金流量净额	50 094	48 861	45 649	40 552	32 951
四、汇率变动对现金及现金等价物的影响	124	127	129	132	134
五、现金及现金等价物净增加额	12 739	13 376	14 044	14 747	15 484

三、公司可持续增长能力预测

企业可持续增长率受到销售净利率、资产周转率、权益乘数和股利支付率的影响。其中，销售净利率和资产周转率是企业经营绩效的综合体现，反映企业经营战略的成效，决定于企业的综合实力；而权益乘数和股利支付率则分别体现了企业的融资政策和股利政策，反映企业的财务战略成效，取决于企业经理人的"风险与收益"权衡观念。企业的综合实力与承担风险的能力或意愿，决定了企业的增长速度。因此，企业要改变增长速度，就必须改变企业经营战略或者财务战略，或者两者的不同组合。

正是因为企业可持续增长率受到企业经营战略和财务战略的影响，企业要实现其预定的可持续增长率的目标，就必须适当运用经营战略和财务战略的有效组合。而可持续增长能力预测就是在利用财务报表数据所计算的可持续增长率的基础上，结合企业外部市场环境和企业内部实际情况，分析企业可持续增长能力。

表 13-7 所列是根据财务报表预测相关数据计算的 A 公司 2017—2022 年的可持续增长率预测。

表 13-7 A 公司 2017—2022 年的可持续增长率预测

指标 \ 年度	2017	2018	2019	2020	2021	2022
销售净利率（%）	20.38	20.13	19.90	19.72	19.57	19.44
总资产周转率	0.44	0.48	0.53	0.60	0.67	0.73
权益乘数	1.54	1.51	1.51	1.52	1.53	1.53
留存收益率（%）	70	70	70	70	70	70
可持续增长率（%）	9.60	10.22	11.21	12.61	13.99	15.30

我们以表 13-7 中数据为依据，简要地描述一下分析思路，不做全面展开论述。

（一）公司经营战略分析

1. 销售净利率

销售净利率主要表现在企业控制产品成本和产品价格的定价能力上，这是由企业所处的行业和企业竞争战略决定的。因此，销售净利率的分析必须以行业分析和战略分析为基础。一般来说，垄断势力比较强的企业在控制产品价格和产品成本的能力方面比在竞争激烈的企业明显处于优势，其净利率也比较高。

A 公司近些年销售净利率不断上升，并在 2016 年突破 20%，基于公司市场竞争能力比较强和未来市场发展的良好态势，公司的销售净利率在未来 5 年将围绕 20% 波动。公司目前最主要的收入来源仍是其传统产品片式电子元件，其中电感业务占比超过 80%，这主要是片式叠层电感和片式绕线电感的贡献。由于公司没有披露各项营收分项的数据，所以我们也只能大致判断，从毛利率看，近年来片式叠层电感的销售额应该在不断提升，其中片式叠层的毛利率为 40% 左右，而片式绕线电感的毛利率仅为 25% 左右，这也比较符合"轻薄短小"的现代电子技术发展要求，毕竟绕线型电感不容易小型化，而叠层电感由于对印刷技术和生产工艺的要求更严，可以实现超小型表面贴装，更容易小型化。

2. 总资产周转率

对企业资产周转率进行分析时，需要对影响资产周转的各因素进行分析。除了对资产的构成部分的占用量的合理性分析之外，还应对资产的构成部分及其周转效率进行分析，寻找改善资产周转率的方法。财务报表分析者可以计算流动资产周转率、存货周转率、应收账款周转率等指标，单独评价各部分资产的运营效率，并做出综合评价。另外，在分析资产周转率时，也要结合行业分析和竞争战略分析。

A 公司可持续增长率的增长主要是由于总资产周转率的增长所致，而总资产周转率在预测期内逐步提升，由 0.44 稳健提升到 0.73，其中很大一部分原因是收入的持续上升。

（二）财务战略分析

企业的资本结构选择和股利政策也是其增长战略的一个不可分割的组成部分。当增长率目标高于实际增长率时，企业将面临资金短缺的问题；当增长率目标低于实际增长率时，企业将面临资金闲置的问题。前者多发生在导入期和成长期的企业，后者多发生在处于成熟期和衰退期的企业。当然，相对于经营战略而言，运用财务战略所取得的增长难以维系。因为运用融资政策和股利政策具有一定的局限性，一般而言，如果企业主要依靠这些财务战略获取较高的利润增长，说明企业的净资产收益质量正在下降，企业增长率具有潜在的不确定性。

假定 A 公司未来 5 年的权益乘数与利润分配政策不会发生很大的改变。首先，公司目前采用的主要策略是扩大产能来占据市场份额，A 公司不太可能实施高现金分红股利政策，而是选择将资金留在企业内部用于支持发展，大概率会保持现有的股利分配政策；其次，预测的权益乘数为 1.5 左右，即资产负债率为 30% 左右，但这是在外部融资需求的情况下，根据公司历年的资产负债率可以预测资产负债率应该会维持在 30%，这意味着实际的可持续增长率会比表中的可持续增长率略小。值得一提的是，公司近些年第一大股东开始不断减持股份，并将股份主要转让给公司董事长，虽然我们无法确定大股东减持的动因，但这种减持并非是大利空，反而有可能是一种大利好，说明公司最核心人员看好公司的未来。至于公司是否会产生实际控制人，从目前看它取决于董事长是否继续增持公司股份。大股东减持也有可能是因为它作为原始股东投资者已经赚取巨额利润，基于大股东公司战略上的投资安排，套现也是正常的收割投资回报行为，也并非一定不看好 A 公司的未来。

到此为止，我们对 A 公司基于若干简单假定进行了不同静态时点的预测，而这些假定随着时间的推移，需要适时调整。为了使财务预测更准确，我们需要根据历年披露财务报告对已预测数据进行动态调整。从逻辑上讲，根据公司披露 2017 年财务报告以及其他公开信息，与预测 2017 年财务数据进行相互验证，检验是否需要修正原假定，以及增加新假定，然后对 2018 年重新做出修正预测，继而根据 2018 年财务报告以及其他公开信息，与预测

2018 年财务数据进行相互验证，检验是否需要修正的原假定，以及是否需要增加新的假定，接着对 2019 年重新做出修正预测，以此类推，不断修正原有假定，使预测结果更为准确。

我们于 2017 年中期完成 A 公司未来 6 年财务报表的预测。2017 年年底 A 公司发生了两大重要事项。其中，2017 年 11 月 28 日晚间公告，公司与上海松江区政府签署《战略合作框架协议》，公司将根据产业发展需要拟未来 10 年在松江投资 100 亿元建设亚太区总部以及先进制造基地，打造长三角地区汽车电子、精细陶瓷、5G 通信以及物联网先进制造领域的新高地。A 公司 2017 年 12 月 13 日晚间公告，公司拟于东莞市塘厦镇投资建设 45 亿元新型电子元件及精密陶瓷项目，而这个项目目前已处于实施过程中。立足 2018 年，A 公司于 2018 年 2 月 28 日披露 2017 年度报告，也与我们的预测产生了一些偏差。

为了进一步提升 A 公司未来年度财务报告预测的准确性，根据 2017 年度披露的财务报告，尤其是需要评估两个重大事项的可行性及其对公司盈利能力的影响，然后对原来财务报表有关预测数据做出进一步修正。

时至 2018 年 8 月，A 公司披露 2018 年度半年报，上半年营业收入同比增速为 38.79%，归属于上市公司股东净利润同比增速为 30.20%，扣非归母净利润同比增速为 43.28%，预计全年营业收入增速维持在 40% 左右，进一步修正了 2017 年营业收入略低增速以及利润微幅负增长的负偏差。综合 2017 年和 2018 年上半年财务数据及 2018 年公司预计收入情况，前两年营业收入总增速为 55% 左右，高于我们之前预测的同比增速为 20% 和 25%，即总增速为 50%，而 2018 年利润预计略低于我们之前的预测值 4.83 亿元，据此有必要调整费用项目预测值。

思 考 题

1. 财务预测方法的定性方法与定量方法分别包括哪些方法？定性方法与定量方法的利弊有哪些？
2. 如何提高财务预测的准确性？
3. 如何进行动态财务预测？
4. 利润表、资产负债表和现金流量表如何进行预测？
5. 简述可持续增长率的决定因素。

判 断 题

1. 德尔菲法适用于没有足够的信息和历史资料的经济现象的预测。（　　）
2. 销售收入预测的准确性决定了全面预测的准确性。（　　）
3. 基于若干假定条件，公司可持续增长率等于销售增长率。（　　）
4. 所有资产都是敏感性资产，与销售收入高度相关。（　　）
5. 固定资产一定是非敏感性资产。（　　）
6. 企业可持续增长率受到销售净利率、资产周转率、权益乘数和股利支付率的影响。
（　　）

第五篇
案例分析篇

第十四章　财务分析综合案例运用

Chapter 14 第十四章

财务分析综合案例运用

■ 初始预期

福建泉州诺奇股份有限公司（以下简称诺奇）（01353.HK）是一家享有"东方ZARA"美誉的快时尚公司，于2014年1月9日在港交所上市。但是，公司上市不久老板就跑路了，于是我们开始怀疑公司流动性存在问题，并且战略定位应该也有问题。如果公司战略定位有问题，或者战略执行有问题，则公司财务数据应该与快时尚战略是背离的，很有可能与普通服装公司高度相似。

■ 案例框架

案例分为5个部分：第一部分是案例背景介绍；第二部分是诺奇发展简史，主要分3个发展阶段；第三部分是诺奇IPO的艰辛历程，可谓百折不挠，历经三载，终于在2014年1月9日成功上市；第四部分是诺奇历年财务报告分析，重点分析资产流动性、资产管理能力和盈利能力，并与国内外同行进行比较，一是诺奇与国内四家同行的比较，二是诺奇与国外同行ZARA、H&M和UNIQLO的比较，但是仅由诺奇财务数据分析看，除非流动性分析的诸多假定都为真，否则丁辉还不至于跑路；第五部分是案例推理，假定流动性分析的这些假设均为真，则意味着诺奇（丁辉）上市前已陷入破产边缘。最有可能揭开谜团的一条线索是诺奇（丁辉）有不少民间高息借贷，丁辉希望通过上市摆脱民间借贷，但是丁辉赌错了上市地点，也错过了最佳上市时间。

■ 案例推理

公司战略定位混沌。诺奇为了上市，扩张比较激进。仅从财务数据看，公司财务数据无"快"之特征，财务数据与经营战略背离，与国内普通服装公司无显著差异，却与快时尚公司存在巨大差异。公司流动性能力并非如表象一样充足，逐层分析后发现诺奇的现金类资产存在诸多矛盾，根据公司财务报告及其他公开信息，这些财务数据无法自圆其说。基于若干假定，发现诺奇流动性存在严重问题，有可能存在粉饰报表的行为。

如果公司流动性分析的若干假定都为真才有可能引起老板丁辉跑路，这意味着公司上市前已陷入破产境地，比较准确地说从2012年开始公司已陷入破产境地。一个濒临破产的公司是不太可能上市成功的，但是诺奇却成功上市，再联系诺奇近几年急于上市的曲折历程，上市有可能是挽救公司流动性危机的上策之选，而这些流动性危机并非公司正常运营情况下产生的危机，它很有可能与诺奇（丁辉）存在大量民间借贷有关。

基于此，再做两个假设：

假设1：诺奇（丁辉）实际担负大量高息民间借款，并存在强制性保密借款，以及粉饰报表的行为。

假设2：即使诺奇（丁辉）没有民间借款，但其很可能存在粉饰报表的强制性保密性存款，即仅为粉饰报表的无法动用的假存款。

如果假设1成立，诺奇财务数据的矛盾之处将迎刃而解，并且从推理上看，假设1存在的可能性更大。如果假设2成立，只能说明诺奇流动性不足，但是诺奇的老板还不至于跑路。

如果假设1不成立，即诺奇（丁辉）没有民间借贷，不需要借上市洗钱，公司经营就会稳扎稳打，也不至于如此激进扩张，更不会不惜一切代价谋求上市。诺奇上市很有可能是丁辉为了摆脱高额高息民间借贷。如果此为真，假定诺奇2011年能够在中国本土成功上市，那么结局就可能不同。

■ **案例选取财务数据及数据分析的有关说明**

诺奇财务数据公开披露始于公司招股说明书，披露起点是2008年，而诺奇2014年财务报告与之前的财务报告不具有可比性，因此，案例研究终于2013年。与国外同行比较时，由于ZARA是西班牙Inditex集团旗下的一个子公司，Inditex集团是上市公司，ZARA是集团最优质资产，采用Inditex集团的财务数据替代ZARA的财务数据，这在一定程度上会降低ZARA财务数据的质量。

案例以诺奇为重点展开，与同行比较时，限于篇幅，仅对同行公司财务数据做出简要分析和对同行公司异动数据做出逻辑上的判断，而不做深入解读。

第一节 案例背景

福建泉州诺奇股份有限公司于2014年7月23日早上11时25分起停牌，停牌前收报1港元，开市短短2小时股价急跌约26.47%。诺奇公司上市刚满半年，连续3日暴跌53%，港股流通市值共蒸发1.85亿港元。对于公司股价急挫，市场传闻与总裁丁辉夫妇走港有关。经新浪认证的泉州市鼎鑫鞋材总经理陈丽羚在其微博中指出，丁辉与其妻陈瑞英诈骗及欠多人巨款，已携款潜逃香港。

2014年7月25日，泉州当地官方证实诺奇公司总裁丁辉已失联，并且政府已经介入该事件。诺奇拒绝回应传闻，仅称公司运作正常，但知情人透露，丁辉夫妇上周五已潜逃香港，两人欠款最少超过15亿元人民币。

7月31日，诺奇董事会查实丁辉在2014年1月27日、3月11日及4月3日三天时间四次转移诺奇公司资金累计逾2.28亿元，与公司IPO募资3.2亿元港币相当。诺奇于已于7月28日及29日，先后就上述转账向中国公安部及香港警务处报案。

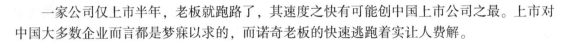

一家公司仅上市半年，老板就跑路了，其速度之快有可能创中国上市公司之最。上市对中国大多数企业而言都是梦寐以求的，而诺奇老板的快速逃跑着实让人费解。

第二节　诺奇发展史

一、公司无自主品牌，依靠买手为生

早在1997年，诺奇就开始了对服装零售的探索与实践，并逐步推进以零售商品牌、连锁化经营、信息化管理、直营化思路、会员数据营销为核心的经营模式，以不断调整变化的服务模式满足顾客需求。2004—2006年，诺奇提高了扩张速度，门店发展到60多家，从福建扩张到广东、江西等省份。2007年公司门店数量突破100家，但公司仍靠买手来搭配散货，没有自己的品牌。

二、公司开始SPA模式，定位快时尚

2007年开始逐步确立了商品企划、设计、生产、销售一体化的SPA（Speciality Retailer of Private Label Apparel）商业模式，标志诺奇开启"快时尚"模式初步探索，开始全方位实施与推进连锁覆盖全国的战略。凭借对市场的快速反应能力和对供应链的精心管理，诺奇连锁规模得到了快速发展。诺奇在全国各地拥有多家直营化管理连锁店，并凭借完善的直营化管理模式，在全国范围内实现连锁的快速复制。

2008年原泉州诺奇时装连锁销售有限公司整体改制为福建诺奇股份有限公司，4月诺奇将品牌中心、商品中心与拓展中心三大中心迁往广州运营分部，成功跻身"中国高成长连锁企业50强"。

2010年福建泉州宝洲旗舰店开业，标志着诺奇"时尚生活馆"雏形的形成。同年，诺奇上海产品研发中心正式成立，旨在通过调查研究并分享各类快时尚品牌成功经验，制定中国快时尚产业标准。

经历多年发展后，诺奇门店逐步扩张到山东、贵州、重庆等省市。至此，诺奇大有全国各地遍地开花之势，前景被外界看好。

三、基于资本驱动，公司快速扩张，递交上市申请

2011年3月6日，诺奇首次向证监会提交A股上市申请。同年11月9日，上市申请未被证监会核准。诺奇根据IPO被否意见迅速做出调整，建立诺奇江苏、江西、安徽、湖北等地的分仓，有效形成了诺奇市场版图并迅速提供配送的物流体系；建立线上、线下的互动营销试衣系统；在福建、湖北、山东、江西、江苏、安徽、河南、四川、贵州和北京等地的重点城市建立区域管理部。

4个月后，诺奇再度递交A股上市申请，因证监会暂缓IPO，诺奇上市计划再度搁浅。2012年3月19日，诺奇撤销上市申请，转而赴港上市。保荐人由国信证券变更为建银国际。在新的上市招股书中，诺奇称，考虑到A股上市申请预期的长时间延误以及审批程序设计的不确定因素，且预期香港上市所需时间较短，并且能受惠于国际投资者基础。最终在2014年1月9日，诺奇在香港联交所成功上市。

第三节 诺奇 IPO 艰辛历程

一、2011 年 IPO 被否意见

证监许可〔2011〕1793 号指出：你公司 2004 年创立诺奇服装品牌且产品销售主要集中在福建省，报告期内你公司品牌推广费和研发费用低于同行业上市公司。你公司销售模式由直营销售为主转变为加盟销售为主，销售模式转变期间较短且新开加盟店盈利情况低于原有加盟店，本次募投项目以建设加盟店为主，公司未来向全国扩张终端门店存在销售效率降低的风险。你公司申报材料和现场聆讯未就上述事项做出充分、合理的解释，无法判断上述事项对你公司持续盈利能力的影响和募投项目能否具有较好的市场前景及盈利能力。简而言之，证监会发审委对诺奇有两个疑虑：一是诺奇品牌影响力和研发实力；二是诺奇加盟店的市场前景。

表 14-1、表 14-2 和表 14-3 是从诺奇 2011 年度招股说明书中找到的相关数据。无论是从总金额还是相对比率来看，诺奇的广告投入都远低于行业均值。对此公司的解释是由其所处的发展阶段及营销策略与同行业企业存在差异所致。诺奇所处的发展阶段决定了目前采用电视广告等高成本的宣传方式是不经济的，所以公司采用了低成本、精准营销的会员推广策略。这也注定了诺奇的宣传费不会太高。

表 14-1 诺奇广告费用各明细项目金额及占广告费用比 （金额单位：万元）

金额与占比 广告 年度	2008		2009		2010		2011$^{1\sim6月}$	
	金额	占比（%）	金额	占比（%）	金额	占比（%）	金额	占比（%）
户外类	13	4.11	5	4.56	131	43.72	27	21.23
媒体类	291	95.89	101	90.19	46	15.18	37	28.88
活动类	—	—	6	5.25	64	21.43	23	17.78
制作费	—	—	—	—	59	19.67	41	32.11
合　计	304	100.00	112	100.00	300	100.00	128	100.00

表 14-2 从一个侧面验证了上述推定，诺奇作为一家主打快时尚品牌的公司，重点采用会员推广这种精准营销模式。事后验证，这种精准会员营销模式不再具有独特性，大数据时代把原来狭义的会员模式演绎到了极致，即使诺奇正常运营，如果不改变狭义的会员营销模式，其会员营销模式也会丧失优势。

表 14-2 公司报告期内各年度的业务宣传费支出明细表 （金额单位：万元）

金额与占比 内容 年度	2008		2009		2010		2011$^{1\sim6月}$	
	金额	占比（%）	金额	占比（%）	金额	占比（%）	金额	占比（%）
宣传用品	59	100.00	73	100.00	158	68.43	189	64.37
短信费	—	—	—	—	41	17.72	81	27.59
设计费等	—	—	—	—	32	13.58	24	8.04
合　计	59	100.00	73	100.00	231	100.00	294	100.00

表 14-3 显示，诺奇的广告费用占销售收入比与同行均值相比处于劣势，其总体趋势与行业变化趋势大体相同，均呈 U 形，行业均值由 3.32% 到 2.64% 再到 4.18%，而诺奇由 2.24% 到 0.83% 再到 1.62%。如果 2008 年剔除行业中的异动值九牧王的数据，则诺奇 2008 年与行业均值相当；而 2009 年和 2010 年诺奇公司数值明显低于行业均值。

表 14-3　各公司广告费用金额及占公司销售收入比　（金额单位：万元）

金额与占比＼年度＼公司	2008 金额	2008 占比（%）	2009 金额	2009 占比（%）	2010 金额	2010 占比（%）
诺奇	362	2.24	185	0.83	530	1.62
红豆	未披露	未披露	1966	1.86	3297	1.54
搜于特	453	1.77	1286	3.4	3403	5.38
森马服饰	6890	2.07	9431	2.22	未披露	未披露
九牧王	7527	6.12	4313	3.07	9395	5.61
行业均值	4957	3.32	4249	2.64	5365	4.18

到 2011 年，诺奇早已定位快时尚战略，但公司店面主要还是集中在福建、安徽、江西等经济相对落后的地方，而经济发达的广东、山东、江苏等地区门店并不太多。诺奇在中国时尚前沿地带的公司门店呈现两个特点：一是门店数量极少，尤其是上海、北京门店更少；另一个是这些地区基本都是加盟店。世界一流快时尚公司如 ZARA、H&M、UNIQLO 等占据着全球各国不同的时尚之都，并且以直营店为主。这些公司在我国都是首先布局一线城市，然后逐步向二线、三线城市进发。但诺奇与之几乎完全相反，它在上海只有 4 家门店，并且都是加盟店，而在北京是直营店与加盟店各一家，广州也大体如此。因此诺奇的扩张路径与快时尚战略定位明显背离。

表 14-4　2011 年诺奇店面分布情况　（单位：家）

地　区	直　营　店	加　盟　店
安徽	4	30
福建	30	44
河南	3	12
贵州	—	1
甘肃	4	1
广东	—	3
江苏	8	34
山东	35	3
江西	12	13
四川	3	12
浙江	2	4
重庆	2	—
湖南	3	4
湖北	—	9
上海	—	4
北京	1	1
山西	—	3
内蒙古自治区	—	1
合　计	107	179

由表14-5和表14-6可知，诺奇的快时尚研发费用仅从2010年开始投入，并且投入的绝对金额较小，这与公司销售金额较小有关，但公司在研发费用与销售收入占比上也没有占优，也基本低于行业平均水平，这可能与快时尚初期的营销模式有密切关系。由表14-5可以发现，公司2007年明确定位于快时尚，但是到2010年才发生快时尚研发费用，这说明公司定位与研发战略一开始就处于模糊状态。

表14-5　诺奇研发费用及占比　　　　　　　　　　（金额单位：万元）

金额与占比\年度项目	2008		2009		2010	
	金额	占比（%）	金额	占比（%）	金额	占比（%）
软件研发费	—	—	104	35.77	8	2.65
研发部门房租	33	44.69	53	18.30	27	9.37
研发打样费	8	9.79	16	5.41	34	11.67
研发人员工资	29	38.81	113	39.26	111	37.86
快时尚研究费	—	—	—	—	105	34.36
其他	5	6.72	4	1.26	7	4.19
总　计	75	100.00	290	100.00	292	100.00

表14-6　同行业其他公司研发费用金额及占公司销售收入比（金额单位：万元）

金额与占比\年度公司	2008		2009		2010	
	金额	占比（%）	金额	占比（%）	金额	占比（%）
诺奇	75	0.46	290	1.32	292	0.90
搜于特	339	1.32	685	1.81	895	1.41
森马服饰	1381	0.42	3216	0.77	—	—
九牧王	554	0.46	762	0.54	953	0.57
行业均值	758	0.73	1554	1.04	924	0.99

另一方面，快时尚企业多采用直营模式，有利于对零售终端的有效控制。然而诺奇的做法与之几乎完全相反，即使到2011年，公司加盟店也远比直营店多，两者占比几乎是2∶1，并且将募集资金主要用于加盟店，从行业经验上讲，这十分不利于公司对零售终端的控制。而快时尚企业ZARA、H&M、UNIQLO等都是以直营店为主，加盟店为辅，两者占比差不多是9∶1，因此，诺奇的经营模式不被看好也在情理之中。

因此，2011年诺奇在品牌影响力和研发实力上均处于行业劣势，并且公司IPO募集资金主要用于加盟店，与快时尚公司的战略定位背道而驰，公司IPO被否合情合理。

二、2014年香港上市IPO募集资金主要用途

诺奇公司于2014年1月9日于香港联交所主板上市。经部分行使超额配股权，并扣除包销佣金及有关开支后，来自全球发售的所得款项净额约为人民币25 360万元。诚如招股章程所述，预期公司将以下列方式动用所得款项净额：70.3%用于扩展销售网络；19.7%用于兴建上海产品中心的研发部分；10.0%用作本集团的一般营运资金。由此可见，诺奇

上市成功主要源于它吸取了 2011 年 IPO 被中国证监会否决的教训。

三、多次冲击上市，导致上市成本大增

据统计，2014 年内地发行新股的平均发行费用是 4922 万元人民币。诺奇 2011 年在内地冲击上市失败，当时的上市费用应该低于上市成功的费用，但估计不会低于 1000 万元。公司 2009 年开始筹备上市事宜，历经 5 年才上市成功。根据香港上市成本测算，诺奇 2014 年上市成本约为 3000 万元。因此，诺奇上市总成本应高于 5000 万元，正常估计在 8000 万元，这在一定程度上增加了公司财务负担，降低了公司流动性。

第四节 诺奇与同行财务数据的比较分析

一、投融资分析

（一）诺奇的投融资分析

根据表 14-7 分析，公司经营现金流除 2008 年是 -1542 万元外，从 2009 年的 1756 万元开始逐步增加，其中 2010—2012 年总体稳定在 3000 万元左右，2013 年公司经营现金流量急剧增加到 1.39 亿元。查阅报表可知，诺奇 2013 年经营现金流激增主要是应付贸易款及票据增加 5617 万元，其他应付款增加 3917 万元，这两个项目的合理性存在一些疑点，公司没有披露其具体明细，估计与采购物资有关。投资现金流量显示公司处于快速扩张阶段，2008—2009 年公司投资现金净流量基数过小，仅为 -244 万元到 -305 万元，2010 年开始又急剧变小，公司投资现金流量为 -2393 万元，2011 年进一步降低到 -3001 万元，至 2012 年达最小值 -7888 万元，2013 年开始上升到 -5454 万元。仅从经营现金流与投资现金流看，诺奇处于扩张状态，而且经营现金流量逐步趋好，应能给投资扩张提供有效支撑。公司扩张是否有效需要进一步通过投资现金流的明细验证，查阅相关投资现金流明细发现，诺奇这些年几乎只有投资现金流出而没有投资现金流入，这为诺奇通过扩张走向成功带来了不确定性。

表 14-7 诺奇投融资匹配表　　　　　　　　　　　　（金额单位：万元）

年度 项目	2008	2009	2010	2011	2012	2013
短期资本合计	4080	9462	8704	12 848	21 820	40 775
长期资本合计	7342	12 973	19 233	34 169	40 089	48 263
流动资产合计	9969	21 065	23 042	39 384	47 174	71 127
减：定期存款	—	—	7767	17 523	19 550	35 400
预付账款	3501	5131	5143	7578	9096	15 983
新流动资产	6468	15 933	10 132	14 284	18 528	19 743
非流动资产合计	1453	1370	4895	7634	14 735	17 911
短期资本/总资本（%）	36	42	31	27	35	46
长期资本/总资本（%）	64	58	69	73	65	54
流动资产/总资产（%）	87	94	82	84	76	80
非流动资产/总资产（%）	13	6	18	16	24	20

(续)

年度 项目	2008	2009	2010	2011	2012	2013
新流动资产/总资产（%）	82	92	67	65	56	52
新非流动资产/总资产（%）	18	8	33	35	44	48
经营现金净流量	-1542	1756	2946	3045	3583	13 970
投资现金净流量	-244	-305	-2393	-3001	-7888	-5454
筹资现金净流量	1398	6363	372	10 127	5957	6706
资产负债率（%）	35.72	42.18	40.82	29.88	35.25	45.80

通过比较诺奇的长期资本、短期资本与非流动资产、流动资产发现，这两类比例严重失衡，公司的长期资本远高于非流动资产，并且公司资产负债率保持在40%左右，也处于安全范围，因此从表象看，公司的流动性充足，公司采取的是保守的投融资策略。但是，通过对公司流动资产的结构分析发现，公司存在大量的短期借款，同时拥有大量的定期存款，这不太符合逻辑。正常情况下，如果一家公司经营现金流充足，其预收账款一般比较多，说明公司议价能力比较强，其财务费用应该是负数。而诺奇的历年财务报告披露，公司的预收账款甚少，应付账款也不多，经营现金流除2013年外基本维持在3000万元左右，诺奇不应该有过多的定期存款。这主要有以下两种可能：一是公司与金融机构合作，达到粉饰报表的目的，当公司存在巨额银行存款和短期借款时，财务报表显得更为美观；二是银行存款的资金有可能来自民间借贷，民间借贷资金高利息与银行贷款低利息的利差通过造假实现，比如通过虚增管理费用等手段实现报表平衡。假定以上两种推测为真，这意味着公司的货币资金中的定期存款是没有流动性的，因此，将其从流动资产中剔除更为合理。还有一个异动因素是，公司预付账款在2013年激增，虽然它有可能在以后年度财务报告中体现，但至少应在当年收入中有所体现，而公司2013年收入与上年基本持平，这说明公司2013年对市场判断错误，或者存在粉饰报表的嫌疑，因此可以考虑剔除预付账款。剔除之后的短期资本与流动资产的匹配以及长期资本与非流动资产的匹配发生了明显的变化，基本上流动资产的资金来源于短期资本，非流动资产的资金来源于长期资本，说明企业的投融资策略从保守转变为中庸，甚至激进。

诺奇的投资策略是否激进，有必要通过经营现金流质量分析进一步揭露其真相（见表14-8）。

表14-8 经营现金流质量表 （金额单位：万元）

年度 项目	2008	2009	2010	2011	2012	2013
经营现金净流量	-1542	1756	2946	3045	3583	13 970
固定资产折旧	—	—	521	651	738	1142
无形资产摊销	—	—	4	23	72	99
长期待摊费用摊销	—	—	—	—	—	—
分配股利等支付的现金	102	262	442	430	2288	1716
自由（剩余）经营现金流	-1644	1494	1979	1939	485	11 015
投资现金净流量	-244	-305	-2393	-3001	-7888	-5454
筹资现金净流量	1398	6363	372	10 127	5957	6706

由表14-8可以看出，扣除相关项目后，诺奇在2010—2012年可以用于支撑投资的经营现金流量大幅减少，尤其是2012年两类现金流的差距达到了一个峰值，所以，剔除2013年由于特殊异动事项导致其经营现金净流量出现异动值，经营现金流无力给公司投资提供有效支撑，有严重恶化的态势。仅考虑2013年，公司本年投资现金净流量由上一年峰值 -7888万元提高到 -5454万元，而公司2013年经营现金流大幅度增加，因此，当年诺奇的扩张应该是安全的。然而，公司经营现金流大增，投资也有所收敛，而老板2014年却跑路了。如前所述，诺奇披露2013年经营现金流激增的主要原因是应付贸易款及票据增加了5617万元，其他应付款增加了3917万元，这两项应该与2013年公司采购物资有关，并且由于公司2013年预付账款也大增，这意味着公司当年存货采购以及销售成本都应该出现巨大变化，但是事实却并非如此。

（二）与国内同行投融资对比

由表14-9可知，与七匹狼（002029.SZ）相比，诺奇总资产规模远低于后者，以2013年计，只占后者15%左右。七匹狼2008—2010年公司投资现金净支出明显上升1倍之多，达到5.69亿元，但是从2011年开始投资现金净流量骤降到2.89亿元，2012年投资现金净支出更是仅为 -3039万元，投资收缩十分明显，2013年公司开始扩张，2013年投资现金净支出达12.56亿元，而公司在2011年之前筹资现金流量都是负数，这意味着公司对外融资倾向保守，基本处于一个净偿还状态，到2012年进行了大规模融资，筹资现金流高达15.29亿元，为公司2013年投资扩张做准备，之后公司在2013年筹资现金净流量明显下降到2.89亿元。

由资金来源期限与资产结构期匹配看，公司流动资产远高于同期流动负债，而且公司的资产负债率也比较低，基本在30%左右，所以，近年来七匹狼应该执行的是保守投融资策略。

表14-9 七匹狼投融资匹配表　　　　　　　　　　　　（金额单位：万元）

年度 项目	2008	2009	2010	2011	2012	2013
短期资本合计	52 168	65 192	82 665	115 143	116 225	211 761
长期资本合计	124 420	143 216	166 469	204 149	437 663	473 012
流动资产合计	124 759	138 500	143 086	216 187	403 227	528 051
非流动资产合计	51 829	69 908	106 048	103 105	150 661	156 722
短期资本/总资本（%）	30	31	33	36	21	31
长期资本/总资本（%）	70	69	67	64	79	69
流动资产/总资产（%）	71	66	57	68	73	77
非流动资产/总资产（%）	29	34	43	32	27	23
经营现金净流量	17 412	30 095	25 909	25 226	43 817	68 321
投资现金净流量	-28 250	-34 313	-56 892	-28 881	-3039	-125 570
筹资现金净流量	-1260	2124	-11 884	15 499	152 885	28 936
资产负债率（%）	29.54	31.28	33.18	36.06	21.67	32.25

由表14-10可知，报喜鸟（002154.SZ）的数据处于松散状态，需要通过比较几组数据的关系才能判断公司的投融资战略。首先，流动资产和非流动资产在近几年呈扩张趋势，但

是从2011年开始公司流动资产与非流动资产的构成呈明显变化，非流动资产占比明显上升，而流动资产占比趋于稳定。从流动资产与非流动资产的变化趋势看，公司流动资产占比由2008年的55%上升到2009年的峰值74%，然后呈逐步下降态势，2010年和2011年仍维持在60%以上，到2012年开始进一步降低到50%左右。仅从资产流动性观察，报喜鸟自2008年全球金融危机爆发以来明显提升了公司流动性，到2012年微幅调整公司战略。这一点从公司的资产负债率和现金流量相关数据都可以印证。除2008年外，公司短期资本占总资本比例基本在20%左右，长期资本占比在80%左右。尤其是2009年和2010年公司资产负债率仅为20%~30%。并且，尽管公司2011年以后资产负债率为45%左右，但是从总体上讲，公司仍有一些收缩投资的倾向。公司2009年和2011年筹资现金流高达5亿元以上，其他年度要么为负数，要么仅1000多万元。其中，2009年筹资现金净流量为6.70亿元，为下一年扩张做铺垫，并且2010年公司经营现金流明显增加，2011年筹资现金流高达8.33亿元，为当年扩张提供资金，当年经营现金净流量由上一年的3亿元暴跌至-711万元，主要与支付各项的税费、支付其他与经营活动有关的现金总计增加达3亿多元有关。

表14-10　报喜鸟投融资匹配表　　　　　　　　　　（金额单位：万元）

年度 项目	2008	2009	2010	2011	2012	2013
短期资本合计	55 004	38 165	58 327	91 331	105 807	116 586
长期资本合计	67 734	160 923	199 540	317 288	371 146	342 056
流动资产合计	67 903	147 033	168 607	257 628	247 925	234 553
非流动资产合计	54 836	52 055	89 260	150 991	229 029	224 090
短期资本/总资本（%）	45	19	23	22	22	25
长期资本/总资本（%）	55	81	77	78	78	75
流动资产/总资产（%）	55	74	65	63	52	51
非流动资产/总资产（%）	45	26	35	37	48	49
经营现金净流量	17 206	17 584	30 032	-711	47 676	-4453
投资现金净流量	-28 333	-7664	-75 551	-75 999	-44 338	5761
筹资现金净流量	-842	67 024	1779	83 273	-7917	-15 095
资产负债率（%）	45.99	19.83	27.70	46.50	44.75	42.76

由此亦知，报喜鸟公司的投融资策略与诺奇也明显不同，从总体上讲报喜鸟公司应属于保守的投融资策略，虽然中间战略微幅调整，但是它的调整与服装行业发展的背景是基本对应的，没有像诺奇一样在整个行业下滑之时开启比较激进的门店扩张，最终给公司带来了巨大的财务困境。

由表14-11可知，从总体上讲，搜于特（002503.SZ）公司的资产负债率比较低，从2008年的30%开始逐步下降至2010年的10%，然后维持在20%波动。从资产流动性上讲，公司流动资产与总资产之比在许多年份都在90%以上，至少也在80%以上，其中，2010年属异动数据，流动资产由2009年2.20亿元急增为18.37亿元，然后维持在20亿元左右，而非流动资产总体逐步上升，由2008年仅311万元骤升到2009年3615万元，接着3年以100%增速前行，到2013年达到5.20亿元，公司长期资本占总资本比例也逐步上升，由

60%左右逐步上升到80%左右，其中在2010年到达峰值89.12%，所以，公司资产流动性十分强劲，说明公司采用保守的策略。并且公司流动资产远高于短期资本，进一步表明公司采用相当保守的投融资策略。然而，公司经营现金流量不太稳健，其中，2012年公司经营现金流出现异动，由基本低于5000万元达到峰值3.03亿元，2013年又暴降为-3281万元，主要是由当年购买商品、支付劳务的现金增加3.52亿元，而销售商品、提供劳务收到的现金仅增加1.22亿元所致，公司2013年筹资现金流是-1.50亿元，但是公司投资现金流为-5.32亿元，主要是由投资支付的现金所致，而投资支付的现金几乎都用于购买理财产品，它与货币类资产是一样的，这也意味着公司并非真正意义上的扩张。虽然公司的投资现金流量从2011年开始趋于扩张，与非流动资产明显增加吻合，但是公司并非如数据一样略显激进，固定资产增加并不十分明显，而是购买了大量理财产品，同时，公司的资产负债率极低，筹资现金流量皆是负数，进一步确认了公司的保守投融资策略。

表14-11 搜于特投融资匹配表 （金额单位：万元）

年度 项目	2008	2009	2010	2011	2012	2013
短期资本合计	5467	9886	20 657	37 799	50 116	52 315
长期资本合计	10 835	15 736	169 130	178 449	197 733	210 752
流动资产合计	15 991	22 007	183 682	201 210	205 358	211 076
非流动资产合计	311	3615	6105	15 038	42 486	51 991
短期资本/总资本（%）	33.54	38.58	10.88	17.48	20.22	19.89
长期资本/总资本（%）	66.46	61.42	89.12	82.52	79.78	80.11
流动资产/总资产（%）	98	86	97	93	83	80
非流动资产/总资产（%）	2	14	3	7	17	20
经营现金净流量	233	3364	5778	1152	30 280	-3281
投资现金净流量	-206	-3333	-3836	-17 938	-20 630	-53 156
筹资现金净流量	2990	951	148 053	-18 232	-429	-14 973
资产负债率（%）	33.54	38.58	10.88	17.48	20.22	19.89

由表14-12可知，美邦服饰（002269.SZ）的资产负债率比较高，大多数年份在45%左右，2010年达到最大值61.21%，然后逐步下降。公司的筹资现金流除2008年和2010年外皆为负数，并且高达4亿元。公司的流动资产除2010年和2011年外，稳定在30多亿元，而非流动资产2010年以后基本稳定保持在30亿元。投资现金净流量自2009年以后总体逐步增加，显示了投资收缩迹象。美邦服饰2010年和2012年经营现金流属于异动数据，其中，2010年经营现金流为-10.54亿元，当年筹资现金流为17.44亿元，资产负债率也达到这一期间最大值，可以说公司当年筹资缓解了流动性不足，而2012年则不同，当年公司经营现金流急剧增加主要是由购买商品、支付劳务的现金减少近56亿元所致，并且当年筹资现金流为-28.59亿元，主要是当年偿还债务支付现金近54亿元，当年资产负债率为41.03%，为这一期间的最小值。因此，虽然比较难以清晰地断定公司投融资策略的变化趋势，但是从总体上看，在服装行业迎来调整时，公司的投融资策略还是有一些趋于保守的迹象，至少没有变得更为激进。

第十四章 财务分析综合案例运用

表 14-12 美邦服饰投融资匹配表 （金额单位：万元）

年度 项目	2008	2009	2010	2011	2012	2013
短期资本合计	178 921	226 018	515 582	465 655	287 446	212 896
长期资本合计	278 776	319 099	343 089	422 594	413 188	457 835
流动资产合计	331 392	321 144	562 520	563 179	370 595	361 907
非流动资产合计	126 304	223 972	296 152	325 070	330 039	308 824
短期资本/总资本（%）	39	41	60	52	41	32
长期资本/总资本（%）	61	59	40	48	59	68
流动资产/总资产（%）	72	59	66	63	53	54
非流动资产/总资产（%）	28	41	34	37	47	46
经营现金净流量	46 992	85 631	-105 354	97 666	285 648	98 420
投资现金净流量	-71 546	-103 863	-85 136	-43 837	-38 636	-17 551
筹资现金净流量	179 262	-40 363	174 370	-52 492	-285 912	-35 448
资产负债率（%）	43.46	45.13	61.21	53.55	41.03	43.73

通过与国内同行的比较分析可知，近几年服装行业不太景气，国内大多数服装公司采取了比较保守的投融资策略，而诺奇公司的扩张相对比较激进，其投融资策略至少比以往更为激进。

投融资策略这一部分不与国外同行进行比较，这是因为国外同行与诺奇的发展阶段不同，其公司规模和筹资能力绝非诺奇能比，其投融资策略与诺奇不太具有可比性。

二、流动性能力分析

（一）经营性负债分析

诺奇与国内四家竞争对手的资产负债率比较见表 14-13。

表 14-13 诺奇与国内四家竞争对手的资产负债率比较 （%）

年度 公司	2008	2009	2010	2011	2012	2013
诺奇	35.72	42.18	40.82	29.88	35.25	45.8
七匹狼	29.54	31.28	33.18	36.06	21.67	32.25
报喜鸟	45.99	19.83	27.70	46.50	44.75	42.76
搜于特	33.54	38.58	10.88	17.48	20.22	19.89
美邦服饰	43.46	45.13	61.21	53.55	41.03	43.73
行业均值	38.13	33.71	33.24	38.40	31.92	34.66

由表 14-13 可知，公司资产负债率与国内同行的平均值相差不大，总体上高于同行业竞争对手，但是诺奇与同行业资产负债表的演变趋势却明显不同。2009 年以来服装行业处于下滑态势，诺奇的资产负债率并无明显变化，并且在 2012 年和 2013 年，诺奇的资产负债率逐步上升，尤其是 2013 年明显高于同行，而同行竞争对手的资产负债率处于基本稳定态势，或者稳中有降，其中，美邦服饰的资产负债率 2010 年和 2011 年偏高，但总体也呈下降态势，而报喜鸟 2011 年资产负债率达到最大值 46.50%，然后维持在高位，其长期资本占比

过高保证了公司的流动性。从总体上看，诺奇与同行业四家公司的资产负债率的趋势明显不同，同行竞争对手处于中性或者谨慎态势，有必要进一步分析公司具体的负债项目。

诺奇负债分析表见表14-14。

表14-14 诺奇负债分析表 （金额单位：万元）

年度 项目	2010	2011	2012	2013
须一年内偿还的无抵押银行借款	2729	4539	5900	8000
无须一年后偿还的无抵押银行借款	3000	2700	—	—
须于一年内偿还的有抵押银行借款	—	—	9582	15 904
银行借款增加额	—	1510	8244	8422
资产总计	27 937	47 018	61 909	89 038
负债	10 187	14 048	21 820	40 775
负债增加额	725	3861	7772	18 955
负债借款率（%）	56.24	51.53	70.95	58.62
资产借款率（%）	20.51	15.40	25.01	26.85
经营负债列项				
应付账款	994	1589	925	3100
预收账款	132	403	326	147
应付票据	2166	578	500	3200
其他应付款	238	178	611	1696
重要负债总计	3530	2748	2362	8143
资产经营负债率（%）	12.64	5.84	3.82	9.15
资产负债率（%）	40.82	29.88	35.25	45.80

注：2010年之前数据都来自诺奇的招股说明书，其中2008年和2009年公司负债只有简易数据，故分析由2010年开始。资产借款率是指银行借款与总资产之比，资产经营负债率是经营负债与总资产之比，经营负债主要包括应付账款、预收账款、应付票据、其他应付款等。

统计显示，诺奇的负债借款率基本维持在55%，其中，2012年的银行借款在负债中占比高达70.95%。而诺奇的负债中经营性负债与资产比明显比较低，说明其市场议价能力并没有随着公司的扩张而得到明显提升。

表14-15和表14-16显示诺奇的资产借款率远高于同行业公司，而资产经营负债率却远低于同行业公司，且公司借款主要来源于银行借款，这都说明诺奇在市场竞争中处于劣势地位。

表14-15 资产借款率同行比较 （%）

年度 公司	2010	2011	2012	2013
诺奇	20.51	15.40	25.01	26.85
七匹狼	0.00	8.02	0.00	8.45
报喜鸟	3.68	10.06	8.32	11.23
搜于特	4.56	1.62	1.41	1.33
美邦服饰	31.17	27.80	11.34	7.45
行业均值	9.85	11.87	5.27	7.12

表 14-16　资产经营负债率同行比较　　　　　　　　　　　　　　　　（%）

年度 公司	2010	2011	2012	2013
诺奇	12.64	5.84	3.82	9.15
七匹狼	29.14	25.93	17.88	13.69
报喜鸟	14.43	8.76	9.65	12.91
搜于特	5.73	14.78	16.79	16.97
美邦服饰	18.98	10.07	12.30	7.40
行业均值	17.07	14.88	14.15	12.74

为了更好地比较诺奇的资产负债状况，基于诺奇是国内第一家快时尚品牌连锁店，将其与 UNIQLO 进行比较。只选择 UNIQLO，主要是因为其他两家公司没有披露经营负债项目。因为日本会计准则界定的会计科目与我国会计准则的会计科目略有不同，UNIQLO 的经营负债列项大概是应付账款与其他应付款。

表 14-17 显示，诺奇的资产负债率与 UNIQLO 相差不大，但是诺奇的资产借款率远高于 UNIQLO 的借款负债率，而资产经营负债率远低于 UNIQLO 的负债率，说明公司与 UNIQLO 相比，其市场议价能力处于明显劣势，其扩张地区路径也从一个侧面反映了公司话语权的弱势。

表 14-17　诺奇与 UNIQLO 负债的比较　　　　　　　　　　　　　　　　（%）

年度	资产负债率		资产借款率		资产经营负债率	
	诺奇	UNIQLO	诺奇	UNIQLO	诺奇	UNIQLO
2010	40.82	43.23	20.51	4.58	12.64	19.64
2011	29.88	40.07	15.40	3.92	5.84	20.90
2012	35.25	33.64	25.01	2.53	3.82	20.79
2013	45.80	34.57	26.85	3.10	9.15	21.87
平均值	37.94	37.88	21.94	3.53	7.86	20.80

诺奇的资产借款率如此之高，尤其是 2011 年之后，诺奇与四家同行之间的资产借款率差距更大。

诺奇 2011 年报表中解释如下：借款增加主要是因为随着公司经营规模的迅速扩大，单靠企业自身积累无法满足快速增长的资金需求。诺奇的招股说明书披露：截至 2013 年 10 月 31 日，诺奇在全国共有 438 个零售网点，225 个为直营零售网点，213 个为加盟零售网点。2011 年诺奇全国店面分布中直营店 107 个、加盟店 179 个，共计 286 家。因此，2012 年和 2013 年诺奇直营店增加 118 个，加盟店增加 46 个。这也说明诺奇接受了 2011 年 IPO 被否的经验，增加了直营店，由过去直营店占比 37.41% 增加至 51.37%，但与国际巨头 90% 左右的直营店占比相比仍相去甚远。

为了更好地了解诺奇的扩张状况，单独选取诺奇公司的投资现金流出，见表 14-18。

表 14-18　诺奇投资现金流出　　　　　　　　　　　　　　　　（单位：万元）

年度	2008	2009	2010	2011	2012	2013
投资现金支出	378	589	4309	3211	7880	5454

由表 14-18 可知，诺奇在 2008—2009 年的投资现金流出绝对额变化不大，但是从 2010 年开始，诺奇开始急速扩张，投资现金流出由 589 万元急速上升至 4309 万元，增速达到了 631.76%，2011—2012 年的扩张也相当激进，从 2011 年的 3211 万元上升至 2012 年的 7880 万元，增速也达到了 145.62%。并且诺奇自 2010 年开始，投资活动基本没有现金流入，这在一定程度上说明诺奇的投资扩张是不太成功的，这有可能为丁辉跑路埋下了伏笔。

诺奇的经营现金流量并不充足，门店扩张比较激进，而公司筹资也没有优势。2011 年的报表披露出当年计划，新增门店指标为 225 个，实际新增门店 168 个，项目资金投入需要 27 770.37 万元。诺奇的借款如此之高也在情理之中，但诺奇的银行借款来源主要是质押担保和个人担保，这说明诺奇的不动产抵押不足。

这种担保方式以及如此高的资产负债率，令人担忧诺奇的偿债能力是否受到严重影响。

诺奇每年需要偿付的银行借款利息费用估算见表 14-19 和表 14-20。

表 14-19　诺奇借款利息费用　　　　　　　　　（金额单位：万元）

项目		较低利率		较高利率	
2010					
即期	2729	0.0459	125	0.0584	159
长贷	3000	0.0593	178	0.0606	182
合计	5729		303		341
2011					
即期	4539	0.0520	236	0.0866	393
长贷	2700	0.0593	160	0.0606	164
合计	7239		396		557
2012					
即期	15 482	0.0593	918	0.0606	73
合计	15 482		918		938
2013					
即期	23 904	0.0640	1530	0.0810	1936
合计	23 904		1530		1936

表 14-20　诺奇每年利息费用　　　　　　　　　（单位：万元）

年度	2010	2011	2012	2013
较低利率利息费用	303	396	918	1530
较高利率利息费用	341	557	938	1936
平均值	322	477	928	1733

由表 14-19 和表 14-20 可知，诺奇每年的利息费用都呈现上升趋势，由 2011 年的 477 万元增加到 2012 年的 928 万元，2012 年诺奇借入银行借款 1.5 亿元，2013 年新增银行借款 2.4 亿元左右，增加了债务压力。虽然公司投资支出增加明显，但是投资支出金额只有几千万，远低于同期借款，这在一定程度上说明了公司经营现金并不太充足。这些借款有一些是个人担保，这从一个侧面降低了公司风险。担保人是丁辉，也就是说，一旦公司遭遇困境，丁辉承担连带责任，这种个人担保式的借款也可能是促使丁辉跑路的一个原因。进一步推

测,若公司的借款都是民间借贷或协议高息借款,实际利息可能是财务报表列示的3~4倍,诺奇没有能力承担高达几千万的利息。

(二)流动比率分析

1. 与国内同行对比

诺奇与国内同行流动比率对比见表14-21。

表14-21 诺奇与国内同行流动比率对比

年度 公司	2008	2009	2010	2011	2012	2013
诺奇	2.44	2.23	2.65	3.07	2.16	1.74
七匹狼	2.39	2.12	1.73	1.88	3.47	2.49
报喜鸟	1.23	3.85	2.89	2.82	2.34	2.01
搜于特	2.92	2.23	8.89	5.32	4.1	4.03
美邦服饰	1.85	1.42	1.09	1.21	1.29	1.70
四家行业均值	2.10	2.41	3.65	2.81	2.80	2.56
三家行业均值	1.82	2.47	1.90	1.97	2.37	2.07

由表14-21可知,诺奇的流动比率总体上低于行业均值,特别是在2011年之后,诺奇的流动比率处于明显下滑态势,与行业均值趋势出现明显背离,行业流动比率处于稳定并逐步向好态势,这在一定程度上说明行业内公司开始趋向保守而诺奇却与之相反。

由于搜于特的流动比率在2010年出现了显著异动,2010年之后也显著高于其他公司,所以,剔除搜于特重新计算三家公司的流动比率均值。据此观察,诺奇在2011年之前的流动比率总体上优于行业均值,但在2011年之后还是与行业流动比率趋势出现了背离,行业是逐步趋好,而诺奇是趋于恶化。

2. 与国外同行对比

进一步比较诺奇与UNIQLO、H&M和ZARA等快时尚公司的流动性差异。诺奇与国外同行流动比率对比见表14-22。

表14-22 诺奇与国外同行流动比率对比

年度 公司	2008	2009	2010	2011	2012	2013
诺奇	2.44	2.23	2.65	3.07	2.16	1.74
UNIQLO	2.2	1.7	1.7	2	2.4	2.5
H&M	2.98	3.25	2.96	2.71	2.66	2.25
ZARA	1.21	1.37	1.05	1.94	2.01	1.92
国外行业均值	2.13	2.11	1.9	2.22	2.36	2.22

仅由流动比率观察,诺奇与同行业的比较似乎并没有太大的偏离,实际上诺奇与国际同行的流动比率没有可比性。因为国外同行经营负债金额巨大,这些负债是由于公司市场话语权强大而引起的无息负债,这通常意味着这类公司经营现金流充沛并且货币资金充足,这些经营性负债在一定程度上拉低了公司的流动比率,但是国外同行的流动比率多数都高于2,这说明国外同行的流动性比较充足。

进一步分析，诺奇的流动资产构成见表 14-23。

表 14-23　诺奇流动资产表　　　　　　　　　　　　（单位：万元）

年　　度	2010	2011	2012	2013
存货	6104	8032	11 118	11 291
应收贸易款项	3538	5555	7097	7938
预付款项、按金和其他	5143	7578	9096	15 983
已抵押存款	266	58	50	880
现金及现金等价物	7990	18 162	19 814	35 035
流动资产	23 041	39 385	47 175	71 127

在诺奇的流动资产中，现金等价物占了非常高的比重，见表 14-24，这从表象上看是指诺奇流动性比较充足。

表 14-24　诺奇现金等价物详细科目　　　　　　　　（单位：万元）

项　　目	年　　度	2010	2011	2012	2013
① 现金及银行结余		490	697	314	515
② 定期存款		7767	17 523	19 550	35 400
③ 减：应付票据的已抵押存款		267	58	50	880
④ 可轻易转换为已知金额的非抵押定期存款		7500	17 465	19 500	34 520
合　　计		7990	18 162	19 814	35 035

诺奇关于部分流动资产的解释如下：

截至 2013 年 12 月 31 日，本集团将若干账面总值约人民币 2690 万元（2012 年：人民币 4980 万元）的应收银行及商业票据向一家中国的银行贴现（已终止确认票据），以换取现金。已终止确认票据的到期日为 5~6 个月。于 2013 年 6 月 30 日和 2013 年 12 月 31 日，分别有人民币 1770 万元及人民币 920 万元的已终止确认票据于报告期后到期。根据中国票据法，如中国的银行及/或应收商业票据的发行人违约，则已终止确认票据持有人拥有对本集团的追索权（持续牵连）。

同时在 2013 年的招股说明书中有关于流动资产的部分解释如下：

我们于 2011 年及 2012 年与一家中国银行订立应收商业票据折让协议（折让协议），并完成向银行折让有关应收商业票据（终止确认票据）的交易。于 2011 年及 2012 年 12 月 31 日及 2013 年 6 月 30 日，终止确认票据的总面值分别约为人民币 7580 万元、人民币 4980 万元及人民币 1770 万元。

根据解释，诺奇公司 2011 年 7580 万元、2012 年 4980 万元、2013 年 2690 万元的应收银行及商业票据，应该反映在现金及现金等价物科目中。但是根据公开信息显示，这些应收银行及商业票据的金额并没有相关信息显示在现金及现金等价物详细科目中，暂且认为是诺奇已将其贴现并存在非抵押定期存款科目中。

同时，诺奇的现金及现金等价物详细科目中占比最高的是非抵押定期存款。上述提及的 2011 年 7580 万元、2012 年 4980 万元、2013 年 2690 万元的应收银行及商业票据仅仅解释了部分非抵押定期存款的来源。而这些金额占当期银行定期存款或是货币资金的比例并不高，尤其这一数据是逐年大幅度减少的,而当期银行定期存款与货币资金是大幅度上升的。诺奇的财务报告并没有披露如此大规模的定期存款的来源,而且也基本找不出诺奇在大额银行存款的比较合乎逻辑的理由。

做一个猜想:诺奇为了上市,为了保持资金的充裕性,便与银行签订保密协议,或者可以称之为强制性协议存款,即诺奇账面虽有银行存款,但这些资金是无法动用的,因此只能将其划入定期存款科目。

基于上述假设,重新计算诺奇2011—2013年的流动比率,见表14-25。

表14-25 重新计算的现金等价物详细科目 （单位:万元）

年度 项目	2011	2012	2013
① 现金及银行结余	697	314	515
②［新］定期存款①	7580	4980	2690
③ 减:应付票据的已抵押存款	58	50	880
④ 可轻易转换为已知金额的非抵押定期存款	7522	4930	1810
［新］合计	8219	5244	2325

① 本处银行存款是指财务报告中有明确解释的项目,只是一个推测结果,不是精确数字。

由表14-26可知,重新计算的流动比率显示,诺奇的流动比率明显下降,2013年调整后的流动比率小于1。假定此为真,诺奇的偿债能力将严重恶化。

在流动性分析中,虽然预付账款属于流动资产,但是其变现能力不强,而诺奇的预付账款金额巨大,有必要将这一因素剔除,进一步计算诺奇的流动性。

诺奇的预付账款不仅金额巨大,而且公司披露的金额和根据公开信息推算的金额不太一致。

表14-26 重新计算的流动资产金额 （单位:万元）

年度 项目	2011	2012	2013
存货	8032	11 118	11 291
应收贸易款项	5555	7097	7938
预付款项	7578	9096	15 983
已抵押存款	58	50	880
［新］现金及现金等价物	8219	5244	2325
［新］流动资产	29 441	32 604	38 417
流动负债	12 848	21 820	40 775
［新］流动比率	2.29	1.49	0.94
原流动比率	3.07	2.16	1.74

由表14-27可知,除2009年和2010年外,公司预付账款处于稳步上升趋势,2009年增长近50%,2010年与上年基本持平,2011年再次上涨近50%,2012年增加20%,2013年增长率更是达到了75.72%,增至惊人的15 983万元,这一期间总计增加了356.53%。其中,公司2013年销售收入为6.82亿元,预付账款占收入比达到23.42%,而之前占比基本在15%左右。

表 14-27　诺奇预付账款有关数据　　　　　　　　　（金额单位：万元）

年度 项目	2008	2009	2010	2011	2012	2013
预付账款	3501	5131	5143	7578	9096	15 983
预付账款增长率（%）	—	46.56	0.23	47.34	20.04	75.72

可见，预付账款并没有随着公司知名度上升而得到显著改善，有一种可能是供应商已经预料到诺奇存在流动性危机而强行要求公司预付货款，还有一种可能是公司预付账款披露数据有误，也有可能是公司粉饰报表所致。

诺奇采购服装材料等价款按照订单确定。公司与供应商确定订单以后，按照下列约定分三种模式支付合同价款：

第一种：公司按合同价款全额预付货款（约占年度采购订单数的30%~40%，以下取平均数35%）。

第二种：公司按合同价款下单时预付40%，提货时再付60%（约占年度采购订单数的50%~60%，以下取平均数55%）。

第三种：其他采购订单的结算方式，由商品中心根据实际情况确定。

诺奇2010—2013年收入与预付采购金额见表14-28。

表 14-28　诺奇2010—2013年收入与预付采购金额　　（金额单位：万元）

年度 项目	2010	2011	2012	2013
营业收入	32 217	46 778	57 214	68 247
预付采购金额	4551	6174	7369	14 420

比较表14-27和表14-28可知，按照诺奇预付采购金的支付方式计算，两个表格中的数据基本对应，这意味着公司预付账款基本是由预付采购金组成的，后者占前者约90%。

重点分析2013年的异动点，2013年收入与2012年相比增加不足20%，但是预付采购金额却增加了近76%，两者明显背离。由采购金额可知，2013年度采购金额比2012年度增加一倍，则诺奇2013年度采购应该比2012年增加一倍以上的货物，但是公司2013年存货仅增加173万元，远远低于2012年增加的3086万元。当然，也有可能是因为销售业绩大增导致期末存货结存数量减少，这时公司主营业务成本应该出现大幅增加，但主营业务成本仅增加5364万元，两者相加仅5414万元，远低于7000万元。

进一步比较诺奇与国内同行的预付账款。诺奇的收入低于国内同行，更是远低于七匹狼，而且诺奇是快时尚公司，其资产周转速度理应更快，从逻辑上讲，诺奇的预付账款小于同行更为合理。

由表14-29可知，诺奇的预付账款竟然一直远高于行业均值且增长率远高于同行业水平。以2013年为例，诺奇的销售额为七匹狼的20%，它的预付账款竟然是七匹狼的3.23倍。这意味着诺奇的预付账款在同等条件下是七匹狼的16倍之多。诺奇如此差的议价能力，不是一家初具规模且已具有知名度的公司应该有的表现，这让人匪夷所思。

因此，诺奇的预付账款数据趋势比较怪异，如此高的预付账款更是让人生疑，根据诺奇披露的相关信息推算的预付账款的缺口资金无法通过公开信息得到求证。

表 14-29　诺奇与国内同行预付账款对比　　　　　　　　　　（金额单位：万元）

年度 公司	2010	2011	2012	2013
诺奇	5143	7578	9096	15 983
七匹狼	3531	5434	1898	4942
报喜鸟	4879	6006	743	666
搜于特	583	2260	1050	143
美邦服饰	7097	4877	2965	3499
国内行业均值	4022	4644	1664	2313

三、盈利能力分析

（一）销售毛利率

1. 与国内同行对比（见表 14-30）

表 14-30　诺奇与国内同行销售毛利率对比　　　　　　　　　　（%）

年度 公司	2008	2009	2010	2011	2012	2013
诺奇	36.43	35.07	39.53	43.65	45.25	46.24
七匹狼	36.95	38.34	41.60	41.19	45.48	47.01
报喜鸟	53.50	51.13	46.40	53.12	48.97	51.04
搜于特	27.08	33.89	34.82	34.29	35.78	37.09
美邦服饰	45.59	44.52	45.41	44.17	44.57	44.63
国内行业均值	40.74	41.97	42.09	43.19	43.77	44.95

由表 14-30 可知，服装行业平均销售毛利率一直处在相对稳定的水平，基本维持在 40%～45%。其中，报喜鸟的销售毛利率明显高于行业均值，保持近 50% 的销售毛利率；搜于特的销售毛利率低于行业均值，公司销售毛利率保持在 35% 左右；美邦服饰的销售毛利率最稳定，为 44%～45%，是一种持平的态势。而诺奇的销售毛利率总体呈逐步上升的态势，在 2010 年之前，只高于搜于特，但在 2010 年之后，其销售毛利率开始微幅高于行业均值，但总体上与国内同行相比相差无几。

作为一家快时尚类公司，诺奇主要依靠速度制胜，即资金周转速度远高于普通服装同行，而销售毛利率低于同行是正常的。因此，从销售毛利率角度讲，诺奇是占优势的。

2. 与国外同行对比（见表 14-31）

表 14-31　诺奇与国外同行销售毛利率对比　　　　　　　　　　（%）

年度 公司	2008	2009	2010	2011	2012	2013
诺奇	36.43	35.07	39.53	43.65	45.25	46.24
UNIQLO	51.1	51.91	51.74	53.93	52.23	49.76
ZARA	59.63	60.11	63.12	59.12	59.16	58.46
H&M	57.61	56.63	57.33	58.41	58.65	59.26
国外行业均值	56.11	56.21	57.98	57.11	56.83	55.91

由表 14-31 可知，从总体上讲，ZARA、H&M 和 UNIQLO 三家公司的销售毛利率近 6 年来一直维持着一个比较稳定的水平，其中 ZARA 维持在 60% 左右的水平，H&M 维持在 58% 左右的水平，UNIQLO 维持在 50% 以上的水平。虽然诺奇的销售毛利率近些年一直呈小幅度的上升趋势，但是一直低于国外行业均值超过 10%，仅在 2013 年即上市的前一年才勉强低于 10% 以内。由此可见，诺奇的销售毛利率与我国传统服装行业处于同一水平，与国外快时尚企业相差甚远，并且与这些国际巨头规模差距巨大，其毛利率更应占优，但事实却与之相反。

（二）销售净利率

1. 与国内同行对比（见表 14-32）

表 14-32 诺奇与国内同行销售净利率对比   （%）

公司 \ 年度	2008	2009	2010	2011	2012	2013
诺奇	8.12	10.85	14.17	14.61	14.28	11.98
七匹狼	9.26	10.26	12.88	14.12	16.14	13.67
报喜鸟	13.10	16.94	19.31	18.16	21.20	7.97
搜于特	11.82	14.27	14.35	15.75	16.92	15.78
美邦服饰	15.13	12.16	10.99	12.83	13.94	9.14
国内行业均值	12.58	13.96	14.80	15.69	17.18	11.47

由表 14-32 可知，行业平均销售净利率从 2008 年的 12.58% 稳步提升到 2012 年的 17.18%，然后在 2013 年大幅下降到 11.47%，这主要是由报喜鸟的销售净利率从 21.20% 暴跌到 7.97% 所致，但总体上讲，其他三家竞争对手的销售净利率也处于下滑趋势。诺奇的销售净利率与行业趋势基本相同，其波动幅度更小，基本维持在 8%～14%，尤其是 2010—2012 年更是稳定在 14% 以上，2013 年微幅下降到 11.98%。

综合销售毛利率与净利润率这两个盈利指标可以看出：诺奇的销售毛利率与国内行业水平几乎相当，其销售毛利率总体逐步向好，2011 年之前与国内行业均值差额收窄，2011 年后微幅超过行业平均水平；诺奇的销售净利率水平比较稳定，总体上略低于行业平均水平。只根据这两组数据判断，诺奇与普通类服装公司的利润率指标基本无差异。

2. 与国外同行对比

由表 14-33 可知，UNIQLO、ZARA 和 H&M 三家公司的平均销售净利率几乎处于恒定水平，都在 12% 左右。其中，UNIQLO 拉低了国外行业均值，基本维持 8% 左右的销售净利率；H&M 处于 15% 左右的高净利率水平；ZARA 的 12% 左右的销售净利率与行业均值基本持平。考虑到这是 Inditex 集团的数据，ZARA 的销售净利率必定更高，这也意味着行业均值处于被低估的状态。

从总体上讲，诺奇与国外同行的销售净利率相当，2010 年之后略优于同行，国外同行销售净利率基本维持在 12% 左右，而诺奇的销售净利率从 2008 年的 8.12% 逐步上升到 2010 年的 14.17%，2010—2012 年维持在 14% 以上，2013 年下滑到 11.98%。

表 14-33　诺奇与国外同行销售净利率对比　　　　　　　　　　　　　　　　（%）

年度 公司	2008	2009	2010	2011	2012	2013
诺奇	8.12	10.85	14.17	14.61	14.28	11.98
UNIQLO	6.89	8.34	9.11	8.34	8.29	8.06
ZARA	13.10	11.07	12.89	10.13	13.27	13.78
H&M	16.56	16.11	15.75	16.24	14.76	13.12
国外行业均值	12.27	11.78	12.90	11.67	12.16	11.78

如前所述，诺奇的销售毛利率明显低于国外同行，而销售净利率并不处于劣势，个别年度还处于优势。这可能与诺奇主要是通过会员销售的方式有关，也有可能与诺奇的直营店在总门店占比过低有关。当时，会员销售方式有可能更为精准有效，而到 2013 年诺奇的直营店才占到 51.37%，远低于国外同行，这在一定程度上有利于公司节约管理费用和销售费用。

四、资产管理能力分析

（一）存货周转期

1. 与国内同行相比（见表 14-34）

表 14-34　诺奇与国内同行存货周转期对比　　　　　　　　　　　　　　（单位：天）

年度 公司	2008	2009	2010	2011	2012	2013
诺奇	77.99	100.34	95.27	97.87	111.57	111.47
七匹狼	133.16	88.85	134.67	110.87	134.67	107.41
报喜鸟	137.11	122.95	132.92	114.62	159.65	227.38
搜于特	146.46	138.28	125.49	173.67	135.18	183.07
美邦服饰	98.21	112.19	224.06	165.98	136.96	130.19
国内行业均值	128.74	115.57	154.29	141.29	141.62	162.01

由表 14-34 可知，除 2009 年与同行相当外，诺奇的存货周转期明显低于行业平均水平，总体高于同行平均水平 50% 左右。如果剔除异动数据，搜于特的存货周转期明显处于高位，基本在 150 天左右；美邦服饰 2010 年出现异动，数据是 224 天；报喜鸟的异动数据在 2013 年，是 227 天；这些都拉高了行业均值，而诺奇的存货周转期并没有明显的优势。在四家同行企业中，七匹狼的存货周转期与诺奇的存货周转期最为接近，但是七匹狼并不是快时尚公司，并且七匹狼的营业收入远高于诺奇，一般是诺奇的 6 倍以上，这说明诺奇并没有充分体现快时尚公司"快"的特性。

2. 与国外同行相比（见表 14-35）

由表 14-35 可知，除 2008 年外，诺奇的存货周转期总体上比国外同行均值高 15% 左右，如果剔除 H&M，诺奇的存货周转期明显高于国外同行 40% 左右。如果考虑到 ZARA 的特殊情况,则意味着实际差距更大。并且,诺奇的规模极小,完全无法与国际巨头匹敌,基本不及巨头销售额的1%,即便如此,诺奇的存货周转期也微幅高于国外同行。

表14-35 诺奇与国外同行存货周转期对比 （单位：天）

年度 公司	2008	2009	2010	2011	2012	2013
诺奇公司	77.99	100.34	95.27	97.87	111.57	111.47
UNIQLO	66.67	66.67	67.92	76.60	76.88	79.21
ZARA	87.25	81.82	76.60	78.26	80	80.98
H&M	83.90	85.71	97.30	102.86	105.88	109.10
国外行业均值	79.27	78.07	80.61	85.91	87.59	89.76

（二）应收账款周转期

1. 与国内同行相比（见表14-36）

表14-36 诺奇与国内同行应收账款周转期对比 （单位：天）

年度 公司	2008	2009	2010	2011	2012	2013
诺奇	23.32	29.74	34.57	35.48	40.36	40.20
七匹狼	24.28	44.47	52.05	42.26	63.39	57.21
报喜鸟	46.18	40.27	75.58	127.28	132.24	94.37
搜于特	36.21	19.92	24.84	48.25	56.38	87.76
美邦服饰	33.33	33.03	44.77	42.06	17.60	14.59
国内行业均值	35	34.42	49.31	64.96	67.40	63.48

根据表14-36的统计,服装行业从2008年开始,应收账款周转期逐步上升,诺奇在整体趋势上与同行基本一致,但总体上相对稳定,并且2010年之后明显优于同行。诺奇的应收账款周转期从2008年的23.32天上升至2013年的40.20天,增加了近一倍。自2010年之后,诺奇与行业均值的差距开始逐年拉大,行业均值高于诺奇10~30天,其主要原因是2011年和2012年报喜鸟公司出现异动数据,拉升了行业均值10多天。如果仅从应收账款周转期上讲,诺奇被客户占用的资金周转期比较短,考虑到诺奇的应收账款金额比较大,这在一定程度上说明诺奇的应收账款管理能力比较强。

诺奇的应收账款周转期之所以总体上逐步上升,与其对不同客户实施的信用政策有关。诺奇一般给予客户一个月的信贷期,加盟商可适度延长至3个月,百货公司及购物商场一般在30~60天预先协定的付款期内安排向诺奇付款。诺奇加盟商从总体上占据主导地位,即使到2013年,直营店也只占50%左右。与之对应的是,诺奇在2010年的应收账款周转期为34.57天,2013年上升至40.20天,主要是因为加盟商零售点的应收账款周转期增加,而加盟商应收账款周转期的增加主要是因为加盟商为支持营运及扩张而延长结算期。但是,总的来说,这些年诺奇的加盟商的应收账款还是在诺奇授予的信贷期内,公司应收账款处于可控范围之内。

2. 与国外同行相比（见表14-37）

表14-37 诺奇与国外同行应收账款周转期对比 （单位：天）

公司 \ 年度	2008	2009	2010	2011	2012	2013
诺奇	23.32	29.74	34.57	35.48	40.36	40.20
UNIQLO	44.01	41.23	41.87	41.32	41.45	39.23
ZARA	26.57	26.32	28.98	30.32	32.12	28.11
H&M	34.31	30.08	35.67	35.67	35.21	28.67
国外行业均值	34.96	32.39	35.63	35.77	36.59	31.78

由表14-37可知，诺奇的应收账款周转期与国外同行的平均应收账款周转期基本相当，并且应收账款周转期总体十分稳定，基本围绕35天呈现窄幅波动。相对而言，国外同行的应收账款周转期的稳定性更胜一筹。其中，UNIQLO基本恒定在40天左右；ZARA最低，总体稳定在30天左右；H&M维持在35天左右，并且在2013年，ZARA和H&M的应收账款周转期都降到了30天以内。

虽然诺奇的应收账款周转期比较稳定，尤其是在2010年之后更为稳定，但是相对来讲，它是逐步增加的，由2008年的23.32天逐步增加到2012年的40.36天，2013年与2012年基本持平。这说明，诺奇的资金被占用时间是逐步增加的，资金回收期开始变慢，又因为诺奇处于成长期，其应收账款与销售收入比例总体也是呈上升态势，进一步说明公司产品并不畅销，资产管理能力的优势并没有显现，诺奇并没有随着公司知名度的上升以及企业规模的扩大而不断提升公司的市场主导权。

（三）应付账款周转期

1. 与国内同行相比（见表14-38）

表14-38 诺奇与国内同行应付账款周转期对比 （单位：天）

公司 \ 年度	2008	2009	2010	2011	2012	2013
诺奇	37.55	13.72	24.24	29.35	19.05	39.24
七匹狼	53.56	56.65	61.38	57.13	60.54	72.16
报喜鸟	83.26	63.41	114.61	79	105.71	82.50
搜于特	82.40	43.49	29.90	17.15	18.82	35.10
美邦服饰	61.68	63.10	109.40	39.32	36.82	17.20
国内行业均值	70.23	56.66	78.82	48.15	55.47	51.74

由表14-38可知，国内同行的应付账款周转期总体上为50~80天。其中，报喜鸟应付账款周转期明显占优，基本高于80天，在2010年达到峰值114.61天，总体远高于行业均值；搜于特处于劣势，应付账款周转期基本低于50天；七匹狼的应付账款周转期围绕60天窄幅波动；美邦服饰呈∩形状，2010年达到峰值109.40天，然后逐步恶化，到2013年降低到17.20天。

诺奇的应付账款周转期均值为27.19天，在10~40天大幅波动，每年应付账款周转期均远低于行业均值，这进一步说明了诺奇处于市场劣势，占用供应商资金的能力不强。

其中，诺奇的应付账款及应付票据主要包括支付给 OEM、ODM 的款项。由于诺奇一般在生产前向 OEM 和 ODM 预付采购价格的若干百分比，所以，诺奇的应付账款及应付票据账面金额普遍较低。2008—2013 年诺奇的应付账款分别是：627 万元、472 万元、3160 万元、2167 万元、1425 万元和 6300 万元。除 2013 年外，其应付账款金额都不太大。诺奇 2013 年的应付账款增加至 6300 万元，其中包括一部分应付票据。在 2013 年 10 月 31 日，诺奇的应付贸易款项及票据达到 3073.9 万元，也就是说，诺奇公司 2013 年最后两个月的应付贸易款项及票据增加了 3226.1 万元，是当年前 10 个月的 105%，但是诺奇的产品并无明显的季节性特征，诺奇公司也没有详细披露其中缘由。

2. 与国外同行相比（见表 14-39）

表 14-39　诺奇与国外同行应付账款周转期对比　　　　　　　　（单位：天）

年度 公司	2008	2009	2010	2011	2012	2013
诺奇	37.55	13.72	24.24	29.35	19.05	38.24
UNIQLO	80.77	76.56	77.88	72.82	76.90	77.12
ZARA	70.98	69.54	71.90	73.76	76.26	79.47
H&M	57.56	55.98	61.45	58.43	56.87	58.32
国外行业均值	69.77	67.36	70.41	68.34	70.01	71.64

由表 14-39 可知，国外同行应付账款周转期稳定在 70 天左右，而诺奇的应付账款周转期波动比较大，并且远低于国外同行，即使诺奇最高的应付账款周转期 38.24 天，也与国外同行的均值几乎相差一半。其中，UNIQLO 的应付账款周转期最优，介于 75～80 天；ZARA 与 UNIQLO 相当，为 70～80 天，并且 ZARA 的应付账款周转期总体是逐步上升的；H&M 的应付账款周转期稳定在 55～60 天。由于诺奇的应付账款金额较小，说明它处于明显的竞争弱势，而国外巨头始终占据市场主导权，拥有大量的经营性负债。

（四）现金周转期 I

1. 与国内同行相比（见表 14-40）

表 14-40　诺奇与国内同行竞争对手现金周转期 I 对比　　　　　（单位：天）

年度 公司	2008	2009	2010	2011	2012	2013
诺奇	63.76	116.36	105.6	104	132.88	113.43
七匹狼	103.88	76.67	125.34	96	137.52	92.46
报喜鸟	100.03	99.81	93.89	162.9	186.18	239.25
搜于特	100.27	114.71	120.43	204.77	172.74	235.73
美邦服饰	69.86	82.12	159.43	168.72	117.74	127.58
国内行业均值	93.51	93.33	124.78	158.1	153.55	173.75

由表 14-40 可知，行业现金周转期 I 均值总体逐步上升，由 2008 年的 93.51 天逐步增加到 2013 年的 173.75 天，2011 年之后，行业均值保持稳定，而诺奇基本稳定在 100 天左右，并且总体上优于行业均值。其中，2008 年和 2009 年的行业现金周转期 I 均值基本持平，约为 93 天，2011 年和 2012 年基本为 155 天左右。而诺奇 2008 年的现金周转期 I 仅为

63.76 天，远低于 100 天，2012 年的现金周转期Ⅰ明显高于 100 天，为 132.88 天。所以，服装行业总体处境并不乐观。

除 2009 年外，诺奇的现金周转期Ⅰ均处于优势地位，比较明显处于优势的年度是 2008 年、2011 年和 2013 年，领先优势达 50 天左右，2010 年和 2012 年领先 20 天左右。考虑到行业内异动数据过多，2011 年之后报喜鸟的现金周转期Ⅰ明显上升近 70 天，搜于特在这一阶段也明显上升 50 天以上，而美邦服饰 2010 年和 2011 年明显上升约 80 天，剔除这些异动数据，诺奇的现金周转期Ⅰ并不明显占优。

因此，与国内同行相比，诺奇的现金周转期Ⅰ具有一定的优势，但总体上讲优势并不太明显，很难发现诺奇"快"的特征。并且，现金周转期Ⅰ没有考虑应付票据、预付账款等；另一个原因是诺奇的应付账款数额过小，也没有考虑预收账款等因素，所以有必要通过现金周转期Ⅱ进一步比较分析。

2. 与国外同行相比（见表 14-41）

表 14-41　诺奇与国外同行现金周转期Ⅰ对比　　　　　　（单位：天）

年度 公司	2008	2009	2010	2011	2012	2013
诺奇	63.76	116.36	105.6	104	132.88	113.43
UNIQLO	29.91	31.34	31.91	45.1	41.43	41.32
ZARA	42.84	38.6	33.68	34.82	35.86	29.62
H&M	60.65	59.81	71.52	80.1	84.22	79.45
国外行业均值	44.46	43.1	45.83	53.34	54.17	49.9

由表 14-41 可知，诺奇的现金周转期Ⅰ明显高于国外同行，国外巨头的现金周转期Ⅰ围绕 50 天窄幅波动，而诺奇除 2008 年外，均高达 100 天以上。H&M、UNIQLO 和 ZARA 的现金周转期Ⅰ依次缩短，皆与快时尚"快"的宗旨相吻合，都比较好地体现了"快"的精髓。其中，ZARA 的优势最为明显，其现金周转期Ⅰ维持在 35 天左右，并且基本保持稳定。而 UNIQLO 的现金周转期Ⅰ也维持在 30～40 天。H&M 在三者中明显处于劣势，其现金周转期Ⅰ总体处于 60～80 天，也明显优于诺奇。诺奇素有"东方 ZARA"的美誉，但是它的现金周转能力与 ZARA 完全不在一个水平上。何况，诺奇的收入规模极小，与 UNIQLO、H&M 相比，明显处于劣势，也不处于同一个竞争水平，诺奇更像一家普通服装公司。

（五）现金周转期Ⅱ（见表 14-42）

表 14-42　诺奇与国内同行竞争对手现金周转期Ⅱ对比　　　　（单位：天）

年度 公司	2008	2009	2010	2011	2012	2013
诺奇	34.49	153.84	200.35	192.07	230.02	238.18
七匹狼	89.35	75.48	171.27	166.71	151.47	73.26
报喜鸟	74.36	95.66	308.5	448.08	219.22	216.09
搜于特	102.46	126.41	147.15	304.75	208.87	273.18
美邦服饰	90.59	133.48	220.48	199.36	135.31	153.38
国内行业均值	89.19	107.76	211.86	279.73	178.72	178.97

由表 14-41 和表 14-42 可知，诺奇的现金周转期Ⅱ与其现金周转期Ⅰ相比明显增加 100% 左右，由 100 天左右增加到 200 天左右。虽然国内同行的现金周转期Ⅱ与其现金周转期Ⅰ相比也有所增加，剔除 2011 年报喜鸟和搜于特的异动值，尤其是报喜鸟过于异动，现金周转期达 448.08 天，国内同行的总体增加幅度并不明显。

比较诺奇与国内同行的现金周转期Ⅱ发现，诺奇由现金周转期Ⅰ总体明显优于同行转为与国内同行几乎持平。只有 2008 年和 2011 年诺奇处于优势地位，其他年度的现金周转期都处于劣势。其中，诺奇的现金周转期总体弱于七匹狼，也弱于美邦服饰；而报喜鸟和搜于特的现金周转期总体不断上升，这两家公司在 2011 年出现了明显异动，远高于其正常值。因此，诺奇像极了普通服装类公司，而不像一家快时尚公司。

由于各国会计准则有差异，会计科目界定也有差异，因而比较难以准确地与我国会计准则中的会计科目逐一对应，这导致 ZARA、H&M 和 UNIQLO 的现金周转期Ⅱ的相关数据无法准确计算，所以我们不做诺奇与国外同行现金周转期Ⅱ的比较。按照通常认知来讲，这些国际一流公司的市场议价能力极强，诺奇的现金周转期Ⅱ与它们的差距只会更大。

第五节 案例结论与进一步推理

一、案例结论

诺奇公司历经苦难终于得以上市，但是老板没多久却跑路了。老板跑路应该是蓄谋已久，而非仓皇出逃。

在服装行业的业绩整体下滑之际，诺奇一枝独秀，公司净利润逐步增加，这也是其上市成功的重要原因。通过比较分析发现，诺奇战略混沌。这些年，诺奇为了上市而快速扩张，并不太在意是否能够控制零售终端，更不太在意公司扩张地区路径的战略选择，最终既无法做到快速反应，也没有能力引领时尚潮流，又难言平价，与快时尚类企业的核心要求相背离。

诺奇老板跑路的导火索一定是公司流动性不足。从投融资角度来讲，诺奇公司的数据表象揭示其投融资策略是保守的，与国内其他几家同行并无太大差异，而且诺奇的流动性也不差。但是，通过诺奇的投资现金流分析，公司处于扩张中，并且自 2010 年以来它的投资现金流入基本为零。通过对其经营活动现金流量的分析发现，诺奇的经营活动现金流量并不充裕，由此认定它的投资扩张风险比较高，有必要进一步研究其流动资产的明细。

通过分析诺奇公司的现金及现金等价物发现，公司存在巨额定期存款，同时存在巨额短期借款，但公司预收账款很小，应收账款却大幅增加，尤其是将预付账款与销售收入做比较，诺奇竟然是七匹狼的 16 倍。因此诺奇的现金类资产应该有疑问，需要评估公司的现金等价物的质量。分析过程中发现，诺奇公司的银行存款、预付账款、短期借款、长期借款、其他应收款、其他应付款等存在诸多矛盾，而这些矛盾之处似乎留下了公司老板跑路的痕迹。基于若干假定，经过重新计算诺奇公司的现金等价物及流动比率，发现其流动性大降。

诺奇作为一家快时尚公司，战略混沌，财务数据也是如此。与国外同行相比，诺奇不但资金周转速度处于明显劣势，而且销售毛利率也处于明显劣势，唯一能与国外同行相当的是净利润。诺奇的财务数据与国内非快时尚公司没有太大差异，更像一家普通类服装公司。

虽然诺奇的流动性没有那么好，甚至流动性不足，并且其财务数据也无法体现行业特征，但也不足以让老板跑路。除非诺奇公司流动性分析的若干假定都为真，才有可能引起老板跑路。但是，这意味着公司在成功上市前就可能已经陷入破产边缘。而流动性分析中一个重要假定就是公司的定期存款存在重要疑问，很有可能是丧失流动性的货币资金，若这一假定为真，诺奇财务报告中的疑点及老板跑路问题将迎刃而解。

二、案例进一步推理

基于此，我们再做两个假设：

假设1：诺奇（丁辉）实际担负大量高息民间借款，并存在强制性保密借款，以及有粉饰财务报表的行为。

假设2：即使诺奇（丁辉）没有民间借款，但是它很可能存在粉饰财务报表的强制性保密性存款，即仅为粉饰财务报表的无法动用的假存款。

如果假设1为真，案例描述的"定期存款""短期借款"等疑问都会迎刃而解。我们认为，这种可能性极高，并且诺奇（丁辉）的借贷额是其无法承担的。从推理来看，假设1存在的可能性更大。诺奇实际承担的利息费用有可能高达几千万，这是诺奇无法承担的。如果假设2成立，只能说明诺奇的流动性不太充足，还不至于让老板跑路。

进一步讲，如果假设1不成立，即诺奇（丁辉）没有民间借贷，不需要借上市摆脱自身困境，公司经营就会稳扎稳打，也不至于如此激进扩张，更不会不惜一切代价谋求上市。

当假设1为真时，就会出现如下逻辑：丁辉必定想尽办法尽快摆脱长期高息。如果要摆脱长期支付高息，就需要尽快偿还本金及以前的高息，但他没有这么多钱，这就需要借助公司来实现。让公司上市显然是一条捷径，尤其是在中国本土上市，因为我国股票市场的定价比西方发达国家股票市场的定价高。

如果诺奇在我国A股上市成功，丁辉第一步是将自己手中持有的股票进行质押，由民间高息借贷置换为正常贷款利息，个人承担的利息骤降，等到股票流通后，抛售一些股票用以偿还贷款本金，公司仍然可以正常运营，他自己也可以成为真正的亿万富翁。假定丁辉的高息借贷为真，这种套现路径就是一种典型的旁氏骗局，并且这种骗局更为高明，而丁辉几乎接近成功。进一步讲，如果2011年诺奇的A股上市成功，则诺奇（丁辉）更为主动。这是因为上市时间比2014年1月提前了两年多，公司战略选择更为主动，扩张更为主动，进一步融资也更为便利。

但是，诺奇是在2014年于港交所上市成功的，这样丁辉跑路的概率增加了许多。这是因为，香港股票市场定价不仅估值低，而且内资H股上市变现难，更重要的原因是诺奇推迟了两年之后才上市成功。其中，关于内资H股变现与质押一事，根据现有规定，国内企业在香港H股上市，内资股暂时无法转换为H股实现全流通，其内资股股东的股权质押融资等信用交易业务受到诸多限制，不像A股上市公司股东那样，既可享受高估值又能通过各种股权质押实现融资。这一点是诺奇的老板跑路的催化剂。当然，即使内资H资可以变现，也可以质押，由于H股的低估值，诺奇的老板还是有可能跑路的。

2014年诺奇在香港上市，公司总股本6.11亿股本，其中，丁辉持股比例为33.15%，其兄长丁灿阳持股比例为13.50%，两者共计46.65%，拥有公司2.85亿股，丁氏家族共持股3.03亿股。诺奇公司发行价为2.13港元/股，开市报2.18元，与发行价基本持平，股票停牌前股价长时间维持在 2 港元左右。以总股本 6 亿股、股价 2 港元、汇率 1 港币兑换 0.8500 元人民币计算，诺奇的市值约 12 亿港元。丁辉持股市值约 3.4 亿元，丁氏家族持股总市值微高于 5 亿元。在同行业中，诺奇与步森股份（002569.SZ）、乔治白（002687.SZ）等的规模相差无几，但由于上市地点不同，估值和最终命运却天壤之别。有资料显示，2011 年 4 月 12 日上市的步森股份（002569.SZ）和 2012 年 7 月 13 日上市的乔治白（002687.SZ）正好处于诺奇首次 A 股 IPO 申请 2011 年 10 月 24 日被否的前后，且前两者上市之初分别为 9334 万股和 9857 万股的总股本，与诺奇当时计划发行后的总股本 8934 万股相差不大。按照诺奇当时 A 股上市募资 3.36 亿元和发行 2234 万股的计划，不考虑超募的发行价应超过 15 元，步森股份发行市盈率为 37.81 倍的发行价为 16.88 元，乔治白则为 24.73 倍与 23 元。在 2011 年，诺奇、步森股份和乔治白的净利润依次为 6835.8 万元、5283.36 万元和 9424.08 万元，但三者上市首日的总市值却大相径庭，步森股份和乔治白均远高于 20 亿元，H 股的诺奇却不及它们的一半。到了 2013 年，步森股份和乔治白的净利润分别为 606.63 万元与 6546.94 万元，诺奇为 8170 万元，但如今前两者的总市值依然分别超过 20 亿元。因此，根据两地估值差异，诺奇在 A 股定价通常应该是 H 股的 2 倍，这意味着诺奇的总市值应该高于 20 亿元，而丁辉持股市值高于 6.8 亿元，丁氏家族持股总市值超过 10 亿元。

基于两地估值差异，以股票价格 3 折为质押线，这意味着丁辉的 H 股股权质押融资额仅为 1 亿元，丁氏家族约为 1.5 亿元，而 A 股股权质押融资额分别为 2 亿元和 3 亿元。在同等条件下，两地估值差异会极大提高丁氏家族尤其是丁辉的借贷容忍线。

丁辉跑路还有一个主因是诺奇延迟两年上市，这必定带来上市成本大增。而公司急于上市，为了粉饰财务报表，扩张比较激进，有可能进一步增加借贷资金及成本，使诺奇（丁辉）的流动性更为紧张。

如果上述推定均为真实情况，那么诺奇上市就是一场旁氏骗局，而且主人公演技高超，只是差一点运气而已。丁辉勾勒的骗局，从一个侧面说明了香港市场效率更高，或者说丁辉勾勒的骗局只能撑到 2014 年，而香港资本市场成了幸运儿，揭穿了这场骗局。假如诺奇在 2011 年成功在内地上市，丁辉的命运很可能会不同。当然，假如诺奇不一味地追求上市，它有可能到现在还在健康地活着，丁辉也不必大量借贷，尤其是不必承担高息借贷。

最后，本案例只是学术讨论，是基于公开财务数据和公开非财务信息的分析与推测，以及做出的一些基本逻辑推演，这些逻辑推测并不代表一定为真。

主要参考文献

[1] 中华人民共和国财政部．最新会计准则［M］．北京：法律出版社，2007．

[2] 斯科特．财务会计理论［M］．北京：机械工业出版社，2008．

[3] 弗里德森，阿尔瓦雷斯．财务报表分析［M］．刘婷，译．北京：中国人民大学出版社，2016．

[4] 陈少华．财务报表分析方法［M］．厦门：厦门大学出版社，2011．

[5] 谢志华．会计报表结构分析［M］．北京：经济科学出版社，1994．

[6] 佩普，希利，伯纳德．运用财务报表进行企业分析与估价［M］．孔宁宁，丁志杰，译．2版．北京：中信出版社，2004．

[7] 胡玉明．财务报表分析［M］．大连：东北财经大学出版社，2016．

[8] 陈敏．财务报表列报研究：过去、现在、未来［M］．北京：经济科学出版社，2011．

[9] 帕利普，希利．经营分析与估值［M］．刘媛媛，译．大连：东北财经大学出版社，2014．

[10] 斯蒂克尼，布朗．财务报告与报表分析：战略的观点［M］．张志强，译．4版．北京：中信出版社，2004．

[11] 黄世忠．财务报表分析理论·框架·方法与案例［M］．北京：中国财政经济出版社，2012．

[12] 中国注册会计师协会．会计学［M］．北京：中国财政经济出版社，2014．

[13] 张新民．战略视角下的财务报表分析［M］．北京：高等教育出版社，2016．

[14] 樊行健．财务报表分析［M］．2版．北京：清华大学出版社，2014．

[15] 伯恩斯坦，维欧德．财务报表分析［M］．许秉岩，张海燕，译．5版．北京：北京大学出版社，2004．

[16] 孔宁宁，张新民．营运资本管理效率对公司盈利能力的影响［J］．南开管理评论，2009（5）．

[17] 中国注册会计师协会．财务成本管理［M］．北京：中国财政经济出版社，2016．

[18] 王淑萍．财务报告分析［M］．北京：清华大学出版社，2007．

[19] 邵宇，秦培景．证券投资分析——来自报表和市场行为的见解［M］．上海：复旦大学出版社，2013．

[20] 深圳证券交易市场研究小组．股市市盈率中外比较研究［R］．深圳证券交易综合研究所研究报告，2007-7-30．

[21] 吉布森．财务报表分析：利用财务会计信息［M］．刘筱青，译．北京：中国财政经济出版社，1996．

[22] 佩因曼，林小驰，王立彦．财务报表分析与证券定价［M］．北京：北京大学出版社，2015．

[23] 胡文献，金式容．基于上市公司的杜邦财务分析体系［J］．华侨大学学报（哲社版），2004（2）．

[24] 胡文献．杜邦财务分析方法生命力之哲学思考［J］．财会月刊，2006（5）．

[25] 胡文献. 因素分析法下子指标排序问题思考 [J]. 财会月刊, 2007 (2).

[26] 胡文献. 企业持续性盈利能力体系的构建 [J]. 财会通讯, 2010 (4).

[27] 胡文献. 构建上市公司持续性盈利能力评价体系 [J]. 财会月刊, 2011 (3).

[28] 熊学文, 熊尚鹏. 连环替代法的修正及数学推导 [J]. 商丘师范学院学报, 2003 (2).

[29] 刘金雄. 会计信息价值相关性的评价理论与方法 [M]. 大连：东北财经大学出版社, 2016.